本书系国家哲学社会科学基金项目"权力与资本良性互动的伦理规则研究（19BZX112）"结项成果

POWER
AND
CAPITAL

中西政商关系的伦理视差

权力与资本

靳凤林等 ◎ 著

Copyright © 2023 by SDX Joint Publishing Company.
All Rights Reserved.

本作品版权由生活·读书·新知三联书店所有。
未经许可，不得翻印。

图书在版编目（CIP）数据

权力与资本：中西政商关系的伦理视差 / 靳凤林等著. —北京：生活·读书·新知三联书店，2023.9
ISBN 978-7-108-07673-1

Ⅰ.①权… Ⅱ.①靳… Ⅲ.①行政干预-企业-研究-世界 Ⅳ.① F279.12

中国国家版本馆 CIP 数据核字 (2023) 第 109161 号

责任编辑	柯琳芳
装帧设计	刘　洋
责任校对	张国荣
责任印制	宋　家

出版发行　生活·讀書·新知 三联书店
　　　　　（北京市东城区美术馆东街 22 号 100010）

网	址	www.sdxjpc.com
经	销	新华书店
印	刷	北京隆昌伟业印刷有限公司
版	次	2023 年 9 月北京第 1 版 2023 年 9 月北京第 1 次印刷
开	本	700 毫米 × 1000 毫米 1/16 印张 22
字	数	338 千字
印	数	0,001－4,000 册
定	价	69.00 元

（印装查询：01064002715；邮购查询：01084010542）

目 录

导论　中西方权力与资本良性互动的伦理规则之比照 —— 1
　一、历史根性差异 —— 2
　二、商人精神之比照 —— 20
　三、制度结构比较及其伦理启示 —— 35

第一章　权力与资本的概念界定及其人格化代表 —— 59
　一、权力的本质与权力阶层的古今结构 —— 59
　二、资本的本性与资本阶层的现代生成 —— 75

第二章　资本阶层权力化的机遇、逻辑及危害 —— 91
　一、资本阶层权力化的机遇 —— 92
　二、资本阶层权力化的三重逻辑 —— 102
　三、资本扩张特性及道德危害 —— 112

第三章　权力阶层资本化的诱因、机理及后果 —— 124
　一、什么诱发权力阶层资本化？ —— 125
　二、权力阶层资本化的发生机理 —— 135
　三、政治能力与经济调控能力的双重弱化 —— 145

第四章 中国传统社会政商伦理关系的基本特征 —— 158
一、"义""公"与"调均"的价值追求 —— 158
二、安全至上与控制分层 —— 169
三、"政"与"商"的内在冲突 —— 180

第五章 近代欧美国家政商伦理关系的现代特质 —— 192
一、价值特质 —— 193
二、多元制度伦理 —— 202
三、规则伦理——以英国为例 —— 215

第六章 我国改革开放以来政商伦理关系的历史流变 —— 227
一、改革开放带来政商关系的复苏 —— 228
二、20世纪末政商关系的加速演变 —— 241
三、21世纪初面临的新挑战 —— 246

第七章 数字经济对权力与资本关系的伦理挑战 —— 260
一、权力与资本的交织与较量 —— 260
二、权力资本互化和数字资本的道德合理性 —— 272
三、数字经济对权力与资本的伦理挑战及其应对 —— 286

第八章 科学建构权力与资本良性互动的伦理规则体系 —— 295
一、权力与资本的亲不逾矩 —— 295
二、权力与资本的清不疏远 —— 306
三、权力与资本的双向畅通 —— 316

参考文献 —— 331
后记 —— 347

导论

中西方权力与资本良性互动的伦理规则之比照

伴随中国特色社会主义进入新时代,广大人民群众对美好生活的需求更加强烈,然而,利益主体多元化、利益趋向多极化、利益差别显性化已成为当代中国社会的突出特征。人民群众内部以权力、资本、劳动为代表的三大社会阶层在利益博弈过程中出现的不平衡不充分,已逐步演变为制约我国各项事业发展的重大障碍。特别是权力阶层中的腐败分子与资本阶层中的贪婪分子,在特定时段、区域、行业形成的利益结盟和赢者通吃,对劳动阶层的利益构成深度侵蚀,从而引发社会各界的广泛关注。要充分保障广大人民群众的根本利益,有效避免权力资本化和资本权力化趋势的蔓延,就需要深入探究权力与资本的内在本性及其彼此互动的运作机理。而要完成这一理论创新任务,就必须深刻汲取中外历史上处理权力与资本关系过程中积累的成功经验和失败教训,全面总结改革开放40多年来我国在处置权力与资本关系问题上的是非得失。唯其如此,我们才能够科学建构当代权力与资本良性互动的伦理规则体系。以下将立足于人类全球化视角,以中西方权力与资本关系的伦理视差为切入点,从中西方权力与资本关系历史生成逻辑的根性差异、中西方政商结构形塑的商人精神特质、中西方政商关系的制度结构比较三个层面,对中西方权力与资本良性互动的伦理规则予以仔细检审,以求学界共鸣。

一、历史根性差异

不思既往者,无以言将来。任何国家处理权力与资本关系的基本理念、伦理规则、制度设计、运演轨迹等,都会受到本国特定历史场域中政商力量格局、经济发展状况、传统文化积淀等诸多因素的深刻陶冶,要对中西方古代社会权力与资本关系的伦理视差予以深入探讨,就必须以其历史生成逻辑的根性差异为切入点,深入其奥堂,方能探得无上秘籍。

(一)中国传统政治与经济研究模式的利弊得失

要完成中西方权力与资本关系的伦理视差研究,就必须对中外学界前期研究成果的利弊得失予以深入辨析。目前中外学界在探讨中国古代权力与资本关系时,由于受到政治学和经济学两大学科界分的影响,在各自学科内部存在着一种极端深刻却又十分片面的研究理路。

一是站在政治哲学的视角,对中西传统政治制度的优劣予以深入解剖,充分肯定中国古代政治制度的合理有效性。持上述看法的学者众多,如蒋庆、贝淡宁、马丁·雅克、王绍光等人。以蒋庆为例,他在其《政治儒学——当代儒学的转向、特质与发展》中指出,要以中国古代广义的政治制度(如封建制度、明堂制度等)、行政制度(如选举制度、爵禄制度等)、经济制度(如井田制度、赋役制度等)来解释古代儒学经典,在"以制说经"的基础上,重建超越近代西方民主的现代东亚政治文明。[1] 贝淡宁在其《贤能政治:为什么尚贤制比选举民主制更适合中国》中主张,中国古代以科举制为标志的政治官员选拔机制有其合理成分,现代性转化将其发展为当代中国的贤能政治体制,它将比西方竞争型选举民主有着更加广泛的现代合理性。[2] 应该说,与五四以来长期视儒学、儒典、儒制为专制保守代名词的人相比,蒋庆、

---

[1] 蒋庆:《政治儒学——当代儒学的转向、特质与发展》,生活·读书·新知三联书店2003年版,第250页。
[2] [加]贝淡宁:《贤能政治:为什么尚贤制比选举民主制更适合中国》,吴万伟译,中信出版社2016年版,第67页。

贝淡宁等人通过对中国古代政治制度的深入研究，挖掘中国传统政治文化中的优秀成分，以此来重构超越西方的当代中国政治制度，并为其伦理合法性提供历史依据，这对增强中国人的政治制度自信，无疑具有极端重要的启发意义。

二是站在经济学的角度，对中国古代市场经济制度的地位与作用予以充分肯定。如德裔学者贡德·弗兰克在其《白银资本：重视经济全球化中的东方》中，从批判"欧洲中心论"出发，强调用整体主义方法对全球经济发展史予以梳理。他认为在1800年以前，中国内陆城市的市场经济状况和东南沿海的对外贸易水平一直处于世界领先位置，直到鸦片战争之后，东方衰落和西方上升的趋势才逐步明朗。[1] 美国加州学派彭慕兰、王国斌等人持有同样的看法，如彭慕兰在其《大分流：欧洲、中国及现代世界经济的发展》《贸易打造的世界》等著作中主张，18世纪以前，中西方市场经济发展大致处于同一水平，中国东南沿海的对外贸易水平已经达到世界领先水平。18世纪之后，由于美洲新大陆的开发，西方劳动力、土地等市场资源获得迅猛扩张，中西方市场经济水平的差距日渐拉大，开始出现大分流的情景。[2] 应该说上述全球经济史研究成果，极大地改变了人们有关中国古代小农经济十分发达而市场经济、海洋贸易等极端落后的传统看法，这对批判西方占主导地位的"欧洲中心论"思想，重新树立跨越国别的整全性全球经济史观，无疑具有极端重要的实践关怀价值。

正是上述研究成果的学理创新性和现实关照性，使其受到国内外学界的广泛关注与追捧，究竟如何评价其利弊得失？仁者见仁，智者见智。在笔者看来，他们面临的共同问题是，既然中国古代政治体制和经济发展存在如此众多的历史优势，为什么这些优势未能引领中国古代社会走出周期性大动荡的历史循环，从而有效避免中国古代政治结构、经济结构、社会结构在历次

---

1 ［德］贡德·弗兰克：《白银资本：重视经济全球化中的东方》，刘北成译，中央编译出版社2011年版，第8页。
2 ［美］彭慕兰：《大分流：欧洲、中国及现代世界经济的发展》，史建云译，江苏人民出版社2010年版，第19页。

大动荡中遭受的巨大破坏？尤其是中国古代市场经济一直处于波峰与波谷之间的起伏不定状态，没有出现过几百年乃至上千年的连续积累过程。到了封建社会晚期的宋、元、明、清时代，资本主义"萌芽"永远处于被反复践踏的恶性循环状态，从未长成一棵新型的现代性资本主义参天大树。以福建泉州为例，由于地处西南一隅，宋元时期未曾受到战乱骚扰，侨居的外国商人数以万计，泉州一度达至空前繁荣状态。但到了元朝末年，特别是公元1357—1366年间，在农民起义大军的洗劫下，富庶的泉州变得一片凄凉，阿拉伯、波斯商人纷纷离去，这个曾经与地中海亚历山大港齐名的著名港城，从此彻底萧条下来。[1] 泉州如此，中国各大城市亦复如是。每个王朝后期的政治动乱带来的一定是整个社会结构的雪崩式垮塌，随之而来的是城乡市场的毁灭性焚掠和废弃，人口锐减，消费萎缩，重新进入新一轮王朝兴衰更替的"历史循环"之中。

由此可见，要对这种历史周期率做出科学合理的解释，就不能沿着前述研究思路，将古代政治体制的利弊分析和经济运行状况的好坏判断分别开来进行研究，因为现实世界的政治与经济从来都是密不可分地交织在一起，彼此之间既相互冲突又相互作用，共同塑造着中国古代社会的本真面相。这就要求我们深入中国古代社会结构的内部与腹地，将中国古代政治权力运行机制与市场经济演变轨迹有机结合起来，从权力与资本彼此互动和相互纠结的复杂关联中，深刻揭橥中国古代处置政商关系时存在的利弊得失。由之，才能彻底透视中国古代政治与经济体制运行的内在奥秘，从而真正把握中国古代社会的根性特质。

（二）中国古代政商关系的本质特征与循环结构

因不同历史时期的"时"与"势"不同，中国古代政商关系的互动状况无疑存在重大阶段性差别，但由于受到中华民族内在文明特质的影响，也有一以贯之之处。先秦时期，中华民族的政商关系呈现出蓬勃多元的鲜活特

---

[1] 金观涛、刘青峰：《兴盛与危机：论中国社会超稳定结构》，法律出版社2011年版，第21页。

征，统治阶层或知识精英对商人政治地位和社会作用的认知相对公允。《管子》一书根据人们的职业特征，将民区分为士、农、工、商四类，认为他们各有其上天赋予的职业秉性和社会价值，并无人格上的高低贵贱之分，并强调四民各习其业的极端重要性。在《论语》中，孔子就称赞自己的商人弟子子贡："赐不受命，而货殖焉，亿则屡中。"但自秦始皇统一六国之后，法家所大力倡导的"重农贱商"政策逐步占据中国社会的主导地位。汉武帝之后，它又同儒家"重农抑商"的主张相结合，形成"儒表法里"的意识形态结构，[1] 这对后世中国政商关系的演进产生重大影响。笔者将自秦至清中国古代政商关系的根性特质概括如下：

（1）官主商辅型政商模式的确立与封建赋税制度的鼎力支撑。当代制度经济学者普遍认为，世界各国处理国家与市场关系的方法各不相同，是政府取代市场还是市场取代政府，以及二者相互结合的程度如何，是衡量国家之间彼此差别的根本标准。[2] 中国古代社会处理国家与市场关系的本质特征是，高度专制的皇权政治体制从宏观和微观层面为经济运行规定了基本的制度环境，它决定着中国城乡各地工商业的形态特征、发展模式和历史走向。张光直认为，中国古代城市从发生学的角度看，它就是王权网络中的一个纽结，秉承着强烈的政治属性。它是朝廷彰显威权、运筹帷幄、克敌制胜的军事堡垒，其市场活动隶属于各种政治需要，是为"权力消费"服务的工具。他说："点布在（夏商周）三代政治地图上的数千座城市，经种种无形的纽带联为一体，构成行政控制和财富分配的分级系统。"[3] 在城市和乡村开展的各类商业活动中，盐、铁、茶、酒等贸易活动关涉国计民生，很早就受到了官府的严格督查。尽管汉代的盐铁会议曾对"盐铁官营"和官方调节物价的"平准均输"

---

1 笔者认为，单纯从学术理论的角度看，中国先秦时代对商人的鄙视源自儒、法两大学派。就儒家经典《论语》《孟子》与法家经典《商君书》《韩非子》比较而言，儒家强调"重农抑商"，法家主张"重农贱商"，法家对商人的鄙视较之儒家有过之而无不及。而汉武帝确立的"儒表法里"的意识形态结构，则是形塑中国古代政商关系的思想根源所在。
2 ［美］查尔斯·林德布洛姆：《政治与市场：世界的政治—经济制度》，王逸舟译，上海三联书店、上海人民出版社1996年版，序言。
3 张光直：《美术、神话与祭祀》，生活·读书·新知三联书店2013年版，第7页。

政策有过激烈争论，但自汉至清，由官府直接经营和监管盐、铁、茶、酒等国家重要生产和生活物资的局面，从未发生过根本改变。即使某些自发兴起的专业性工商业聚集地，随其经济地位和社会影响的日益显著，也必须承受来自皇权越来越强横的统辖、管制和搜刮，逐步丧失初始期的自发性特征。如江西景德镇，因出产的青白瓷质地优良，自宋代始，就受到朝廷的高度重视。到明清时代，其官窑的经营完全遵从皇帝旨意进行，朝廷并对民间日渐高涨的用市场原则配置资源的要求予以严厉镇压。实际上自汉代始，各朝法律和礼制都对政府官吏和民间商人衣食住行的标准做出了明确界分。瞿同祖依据二十四史中有关舆服、冠服等各种制度规制的考证指出，仅就衣饰而言，在很多朝代锦罗绸缎都被视为上服，只有官员之家可用，商贾之家仅能使用绢、布材料制作服装。商人阶层如违禁乱用不该使用的衣饰、款式，轻则拘役，重则查抄全部家产。[1] 历代官府主要通过严格的赋税制度实现对城乡商业活动的精细管控，王毅将中国古代赋税制度的运演机理概括为三：一是由朝廷初创时期的轻徭薄赋发展到后来的诛求无度，直至最后的民力殚竭；二是随着历代官僚机构由简到繁的不断扩增，为了满足庞大官僚阶层的需要，各种赋役捐税的名目和数量到王朝中期会不断扩展；三是到了历代王朝的后期，非法加征的税额和税目急速增长，先是半遮半掩，最后走向合法化。[2] 在上述恶税制度变本加厉的作用下，工商阶层的经营活动日渐衰竭，最终伴随一代王朝的垮塌而终结。

（2）王朝兴衰规律与统治阶级机会主义商业政策。在中国"一治一乱"的轮回周期中，城乡工商业的发展必然伴随国家治乱周期的发展而兴衰，经历启动、恢复、繁荣、毁灭的运行模式。之所以如此，是因为伴随新兴王朝的政治统治日渐稳定，权力集团成员的数量会迅速增加，他们的消费欲望也会随着权力财富的积累而日益暴涨。这就必然带动城市消费品生产的迅速发展，商品经营网络越来越发达完善，手工业和服务业的分工逐步精细化，奢

---

1 瞿同祖：《中国法律与中国社会》，商务印书馆2017年版，第173页。
2 王毅：《中国皇权制度研究——以16世纪前后中国制度形态及其法理为焦点》（下），北京大学出版社2007年版，第933页。

靡性的消费风气开始盛行，从而使得整个城乡经济逐步走向繁荣。傅衣凌曾深入探讨过宋元明清不同时代商人和商业资本的兴旺发达状况，他说，宋代伴随人口增长造成消费市场的扩大，特别是封建统治阶级奢侈生活的盛行，"在商人中，出现了坐贾、客商、牙侩等，各产业部门都有他们在活动，大规模的联号组织也已出现。跟随商业的发达，于是为了便利大商业的进行，像货币金融及其他的辅助机关——榻房、廊房、堆垛场、柜房、钱铺、金银铺、兑房、寄附铺、交引铺等机构，以及商业经营上所必需的簿记、商用数学、珠算等，亦无不出现于这一时期，较之同时代的欧洲商业有极大的进步"。[1] 不仅如此，历代统治集团总是采用机会主义政策对待和盘剥商人，例如，北宋朝廷在和平时期为了争取北方边地民心和获得经济垄断利益，允许北方盐产区的盐品自由流通，但通过茶叶禁榷制度，限制江南茶叶销往北方，乃至实行茶叶统购统销制度，从中大量牟取垄断利益。但随着茶叶储藏运输成本不断提高，国家损失日渐增大，为了转嫁损失费用，朝廷又逐步放松管制，最终取消茶叶禁榷制度。特别是在边关战事吃紧时，为了保障军队急需，必须仰赖商人运输，朝廷对财富追求让位于国家安全，开始放宽对商人的各种禁令，乃至高额补贴商人虚估的损失。而边患一旦消除，国家又重新削减之前让渡给商人的各种利益。特别需要指出的是，中国古代官员都是读四书五经起家，较早养成了重义轻利的价值观，十分轻视乃至缺乏经济头脑。很多人只会做锦绣文章，为官从政后为了捞取钱财，在国家承平时驱使商人为己为国营利卖命；当社会矛盾激化时，他们又会通过各种手段妖魔化和污名化商人，通过煽动普通民众的仇富心理来剥夺商人财富，将之挪为私财或充作国用，以便缓和社会矛盾，这就使得商人阶层成为历朝历代矛盾激化时期的重要宣泄通道之一。质言之，历代统治者对待商人的基本态度是：有事招之即来，无事挥之使去。[2]

（3）超越市场经济的潜规则与历朝末期的横征暴敛。到了历朝历代的中后期，伴随商业繁荣现象的出现，统治阶层中的皇亲国戚和大小官员开始依

---

[1] 傅衣凌：《明清时代商人及商业资本》，中华书局2007年版，第4页。
[2] 姜朋：《官商关系：中国商业法制的一个前置话题》，法律出版社2008年版，第214页。

仗自己的权势,争先恐后地从事各种商业活动,诸如以公款作资本、以公物作商品、用官舟贩运私货、用公家劳动力为私营活动服务、借官威官势贱买贵卖等,致使贵族官僚倚权经商成为盛行大江南北的普遍现象。如明代中期,皇帝和佞臣宦官们直接开设"皇店"从事经营活动,大规模走私国家专控的食盐,从中攫取暴利,乃至公开经营普通商户不敢涉足的色情行业。他们与民间商户在交易中发生冲突时,就通过五花八门的非正常手段从中渔利,诸如夺民店铺、拖欠贷款、名为购买实为强占等,特别是拒交商税、包揽商税和私征商税的现象愈演愈烈,使得国家财政税收大量流失。许多军队官员利用职权,打着军事征用的旗号,强行占用农民土地,役使士兵生产贩卖粮食,垄断边关粮食市场,贩卖马匹、草料等军需物资。《明实录》《明史》《明臣奏议》等典籍中的相关记录比比皆是。普通商人失去人身和财产安全时,只能钻营依附于官僚集团,以求在其庇护之下安身立命,通过仰人鼻息的行贿手段求得商业自保。从这种意义上讲,中国古代社会的政商勾结是皇权专制高度强化和官僚集团私欲膨胀的必然结果。到了王朝后期,整个官僚集团为了聚敛财富,开始采用野蛮露骨的手段,对工商阶层和普通百姓的财产施以大规模掳掠,商人阶层成为统治阶级的吸金器,最终激发民变,整个王朝的商业财富伴随皇权制度一同走向彻底覆灭。

1840年鸦片战争之后,伴随西方国际资本敲开中国大门,中国开明的官僚地主阶层不再将攫取的财富投资到土地上,而是转向工业、商业、金融、证券等领域,逐步由官僚地主阶层蜕变为官僚资本阶层。中国近代社会政商关系的发展大致经历了三个阶段:一是清朝末年的洋务运动时期。在镇压太平天国运动中发迹的曾国藩、李鸿章、左宗棠、张之洞等人,主要以"官办企业""官督商办""官商合办"的形式,控制晚清军事工业中的官僚资本。他们虽然能够利用官商身份保护企业和商人利益,但当官商利益发生尖锐冲突时,最终结果一定是官夺商权。[1]二是袁世凯和北洋军阀时期。清朝灭亡后,这股政治势力挟洋务派之余威,继续采取官办形式统辖官僚资本或直接转变

---

[1] 陈旭麓:《近代中国社会的新陈代谢》,生活·读书·新知三联书店2017年版,第103页。

为官僚私营；与此同时，他们对外国资本的依附性和买办性更加明显，开始投靠一个或几个外国主子，共同抢夺中国资本市场的控制权。三是蒋介石集团控制时期。北洋军阀统治为时不到20年，随后以蒋介石为首的四大家族投靠了迅速崛起的美国垄断资本阶层。他们作为美国在华的总买办，在将整个政权资本化的同时，也使全部资本官僚化。他们不仅将国家资本投资于金融、交通、军事、能源等领域，而且所有官僚都以或明或暗的入股形式将私人资本纳入国家公司，从中获取高额收益，并对各种民间资本实施严密控制和持续打压，最终在其疯狂敛财过程中走向覆亡。[1]除了官僚资本的发展之外，近代中国的民营资本周旋于官府与洋商之间，通过左依右傍也获得了一定程度的发展，如在面粉、纺织、轮船、铁路、开矿等行业，一大批民营企业应运而生。据统计，1872—1894年中国近代有资本额可查的民营企业有200多家，1894—1913年资本在1万元以上的工矿企业有549家。[2]但中国民族资产阶级因其天性弱点，无法引领中华民族的政商关系走向现代化，这一重大历史责任还需等待未来中国特色社会主义国家来完成。[3]

（三）西方政商关系的历史流变及近现代结局

与中国古代政商关系相比，西方政商关系的发展亦有自身的运演轨迹。古希腊各个城邦中存在严格的公民、自由民、奴隶等身份限制，公民享有城邦法律规定的一系列权利，大部分公民家中都有可供使用的奴隶，公民主要依靠奴隶在土地耕作中创造的财富过活。虽然在希腊城邦之间以及希腊城邦与地中海周边城市之间也存在着繁忙的贸易往来，但从事贸易活动的商人主要是城邦中的自由人和外邦人，希腊公民把商业活动视为低贱的差事。到了古罗马时代，罗马贵族和公民同样依靠占有大量土地和众多奴隶来获取粮食、租金等财产，而通过对外战争方式从各地掠夺战利品是贵族阶层的重要财富来源。他们对商人地位与作用的认知更是远在古希腊人之下，古罗马法律中

---

[1] 王亚南：《中国官僚政治研究》，中国社会科学出版社1981年版，第184页。
[2] 马敏：《过渡形态：中国早期资产阶级构成之谜》，华中师范大学出版社2011年版，第23页。
[3] 靳凤林：《晚清衰亡与中西权力、资本、劳动的伦理冲突》，《湖南社会科学》2020年第4期。

经常将商人同盗贼相提并论。罗马政坛重要人物西塞罗就曾说过:"一切手工业者所从事的职业都是低贱的,因为在任何工场里决无任何自由可言。"[1] 虽然罗马完善的交通设施客观上促进了罗马城乡间商业贸易的繁荣,也出现了威尼斯、热那亚之类小型商业城市,但从总体上看,罗马城市的主要功能是军事堡垒和政治中心,最宏伟的建筑是帝国崇拜的神庙、议事厅、剧场、体育场等,市场在城市中无足轻重。西罗马帝国灭亡后,西欧从公元5世纪至15世纪步入漫长的中世纪,其政商关系开始发生重大变迁。

首先,在中世纪,欧洲商人的社会地位经历了一个不断提升的过程。在欧洲中世纪早期,封建庄园制和附庸采邑制占据社会生活的主导地位。所谓封建庄园制就是国王把土地赐封给下属(公、侯、伯、子、男等),下属作为庄园主通过剥削农奴、自由人和奴隶的地租和劳役而生活。所谓附庸采邑制就是庄园贵族把庄园内的土地划分成采邑,让其随从、附庸或封建佃农通过效忠仪式获得土地,依此解决个人俸禄问题。而基督教会通过接受国王赏赐、教徒捐赠等方式也拥有大量地产。由之,整个社会形成了重视农业劳动和鄙视商业营利的浓厚氛围。此时,只有"边缘商人"——威尼斯人和"外方商人"——犹太人作为流浪商人,在各地封建庄园之间从事小额的商品交换和贸易活动,且受到庄园主们各种各样的严苛限制。到了中世纪后期,一方面,庄园人口持续增长,可供开垦的土地越来越少,庄园内的大批剩余劳动力开始脱离庄园,走上流浪商人的对外开拓之路。另一方面,伴随东方伊斯兰势力的扩张,伊斯兰阵营与东罗马拜占庭帝国的东正教阵营和西欧、南欧的天主教阵营的矛盾不断加深,最终引发了持续近200年的十字军东征。从表面上看,这是一次为解放基督教圣城耶路撒冷而发动的宗教战争,但从深层次看,这也是欧洲积累的过剩人口的第一次向外拓殖运动,大量无地骑士、破产农民、新生商人打着宗教战争的旗号,开始了沿途的抢掠、屠杀、贩卖活动。他们沿途占领的城镇,不断有各地商人前来从事经营活动,成为社会底层到东方淘金的基地。这极大地促进了西方天主教世界和东方伊斯兰世界的

---

[1] [古罗马]西塞罗:《西塞罗三论》,徐奕春译,商务印书馆1998年版,第159页。

商业贸易往来，也为哥伦布发现美洲新大陆之后，欧洲商人的第二次拓殖运动积累了丰厚的历史经验。[1]

其次，中世纪晚期商人自治城市的兴起决定了欧洲政商关系的根本性质。在中世纪早期，西罗马帝国灭亡之后，许多城镇被焚毁或遗弃，即使留下来的城镇也是主要用作军事城堡或主教教廷所在地。到公元10世纪之后，在持续增加的人口压力作用下，从封建庄园溢出的流浪商人日益增多。他们为了避免沿途关卡的盘剥、恶劣气候的影响或躲避盗匪的抢劫，开始在交通便利的河汊、港口、十字路口、旧有城堡或现有城镇的外围，设立保护自己及货物的栖身地或落脚点，进而搭建起临时性经营场所并定期举办集市贸易，由之，将不同地区或国家的商人聚集到一起，同时也吸引了大批不同社会阶层的人涌向这种新型城镇。到公元12—14世纪，这些新兴城镇中的社会分工日趋复杂，诸如早期银行业的诞生、行会手工业的分化、包买商对家庭手工业的控制、航运业新组织的出现、建筑包工队的发展、采矿和冶炼小手工业的兴盛等。伴随这些新型商业城镇的日渐发达，城镇中的富商大贾逐步形成自己的习俗，进而建立起各种类型的城市管理机构，制定出旨在保护商人私有财产不被侵犯的法律法规体系，乃至建立起保护城市免遭外敌入侵的城市军队或雇佣军队伍。[2] 以意大利的佛罗伦萨为例，它就是由商人团体逐步发展起来的新型商业化城市共和国。该市发端于羊毛纺织和呢绒加工，家庭作坊遍布大街小巷，以极端严格的工艺流程和高品质的毛纺产品立足欧洲，其业务拓展至英国、法国、西班牙等国，在此基础上发展出精确的记账制度和核算制度，进而带动起金融、航运、建筑等各行各业的大发展。马基雅维利就是受主宰佛罗伦萨城市100多年的美第奇家族的委托，来撰写《佛罗伦萨史》的，其中多有美化美第奇家族对佛罗伦萨城市发展和商业繁荣所做贡献的章节。他的另一名著《君主论》，也是献给佛罗伦萨城市共和国执政官洛伦佐的作品，而洛伦佐则是美第奇家族史上最后一位重要人物。也正是因为他整天忙于佛罗伦萨共和国的各种政务，豪阔成性，疏于家族在欧洲各地金融业的

---

[1] 赵立行：《商人阶层的形成与西欧社会转型》，中国社会科学出版社2004年版，第86页。
[2] 厉以宁：《资本主义的起源——比较经济史研究》，商务印书馆2003年版，第54页。

精细管理，最终导致美第奇家族银行的全面衰落。在洛伦佐之后，整个美第奇商业家族在佛罗伦萨共和国的影响日渐式微，给后人留下无限惆怅。[1]此外，中世纪后期兴起的汉萨同盟，则是德国在北海和波罗的海建立起的一系列商业城市联合体的统称。它是以贸易垄断、商业特权和货物转运为特色的商业城市联盟，利用外交、封锁、武力等手段对联盟内各个商业城市的利益予以有效保护，把西欧的远程贸易推进到一个新的高度。[2]

最后，资本阶层与世俗王权的复杂互动奠定了欧洲民族国家的本质特征。在欧洲中世纪，世俗的封建国王和握有神权的教会组织共同构成上等阶层，但由于王权和教权存在重大利益分歧，教皇经常以开除国王教籍的方式胁迫和压制世俗国王。加之，国王在不断分封土地的过程中，自己的土地越来越少，而被分封的封建诸侯在自己的土地上又拥有各种政治和司法权力，致使国王的实际权力愈加虚弱。世俗国王要想摆脱教会的摆布和诸侯分裂倾向的掣肘，急需得到手中握有大量钱财的商人阶层的支持和帮助；而商人阶层为了拓展自己的经营范围，迫切需要国内外统一的市场做支撑，为了提高自己的社会地位和经营权利，又十分希望得到国王的权威认可，于是商人和国王的结合就变得水到渠成。城市商人为国王提供资金，帮助其抗衡天主教会的威权和消灭封建领主的割据，从而促成民族国家的诞生和民族市场的繁荣。与此同时，城市商人也逐步渗透到国王的管理队伍中来，并将商业城市的治理经验运用到民族国家的管理之中，甚至在行政管理、财政税收、对外交往等部门直接担任要职。随着商人阶层促成的以国王为代表的统一性民族国家的崛起，民族国家的各种政策也逐步成为满足商人利益集团的工具，由之，重商主义政策逐步被欧洲各国采纳。英国商人托马斯·格雷欣的典型案例最能说明商人和王权之间的交互利用关系。在16世纪40—70年代英国都铎王朝时期，由于不断与法国、西班牙、爱尔兰征战，英国国库严重亏空，在爱德华六世、玛丽一世、伊丽莎白一世执政期间，王室先后委托著名金融商人

---

1 [美]雷蒙·德鲁弗:《美第奇银行的兴衰》下卷，吕吉尔译，格致出版社2019年版，第213页。
2 金志霖:《试论汉萨同盟的历史影响和衰亡原因》,《华东师范大学学报（哲学社会科学版）》2001年第5期。

托马斯·格雷欣为其筹措战争经费。格雷欣运用自己的经济头脑,借助其商业家族在英国财政部门和欧洲大陆积累的深厚人脉,通过刺探经济情报、操纵市场汇率、增加英国税收、重铸国家货币、募集国家债务、强化外汇管制等一系列强有力的金融措施,多次帮忙解了都铎王朝的燃眉之急。[1]同时,其所作所为也极大地推动了英国王室重商主义政策的广泛实施,包括消除阻碍国内贸易的各种禁令,稳定基本食品价格,通过出口禁令和保护性关税确保本国制造业的发展,通过国王给商人集团颁发特许状成立海外殖民公司等。当然,伴随着商人力量构成的资产阶级的不断壮大,他们开始与国王争夺国家管理权。英国光荣革命之后,王室被迫不断退缩和让步,直至英国最终演变为一个由资产阶级主导的君主立宪制资本主义国家。其他欧洲国家也基本经历了上述过程:政商之间既相互勾结又不断冲突,先是促成以国王为代表的皇权专制型民族国家的形成,接着通过资产阶级革命,以工商阶层为代表的资产阶级彻底掌握国家政权,最终在保留王权外在形式下走上资本主义现代化发展道路。

(四)深层价值分野与中西古代政商关系的伦理视差

通过对中西权力与资本关系抑或政商关系历史流变轨迹的深度考察,我们不难发现,中西之间由于政治权力结构、资本生成历史、民族文化传统存在重大差异,因而政治与经济、国家与市场、权力与资本、官员与商人关系的深层运演机理呈现出迥然不同的根性差异。从政治伦理学和经济伦理学的视角看,中西古代政商关系的深层伦理视差集中体现在以下三个方面。

一是中西古代社会政商之间身份伦理的深度分流。在中国古代社会,包括商人在内的亿万国民的基本身份是"王民""臣民""子民",每个人从成人伊始到老迈无力,都必须效命服役于皇权;而皇权对亿万百姓的统辖主要通过"编户齐民"制度得以实现,所谓"编户齐民"就是由统治者来编订和管理全国民户、丁口和土地的册籍(黄册)制度。每年进行祭天大典时,皇

---

[1] 赖建诚:《王室与巨贾:格雷欣爵士与都铎王朝的外债筹措》,浙江大学出版社2015年版,第185页。

帝都要把"黄册"置于祭台之上，以示其代表上天对子民行使管辖护佑之责。任何百姓都没有脱离"编民"而成为自由人的权利，脱离编户和逃脱赋役是一种严重的犯罪行为，全家及乡邻都会受到株连并被严厉惩罚。历代皇权正是借助"编户齐民"以及与之密不可分的保甲制度来征派劳役，如明代朱元璋建立大明王朝之后，把民分成不同的户，有军户、民户、匠户、灶户、医户等，每户又根据职业性质再进行细分，如匠户中有厨役、裁缝、马匠、船匠等，朝廷有多少种劳役就调拨多少种人户去承担。明洪武二十六年（1393），为了建设北京紫禁城，朝廷曾将全国20余万户工匠迁至北京，每户至少一人应役。在强大的皇权面前，各种商人的人身财产毫无安全保障，要随时接受皇朝的遣使。明代朱棣在位时，为了强化宛（平）、大（兴）二县护卫紫禁城的作用，曾令户部强行从浙江调遣14300余户富户和富商到此定居，如不接受迁徙，就立即拆除其住宅和门面，即刻剥夺全部财产，致使"孤儿寡妇哭泣叫号，仓皇暴露，莫知所适"。[1] 在京城的商户也经常被迫应承和服从官府的强买强卖行为，否则会被严惩。明成祖朱棣曾下旨："那军家每年街市开张铺面、做买卖，官府要些物件，他怎么不肯买办？你部里行文书，着应天府知道：今后若有买办，但是开铺面之家，不分军民人家，一体着他买办，敢有违了的，拿来不饶！钦此。"[2] 从中不难看出，在我国明代政商之间，官府的权力消费居于绝对统治地位，商人只有接受官府指派的义务，毫无人身财产的自由支配权可言。

　　与中国古代官主商辅的政商模式不同，到欧洲中世纪晚期，封建领主和国王贵族与商人的伦理关系已经发生重大变化，即商人由中世纪早期被封建领主和国王贵族鄙视、排挤、打压，逐步走向独立、自由、富强。特别是商人要在封建领主和国王贵族统辖的地界内建立自己的商业中心，最初都是通过契约关系建立起来的。商人为了摆脱封建领主和国王贵族的辖制，在契约中都会大力强化自己的自由权和自决权。如亚当·斯密所言："都市居民的情

1　参见王毅：《中国皇权制度研究——以16世纪前后中国制度形态及其法理为焦点》（下），北京大学出版社2007年版，第810页。
2　（明）陈子龙等：《明经世文编》卷一九十一，中华书局2012年版。

况，无论当初是怎样的卑贱，但与乡村耕作者比较，他们取得的自由与独立，在时间上总要早得多。……这个城市，因此成为所谓自由市，由于同一理由，市民就成为所谓自由市民或自由商人。"[1] 伴随城市自治社会的建立，以商人为代表的资产阶级的权力日益扩大，特别是广大商人长期在城市集聚和生活，逐步形成了共同的经验、共同的利益和共同体意识。他们通常会以和平方式向封建领主和国王贵族提出要求，不论领主、国王、教主，都必须承认城市是一个自治社会，如果他们的合理要求被拒绝，市民们就会以暴力方式来反抗封建权力。12 世纪之后，意大利和西欧的许多城市都已经形成了自己的城市共和国，选举出自己的城市管理机构，制定出自己的城市法律。不难看出，西方商业城市的性质和中国古代城市存在本质性差异：前者是抗衡和摆脱封建统治的巨大分裂力量；中国的城市则是糅合经济、政治、法律、宗教、伦理等各种力量，并借助宗法制度、礼教习俗，把包括商人在内的全部子民束缚到封建网络中，成为皇权专制力量的传导器。商人只能依附于官府，在其权力夹缝中寻找生存空间，没有丝毫的人身自由可言，更遑论人格独立！

二是中西古代商人财产保障制度的重大差别。如果说人身自由仅是商人经营活动的起点，那么与之相关的财产保障制度则是其赖以生存和发展的根本支柱。在中国古代社会，皇权统治通过"编户齐民"制度将无数商人的人身法权属性定格在了"子民""臣民"身份上，由此确定了对之强行征取赋役和劳役的合法性。那么，商人作为皇朝的"子民""臣民"，他们财产权的法理源头何在呢？这就是普天之下的一切财富从根本上讲都是由上天赋予苍生的，而上天则是通过圣德齐天的帝王们来统辖分配的。唐太宗李世民言："隋时百姓，纵有财物，岂得保此？自朕有天下已来，存心抚养，无有所科差，人人皆得营生守其资财，即朕所赐！"[2] 可见，在中国传统政治哲学视野中，所有"子民""臣民"没有任何意义上的财产所有权，因为普天之下的所有财产皆是皇权和朝廷恩赐给百姓的。当然，中国古代社会也有商品交易、土地

---

[1] [英]亚当·斯密：《国民财富的性质和原因的研究》，郭大力、王亚南译，商务印书馆1974年版，第363页。
[2] (唐)吴兢撰：《贞观政要》卷一，中华书局2003年版，第21页。

买卖等各种商业活动，却没有一部保护个人财产所有权的法律存在，因为皇权法定和天然地是一切国家财富和个人财富的所有者，商人仅仅是自然和社会财富的保管者而非终极拥有者。没有任何人从法理上质疑过这种财产理论的合法性。由此，我们就能明白为什么中国历代最高统治者会经常性地大规模划定"皇庄""官田"，并随意将占有的财产赏赐给自己的"佞臣"。当然，皇帝也可以随时随地"抄没"臣民的全部家产，并将其削官为奴、流放边地乃至即刻赐死。徽商胡雪岩的人生悲剧最具代表性。他从一个籍籍无名的跑堂小伙计成长为富甲一方的"胡财神"，其发家历史源于资助身处困境中的王有龄。多年之后，王有龄成为江苏布政使，帮助胡雪岩快速致富。王有龄因镇压太平天国不力自缢身亡后，胡雪岩又旋即结交上左宗棠，协助其平息陕甘和新疆叛乱，为其筹措军饷、代购军火立下汗马功劳。在左宗棠的光环护持下，其所经营的钱庄票号、商业铺面如日中天，积淀起雄厚的财富基础，成就了当时迅速致富的一则神话。但伴随左宗棠积劳成疾，很快离世，胡雪岩辛苦经营的商业帝国旋即衰落，最后其商业财富和家产被朝廷全部抄没，成群妻妾作鸟兽散，胡也在贫困潦倒中孤寂去世，被一老仆葬于乱石岗上。[1]可见，在中国古代社会，当政治权力作为资源分配的主要手段时，各级官员可以任意剥夺大小商人的财产。但在身处权力顶端的皇帝眼中，无论官位多高的官员还是家财万贯的商人，皆是"草民""蚁民"，朝廷既可以让你即刻富贵，也可以让你瞬间消亡，各级官员和各类商人只堪做皇权治下的囊中之物。

与之相反，早在公元前5世纪罗马共和时期，平民为了反抗和限制贵族的专横和压迫，就和"护民官"一起发动了保护公民的成文法运动。最终形成的《十二铜表法》，对罗马公民的人身财产权给予充分保护，强调公民的一切权利来自"自然理性"和"自然法"，一切公民都享有天赋的人身权利，享有通过"先占"和"契约转让"等方式而占有财富的权利。[2] 恩格斯曾赞扬罗马法"是商品生产者社会的第一个世界性法律"。[3] 这种法律到了欧洲中世纪，

---

1 姜朋：《官商关系：中国商业法制的一个前置话题》，法律出版社2008年版，第246页。
2 ［英］梅因：《古代法》，沈景一译，商务印书馆1959年版，第146页。
3 《马克思恩格斯文集》第4卷，人民出版社2009年版，第307页。

成为规范与调解国王和封臣之间权利义务关系的重要思想来源,如国王有义务保证其封臣的人身权和财产权,国王不得随意加征各种赋税。12世纪之后,伴随商人执政的城市共和国的崛起,保护商人人身和财产权的各种法律层出不穷。据伯尔曼介绍,威尼斯、热那亚、佛罗伦萨等诸多城市共和国,出现了市场法院、集市法院、商人行会法院、城市法院等,其目的是高效裁决商人之间的利益纠纷,每个商人都要学会在复合性法律体系中保护好自己的财产。[1]时至近现代,在英、法、德、美等国家,商法已经成为国家内部法律和国际贸易法律的重要组成部分。从中不难看出,保护商人的财产权是商业经营赖以展开的前提条件。在中国古代社会,虽然也有如毛细血管一样发达的初级商业市场,也存在被商人们广泛推崇的商业伦理,乃至民间交易规则已经十分完备和发达,但所有这一切,一旦与高度专制的皇权官僚体系发生冲突,就成为一堆废物。因为在极端强势的皇权面前,民间商人所制定的一切交易规则和积累而成的各种交易伦理都不堪一击,"官贵民贱"就是中国古代社会的"根本大法"。这构成了中国古代社会无法逃脱历史周期率的重要原因之一,同时,它更是中国古代社会无法产生现代资本主义制度的政商环境根源之所在。

三是中西古代社会政商关系终极走向的截然二分。由于没有人身自由和产权制度的保障,中国古代商人只能托庇于官僚政治之下安身立命,进而获得有限的个人生存空间和商业经营空间。秦汉之后的历代商人都把钻营依附政治权力和经营与官员的人际关系,作为自己存身和发财的主要门径,孜孜追求通过政治授权所形成的垄断地位来牟取暴利,对产品质量和技术创新重视不足。这也就决定了他们的最终命运不是走向独立自主,只能是同其攀缘附庸的政治主体同生共死。恰如傅衣凌所言:"中国商业资本增殖的方法,多不由正当的途径,而率利用封建的独占方式,以巧取豪夺致富。自然,这赋予中国的商业资本极富于游离的性质,缺乏坚实的基础。同时,使他们也必须与政治结着不解之缘,且常成为国家财政的尾闾。……反之,他们也因

---

[1] [美]伯尔曼:《法律与革命》,贺卫方等译,中国大百科全书出版社1993年版,第438页。

为和官僚政治太过于密切了,常不能独立的长久维持其经济上的活动,每随政治的变动,而起变化;辄与王朝的兴衰,同其终始。"[1] 在中国历史上的晋商、徽商、浙商、粤商中,前述胡雪岩的商业经营因勾结权贵而盛,也因权贵垮塌而亡,粤商中的广州十三行更是因清廷授权而生,伴随清廷腐败而衰,此类现象比比皆是。笔者仅以晋商为例述之:明代晋商因为供应北方边关驻军粮草,获得通过"盐引"(盐票)而合法贩盐的权利,随之因盐业而富甲天下;明亡清兴后,原有边关驻军消失,晋商的盐业贸易迅速衰亡。时至清代,晋商因掌控了茶叶产品从原料采购、包装设计、仓储运输、订单处理到批发零售的整个产业链,成为驰名海内外的茶业商帮。但1873年之后,清廷日衰,俄国逼迫清廷同意其通过海运通道免税经营中国茶叶,而清廷又拒绝晋商享有同等经营权的申请,晋商的茶叶贸易旋即没落。特别是清末的晋商票号,因适应当时"汇通天下"的金融需求而名满世界,但是越往后发展,其与清朝财政的关系越紧密,既成为清廷户部存放银两的票号,更成为清廷高官贪污受贿和洗钱纳垢之地,最终和大清王朝一同走进历史的坟墓。[2] 尤其需要指出的是,中国古代商人深受儒家文化熏染,虽然身在商业世界,其内心深处却鄙视工商职业而仰慕为官从政,一旦发财致富就将诸多钱财用于购买家乡地产和投资宗族教育,期盼后世子孙转变为封建地主阶级一员,进而通过科举考试步入仕途,飞黄腾达,最终实现财富与权力的有效结合。这种使后世子孙脱商入仕的人生安排和职业规划,不仅极大地制约了中国商业资本的持续积累,也成为中国社会发展无法逃脱周期性动荡的重要诱因之一。

与中国古代社会官主商辅型超稳态政商结构完全不同,欧洲多数国家的商人阶层没有长期攀附封建权贵的经历,其主要成长历程包括封建贵族压制城市商人、商人阶层与封建贵族持续对抗或彼此联盟、商人阶层主导国家政治三个基本阶段。以英国为例,如果说封建专制制度是一个人的统治,寡头制度是少数人的统治,民主制度是多数人的统治,那么英国就是通过不断改革,最终确立了工商阶层主导下的多数人统治的民主制度。在中世纪后期,

---

[1] 傅衣凌:《明清时代商人及商业资本》,人民出版社1956年版,第80—81页。
[2] 郎咸平:《中国商帮》,东方出版社2018年版,第35页。

经过13—14世纪都铎王朝重商主义政策的长期实施,工商阶层逐步占据英国政治生活的重要地位。到了16、17世纪,英国工商阶层不再满足于国王授予的贵族封号,大批工商巨头鼓动议会立法,对担任国家和政府重要职务的人予以财产资格限制。如1631年伦敦市长的财产资格规定为1万英镑,1640年伦敦参议员的财产资格规定也是1万英镑,其他市政官职的财产资格规定也在1000—4000英镑之间。[1]通过上述措施,伦敦的市长、市政司法长官、市政议会完全掌握在商人阶层手中,英国其他地方的政府官职同样落入当地富商手中。不仅如此,英国工商阶层除了直接参政外,还通过各种非正常途径对各级议员施加影响,促使其制定和出台有利于工商阶层的各种法律议案。几乎每个公司和利益集团都有专门的"院外活动集团"或"游说团",对各类议员的行贿方式五花八门,包括赠送礼金、设宴款待、迎来送往等。工业革命之后,以工商阶层为代表的资产阶级更是成为一股不可遏制的庞大政治力量,开始全面主导英国的政治生活。[2]

综合前述中西政商关系根性特质的比较研究,我们不难看出,单独对东西方古代政治、经济的发展历史予以深入挖掘,皆可看到各自政治与经济运行机制的独特优势,但是要深度把握东西方古代社会的本真面相,就必须将政治与经济有机地结合起来进行勘验。唯其如此,我们才能从政治与经济、国家与市场、政府与企业、官员与商人的彼此互动中,看到中西双方各自整全性制度体系的利弊得失。就中国古代社会的政商关系而言,其本质特征是官主商辅型超稳态社会结构的源远流长。它在中国历朝历代都要经历政治给商业留出生存空间,然后官僚统治阶级在权力消费带来的商业繁荣中拼命榨取商人利益,最终陷入政商同生共死的周期性循环。就西方社会的政商关系而言,它的本质特征是政商分而不离,先是经历王权和教权对商人的鄙视与打压,继而商人通过与王权和教权的长期博弈,建立起自己的独立性商业城市,又通过和王权的折冲樽俎建立起皇权专制型民族国家,最终将近代民族

---

[1] 赵秀荣:《1500—1700年英国商业与商人研究》,社会科学文献出版社2004年版,第182页。
[2] 参见靳凤林、冯磊:《英国资本主义宪政制度与三大阶层的德性特质》,《科学社会主义》2020年第4期。

国家转变为商人阶层所期冀的现代性资本主义国家。东西方古代社会的政商关系之所以呈现出如此巨大的伦理视差，源自双方在人身自由、财产保护、终极命运等制度安排中的价值取向迥然有别，这也极大地影响了东西方现代性政商关系的生成路径。需要指出的是，伴随20世纪亚洲"四小龙"崛起，特别是世纪之交中国特色社会主义市场经济的高速发展，西方资本主义市场经济一体独尊的局面被彻底打破，世界各国开始通过对本民族传统政商关系进行创造性转化和创新性发展，并彼此镜鉴各自处理政商关系的合理要素，建构各争所长的多元性现代政商关系新格局，这已成为当今人类政商关系发展无可避免的历史大势。[1]

二、商人精神之比照

中西方古代政商结构生成逻辑的根性差异，对政商活动主体——官员和商人精神特质的塑造产生重大影响。笔者曾在多篇论著中深入探讨过中西方古代社会结构与官员道德之间的复杂关联及其历史流变，[2]故在此撇开官员的德性结构不谈，仅以学界围绕马克斯·韦伯有关东西方宗教伦理与资本主义精神起源问题的理论分歧为切入点，对东西方政商结构与商人精神的关系，特别是对东西方商人在各自历史场域中形塑而成的终极信仰、义利观念、道德行为爬梳抉剔，并对其本质区别和内在关联予以勘查比照，为之后探究当代东西方权力与资本良性互动的德法之道奠定扎实的理论基础。

（一）韦伯问题与资本主义精神起源的多元透析

韦伯在《新教伦理与资本主义精神》中对资本主义精神起源的理论阐释，

---

[1] 笔者曾经从东西方政治伦理时空论、政治伦理本体论、政治主体德性论、政治制度伦理论四个层面，深入探讨了中西现代性的本质区别及内在关联。参见靳凤林：《现代性政治伦理的四重镜像与中西王霸之争》，《伦理学研究》2020年第5期。

[2] 参见靳凤林：《中世纪二元对立型社会治理模式与基督教信念伦理》，《伦理学研究》2007年第6期。靳凤林：《欧洲近现代民主法治型社会治理模式与规范伦理》，《道德与文明》2008年第1期。另见靳凤林：《制度伦理与官员道德》，人民出版社2011年版。

极大地影响了20世纪西方资本主义理论的发展走向,其《儒教与道教》对中国为何没有产生现代资本主义的论述,又引发了中国乃至东亚学界长期而广泛的关注,因此,要对韦伯有关资本主义精神的论述予以深入把握,就必须全面了解韦伯在上述论著中的基本主张。韦伯将启蒙运动以来的理性主义思潮,特别是德国古典哲学如康德在《纯粹理性批判》、黑格尔在《逻辑学》中反复阐明的理性思维水平,视作判断各种宗教层次高低与否的根本标识。他说:"在判断一种宗教代表的理性主义阶段时,有两个彼此有多方面内在联系的标准。第一个是宗教脱掉巫术的程度;第二个是宗教将神同世界的关系以及与此相对立的宗教本身同世界的伦理关系系统地统一起来的程度。"[1] 韦伯在《新教伦理与资本主义精神》和《儒教与道教》中力图论证,基督新教具有强烈的经济理性主义精神,它与欧洲以城市和市民为主体的自由共和的政治体制密不可分,而中国的儒教和道教虽然也具有世俗理性主义精神,但它主要适应于以农业和农民为主体的幅员辽阔的大一统的家产官僚制国家。韦伯特别对基督新教理性和儒教理性的根本特质进行了深入剖析。他认为新教理性旨在通过探查事物的来龙去脉和逻辑关系来征服和支配外物,由于新教徒的行为出于对神的敬畏,这就造成了神的旨意与世俗秩序之间的内在紧张与焦虑,由之迫使新教徒立志作为上帝创造历史的工具,通过现世职业活动的巨大成功来荣耀上帝,从而形成一种超越世俗秩序的强烈的人生追求。与之相反,儒教和道教意识形态统治下的农耕社会的中国人,由于有更多接触自然的机会,容易形成多神崇拜的巫术性格,与城市市民相比,理性程度相对低下,也缺乏此岸和彼岸的根本对立,更倾向于无批判地适应和融入现世生活,仅具有自我人格不断完善意义上的内在超越意识,缺乏变革外在世界和制衡现世罪恶的反叛能力。正是因为东西方宗教在理性能力上存在的上述巨大落差,特别是对待现世社会"超世"与"入世"的态度形成天壤之别,使得基督新教精神促成了近现代工业资本主义的出现,而儒教和道教精神却极大地阻碍了近现代工业资本主义在中国的出现。

---

[1] [德]马克斯·韦伯:《儒教与道教》,王容芬译,商务印书馆1999年版,第279页。

"一石激起千层浪,两指弹出万般音。"长期以来国内外学界围绕韦伯上述结论产生的各种争议经久不息。一方面,众多学者充分肯定了韦伯对资本主义起源问题的多元化研究方法,即着眼于政治制度、社会结构、文化特质等多个层面对资本主义的起源史予以深层透析,特别是从宗教文化比较研究的视角深刻揭橥资本主义生成的精神动力,尤为学界所称道。另一方面,围绕韦伯有关东西方宗教文化与资本主义精神比较研究所得出的具体结论,随着100多年来中西方"时"与"势"的变迁,国内外学界的认识歧义纷呈。如余英时指出,他本人正是受韦伯研究方法的启发,深入研究了中国近世宗教伦理与商业发展之间的关系。但与韦伯的前述结论完全相反,他认为新教伦理只是英美特殊资本主义精神层面的必需条件,"既非充足条件,更非唯一的根据"。[1] 韦伯由于受到西方历史经验和中国文化研究资料的限制,他对中国商人精神的理解存在重大缺陷。实际上中唐以后中国宗教观念(特别是禅宗)出现了入世修行的重大转变,16世纪以后伴随中国商业的不断发展,大批儒士进入商人行列。这种士商合流现象使得中国社会的士商关系发生根本变迁,以勤俭和诚信为核心的商人道德塑造了中国社会的商业秩序,高度理性化的明清商人已经学会将传统文化资源转化为企业经营手段。由之,可对韦伯所讲的中国传统文化缺乏资本主义精神予以证伪,进而还对韦伯"观其大略""识其大体"的宏观文化比较研究方法提出质疑。而杜维明通过对20世纪后期"亚洲四小龙"兴起过程的精神要素分析,强调指出韦伯认定的资本主义精神,主要强调个人主义、主宰世界、市场结构、自由放任、激烈竞争和对于知识的一种浮士德式的探索。但亚洲企业精神的特质却是强调个人与集体的和谐共处、企业对自然资源利用中的天人合一、通过正义分配实现企业内部和企业之间的合作共赢、通过企业家的心性修养实现人生的内在超越等。从根本意义上讲,任何企业精神都是特定民族和国家文化心理结构的产物。由之,杜维明对韦伯所论述的新教伦理与资本主义精神的时代局限性与地域特殊性进行了深入剖析,提出资本主义精神的多元共生理论。[2] 此外,

---

[1] 余英时:《中国近世宗教伦理与商人精神》(增订版),九州出版社2014年版,第269页。
[2] 杜维明:《新加坡的挑战:新儒家伦理与企业精神》,生活·读书·新知三联书店2013年版,第111页。

还有不少西方学者对韦伯充分肯定基督新教伦理对现代工业资本主义起源的贡献，完全忽视天主教伦理对现代工业资本主义发展的作用进行了辩驳。他们认为现代工业资本主义和欧洲早期的商业资本主义一脉相承，文艺复兴运动之所以能够在天主教占主导地位的意大利出现，恰恰是因为意大利具备了现代资本主义发展的基本要素。如在中世纪晚期天主教意识形态占统治地位的佛罗伦萨，不仅有商业贸易、金融交换、商人行会、城市管理等繁荣发达的商业资本主义，也有同样高度发达的毛纺制造、矿业开发等手工业资本主义。正是这些资本要素的不断积累，为之后英美工业资本主义的重大突破奠定了历史根基，因此不能把现代工业资本主义精神的出现仅仅归结为基督新教伦理使然，它是包括天主教伦理在内的诸多复杂要素共同作用的产物。从这个意义上讲，无论是布罗代尔对资本主义由低到高的发展史的论述，[1]还是沃勒斯坦对资本主义由中心到边缘扩张史的分析，[2]都意在说明资本主义发展的一脉相承性，客观上否定或修正了韦伯对工业资本主义起源的论述。

　　不难看出，究竟如何评判韦伯对中西方宗教伦理与资本主义精神之间所做的理论分析，众说多歧，未归一是。在笔者看来，要正确看待这一问题，必须注意以下三点：一是从韦伯研究成果生成的历史背景看，他对中西宗教伦理与资本主义关系所做的基本判断是经得住历史考验的。韦伯的《新教伦理与资本主义精神》和《儒教与道教》分别发表于上个世纪初的1904—1906年和1920年，当时英美工业资本主义的发展正在引领世界风气之先，已然成为世人关注的中心和各国学习的榜样。他本人站在欧洲人的立场，为新兴工业资本主义的兴起寻找精神根源，无可避免地带有浓厚的"欧洲中心主义"色彩。而此时的中国正处于晚清衰亡之际，国内先进知识分子经历了洋务运动之后，开始发动辛亥革命来推翻旧制，试图建立西式的共和政体，随后的新文化运动更是以学习西方"德先生"（民主）和"赛先生"（科学）为主旨，

---

[1]　[法]费尔南·布罗代尔：《十五至十八世纪的物质文明、经济和资本主义》第3卷，顾良、施康强译，商务印书馆2017年版，第72页。
[2]　[美]伊曼纽尔·沃勒斯坦：《现代世界体系》第3卷，郭方等译，社会科学文献出版社2013年版，第4页。

上述系列行为本质上皆是"欧洲中心主义"思想在中国的实践或翻版。可见，当时的"欧洲中心主义"思想对人类的历史发展具有强大的引领性和建构性成分，我们只有将韦伯的理论置于其所生成的世界历史背景中来考量，才能正确判断其利弊得失，绝不能脱离当时中西方的巨大差距，用已经站起来、富起来、强起来的当代中国标准，来极端苛刻地衡量和评判100多年前韦伯得出的研究结论。二是要正确看待"亚洲四小龙"和中国崛起过程中内因与外因的辩证关系。如果单凭东亚自身的政治、经济、文化因子，根本无法摆脱中古封建社会的羁绊，因为"亚洲四小龙"的成功，主要是深刻植入西方现代资本主义政治、经济、文化要素的结果。中国大陆的崛起亦复如是，尽管晚清已经败象丛生，如果没有帝国主义入侵，它的结局只能是被太平天国或其他农民起义彻底摧毁，进而被新的儒家封建王朝取而代之，继续经历中国传统式超稳态社会的周期性生死历程。恰恰是欧美资本主义的大举进攻，彻底改变了传统中国的运行轨迹，使之经历了100多年政治、经济、文化的痛苦转型之后，才走上了中华民族所独有的现代化复兴之路。其间，中国共产党的诞生使得中国接受了在西方工业资本主义文明中生成的马克思列宁主义，最终走上了中国特色社会主义发展道路，找到了中华民族跳出"历史周期率"和铲除"历史继受病"的治世良方。改革开放40多年来，同样是因为借鉴了欧美工业资本主义市场经济的合理因素，我国才在突破苏联社会主义模式的巨大束缚中，取得了举世瞩目的傲人成就。当然，在这100多年历史进程中，中国共产党人一直都在努力实现马克思列宁主义同中国革命和建设实际相结合，同中国优秀传统文化相结合，最终形成了崭新的中国特色社会主义理论、道路、制度和文化，重新拾起中华民族的自信心。三是面对现代资本主义工业文明在最近100多年暴露出来的重大缺陷，韦伯在《儒教与道教》中对中国传统文化缺陷的描述，恰恰彰显出它具有治疗现代工业资本主义痼疾的重大疗效。众所周知，现代资本主义工业文明是欧美国家带给整个世界的无法抗拒的现实，而未必是每个国家衷心拥护的东西。特别是最近100多年来，人类发生了生态失衡、能源枯竭、核武恐吓、金融危机、疾病流行等各种灾难，致使人类对近现代欧美资本主义工业文明的无度发展，抱持一种越来越强烈的怀疑态度。而韦伯在《儒教与道教》中指出，中国文化具有天人合一、身心和谐、自我克制、家国同构、君子人格等重要特征,正是这些传统文化因子成为中国进入现代工业资本主义的重大障碍。人类在经历了农业文明、工业文明、后工业文明的否定之否定之后,今天倒过来重读韦伯对中国文化特质的各种贬斥之词,我们会惊奇地发现,原来被西方现代工业文明视为"糟粕"的东西,恰恰可能成为治疗西方现代工业资本主义疾病的济世良方,正所谓"此一时也,彼一时也,岂可同哉"!但我们也必须清醒地认识到,在工业化、信息化、城镇化、全球化的今天,我们决不能再用"中国中心论"去取代"欧洲中心论"。因为民粹主义情绪支撑起来的"中国中心论"本质上同"欧洲中心论"一样,都是在用"文化"来拒绝"文明",用"中西对抗"来掩盖"古今之变"。如若任其发展,就会遮蔽我们学习世界各国优秀文化和先进科学技术的理性视野,乃至使我们陷入食古不化、厚古薄今的泥潭而无法自拔,最终将极大地延误我们走向现代化的步伐。

(二)中西方古代商人终极信念的判若云泥

依照韦伯有关宗教伦理与资本主义精神的论述,商人精神最为重要的构成内容当是其终极信念系统。所谓商人的终极信念主要指涉商人对自身商业行为的价值与意义所做的最高追问,它起源于商人阶层理性自身持续性自我建构的超越本性。由于理性是人类区别于自然万物的根本标识,是人之为人的全部尊严所在,商人阶层作为理性存在物,永远面临一系列世界观、人生观、价值观的根本追问。诸如:任何商业活动都是局部性活动,却与整体性相关联;商人对自己的职业认知是有限的,却要受到无限性职业认知的制约;商人的职业生涯是短暂的,却要领悟一种超越职业生涯的永恒意义。正是商人阶层对自身职业活动中局部与整体、有限与无限、短暂与永恒等各种生存矛盾的迷思与求解,构成了商人阶层的终极信念系统。

中国商人的终极信念系统由追求商道与膜拜商神两个部分组成。所谓追求商道就是追求商业经营之道,这个"道"如老子《道德经》所言,它"先天地生",又"为天地母",它超乎万物之上,又为万物所据,是商人各种具体商业行为必须遵循的普遍规律。数千年来由中国历代商人砥砺而成的中华商道是一个丰富多彩的精神谱系，诸如人本精神、家国精神、尚义精神、诚信精神等，而最高层面的商道当是对"天道"的根本遵循。中国古人根据"物以类聚，人以群分"的原则，将人的职业划分为士、农、工、商四类，强调每种职业都为"天道"所必需，只有四民各司其职，才能保证国家的富足，"农不出则乏其食，工不出则乏其事，商不出则三宝绝，虞不出则财匮少"。[1] 商人从事商业活动的根本目的在于营利，而营利必须以交换为手段，以汇通天下为愿景。商人所追求的商道只有以天道为根基才能兴旺发达，天道的本质就是在宇宙的大化流行中实现生命的生生不息，这就要求商人必须以道受命，以德配天，通过发挥其全部潜能和禀赋，去开拓创新，穷通变易。在日常商业活动中忠于职责，奋发向上，处理各种商业关系时不苟且，不懒惰，最终完成上苍赋予自己的职业使命。所谓膜拜商神，就是商人对自己职业神灵的虔诚崇拜。韦伯认为，中国商人的终极信念中具有民间道教中"巫"的成分，这与中国历史上商人阶层商神崇拜的实际状况相符合。在漫长的历史演化过程中，中国各地商人的经营场所、家庭神龛、商业会馆内都会供奉各种各样的财神绘像或雕塑，诸如：文财神李诡祖，头戴朝冠，白脸长须，身穿红袍，锦衣玉带，满面笑容，左手执"如意"，右手执"聚宝盆"。武财神关公，仪表堂堂，气宇轩昂，威武庄严，集忠、孝、节、义、勇于一身，具有驱逐恶鬼凶神之威力，作为守护神而广受商家崇祀。五路财神赵公明及其四位义兄，分别是中路财神赵公明、东路财神招宝天尊萧升、西路财神纳珍天尊曹宝、南路财神招财使者陈九公、北路财神利市仙官姚少司，他们分别象征着中国人对长寿、富贵、康宁、好德、善终这"五福"的美好追求。正是对商道的身历心悟、对商神的顶礼膜拜构成了中国古代商人的终极信念系统，它们从灵魂深处支撑着中国古代商人的精神世界。

与中国古代商人终极信念系统中追求商道和膜拜商神不同，西方商人阶层的终极信念主要体现在对耶稣基督的虔诚信仰之中。相比于南欧商人的天主教信仰和东欧商人的东正教信仰，西欧和北美商人的基督新教信仰与商人

---

[1]（汉）司马迁：《史记》，中华书局2014年版，第751页。

的生存哲学具有更大的内在一致性。天主教和东正教都强调，人只有以教会为中介，通过自己的善行感动上帝才能被拯救，否则，只有在罪恶—忏悔—赎罪—新的罪恶之中无限循环。与之相反，基督新教认为，上帝并非为了人类而存在，它是绝对自由的，它不受人类喜怒哀乐的情感所左右，更不为人类的贿赂所动摇，上帝也不想救赎所有的信徒，而是有选择地拯救一部分人，故信徒中有"选民"和"弃民"之分。任何个人能否成为上帝恩宠的选民，完全隐匿于一种冥冥的神秘之中，在茫然荒野和人生狭路上，人只能孤独无助地走下去，直接面对上帝预定的命运。如韦伯所言，对宗教改革时期的人们来说，试图通过教士、教会和各种圣事来获得拯救已经被完全排除在外。[1]尽管要面对这种毫无希望的焦灼与无奈，新兴商人却欣然接受这种宗教，因为他们就是挣脱教会僧侣和封建贵族束缚之后的孤独漫游者，虽然无法确知上帝的意志，但自认为很可能就是上帝的选民。在基督新教，世人只有通过恪尽职责，努力为上帝增加荣耀，才有可能成为上帝的选民，舍此别无他法，由之，一个人创造财富的多寡便成为衡量他是否已经得到上帝恩宠的重要标识。质言之，人们不再把事业成功当作得到上帝恩宠的砝码，而是将成功本身视作受到恩宠的结果，于是，丢掉天主教和东正教留给人们的鄙视金钱的沉重思想包袱，利用各种机会去赚钱去获利，去证明自身存在的价值，去展现上帝对自己的恩宠，就成为欧美商人最重要的道德追求。可见，基督新教与西欧和北美商人的结合，不仅是商人选择了一种信仰，也源于基督新教的思想内核与商人孜孜追求的至上目标高度契合。也正是通过这种信仰，商人为自己的行动找到了与上帝沟通的神圣理论依据，于是一个崇尚财富、追求财富的重商主义时代向人类徐徐走来。

（三）中西方古代商人义利价值观的同中之异

任何一种终极信念只有内化成商人的深层价值观才能对其发挥现实性影响，而商人价值观的核心要义是义利观。无论是在中国商人世界还是在西方

---

[1] ［德］马克斯·韦伯：《新教伦理与资本主义精神》，于晓等译，生活·读书·新知三联书店1987年版，第79页。

商人群体之中,其义利观都曾因时移势迁而经历了一个极端复杂的历史流变过程,但从总体特质看,他们又各有其一以贯之的独特个性。

就中国古代商人的义利观而言,欲搞清其丰富内涵,首先要对中国商人的基本构成及其义利观的思想来源进行深入探源。众所周知,任何从商之人必须具备基本的商业知识和技能,诸如能识文断字、会数学珠算、懂山川特产、善语言表达和社会交往等。从这种意义上讲,在士、农、工、商四大阶层中,商人是中国古代社会士以下知识水平最高的社会阶层。特别是在中国封建社会晚期的宋、元、明、清时代,每个王朝经历一段和平稳定生活之后,受教育人口会持续增长,参加科举考试的儒生会日渐增多,致使科举入仕的途径变得逼仄狭窄。大批儒生在求"仕"无望的窘境中,被迫弃儒从贾,陆续到商业活动中谋求生计,于是就出现大量士商相杂的"绅商"。加之儒家学派自汉武帝始就占据历代主流意识形态地位,儒士成为司掌中国各级教育的专业人士,所有绅商在早年接受教育过程中,其所形成的知识结构和人生修养均受到儒家文化的氤氲化育,但他们又不同于走上仕途的官僚和专事庠序之教的书生,而是时时处处被商场上浓厚的功利主义氛围浸染,故其义利观呈现出复杂化和多元化特征。其中,儒家的义利观无疑占据主导地位。儒家义利观强调"义"的至高无上性,如孔子所言:"君子义以为上。"(《论语·阳货》)即义本身具有无比崇高的价值属性,它是评判商人一切行为的最高准则。孟子更是强调"惟义所在"(《孟子·离娄下》),将义这一当然之则视为无条件的道德命令,充满伦理义务论的思想特质。当然,儒家在肯定义作为商人行为内在价值根据的同时,并不否定利的重要意义,进而提出"见利思义"和"以义制利"的价值主张。孔子讲:"富而可求也,虽执鞭之士,吾亦为之。"(《论语·述而》)但孔子又强调,人对利的追求必须始终处于义的制约之下,故曰:"不义而富且贵,于我如浮云。"(《论语·述而》)中国古代商人除了深受上述儒家主流义利观的影响外,在长期的经商实践中,又受到其他思想流派的深度浸染。如战国时代的杨朱学派强调贵己为我,"杨子取为我,拔一毛而利天下,不为也"(《孟子·尽心上》)。墨家认为,义之所以可贵,不仅源自其内在价值,更是由于它能带来外在的功利效果,"仁人之所以为事者,必兴天下之利,除去天下之害,以此为事者也"(《墨子·兼爱中》)。较之杨朱和墨家学派,法家更是将功利原则推向极端,认为追求外在功利是人的本性使然,"名与利交至,民之性也"(《商君书·算地》)。儒家的内生道义原则与杨朱墨法的外在功利原则相反相成,共同渗透到中国古代商人的精神世界,塑造出他们价值体系的多元复杂形态。这种以儒为主兼取杨朱墨法的义利观反映到古代商人的行为特质上,就是他们会通过高扬儒家"义以为上"的商道精神,表现出家国至上的道德情怀、童叟无欺的诚信意识、富而好礼的文明风范等。仅以家国情怀为例,在"乡缘"和"地缘"基础上生成的中国古代社会,以家族宗法制为核心的"差序格局"深刻影响着人们的行为方式。[1] 许多中国商人在外辛苦经营多年,发达之后所做的首要之事便是回到故乡救济乡族,诸如修宗祠、置义田、建族宅、办私塾等。清代《安徽通志》谈到徽商的"义行"时,曾举一例:"胡天禄,祈门人,幼贫而孝。后操奇赢,家遂丰。族人失火焚居,天禄新之。又建宅于城中,与其同族者居焉。输田三百为义田,以备祭祀及族中婚嫁丧葬贫无依者之资。"[2] 应当说,儒家义利观形塑的上述"义行"广泛流行于中国古代商人世界。但中国古代商业史上也不乏见利忘义的奸商,他们的共同特征是通过重利盘剥来积累个人财产。《拍案惊奇》记载,一位叫卫朝奉的商人专事当铺生意,有人拿金银珠宝首饰来典当时,他便按照原样打造,粗珠换细珠,通过偷梁换柱的手段赚取他人钱财。他曾看上一位陈氏穷秀才的房产,就撺掇人让陈秀才用房产来当铺高息抵押,之后又不断派人诱使陈秀才寻欢作乐,仅用三年时间就让陈秀才资不抵债,被迫将价值千金的房产拱手让给他。[3] 在明清小说戏剧大流行时代,这类记载汗牛充栋,它在一定程度上反映出古代商人义利观的复杂多面性。此外,还有学者将我国古代士商的义利观进行比较研究,认为士的事业在国,以立功名于世为根本指向,而商的事业在家,以财富传之久远为价值追求,由于二者追求功利的目标不同,其所采取的手段也就各异。[4]

---

[1] 费孝通:《乡土中国》,生活·读书·新知三联书店1985年版,第77页。
[2] 《安徽通志》卷一百九十六。转引自傅衣凌:《明清时代商人及商业资本》,中华书局2007年版,第87页。
[3] (明)凌濛初:《拍案惊奇》卷十五,三秦出版社2012年版,第145页。
[4] 余英时:《中国近世宗教伦理与商人精神》(增订版),九州出版社2014年版,第242页。

与中国古代商人的义利观相比,西方商人在将其终极信念转换为义利观的过程中,也同样经历了一个曲折嬗变的历史过程。在中世纪早期,西方人从其所崇奉的《圣经》观念出发,强调人类精神生活的极端重要性,大力贬抑基督徒的逐利倾向。如《圣经·旧约》讲:"爱金子的人不能免于罪恶,因为追逐财富将误入歧途。"(传道书31:5)《圣经·新约》又讲:"一个人不能侍奉两个主,不是恶这个爱那个,就是重这个轻那个,你们不能又侍奉神,又侍奉玛们(财神)。"(马太福音6:24)在基督教神学家们看来,人类社会本质上不仅是一个经济实体,更是一个精神有机体,只有将经济活动作为实现道德目标的物质手段,经济活动本身才具有神圣的价值和意义。这种神本主义的义利观尤其反映在基督教对待高利贷的态度上。由于基督教会拥有众多土地、庄园,又通过什一税、教徒捐赠等途径聚敛起大量钱财,因此高度重视农业体力劳动对人类灵魂的砥砺与救赎作用,认为商业行为不仅无法通达神意,乃至完全违反神意,放高利贷的行为是一种远离土地的非实质性劳动,它将人类引入懒惰的罪孽之中,会彻底玷污人类的灵魂。由此,有关高利贷的禁令在中世纪教会文告、法令中反复出现。但到中世纪晚期,伴随封建庄园制度的日渐瓦解和商业复兴大潮的此起彼伏,商人阶层通过灵活经营,不仅经济实力日益强大,社会地位日渐提高,而且他们还在商业城市中建立起完备的城市管理制度和独立高效的法律制度,包括高利贷在内的借贷行为以及各种资本运营手段,逐步摆脱基督教会所界定的罪性束缚,日渐成为荣耀上帝的重要措施。特别是众多成功商人为了摆脱内心的负罪内疚感,纷纷通过向教会捐献钱财、建造各类教堂,兴办平民教育、设立公共医院、救助穷困人士等各种慈善手段,来提高自己的社会声望。从天主教中分裂出来的基督新教,更是将商人崇尚财富的行为上升到神学信仰的高度予以充分肯定,于是一种崭新的义利观逐步成为西方商人的主流价值观,并广泛地弥漫扩散开来。即无论你是开展殖民掠夺,还是经营高利贷,乃至从事海盗和走私活动,只要你能够成功地赚到大钱,你就是世人心目中的伟大英雄。由之,西方商人在义利观层面逐步完成了由早期的重义鄙利向后期的以利求义的根本转变。

(四) 中西方古代商人道德行为特质的迥然有别

商人的终极信念不仅要内化于心，形成其价值观层面的义利观念，还要外化于行，积淀为日常经营中的行为习惯，最终实现终极信念、价值观念与道德行为的三位一体。由于东西方商人的内部构成极其复杂，如中国古代有晋商、徽商、浙商、粤商、陕商等众多商帮，早期西方有犹太商人、威尼斯商人、热那亚商人、西班牙商人、荷兰商人、英国商人等不同城市和国别的商人，不同的地域文化决定了他们的道德行为特质必然是千姿百态，对每一商帮或不同国别商人的道德行为特质进行通幽洞微的探析，无疑是一项极具理论创新意义和实践关怀价值的研究课题。受篇幅所限，笔者仅结合东西方商人的历史生成背景、日常经营环境、文化教育氛围，从宏观视角对东西方商人道德行为特质中最为核心的元素予以简要剖析。

中国古代各个商帮由于所处地域环境和经营范围不同，长期积淀而成的道德行为特质也就面目各异，如晋商的诚信不欺、粤商的开放包容、浙商的持续创新等。但就民族普遍性特质而言，与西方商人相比，"谦和"与"勤勉"当是中国古代各大商帮共同具有的基本品德。"谦和"之所以成为中国商人的重要德目，首先是因为它被儒家文化久倡不衰。儒家经典《周易》就将"谦"德视为君子的至上美德予以大力褒扬，"天道亏盈而益谦，地道变盈而流谦，鬼神害盈而福谦，人道恶盈而好谦。谦，尊而光，卑而不可逾，君子之终也"[1]。周公劝诫其子伯禽曰："古《易》有一道，大足以守天下，中足以守其国家，近足以守其身，谦之谓也。"[2] 以至于"谦谦君子"成为世人对卓越商人的最高赞誉。其次，中国古代商人谦和之德的养成还与其所处的政商环境密不可分。在中国古代官主商辅型政商结构中，中国皇权社会的制度趋向和经济体制深入到国家经济生活的所有领域，不仅在制度设计上通过盐铁国有、茶酒专卖、均输平准、编户齐民、皇粮专课、苛捐杂税等手段，对商人予以威逼钳制，而且很多贪官污吏还对商人层层设限和百般勒索。面对无处不在的官方威权，历代商人很难形成现代意义上的"独立人格"，乃至各地

---

[1] 《周易》，中华书局2011年版，第149页。
[2] 《周易》，中华书局2011年版，第149页。

商人顶礼膜拜的文财神李诡祖、武财神关公都是文武官员出身,足见中国古代商人对官员庇护的极度渴望。正是恐惧与膜拜双重心理的共同作用,导致商人在官员面前总是呈现出极度谦卑乃至阿谀献媚的人生姿态,历经岁月的洗练,谦以待人就逐步演变为中国古代商人的重要行为特质。最后,谦和品德的养成还与中国古代的家族宗法制度极其密合。中国古代商业资本的形成通常以乡族合伙的方式出现,同宗同族的子弟或为生活所迫,或为乡族集团利益着想,集合起来外出经商,乃至出现全族经商和集团迁徙的局面。这也使得中国古代各大城市的商业帮会具有显著的乡缘和地缘特征,而同乡之人外出做生意,特别强调相互提携、彼此谦让、和气生财,这无疑是中国商人"谦和"德性得以生成的另一重要诱因。

与"谦和"并列的另一重要德目是"勤勉"。"勤勉"之为中国古代商人的重要德性,直接源自中国小农经济的内在本性。几千年来,农业文化构成中国古代文明的基本物态特征。古代中国人的主体——农民日出而作,日落而息,躬耕田畴,世世代代如此,"一分耕耘一分收获"是中国农民性格中最为重要的经验理性。对于安土重迁的农民来说,不到山穷水尽之时,是不愿离开三亩薄田和宗庙祖坟的。一旦他们迫于生计,背井离乡变为游走商人之后,由漫长农耕文明积聚而成的吃苦耐劳基因就会转变为商业经营活动中的勤勉品质。以浙商中的温州商人为例,温州的地理特征是人口多,土地少,山区面积大,河流众多,面临大海,远离政治中心,这造就了浙商坚忍不拔的勤勉品行。温州商人经常说,他们有"四千精神"——千山万水、千难万险、千方百计、千辛万苦。浙商中的义乌商人亦复如是,据《义乌县志》记载,早在明清时代,义乌农民在农闲季节就形成"敲糖帮",肩挑糖货担,手摇拨浪鼓,用红糖换取禽兽毛骨、旧衣破鞋、废铜烂铁,博取微利,有所谓"百样生意挑两肩,一副糖担十八变,翻山越岭到处走,浑过日子好过年"之说。[1] 近代美国传教士描述中国商人的特征时说:"中国的店铺开张早,打烊迟,账簿制度很烦琐,使得账房为了清算收支而时常忙到很晚。没有事情的

---

[1] 庄聪生:《中国民营经济四十年:从零到"五六七八九"》,民主与建设出版社2018年版,第27页。

时候，店员们就坐下来挑拣铜钱，以便找出罕见的，卖个好价钱。"[1] 中国古代商人极端勤勉的道德品性由此可见一斑。

如果说"谦和"与"勤勉"是中国古代商人最为重要的道德品质，那么在欧洲商人的诸多品质中，"自由"和"冒险"当是其最为核心的道德条目。在欧洲中世纪商人的道德条目中，基督教的信德、望德、爱德占据主导地位。当时人们普遍认为，一个社会最完美的体现就是上帝创设的和谐秩序的存在。这种秩序由教士、贵族和农民的明确等级而划定，整个社会由此形成一个相互依存的静态结构。到了中世纪晚期，伴随人口的持续增长和土地数量的限制，从封建庄园中脱离出来的自由人日益增多。他们为了满足生存需要，逐步走上经商之路，成为外方商人——犹太人和边缘商人——威尼斯人之外的一批新型流浪商人。[2] 一方面，这些人失去了封建庄园中的份地，陷入无所依附和无归属的境地；另一方面，他们又获得了最为宝贵的自由，有了自主择业的权利。他们通过流浪经商进而入住城市后，先是要求拥有自由经商的稳定地盘，然后要求拥有自由经营的法律制度保障，进而提出商人团体的政治自由，最终演变为欧洲城市自治的主体力量。这些人对自由的无限向往与追求，对封建庄园中的农奴产生重大影响，吸引着他们逐步摆脱庄园主的人身依附关系以及各种灵肉控制，通过争取人格权、财产权、自由权等各种权利，逐步流向其所向往的城市市民生活之中。这股涓涓细流汇聚成气势磅礴的市民社会力量，最终冲垮了欧洲中世纪教会僧侣和封建贵族的庄园大坝，以汹涌澎湃之势奔向自由主义市场经济的辽阔海洋。

与"自由"密不可分的另一德目是"冒险"，笔者仅以英国商人为例予以说明。英国商人阶层的成长过程充满了不畏艰辛、甘冒风险的精神，在欧洲尚处于中世纪封闭状态时，英国商人就深入阿拉伯世界搜罗各种新奇产品，运往国内赚取高额利润。新航路开辟之后，在重商主义思潮影响下，英国商人借助政府的保护和支持，开始以特许贸易公司的形式冲向世界各地，侨居他乡，创办企业，从事海外贸易。工业革命后，英国企业家更是始终保持着

---

[1] [美] 亚瑟·史密斯：《中国人德行》，张梦阳、王丽娟译，新世界出版社2005年版，第12页。
[2] 赵立行：《商人阶层的形成与西欧社会转型》，中国社会科学出版社2004年版，第57页。

不断拓展的态势，如英国壳牌石油公司创始人马库斯·萨缪尔将其成功之道总结为四海为家，即将全世界作为经营舞台，把业务拓展到中东、非洲、亚洲、南美等世界各地。即使冷战时代，他也敢于冒着巨大风险，同苏联政府合作，深入其腹地开办石油企业。[1] 当然，英国资本阶层的冒险精神不仅体现在开拓市场层面，还体现在面对创业失败的大无畏精神。从《英国传记辞典》看，在工业革命时期，英国为数不少的商人、工程师、制造商，不甘平平淡淡度过一生，而是冒险创办企业，最后创业失败，在勉强糊口和贫困潦倒中死去，他们同样为英国的工业革命做出了巨大贡献。[2]

从以上论述中不难看出，商人精神是一个极端复杂的思想体系，包含形上层面的终极信念、处理义利关系的价值取舍、不同类型的道德行为等。尽管韦伯在《新教伦理与资本主义精神》和《儒教与道教》中，从宗教伦理学的比较研究视角，深刻揭橥了东西方商人精神的特点与作用，但受历史条件和文献资料所限，在100多年后的今天再来检审他当年得出的研究结论，其所贬抑的中国文化精神和商人道德特质，恰恰彰显出救治当代西方资本主义弊端的巨大疗效。从总体倾向看，中西方商人呈现出如下精神特质：首先，中国商人基于对人性本质的深刻洞察，强调商道与天道的辩证统一，将经济的运行纳入个人安身立命和国家秩序稳定的宏观背景中予以考察；西方商人更强调从人的罪性出发，将商人的创富活动归结为对上帝使命的落实和对上帝创世的荣耀。其次，中国商人的义利观尽管形态各异，但主导性价值取向是重义轻利和以义制利；西方商人义利观的核心内容是以利取义，即通过个人的艰苦劳作获得巨大的物质财富，以此彰显上帝选民的义之所在。最后，中国商人强调通过谦和与勤勉的内向型自我修养来获取自身的商业利益，从而获得社会和官方的承认；西方商人更强调通过自由和冒险的外向型进取精神，来落实上帝赋予自己的追求物质财富的神圣使命。正是上述终极信念、价值追求、德性特质的巨大差别，造就了东西方不同的商业文明形态。它们

---

1 赵立行：《英国商人》，江西人民出版社1994年版，第134页。
2 [美]戴维·兰德斯、乔尔·莫克、威廉·鲍莫尔编著：《历史上的企业家精神：从古代美索不达米亚到现代》，姜井勇译，中信出版集团2016年版，第243页。

必将在各争所长的冲突与合作中，不断推动人类商业文明、工业文明乃至后工业文明的持续进步。

三、制度结构比较及其伦理启示

无论是在当代中国还是在现代欧美国家，权力与资本生成的政商关系皆同权力与劳动生成的干群关系、资本与劳动生成的劳资关系密不可分，由之演化出更加深广的国家与市场、国家与社会、市场与社会三者之间的复杂关联。这就要求我们必须采用系统思维的方法，从三重关系的彼此互动中深入探究当代东西方政商关系的运作机理。唯其如此，我们才能真正窥得其本真面相，从而科学把握政商关系的客观历史规律及其在当代世界的深层运演逻辑。笔者在此首先对当代中国和欧美国家处理权力、资本、劳动三者关系的根本价值分野扼要述之，然后，对当代中西方处置政商关系的三重伦理视差探赜索隐，并对数字经济条件下中西方权力与资本运作面临的伦理挑战加以仔细检审，最后再来总结当代中西方权力与资本良性互动的德法之道。

（一）当代中西方处理权力、资本、劳动关系的根本价值分野

综观欧美资本主义500多年的发展史，无论其经济、政治、社会等各种宏观和微观政策如何调整，其处理权力、资本、劳动三者关系所遵循的根本原则并未发生任何质性突变，概括而言，其根本价值导向是：资本至上、权力异化、剥削劳动。就资本至上而言，它要求资本主义的生产、交换、分配、消费全部过程，必须按照资本不断追求价值增殖的逻辑进行合理配置并加速运行。资本力量的运用不同于封建领主的强取豪夺，而是借助市场的无形推力实现各种生产要素价值的深度分割，例如：资本通过作为生产资料载体的劳动者来支配其所创造的剩余价值，通过市场竞争让全社会的资本力量来分割社会生产的剩余价值，乃至让各种非市场力量（如土地所有权、权力支配权等）进入市场来共同分割各种剩余价值，从而形成资本在市场中的权力结

构体系。[1] 当然，资本至上论在其历史运演过程中具有各种各样的表现形式，如 20 世纪末在新自由主义盛行的"华盛顿共识"中，资本拥有者及其各类代言人普遍认为，伴随传统私人控股公司日渐减少，拥有成千上万名股东的大型公众公司不断涌现，公司控制权与管理权逐步分离，分散化的股东对公司具体的管理运营不感兴趣，他们只关心公司股票价值的高低，于是"股东至上主义"应运而生。公司高管们不再看重员工、客户、供应商、社区、政府等利益相关者的社会责任，而是在巨额薪酬和股权激励计划的指挥棒下，通过创造名目繁多的金融衍生产品来抬高公司股票价格，沉迷于获取企业短期利益，最终导致 2008 年全球金融风暴和经济危机的大爆发。就权力异化而言，资本为了无限增殖，必然会极尽所能来操控和影响政治领域，导致公共权力所代表的公共意志被遮蔽、扭曲和异化，变成了少数寡头的私权，亦即资本权力化。它使得西方资本主义的普选制、代议制和竞争型政党制，在精巧的民主外衣的伪饰下呈现出腐败变质的突出特征，即以选票为公共权力的一般等价物，寡头财阀集团通过幕后操纵，将"一人一票制"转换为"一元一票制"，致使各个政党激烈角逐民众选票，最终以得票多少为依据来分割议会中的议席，之后又通过游说各级议员，使国家的公共权力商品化。政府机构的总统、首相及其核心成员为了连任同样需要抬高选票，他们在金融寡头集团的操控下，大肆透支未来信用和国际信用举债支付各项公共事业开支，以之满足本国民众的各种福利需求，以便缓和社会矛盾，美欧国家政府不断上演的政府"债务上限"危机就是典型例证。从表面上看，政府债务危机是为了支付民众的高额福利支出，但各种债务最终仍然要由当代或后代民众买单。不难看出，资本寡头集团把国家"公器"变为"私器"，翻手为云覆手为雨，将政府玩弄于股掌之间。就剥削劳动而言，伴随资本权力化和权力资本化双重循环的不断加剧，欧美资本主义国家的贫富差距和两极分化不断加深。皮凯蒂在其《21 世纪资本论》中，通过对过去 300 多年来欧美国家财富收入的丰富数据进行详细剖析证明，长期以来资本的回报率远高于经济增长

---

[1] 鲁品越：《〈资本论〉是关于市场权力结构的巨型理论——兼论社会主义市场经济的理论基础》，《吉林大学社会科学学报》2013 年第 5 期。

率，资本和劳动收入差距的不断增大及其引发的两极分化，已然成为当代和未来资本主义的基本常态。斯蒂格利茨依据美联储的研究报告，在其《美国真相》中指出，近30年来，借助于持续宽松的货币政策和资产价格的大涨，美国最富有的1%的人群的财富增长了近6倍，拥有财富的份额从23%增长到32%，持有股票和共同基金总值的53%。而剩下90%的绝大部分劳动阶层的财富仅增加了160%，所占份额从40%下降至不到32%，仅持有6.8%的股票和共同基金总值。[1] 贫富差距扩大，出现两极分化的政治结果是社会阶层的严重撕裂，欧美民粹主义政治势力的迅猛崛起就是具体表征。近年来，西方学界发出了建立"包容型资本主义""价值共享型资本主义""创新型资本主义"等各种呼吁。所有这一切都在表明，欧美资本主义文明形态正在经历一场亘古未有的巨大危机。

与当代欧美发达资本主义国家相比，中国特色社会主义在充分汲取苏联社会主义的深刻教训基础上，又广泛吸纳欧美资本主义市场经济的合理要素，在处理权力、资本、劳动的关系问题上，其根本价值取向是：劳动至上、创新权力、引导资本。就劳动至上而言，中国特色社会主义制度牢固确立人民中心论思想，将团结带领中国人民不断为美好生活而奋斗作为根本目标。中国共产党始终代表最广大人民的根本利益，从来不代表任何利益集团、任何权势团体、任何特权阶层的利益。特别是改革开放40多年来，始终坚持在发展中保障和改善民生，"全国居民人均可支配收入由一百七十一元增加到二万六千元，中等收入群体持续扩大。我国贫困人口累计减少七亿四千万人，贫困发生率下降九十四点四个百分点，谱写了人类反贫困史上的辉煌篇章。教育事业全面发展，九年义务教育巩固率达百分之九十三点八。我国建成了包括养老、医疗、低保、住房在内的世界最大的社会保障体系，基本养老保险覆盖超过九亿人，医疗保险覆盖超过十三亿人"[2]，正在朝着"幼有所育、学有所教、劳有所得、病有所医、老有所养、住有所居、弱有所扶"的共同富裕目标全速挺进。就创新权力而言，新中国成立以来，中国共产党为了将全

---

[1] ［美］约瑟夫·E.斯蒂格利茨：《美国真相》，刘斌等译，机械工业出版社2020年版，第38页。
[2] 习近平：《论中国共产党历史》，中央文献出版社2021年版，第221页。

心全意为人民服务的根本宗旨落到实处，根据党情、国情、世情的变化，国家权力结构一直处于不断深化的创新进程之中。特别是改革开放以来，社会主义民主政治不断发展，党和国家的领导体制日益完善，全面依法治国得以深入推进，中国特色社会主义法律体系越来越健全，人民行使民主权利的渠道更加便捷多样，中国人民掌握自身命运的主动性、积极性、创造性得到空前提高。以党的十八大以来坚持和完善政府管理体制为例，经过以简政放权、放管结合、优化服务为核心的"放管服"改革，国家机构的行政能力和服务方式日渐优化高效，以互联网、大数据、人工智能等技术手段为龙头的公共服务均等化和可及性获得极大提高，政府机构的职能、权限、程序、责任更加优化，中央和地方的权责更加清晰，运行机制更加顺畅，两个积极性得以充分调动。就引导资本而言，新中国成立之初，我国迅速完成了全国范围内农业、手工业、资本主义工商业的社会主义改造，实现了一穷二白、人口众多的东方大国大步迈进社会主义的伟大飞跃，为中华文明新形态的确立奠定了根本政治前提和制度基础。改革开放初，我们深刻感受到中国劳动力极为丰富，但社会发展资金十分短缺，资本形成总额只占世界资本形成总额的1.8%。为了克服上述困难，中国共产党解放思想，锐意进取，大力吸引外资，鼓励民营资本发展，逐步探索出中国特色社会主义市场经济的发展模式。其间，民营经济从小到大，不断壮大，为国家"贡献了50%以上的税收，60%以上的国内生产总值，70%以上的技术创新成果，80%以上的城镇劳动就业，90%以上的企业数量"[1]。但伴随近年来国内外资本、技术、劳动要素的深刻变化，中国如何在高质量发展中促进共同富裕，成为未来经济社会发展的重大课题。当前中国共产党更加强调引导非公有制经济健康发展，要求民营企业家珍视自身社会形象，通过练好内功增强企业创新能力和核心竞争力，形成更多具有全球竞争力的世界一流企业。同时以民营企业家为代表的高收入群体和企业也要逐步完成"资本"向"民本"的转变，真正认识到正是无数仁人志士为民族独立、改革开放、国家富强所付出的巨大代价，为其企业

---

[1] 习近平：《在民营企业座谈会上的讲话》，《人民日报》2018年11月1日。

发展创造了必不可少的前提条件。企业家本人应当把促进全体人民共同富裕作为自己工作的着力点之一,通过先富带后富、帮后富来回报社会,主动承担起更多的社会责任。[1]

(二) 当代中西方处理权力与资本关系的三重伦理视差

当代中西方在处理权力、资本、劳动三者关系问题上存在的上述价值导向和制度结构的重大差别,势必导致双方协调政商关系的伦理规则判若云泥。这集中体现在中西方对市场经济本质的界定、权力资本化的方式方法、资本权力化的主要路径三大层面。

首先,中西方对市场经济本质与作用的界定各不相同。在人类经济发展的历史脉络中,市场经济作为一种资源配置方式,主要是指通过市场手段配置各种经济要素,以求获得最佳效率的过程。相比于小农经济和计划经济,市场经济是人类至今为止效率最高的经济发展模式。它具有原始分配的客观公正性,不仅极大地提高了人类社会民主政治、科技发展、分工协作的水平,也塑造了人类全新的道德文化类型。[2]但由于不同国家政治、经济、文化状况存在重大差别,其所孕育出的市场经济类型及其对市场经济性质与作用的认知也就各不相同。

欧美资本主义市场经济主要指称的是自由主义市场经济模式。它由亚当·斯密开创的古典政治经济学奠基,以 18 世纪英国工业革命的经济实践与理论为代表,特别强调个人主义价值观和个人财产权的极端重要性。在此基础上它主张国家尽可能减少对私营企业的干涉,在国内外实行自由贸易,让劳动力自由充分流动,让市场发挥最大的调节作用。如曼德维尔在其《蜜蜂的寓言》中所言,只要每个人竭尽所能去追求私利,就一定能带来社会公共利益的繁荣昌盛。[3]这种古典自由主义市场经济模式曾带来早期资本主义的巨大繁荣,但伴随经济危机的周期性爆发,此种模式的弊端日渐显露。直到 20

---

[1] 沙烨:《跨越财富鸿沟:通往共同富裕之路》,当代世界出版社 2021 年版,第 31 页。
[2] 靳凤林:《市场经济的道德合理性及其价值限度》,《理论视野》2011 年第 10 期。
[3] [荷兰] B. 曼德维尔:《蜜蜂的寓言:私恶即公德》,肖聿译,商务印书馆 2020 年版。

世纪 30 年代欧美经济大危机的出现,以凯恩斯为代表的国家宏观调控和干预理论应运而生,罗斯福新政是其理论与实践结合的典型代表。凯恩斯的经济理论虽然一定程度上修正并解决了自由主义市场经济的部分弊端,却导致了经济滞胀的长期存在。到 20 世纪 70 年代,以哈耶克、弗里德曼、诺齐克为代表的新自由主义扑面而来。他们要求回归亚当·斯密的原典性自由主义,故被称为"保守论自由主义",以便区别于凯恩斯的"修正论自由主义"。保守论自由主义更加笃信自由竞争在市场经济中的根本作用,主张把全部国有资产私有化,重视知识产权在价值创造中的极端重要性。为了充分激活资本力量,保守论自由主义主张国家税率向富裕阶层倾斜,极力打压与大资本集团持续博弈的工会运动,英国首相撒切尔夫人和美国总统里根的改革措施是新自由主义理论的具体例证。之后,新自由主义经济政策在全球蔓延开来,包括美国推动拉美各国的私有化运动,特别是给俄罗斯叶利钦政府开出的"休克疗法",都是新自由主义经济政策的变种,直至 2008 年全球金融危机大爆发。从本质上讲,新旧自由主义市场经济模式都主张效率至上,以效率促公平,坚守丛林法则,较少考虑企业对社会正外部性补偿,更不愿担负企业负外部效应引发的各种社会责任,任凭市场摆脱国家和社会的加持去自由狂奔,其最终结果必然是贫富差距日益扩大,不断引发大范围的政治动荡和社会危机。[1] 2020 年以来的全球新冠病毒感染疫情,更是将欧美国家自由主义市场经济引发的社会矛盾暴露得淋漓尽致。

与之相反,我国改革开放后先后采取了有计划的商品经济模式、社会主义商品经济模式,直到党的十四大正式确立了社会主义市场经济模式。我国的社会主义市场经济模式,既不同于早期资本主义自由放任型市场经济模式,也不同于"二战"后罗斯福新政实施的国家干预型市场经济模式,更不同于后来的各种新自由主义市场经济模式,而是政府主导型市场经济模式。其根本特点是将温和的党政一体化的政治集权主义与市场经济相结合,在确保社会稳定的前提下,大力推动经济的持续高速增长。政府以不同的方式和手段

---

[1] 参见杨玉成:《两种新自由主义与国际金融危机》,中国社会科学出版社 2018 年版,第 232 页。

积极干预经济,为促进市场经济运行机制的生成提供强有力的引导和支持。我国之所以采取这种市场经济模式,其主要目的有三:一是迅速摆脱长期性计划经济模式导致的经济发展不平衡和国民财富增长缓慢局面;二是通过强有力的政府宏观调控政策避免市场经济运行中周期性经济危机的爆发;三是通过一部分人先富,最终实现共同富裕,努力避免两极分化现象的出现。经过40多年的发展,我国的经济总量已经跃居世界第二。在1998年亚洲金融危机和2008年美国引发的全球金融危机中,我国通过强有力的宏观调控措施,整体经济发展受到的影响相对较小,这充分证明了社会主义市场经济模式的巨大优越性。特别是党的十八大以来,我国更是不断加大民生和社会保障投入,持续扩大中等收入群体的社会占比,大力开展全社会的扶贫工程建设。通过制定各种反垄断措施,有效防止资本无序扩张,引导资本正视和补偿国家和社会的正外部性作用,减少企业自身的负外部效应,将市场经济的发展置于国家进步和社会稳定的大背景中予以考量,最终实现资本、权力、劳动抑或市场、国家、社会的动态平衡。从本质上看,这种国家主导型市场经济模式更加注重公平的极端重要性,强调在公平与效率的辩证统一中推动市场经济的不断繁荣,实现国家与社会的健康发展。

其次,中西方权力资本化的方式方法存在形同质异的根本区别。搞清了中西方对市场经济特质的不同认知,就为深入探讨权力与资本的伦理关系提供了重要的理论平台。中外学界在权力与资本关系问题的认识上形成了歧义纷呈的理论派别,诸如政治学中的公共选择理论、公共利益理论、集体行动理论、委托代理理论等,经济学中的利益集团理论、制度安排理论、交易成本理论、资源依赖理论等。无论何种理论都承认,作为权力一方的国家、政党、政府等组织机构和官员,都是资本或私营企业一方的重要利益相关者,它可以通过各种手段影响到企业的生产经营、利益竞争等各个环节,诸如通过政府立法补救市场失灵,通过政策制定调整产业结构,通过政府采购促进企业生产,通过财政货币政策刺激企业投资,通过干预国际贸易缩小收支逆差等。但上述国家、政府、政党力量的无限膨胀,必然导致权力寻租、官商勾结等权力资本化现象的不断蔓延。需要指出的是,欧美资本主义国家的权力资本化更多的是通过所谓"合法性"政商勾结方式得以实现,它是与资本主义制度相伴始终的必然产物,而当代中国的权力资本化主要通过隐蔽性、分散性的官商勾结形式得以完成,它是中国特色社会主义市场经济制度的偶遇性衍生物,二者之间存在着形同质异的根本差别。

就当代欧美资本主义国家而言,其权力阶层主要由国家、州、市各级行政、立法、司法机构工作人员构成,其中的政务官员通过定期选举产生,事务官员必须经过严格的公务员考核才能获得终身任职资格。西方的定期选举制度决定了权力阶层在日常工作中必须对选民负责,特别是各级政务官员要及时回应选民的具体要求,严格遵守国家法律法规要求的行为规范,绝对不敢接受选民或企业家的直接贿赂。这给世人留下了西方国家各级官员高度廉洁的直观印象。然而,如果我们深入西方政治生活内部,细究其内在运作机理,认真分析各级官员从政前后的人生轨迹,就会发现其本真面相远比我们直接观察到的表层幻象复杂万分。欧美国家权力资本化的主要表现形式包括:(1)各级官员在职时通过手中权力对特定企业予以或明或暗的关照,一旦任职期满,特别担心这些曾经得到过自己照顾的企业高管离开原来的公司,就迫不及待地到这些企业发表演讲,这些企业也会投桃报李给予高额回报。如美国前国务卿希拉里任职届满后,接连到华尔街的高盛、摩根士丹利、德意志银行发表演讲,每场演讲的费用都在20万美元以上。她大肆颂扬华尔街金融高管们的杰出才能,称美国广大民众为"屁民"(little people/the unwashed mass),直让人脊背发凉。(2)美国很多高级政务官员任职前就在某些大型私营企业或具有企业性质的律师所、著名研究机构工作,进入政府担任要职后,必定会给予原雇主或关系密切者心照不宣的帮助。一旦离职,他们立刻通过"旋转门"回到原公司或被相关机构聘用,获得高额薪酬回报。如特朗普政府的首任国务卿蒂勒森,曾是美孚集团的董事长兼总经理;小布什总统的弟弟杰布·布什卸任佛罗里达州州长后,立即成为某医药公司的董事。(3)离职后的总统和知名政客纷纷成立个人基金会,通过各种方式获得其曾经扶持过的相关公司的巨额捐款。按照美国的法律规定,基金会只要按照章程做出适当的慈善事宜,就可以获得免税权,而基金会的行政经费及工作人员薪酬,均可从基金中列支。克林顿和希拉里夫妇成立的基金会,主席就是其女儿切尔西,这一基金会本质上就是克林顿夫妇的小金库。(4)美国国会议员可以帮助重要利益集团将非法的东西合法化或者将合法的东西非法化。以医疗领域为例，美国国会通过立法将鸦片类毒品当作止痛药物列入处方药，致使众多患者用药上瘾。这实际上是变相售卖毒品，致使美国毒品交易泛滥成灾，而医生和药厂却赚得盆满钵满。美国人口在过去20年增长几千万，但美国社会具有处方权的医学博士少之又少，而医学院校的本科生和研究生招生数量被法律严格限制。医疗利益集团就是要通过精密的制度设计故意制造医学人才紧缺，将国民视作医疗利益集团的人质，随时通过社保、保险等途径予以高价勒索。从以上美国权力资本化的有限例证中不难看出，虽然西方资本主义的公共权力披着一身为选民服务和清廉从政的华丽外衣，但本质上是按照资本逻辑的要求高速运转的强有力工具。无论民主党还是共和党，在强大的资本利益集团面前，都缺乏基本的政治自主性。只要资本主义政治制度赖以生存的私有制不变，权力资本化现象就会永远存在下去，且无法得到根除，其终极命运只能如癫痫病人一样，伴随一场接一场日益严重的疾病发作（经济危机）而消亡。

就当代中国权力资本化现象而言，新中国成立后，通过对民族资本主义工商业的改造，整个国家建立起高度集中的计划经济体制，以民营企业家为代表的资本力量退出了历史舞台。改革开放后，中国逐步建立起社会主义市场经济制度，代表资本力量的一大批民营企业家应运而生，给中国经济发展注入强劲活力。在改革开放40多年后的今天，尽管中国共产党反复强调让市场在资源配置中起决定作用，同时也要更好地发挥政府作用，但国家主导型市场经济的本质特征决定了权力对资本的支配地位，同时也为权力资本化提供了一定的操作空间，致使权力资本化导致的腐败现象呈现出中国社会所独有的国别特征。其最为常见的形式包括：（1）借助行政许可、行政审批、行政登记、行政认证等手段，对民营企业吃拿卡要，伴生各种类型的权钱交易和权色交易。（2）凭借公共权力在协调企业关系和帮助企业解决困难的过程中，心安理得地享受企业奉送的礼金与财物，特别是借助政府支持和参与的各种重大投资项目，帮助亲属、朋友扩张企业实力或安插亲信、营私舞弊、变相掌控，乃至官员本人或亲属到企业拿干股、暗股、搭股，通过高位套现形成官商之间的利益同盟或依附关系。（3）通过乱收费、乱摊派等手段，模糊公域和私域区分，将权力的公共价值套现为特殊的部门利益或个人利益。（4）借助政府部门和国有企业的政企不分，垄断市场，排斥竞争，将社会财富积聚到少数部门或少数人手中。这仅是对当代中国权力资本化的具体形态所做的粗线条说明，每位学者可以依据自己的研究需要进行不同的类型划分。但必须指出的是，当代中国权力资本化现象的出现与社会主义公有制为主体的制度设计南辕北辙，更与中国共产党为人民服务的根本宗旨背道而驰，它只是市场经济尚不完善条件下的衍生物。由于中国共产党具有极强的政党自主性，不会被资本利益集团所左右，随着执政党不敢腐、不能腐、不想腐等一系列刀刃向内的自我革命行动的持续开展，特别是伴随市场经济制度的日渐完善，它最终会得到有效遏制。也正是从这种意义上讲，中国共产党始终代表最广大人民的利益，从来不代表任何利益集团、任何权势团体、任何特权阶层的利益，当代中国权力资本化同欧美资本主义国家的权力资本化有着根本性差异。

再者，中西方资本权力化的生成路径迥然有别。权力资本化只是中外政商关系互动中呈现出的一个侧面，而资本权力化则构成了中外政商关系的另一重要面相。如同权力在不受制约的条件下具有自我膨胀的本性，资本同样会在边际效益最大化的激励状态下，使出浑身解数去俘获权力，并使其为自己服务。因此，要系统诠释中西政商关系的伦理视差，不仅要研究中西方权力资本化的异同，更要探究中西方资本权力化运演机理的本质区别。

就西方国家资本权力化的基本途径而言，一是各类游说公司作用巨大。由于游说活动在西方被视为言论、集会和请愿自由的一部分，因而受到法律的严格保护，如美国华盛顿市西北区的K街就聚集了大量的游说公司、公关协会、智库研究所等。这些机构的工作人员或者曾经在国会或华府长期工作，或者与国会议员及总统身边工作人员存在特殊关系。他们在大大小小的企业或行业协会资金支持下，代表各种利益集团来影响国会或政府的工作，从立法、听证、表决、执行、监管等各个环节，诱使或促成国会议员及政府官员做出有利于某个企业或行业的决策。二是企业通过网络、报纸、电视、杂志等各种大众传媒来影响公众的价值信仰，包括推送企业形象广告、倡议广告、慈善广告等各种传媒手段，迫使议会或政府制定有利于自己企业或行业的公共政策。三是在企业内部或所在社区培养选民，要求并鼓励员工或与企业有密切关系的利益相关者向立法机构或政府反映意见，在竞选时推举为企业利益服务的各级议员或政府官员。四是企业或行业协会通过深入调查来撰写各类研究或咨询报告，为决策者提供相关信息或在各种听证会上提供证词，以便影响各类法律制定或政府决策等。五是在各级议会或政府领导人选举中，直接捐款或成立政治行动委员会，为其竞选活动宣传造势，一旦竞选成功，再通过政治分肥制或各种渠道满足企业或个人利益，甚至各类企业家直接参与国家和地方的议员或政府官员选举，[1]特朗普以大商人身份当选总统就是典型例证。不难看出，欧美国家资本权力化的本质就是资本利益集团用金钱兴办和资助各种组织或政党，推出自己的代理人参与议会和政府的政策制定或直接参选领导人，从而把资本权力转化为政治权力。所谓三权分立式"民主政治"本质上是资本利益集团在公共权力运作中的全过程博弈，它必然导致各种利益集团拼命争夺选民，最终引发广泛的社会撕裂。可见，欧美国家的资本权力化受到国家法律的直接保护，具有结构性与整体性特征，是一种制度化的利益输送机制，它是与资本主义政治和经济制度密不可分的必然产物。

就私营企业家影响政府决策，参与社会管理而言，其具体路径有：一是私营企业家作为半官方的行业协会成员，通过各种活动参与政府政策制定。二是通过向政府负责的公益事业机构捐款捐物、雇用下岗工人或残疾人，从利益与情感上影响政府决策。三是企业通过正式或非正式途径，向政府部门和官员开展游说、递交研究报告，帮助其分析国家经济或企业发展趋势，希望政府在决策过程中充分重视其合理诉求。四是企业将自己的经营内容与政府政绩及官员偏好、意愿相联系，增加政府部门对企业的关联性和依赖性。五是私营企业家通过经营业绩努力成为各级人大代表或政协委员，借助各种提案影响政府决策，但中国的各级人大代表或政协委员绝大多数是兼职，而非西方参众两院的专职议员。六是企业通过直接给政府官员送礼、经常性拜访、免费请其旅游等行贿方式，笼络政府官员暗中为其服务等等。与欧美国

---

[1] 高勇强：《中国转型社会的政商关系研究》，光明日报出版社2007年版，第303页。

家资本权力化过程中官商之间的"交易"型特质有很大不同,中国私营企业家倾向于和政府官员建立一种私人关系,以之作为私人资本来发挥作用。这就使得中国私营企业家偏好于采取单独的而非集体的政治行动,也不轻易拿出自己的"关系资产"与他人共享。[1] 特别是在当代中国,任何私营企业家皆有担任各级人大代表和政协委员的可能性,但要弃商从政,升迁至省部级或国家级重要领导人几无可能。需要指出的是,中国私营企业在资本权力化过程中引发的腐败现象,只涉及少数官员、小集团和个别机构,因为不法商人与贪腐官员的勾结通常是独立运作的,具有离散性特质,而非制度性或整体性现象。[2] 加之中国共产党促进国家经济增长的根本目的是满足广大人民群众对美好生活的需要,其政权赖以存在的直接经济基础是与国计民生密切相关的各类大中型国有企业,它完全不同于依靠各种私人资本集团的政治献金来维系生存的西方政党。中国共产党和中国政府的各级干部更不是单纯为个别私营企业服务的人质,其本身具有强大的政治自主性和道德自律性,明白自己是代表国家行使公共权力的全心全意为人民服务的公仆,任何违背这一根本宗旨的党员干部一旦被查出,必然会被清理出执政队伍。

(三)数字经济对中西方权力与资本关系的伦理挑战

"数字经济"一词最早出现于20世纪90年代,美国学者唐·泰普斯科特(Don Tapscott)1996年出版的《数字经济:网络智能时代的前景与风险》一书,初次从互联网如何改变包括经济活动在内的人类各种事务予以深入分析。随着信息技术的不断发展和深度运用,特别是大数据时代的到来,数字经济的内涵和外延已经发生深刻变化。目前社会各界普遍采用的"数字经济"概念是2016年9月二十国集团领导人杭州峰会通过的《二十国集团数字经济发展与合作倡议》中所采用的概念,即"数字经济是指以使用数字化的知识和信息作为关键生产要素、以现代信息网络作为重要载体、以信息通信技术的

---

[1] 高勇强:《中国转型社会的政商关系研究》,光明日报出版社2007年版,第304页。
[2] [美]魏德安:《双重悖论:腐败如何影响中国的经济增长》,蒋宗强译,中信出版社2014年版,第8页。

有效使用作为效率提升和经济结构优化的重要推动力的一系列经济活动"。人们通常把数字经济分为数字产业化和产业数字化两个方面,数字经济具有信息化引领、开放化融合、泛在化普惠三大基本特征。数字经济快速发展产生的诸如数据的真实性与可靠性、数据权属的不确定性、数字身份的复杂性、信息茧房与自主性丧失、大数据的群体隐私和知情同意、算法偏见与算法歧视、数据不平等等,[1]给人类权力与资本、权力与劳动、资本与劳动之间的伦理关系带来一系列新型挑战。要有效治理数字经济时代面临的上述问题,必然涉及国家与市场、政府与企业、官员与商人之间伦理关系的深度调整,抑或权力与资本伦理关系的重新建构。笔者在此仅以美国政府与优步集团公司、中国政府与蚂蚁集团公司的利益博弈过程为例,就数字经济时代权力与资本关系面临的伦理挑战予以深入检审。

美国优步公司于2009年在旧金山成立,当时旧金山地区的出租车业务低效落后,存在出租车老旧、舒适性差,乘客出行需提前与出租车公司预约,出租车数量有限,专职司机每天只工作10小时,出租车不愿拉短途乘客等问题。优步公司提出了自己的解决方案。它利用互联网整合拥有汽车的车主、出租车公司和有需求的乘客,先是利用GPS定位确定出发地和目的地,预先计算车费并自动扣费,实现一键叫车。之后逐步发展为利用数据收集、算法设计等手段实现需求驱动,不仅为用户提供使用汽车、自行车、船只、飞机等各种出行选择,而且打造出交通信息收集与分析、餐饮外卖、金融服务、粉丝社区等多元服务的跨国企业集团,遍布世界600多个机场和10000多个城市。它没有一部自己的车辆,只是通过技术平台聚合庞大用户,通过服务费抽成和融资手段获取利润。伴随其日益扩张,它在给人们带来极大出行便利的同时,也不断受到各种指责,诸如不公平竞争、垄断严重、违反监管、数据泄露、乘客歧视、偷税漏税等。围绕优步公司的争议涉及一个重大问题,即它到底是一个高科技公司还是一个公共交通运输公司?由于定性不同,其所适用的各种国内外政策将有天壤之别。优步公司正是利用自己的模糊身份,

---

[1] 王国豫、梅宏:《构建数字化世界的伦理秩序》,《中国科学院院刊》2021年第11期。

打着技术发展新业态的旗帜,在扩张国内外市场过程中,不断利用各地政府机构的监管漏洞,通过先进入后调整的模式,以所谓既成事实的"正当性"突破国内外法律规范的"合法性",并以"倒逼"方式迫使美国各州和世界各国既有的各种法律制度在短时间内做出重大调整,实现其与政府监管机构的抗争与融合。其间,它以技术资本的身份与其企业所在地政府展开激烈博弈,实现了私有资本对公共权力的深度侵蚀。例如,它为了占领纽约市场,利用自己的巨额财力,雇用和贿赂10多家游说公司和各种非政府组织为自己公关,并通过自己强大的技术平台动员用户向纽约市政府和议会施压,将本公司的特殊利益包装成广大市民的普遍利益,乃至利用自己的大数据平台秘密跟踪政府官员、议员及其亲属,寻找逼迫其迅速就范的各种信息,致使政府和议会陆续出台了有利于优步公司在当地发展的诸多优惠措施和法律法规。[1]

中国近20年来数字平台企业也是雨后春笋般蓬勃发展,阿里、京东、拼多多、字节跳动等数字平台就是典型的全球性成功案例。中国的数据平台企业处理政商关系的模式与美国优步公司既有相同之处,更有本质性区别。仅以浙江杭州阿里旗下的蚂蚁金服为例,它最早起步于2004年的支付宝,蚂蚁集团则正式成立于2014年。它致力于通过区块链技术构建新一代的信任机制,从而提高价值流转和多方协同的效率,赋能实体经济,成为推动数字经济发展的引擎。它通过开放平台战略,引入数字金融、政务民生、本地生活等各个领域的服务方,为消费者提供"一站式"数字生活服务。特别是它与全球金融平台和国际电商平台合作,成为全球付、全球买、全球卖的电子贸易平台。但就在蚂蚁金服2020年准备上市的前夕,被发现其放贷总额达到了惊人的2.15万亿元人民币。其基本做法是先向银行贷款90亿元,再将90亿元的资产债券化,之后再用这些债权作抵押,继续贷款90亿元。据了解,蚂蚁金服已经将这个过程重复了40多次,其贷款利息高出银行很多,它正是通过这种投机取巧的方式实现了以钱赚钱的利润倍增。不难预料,一

---

[1] [美]亚力克斯·罗森布拉特:《优步:算法重新定义工作》,郭丹杰译,中信出版集团2019年版,第235页。

旦蚂蚁金服出现金融危机,就可能导致大规模用户特别是中小企业陷入资金链断裂,引发大范围的企业倒闭潮。由于对国家金融安全构成巨大威胁,蚂蚁金服被国家多个监管部门约谈,被迫停止上市,尽快整顿相关业务,调整经营模式。由之,蚂蚁金服准备上市成为引发国内外社会各界广泛关注的热点事件。

通过对一些数字平台运营状况的分析,我们不难发现,数字经济的迅猛崛起对人类如何在技术新业态背景下,正确处理权力与资本的伦理关系提出了重大挑战。(1)就资本权力化的深度嬗变而言,数字资本不仅迫使公共权力为私营企业服务,而且广泛剥夺企业员工的各种权利。例如,美国优步公司利用自己的话语术,把帮其"打零工"的司机说成是"独立合约人"、自由灵活工作的"创业人士"、千禧一代的"现代老板"等等,不承认司机与自己存在雇佣劳动关系。这就极大地削减了公司需要给员工的加班费、病假补贴、福利等各种运营成本。它同时又利用平台随心所欲地修改适配车型的清单,隐藏乘客上车地点、目的地、是否酗酒等信息,以防司机觉得无利可图拒绝接单,迫使其时刻都要接受公司精细算法的摆布,变成现代高科技企业的"奴隶",不断加以盘剥。(2)就权力资本化的方式方法而言,数字资本在带动区域经济发展和优化公共服务的同时,其与公共权力的勾连纽带变得更加隐蔽。中共十九届中纪委六次全会公报中明确提出:"着力查处资本无序扩张、平台垄断等背后的腐败行为,斩断权力与资本勾连纽带。"这已充分表明,个别腐败官员公权私用,为不具备特定市场准入资格的资本大行方便,为部分平台企业降低上市门槛,拉低市场整体水准,而资本则凭借权力加持,大肆扩张增殖,甚至有组织有预谋地搞不正当竞争,从中获得高额垄断利润。(3)就国家对数字资本治理机制的创新而言,伴随现代科技进步和生产力水平的不断提升,必须及时协调各种生产关系,特别是要对代表公共权力的国家上层建筑进行适时调整,包括不断突破不适用于新业态的旧有法律,加快建立尊重创新、灵活高效的法律体系。政府既不能把自己设定为部门利益的捍卫者,更不能与数字资本结盟去侵蚀公共利益,特别是面对数字资本全球产业布局的大趋势,更需要牢固确立和平、发展、公平、民主、自由的人类共同价值理念,高度重视国家间数字资本的贸易对话,努力建设适应未来发展趋势的产业结构、政策框架、管理体系,提升全球经济运行的效率与韧性,让创新成果惠及更多国家和人民。

(四)当代中西方权力与资本良性互动的德法之道

本书意在深入研究当代中国和欧美国家处理权力、资本、劳动三者关系的根本价值分野,并对当代中西方处置权力与资本关系的三重伦理视差探赜索隐,特别是对数字经济条件下中西方权力与资本运作面临的伦理挑战予以仔细检审,最终目的是要总结和归纳当代中西方权力与资本良性互动的德法之道。要高质量完成这一理论任务,就必须正确处理以下三大问题。

(1)以何种态度对待弱势群体是权力与资本良性互动的道德前提。在权力、资本、劳动三大阶层利益博弈过程中,劳动阶层提出利益诉求的渠道狭窄,组织化水平较低,维权技能较差,参与决策的机会较少,很容易出现权力与资本彼此勾结深度侵蚀劳动阶层利益的局面。从这种意义上讲,如何正确对待劳动阶层的利益诉求是检验权力与资本能否良性互动的道德试金石。著名经济史家波兰尼在其《大转型》中指出,直到西欧封建主义终结之前,权力、资本、劳动之间是相互契合地粘连在一起的伦理共同体。伴随近代资本主义的出现,市场乌托邦开始将劳动、土地等一切生产要素转换成商品交易的对象,资本试图摆脱权力与劳动的束缚,从三者彼此镶嵌的状态脱离出来,进入自由放任的疯狂运动之中,并转身按照自己的发展逻辑来改造权力与劳动,但权力和劳动绝不会甘于受资本摆布,它们必然会做出自我保护性反向运动。就权力而言,它会在需要经济繁荣时加大油门刺激资本的活力,在需要照顾行动迟缓的弱势群体时又会通过刹车制动装置来延缓资本的运行速度。就劳动而言,它同样会通过此起彼伏的工人、农民运动和福利诉求来节制资本,迫使三方在动态博弈中不断达到更高层次的稳定状态。[1]正是基于上述认知,阿马蒂亚·森针对发展中国家劳动阶层的经济贫困、社会福利和集体选择问题,强调指出,发展是涉及经济、政治、社会、价值观

---

[1] [英]卡尔·波兰尼:《大转型:我们时代的政治与经济起源》,冯钢、刘阳译,当代世界出版社 2020年版,第229页。

念等众多方面的一个综合过程,它意味着消除贫困、人身束缚、各种歧视压迫等,从而提高人们按照自己意愿来生活的能力。[1] 罗尔斯在其《正义论》中,通过对功利主义和直觉主义正义观的深入剖析,设计出"无知之幕"和"原初状态"理论,提出制度正义两原则,即政治上的自由优先性原则与经济上的照顾最少受惠者利益的差别原则。[2] 不难看出,上述欧美思想家共同强调,无论是面对国内的阶层不平等还是全球的地区不平等,现代社会中的权力与资本在彼此互动中,对基本人权的尊重都具有高度的优先性,它们都对作为弱势群体的劳动阶层担负着不可推卸的责任与义务。只有每一个人的生活幸福得到有效保障,我们才能在这个星球上实现永久和平与繁荣。无论欧洲福利国家依托收入转移进行贫困治理,还是美国力图基于个人进取和市场化方案推动减少贫困,均是使社会弱势群体摆脱贫困的重要途径之一。

如果说近现代西方资产阶级思想家都是在力图保留资本主义制度的前提下,通过权力来规范资本运作,通过劳动来节制资本获利,那么马克思主义则强调通过推翻资本主义制度建立全世界无产者的自由联合体。马克思在《共产党宣言》中科学评价了资本及其人格化代表资产阶级的巨大历史作用,同时又深刻说明了资本主义的内在矛盾,论述了无产阶级作为资本主义掘墓人的伟大历史使命。在《资本论》中,马克思更是通过对资本在生产、交换、分配、流通过程中如何榨取劳动阶层剩余价值进行了精细说明,从而揭示了资本主义必然灭亡和共产主义必然胜利的历史规律。改革开放以来,当代中国共产党人根据中国所处社会主义初级阶段的历史特点,逐步建立了社会主义市场经济制度体系。一方面毫不动摇巩固和发展公有制经济,另一方面又毫不动摇鼓励、支持、引导非公有制经济发展。既注重让市场在资源配置中起决定性作用,又要更好地发挥政府的作用。这一制度体系的根本目的就是坚持发展为了人民,发展依靠人民,发展成果由人民共享,坚定

---

1 [美]阿马蒂亚·森:《以自由看待发展》,任赜、于真译,中国人民大学出版社2002年版,第201页。
2 [美]约翰·罗尔斯:《正义论》,何怀宏、何包钢、廖申白译,中国社会科学出版社1988年版,第56页。

不移走全体人民共同富裕的道路。它超越了政党执政的功利性，贯彻了政党执政的人民性与正义性原则。特别是中国近年来的超常规脱贫实践，一方面通过国家的政治议程形成了调动全社会力量来改善民生的历史格局，另一方面又突破市场经济的结构性约束，采用"书记挂帅""建档立卡""精准施策"等一系列措施，解决好人民群众急难愁盼的各种问题，大幅度改善和提升底层劳动群体的基本收入和福利水平，有效地缩小了城乡收入差距，历史性地解决了千百年来困扰中国的绝对贫困问题，从而确保了小康社会的全面建成。[1]

（2）持续构建权力与资本良性互动的伦理规则。在古今中外历史上，政治与经济从来都是一个国家密不可分的两个方面，无论其所实施的经济制度性质如何，权力资本化和资本权力化的内在逐利趋势很难彻底根除，只不过在不同社会制度下的表现形式、发展程度、求解方式各不相同。但只要权力阶层和资本阶层能够牢固确立善待社会弱势群体的道德底线，并从宏观、中观、微观三大层面建构起公平正义的伦理规则，就一定能够实现权力与资本的良性互动。

首先，在宏观层面要通过效率与公平的辩证统一实现国家与市场的良性互动。效率（efficiency）一词在微观经济学中主要指产出与投入之比例，即边际产品的比率与要素价格比率之间均衡关系的实现，在宏观经济学中主要指对社会资源配置和利用的合理性、有效性的评价和量度。与效率概念的确切性相比，"公平"一词在东西方文化中从来都是一个歧义纷呈的概念，与其对应的英文词是 justice。在很多情况下，公平与正义、平等、公正等概念可以替代使用，所指称的是一种关系范畴，即社会成员之间权利与义务的分配状况。透过中外政治学、经济学、伦理学等各个学科围绕国家与市场关系展开的各种争论看，一个国家或民族在不同的历史时空中，对效率与公平追求的重点各不相同，呈现出一种不断流变的历史动态过程。当社会急需增加财富时，效率原则会占据主导地位；当社会利益冲突的增加影响到财富增长时，

---

[1] 徐进、李琳一：《中国减贫：从地方性实践到全球性意义》，《文化纵横》2020年第3期。

公平原则就会唱响主旋律；当财富增长和利益冲突同时出现时，它们会一并成为社会伦理思维的主旨，此时就需要对二者进行综合平衡。这就要求我们必须摒弃抽象谈论国家与市场、效率与公平之间的轻重先后，而要在结构性关系和综合平衡中实现二者的良性互动。一方面，市场经济机制充满了竞争风险，必然存在胜负之分，胜者在财富分配中会不断获得红利，败者的财富则不断减少和缩水，出现贫富差距是必定无疑的。如果贫富差距过大，导致部分人的生存权受到威胁，就必然引发社会动荡，社会的整体财富也将受损。另一方面，市场经济条件下所追求的公平更多地体现在参与竞争过程的公平，而不是分配结果的公平，合理性差别的存在恰恰是公平的本质要求，否则就等于平均主义。当然，全面性社会公平还包括政治参与、社会权益等内容，这是以效率为核心的市场经济规则所无法承载的，它要求更好地发挥国家的综合协调作用，需要国家通过各种经济、政治、社会等手段来有效解决市场失灵的弊端。就当代中国而言，经过40多年的改革开放，我国的GDP之所以能够跃居世界第二，其根本原因在于我们高度重视经济效率在社会主义市场经济中的基础地位，因为市场经济的核心是竞争，而效率的提高是竞争获胜的根本手段。但中国特色社会主义的根本目的是消灭两极分化，在贫富差距日渐拉大的今天，必须把社会公平建设提高到更加重要的位置，特别是要通过建立公平正义的初次、再次和三次分配体系，最终实现全体社会成员共同富裕的奋斗目标。

其次，在中观层面要通过权利与责任的统筹兼顾确保政府与企业的和谐共处。如果说国家与市场的关系代表了权力与资本彼此互动中宏观层面的内容，它需要通过效率与公平辩证统一来发挥价值理念的引领作用，那么在中观层面则需要政府与企业的权责兼顾来完成权力与资本的良性互动。在现实生活中，政府与企业从来都是相互关联的一体两翼：政府一旦脱离企业的支持，就难以实现社会经济的繁荣发展和国民生活的幸福安康，必然陷入政局不稳和社会混乱的贫穷落后状态；而企业一旦离开政府的支持和认可，就失去了存在的合法性，将难以为继。即使在自由主义经济理论创始人亚当·斯密眼中，作为"守夜人"的最小政府也是保证国家安全避免他国侵略、维持社会秩序免遭暴力侵害、维系公共事业和建设公共设施的必不可少的存在物。

没有政府这些正外部性作用的发挥,市场机制的常规运行将无从谈起。当然,政府和企业之间相互依存关系的存在,并不意味着政府可以随心所欲地干涉企业,或企业可以不受约束地影响政府,而是需要政府与企业之间划定明确的权利与责任界限。就政府而言,其所代表的是国家和社会的"公共善",它的根本作用是通过完善机构设置、创新监管方式、提高公信力等措施,来为各行各业提供良好的公共服务。在一个成熟的市场经济体系中,它最重要的职责是为市场运行制定游戏规则并监督规则的执行,包括建构企业的声誉市场、股票市场、经理人市场等。一旦市场失灵,它就要为社会提供公共物品和控制自然垄断,通过收入再分配的调节措施来维护社会的公平正义。就企业而言,其所扮演的根本角色是物品提供者,要通过满足人们的生产和消费需要,来追求企业利润的最大化。当然,企业可以通过政治表达来影响政府政策的制定,但必须遵守正义性伦理原则,要主动担当起企业利益相关者的各种责任,即企业所采取的行为必须是正当且符合社会的道德伦理要求,尽可能减少各种负外部性效应。在企业行为非故意地给他人造成损害时,企业必须采取有效措施予以合理补偿。当然,在当代中国特定背景下,政府作为国有资产管理者,还要担负起国有资产保值和增值的义务,并努力创造国有企业和其他各类市场主体平等竞争的环境。[1]

最后,在微观层面要通过公德与私德的亲清界分促成官员与商人的各司其职。如果说国家与市场的关系是通过效率与公平的辩证统一,从价值理念层面影响着权力与资本的良性互动,政府与企业的关系是通过权利与责任的统筹兼顾,从制度伦理层面确保权力与资本的和谐共处,那么官员与商人则要通过公德与私德的亲清界分,来促成权力与资本的各司其职。罗尔斯在其《正义论》中明确指出,任何公平正义的价值理念只有外化到社会制度结构之中才能为人所遵守,与此同时,还要内化成人类的正义性思想情感和目标志向,才能保证制度结构的长期稳定运行。[2]厉以宁也认为,要从制度层面实现

---

1 高勇强:《中国转型社会的政商关系研究》,光明日报出版社 2007 年版,第 402 页。
2 [美]约翰·罗尔斯:《正义论》,何怀宏、何包钢、廖申白译,中国社会科学出版社 1988 年版,第 381 页。

政府和企业的和谐共处，官员和商人的习惯与道德同样不可或缺。他说："市场调节和政府调节留下的空白只有依靠习惯与道德调节来弥补，习惯与道德调节是超越政府的一种调节。"[1]可见，官员和商人的职业道德状况对权力与资本的良性互动尤为重要。习近平总书记在不同场合同民营企业家座谈时，多次提及建构亲清型政商关系问题，反复强调领导干部和民营企业家职业道德的极端重要性。就领导干部而言，所谓"亲"就是要牢固树立责任伦理的道德要求，要时刻牢记全心全意为人民服务的根本宗旨，善于运用群众路线的工作方法，肯于花更多时间和精力深入到广大企业家群体中去，了解他们在生产经营中遇到的各种困难，认真倾听民营企业家的反映和诉求，积极做到靠前服务，善于帮助他们解决实际困难。所谓"清"就是要求领导干部与企业家打交道时要守住底线和把好分寸，坚决反对以权谋私和权钱交易，决不允许对民营企业家吃拿卡要和贪污受贿。就民营企业家而言，所谓"亲"就是要通过合法的渠道和方式跟政府官员打交道，用正当渠道向政府表达自己的合理诉求，实事求是讲真话，本本分分建真言，善于通过自我学习和自我教育健康成长，树立良好的企业家形象，为当地经济发展和百姓幸福担当起自己应尽的社会责任。所谓"清"就是要求民营企业家光明正大搞经营，在与领导干部交往中牢固树立底线思维，树正气，走正道，有效避免政商关系的不清不白，要懂得以义制利，通过诚实守信的职业道德去合理合法地追求企业利润。[2]

（3）不断增强权力与资本良性互动的法治保障。道德和法律都具有规范权力与资本关系的重要作用，道德是内心的法律，法律是成文的道德。要正确处理政商关系，既要高度重视道德伦理的潜移默化作用，更要充分发挥法律规范的刚性约束作用。只有实现道德与法治的相辅相成，才能确保政商之间的良性互动。在当代中国尽管已经颁布诸多约束领导干部行为的党内规章制度和规范企业商业活动的法律法规，但面对政商关系处置不当引发的权力腐败蔓延和资本逻辑盛行，急需制定和出台保证权力与资本良性互动的专业

---

[1] 厉以宁：《超越市场与超越政府：论道德力量在经济中的作用》，经济科学出版社1999年版，第2页。
[2] 习近平：《在民营企业座谈会上的讲话》，《人民日报》2018年11月1日。

性法律法规,以厘定政府与市场的基本边界,为新型政商关系的确立奠定法治基础。社会主义市场经济本质上是法治经济,为了实现政治的和谐稳定和经济的繁荣发展,既要引导政府保护产权、维护契约、统一市场、有效监管,又要为各类市场主体提供公正、稳定、可预期的法治环境。

从国家、政府和官员层面看,要深刻理解不同历史时期的社会心理特点和市场发展趋势,以国家面临的重大经济问题为导向和指引,在与市场深入沟通的基础上,提高政策制定水平,形成公平公正的政策环境,维护稳定有序的市场秩序,强化市场监管和反垄断规制,防止资本无序扩张,引导各种资本要素健康发展。在健全市场法治过程中,要大力推进依法行政,有效避免"立法过严、违法普遍、执法不纠、法外特权"现象的蔓延。特别是要厘清权力清单、责任清单和负面清单,根据权力分布确定责任清单,根据责任清单建立责任认定和评估制度,要以负面清单的形式公开列明法律规定禁止的事项。对于清单之外的事项,要由市场主体自行处置。与此同时,又要牢固树立政府为企业服务的根本宗旨,推动简政放权、放管结合、优化服务向纵深方向发展,避免不作为、不敢为、不会为和办事难、办事繁现象的发生。政府官员必须清醒地认识到,中小企业是国民经济和社会发展的主力军,在促进增长、保障就业、活跃市场、改善民生方面发挥着重要作用。如果权力任性,把中小企业当"韭菜"割,不断地乱收费、乱罚款、乱摊派,持续恶化营商环境,势必挫伤企业经营者的积极性和安全感,致使招商引资工作难以开展,最终也会让地方经济丧失活力。因此,必须充分信任和尊重企业家,要弘扬企业家精神,发挥企业家在提高企业竞争力上的重要作用。绝不搞杀富济贫、杀富致贫,唯其如此,才能避免国家和社会掉入平均主义和福利主义的陷阱。

从市场、企业和企业家层面看,既要做到守法经营,合法营利,依法纳税,更要在商言商,及时捕捉瞬息万变的市场信息,法无禁止则行。因为只有企业经济搞好了,居民才能有就业,政府才能有税收,金融才能有依托,社会才能有保障。要牢固树立以市场需求为导向、以市场竞争为动力的价值准则,大力改变政商之间的主从关系,转变找政府和跑关系的发展模式,学会通过合法手段获取政府优惠政策的扶持。由于企业家才是真正的要素整合者、市场开拓者和创新推动者,因此,企业家必须引领企业向"专精特新"方向发展,把敢于冒险的企业家精神和公司治理的规范性统一起来。与此同时,各种行业协会、同业公会和地方商会要代表企业利益,建立政府与企业沟通的制度化途径,降低沟通成本和提高沟通效率。工商联作为党和政府联系民营企业的桥梁和助手,既要依法行事,代表和维护企业利益,又要维护国家和人民利益,要依法警示企业不法行为,维护社会利益,努力实现企业发展和社会进步的辩证统一。

特别是司法部门在处理涉及民营企业的法律案件时,要以实事求是的态度客观看待改革开放以来民营企业经营发展中存在的不规范问题,要依法妥善处理民营企业家历史形成的各种产权案件。严格遵循法不溯及既往、罪刑法定、从旧兼从轻等原则,已过追诉时效的不再追究,罪与非罪不清的按无罪处理。[1] 特别是在国家经济发展爬坡过坎的关键时期,要从服务国家发展大局、推动社会不断进步和维护人民群众根本利益出发,按照国家司法部门的政策解释,对涉案的民营企业家做从宽从轻处理:可捕可不捕的,不捕;可诉可不诉的,不诉;可判实刑可判缓刑的,判缓刑。因为一旦将一个民营企业家捕了诉了判了,这个企业马上就垮台,企业内几十个上百个乃至上千个工人就会立即下岗,进而给国家和社会造成巨大的就业压力。[2] 如果说用法律权力的"减法"能换来市场活力的"乘法",那么,法律权力任性的"加法"则可能导致市场活力的"除法"。只有把权力限定在法律框架内,关紧制度的笼子,才能切实打造健康的营商环境,促进中小企业的健康发展,形成经济社会的良性运行。当然,对主动行贿和蓄意围猎党政干部的企业经营者,必须建立严重违法和失信企业的黑名单制度,使其难以在市场上获得立足的空间。

通过以上论述不难看出,要科学把握权力与资本良性互动的客观历史规律及其在世界范围内的深层运演逻辑,必须对当代中国和欧美国家处理权力、资本、劳动三者关系的根本价值分野予以深入研究,并对当代中西方权力与

---

[1] 庄聪生:《中国民营经济四十年:从零到"五六七八九"》,民主与建设出版社 2018 年版,第 411 页。
[2] 张军:《中国特色社会主义司法制度的优越性》,人民网,2019 年 11 月 12 日。

资本在市场经济的本质界定、权力资本化的方式方法、资本权力化的主要路径等问题上出现的伦理视差进行探赜索隐,特别是对数字经济条件下中西方权力与资本运作面临的挑战予以仔细检审。唯其如此,才能归纳出当代中西方权力与资本良性互动的底线道德、伦理规则和法治原则。

第一章

权力与资本的概念界定及其人格化代表

从人类文明演进与世界历史变迁的角度看，血缘地缘、利益冲突、地理环境等诸种复杂因素促成了权力和资本的诞生。权力与资本无疑是影响历史发展与文明演进的两种极其关键的要素。这两种要素分别衍生出人格化的以官员群体为代表的社会管理者和以商人群体为代表的市场经营者，他们在社会发展中起到了举足轻重的作用。本章旨在以权力和资本的概念界定为切入点，一方面揭示权力作为一种力量如何成为古今中外人类社会的政治观念或管理手段，资本在物质世界中的聚集生成过程及其与社会历史的关系；另一方面则将权力与资本人格化，就其演化路径进行深入探讨，进而在权力与资本的人格化代表所产生的一系列影响中厘清其复杂内涵。

一、权力的本质与权力阶层的古今结构

何谓"权力"？此"权力之问"在西方的求解进程中，虽历经了古希腊到中世纪再到近代民族国家的若干历史阶段，甚至在马克思主义的阶级权力观中得到过实然和应然角度的双重透视，但时至今日，全球化背景下的不少政权或国家，依旧无法将权力的应然逻辑与历史、现实的实然状态贯通融合起来。因此，一个现代国家的政治实践中总会因无法正确地回答"权力之问"而出现这样或是那样的问题。本节拟从探究权力本质这个问题展开，逐渐厘清与权力相关的几个重要问题，最终就权力阶层的古今架构及其政治伦理价

值做出说明,以此提供一种叩问"权力之谜"的有效方式。

(一)权力本质的历史缘起

"何为权力?"是古今中外无数社会科学领域的学者在其研究过程中无法逾越的永恒之问,也成为当今中国哲学、伦理学、政治学、社会学、法学等学科共同探寻商榷的、耐人寻味的不朽"迷思"。自古希腊以来,往圣先贤们已就"权力之问"展开探讨。他们借助神话、谎言、暗喻的形式,引入时间、空间、经验的视角,运用思辨、实践、理性的力量,建构了一个以形而上的终极价值为依据,以形而下的伦理、政治、法律做铺垫,根本指向是为个体争取利益的政治伦理架构,以设置正义的轨制、明示国家的纲纪、考辨权力的来源、追求民众的福祉,由此体现正义之权的应然逻辑。

1. 权力的本质属性

自政治社会诞生起,权力便如影随形,关于"权力"一词的界定,学界争讼不绝。《权力论》的作者丹尼尔·朗将权力定义为"权力是某些人对他人产生预期效果的能力"。[1]德国社会学家马克斯·韦伯则从合理性视角将权力定义为:"一个人或一些人在某一社会活动中,甚至是在不顾其他参与这种行动的人进行抵抗的情况下实现自己意志的可能性。"[2]霍布斯则认为权力是"获得未来任何明显利益的当前手段"。[3]上述几种代表性的权力观虽在聚焦点上各有差异,但都不约而同地揭示了权力的特性,即作为一种特殊力量,掌握权力的一方可借此产生或收获某种特定的预期成效和局面。但是从本质上来讲,权力并非是某个人生而自带的特征,而是一种社会关系,也就是说,称某个人具有权力是无意义的,除非能同时指出某个人对某个个体或群体具有权力。因此,个体之间的权力可以定义为:影响的潜力,以一个人制约另一个人的能力和愿望为基础,而该种制约是通过操纵对后者来说非常重要的奖惩达成

---

[1] 郎友兴、韩志明编选:《政治学基础文献选读》,浙江大学出版社2008年版,第282页。
[2] 周高仪、陆静、马振耀主编:《行政管理学》,吉林大学出版社2016年版,第44页。
[3] 周高仪、陆静、马振耀主编:《行政管理学》,吉林大学出版社2016年版,第44页。

的。或可说，制约是从双方的需求中产生的，它构成了一方对另一方的权力。

在纷繁复杂的权力中，人们依据不同的评价和依据，将权力做了不同种类的细分。例如：从权力的职能来说，政治权力、经济权力、社会权力、宗教权力都可算是权力的种类；从权力的类型来说，权力又可分为法定性权力、奖励性权力、强制性权力、专家性权力和参照性权力等。[1] 因本书主要探讨的是政治权力亦即公权力的伦理应用问题，故对其他权力类型不做赘述。政治权力主要是指国家权力，也包含党派的权力和团体的权力。政治权力具有如下特征：（1）具有鲜明的阶级性；（2）具有广泛的社会性；（3）具有一定的强制性和支配性。权力的以上特点决定了各种权力的行使方式是不同的：经济权力依靠国家尊重经济的客观规律来保持运转；宗教权力凭借信徒的虔敬和宗教本身的教义来维系；政治权力则依托带有强制性的法律、命令、法令等加以颁布和确认，并由军队、警察等暴力政权机关保证其目标的实现。政治权力拥有一套系统性的十分精细的制度安排，能够以国家的名义行使权力，同时它又是一种可以制约其他同类集团权力的最高权力。但是，即便政治权力拥有至高威能，仍需体现其社会性和伦理性，因为只有社会性和伦理性才能维系公共共同体的稳固存在，并体现社会的公平正义。国家和政治权力只有维护公共利益，保证社会长治久安，使民众获得福利，才能长久存在。本书所指之权力，就是从政治伦理的角度审视国家公权力的起源、主客体关系、价值导向等问题。这些问题涉及的不只是一种理想，同时也是对现实处境的一种镜像影射，当然更意味着一种对美好社会的希冀。

2. 权力主体与客体的关系

政治权力作为权力主要形式的一种，具有明显的特质。首先，权力的所有一般属性它都具备；其次，它体现为一种能力，即权力主体在达成和维系自己利益诉求的过程中对权力客体的平衡力量；同时它还是一种伦理关系，突出地体现为政治权力主客体之间构成的"支配—服从"关系。由

---

[1] 周高仪、陆静、马振耀主编：《行政管理学》，吉林大学出版社2016年版，第45—46页。

此可见，只有当权力主体与权力客体之间产生支配行为时，权力表象才能与权力的实质达成统一。这里，离开双方的任何一方，权力拥有者的身份都是虚幻的。而且，在特定的历史时期和社会关系中，权力主客体之间彼此关系的整体构成，还能够进一步反映出二者在不同历史时期政治权力架构中的实际地位。

在政治这个范畴内，权力主体是对政治主体的一种通俗界说。一般而言，这里的"主体"指的是一种关系范畴而不是一个实体。具体而言，在一种关系中处于强势和主导地位的施权者便是当然的政治权力主体。该类主体因其特定的政治角色设定而在政治活动过程中处于支配地位，对于其政治活动过程中所牵涉的其余角色具有支配力。而在该种关系中被支配的一方，被称为政治权力的客体。从这种意义上看，权力主体主要包括国家统治集团、分配社会资源者，以及在现代政治权力活动中处于执政地位的政党或人民团体。而权力关系中的被动方，亦即权力客体，多指政治活动中受到权力主体支配、限制、调节的一般社会成员。权力主客体间的二分法是体现权力意志的重要方式，这种分离并不是一蹴而就的，而是要经历一段长期的自然社会历史发展过程，且居于人类社会发展的一般规律之下。概言之，权力主客体之间关系的发展及演变必然要受一系列整体历史环境的支配。

权力主客体之间的关系还具备几种属性。第一，不平等性。权力本身就具有阶级性、社会性和强制性，这些本质属性从各方面不同程度地展现出权力主客体之间地位的不平等性。在政治权力的范畴中，较多的社会资源总是被相对少的人占有，从而使得相对少的人处于权力的中心地位，"一种权力的存在意味着一个集体的文化体制建立起了正式的不平等关系，把统治他人的权力赋予某些人（他们被称为'权威'），并强迫被统治者必须服从后者"。[1]在此种情形下，权力主体可以凭借自身形成的优势，支配、操控和影响权力客体，并以吸附到的方方面面的社会资源为基础，形成强而有力的权力磁场。

---

[1] [法]莫里斯·迪韦尔热：《政治社会学——政治学要素》，杨祖功、王大东译，华夏出版社1987年版，第116页。

第二,利益性。正是出于利益的主导权和分配权,政治权力主体才能对客体施加影响;而政治权力客体也因能够得到利益上的保障,才对权力主体产生服从关系。没有利益,权力主客体双方皆为无稽之谈。当然,这里的利益存在多种表现方式,可以表现为物质利益、社会财富、隐性资源、潜在价值等。进而言之,当政治权力主体对社会资源和利益的宰制不断增强时,其所表现的压迫性和对政治权力客体的影响力也会愈加强烈。由此,也就产生了一种不对等性,即政治权力主体在政治活动的运作过程中无疑获得了更多的利益偏向和特殊优待,而这些是政治权力客体难以接触的。第三,稳定性。法律、制度和公共秩序是每个社会共同体都具有的公共产物,任何一种法令条例和制度设定都是在避免政治权力结构摇摆造成社会动荡的前提下进行的。再者,政治权力客体对主体的认同顺服程度对其政治愿望的实现有着重要影响,这同样可以作为评价政治权力主体拥有多少权能的重要标准。缺少客体的心理和行为上的服从,权力便不复存在。故政治权力的主客体关系一经形成,这类主体便会采取各种方式巩固这种关系模式,以保证自身的统治地位和统治功能的持续复制。

政治权力的主客体关系不是一成不变的。诚如前面指出的,作为整个社会关系的一部分,政治权力的主客体关系的发展和演化势必受到人类社会发展一般规律的支配和制约。在原始社会,政治权力是作为一种社会公共权力的形式而存在的,权力的主客体关系划分较为模糊。随着人类社会的演进,进入现代社会的政治权力主客体关系则发生了显著变化,且直接表现为权力主体自我意识的增强和权力主体数量的增多,由此带来的是主客体之间发生冲突的频率也越来越高。这一趋势不仅是人类社会向前发展的必经阶段,而且权力伦理的价值导向问题在此过程中也日益凸显起来。

3.权力伦理的价值导向

所谓权力伦理,一般来说是国家理性的产物,是指从伦理学的视阈解读政治权力的来源、本质属性、主客体关系以及其体制机制生成和输出的一套系统理论。从宏观的角度看,人类理性是对国家内在属性的反思,并从国家角度或社会角度对政治权力的目的做出工具理性与价值理性的整体判断。从历史上看，所有政治和文化现象向深处挖掘都有一连串与其紧密相连的价值观。在古代，这些价值观通常是由社会团体认可的宗教信仰体系维系的。马克思曾指出："宗教是这个世界的总理论，是它的包罗万象的纲要。"[1] 而在近代民族国家阶段，黑格尔和马克思也都对"国家理性"这一概念下过定义，黑格尔曾在《法哲学原理》中认为，国家是一种意识到自身的理性的定在。马克思则指出："国家必须由有意识的理性来统治。"[2] 从历史上的诸多事件中可以得出结论：国家理性是与国家自我完善紧密联系在一起的，即一个理性的国家应当在维持自身存在的基础上追寻应然目的，但只寄希望于世俗的政治权力又是极不可靠的，需要有正确的权力伦理价值导向以及外在的监督体系鞭策推行。

在神学思潮占支配地位的年代，国家理性自身存在着双重矛盾的对立和两个阶段的演变。所谓双重矛盾，即政治权力与伦理价值的内在结合和宗教精神对世俗理性的外在考问。前者政治权力的存在迫使国家维护自身利益，伦理价值的存在敦促国家反省自身不足；后者神圣先知追求形上的社会理想，世俗政权平衡形下的现实利益。随着近代民族国家的兴起，"祛魅"进程也在不断推进，正如马克思所说，当"真理的彼岸世界消逝以后，历史的任务就是确立此岸世界的真理"。[3] 当美索不达米亚的教宗、皇帝的神秘面纱被觉醒的人民戳穿后，时代的伦理价值导向就会转向广大的民众一边，时代的追求也转变为"人民群众把国家政权重新收回"。[4] 这两个阶段从马克思人学思想的角度来说，前者就是"我们不把世俗问题化为神学问题"，[5] 后者就是"我们要把神学问题化为世俗问题"[6]。马克思提倡从现实的人的角度来分析问题，从社会和人民的角度来定义国家，收回政权。但从另一程度上说，没有前阶段彼岸真理的准备，就没有后阶段此岸真理的展开，因此，国家理性的逻辑进路可

---

1 《马克思恩格斯文集》第1卷，人民出版社2009年版，第3页。
2 《马克思恩格斯全集》第3卷，人民出版社2002年版，第29页。
3 《马克思恩格斯文集》第1卷，人民出版社2009年版，第4页。
4 《马克思恩格斯文集》第3卷，人民出版社2009年版，第195页。
5 《马克思恩格斯文集》第1卷，人民出版社2009年版，第27页。
6 《马克思恩格斯文集》第1卷，人民出版社2009年版，第27页。

搭建权力伦理的分析架构,并构成马克思主义政治伦理观正式登场前的预演。

当宗教问题转化为世俗问题之后,虽然国家理性实现了大幅度的跨越,但是经济基础仍属资本主义所有的现实并未改变,所有制的问题留待解决,政治主导权仍掌握在资产阶级的手中,导致少数人掌握了多数财富和阶层固化,这实则与宗教异化的剥夺方式如出一辙。美国宗教学家包尔丹讲道:"宗教剥夺了我们人的优秀品质并把它们送给了上帝,资本主义经济则剥夺了我们的劳动,我们真正的自我表现,并把它只作为一种商品送到那些能买得起它的人——富人手里。这一不幸的结合不是偶然的。请记住,宗教是社会上层建筑的一部分。经济现实是它的基础。"[1] 为此《共产党宣言》着重探讨了所有制问题,认为其是"运动的基本问题"。[2] 故可以说,只要所有制不变,人民主权和社会正义皆为空谈,唯有人民的权力和人民的所有制才是权力伦理价值的终极导向,亦是"何为权力?何种合理性?"这一伦理之问的最终答案。

(二) 权力结构的内生外化

政治体制作为权力结构的重要组成部分,能够反映国家的权力结构以及权力组织之间的关系,其生成过程具有多样性、复杂性的特点。战争冲突与博弈、血缘与氏族组织、地理环境与气候等都是政治体制内在生成的因素。在政治体制经过复杂的演变过程之后,其具体的现实效用又要通过不同的权力运作机制来体现。权力运作机制不仅在哲学家们的个人观点中相异,且在不同国家、不同政体其外化方式也各不相同。

1. 政治体制的内在生成

从发生学的视角看,政治体制是原始社会瓦解后的产物,是与国家同时产生的。从原始社会到政治体制生成是一个漫长的历史过程,而战争与冲突是其必经阶段。从摩尔根的《古代社会》、塔西佗的《日耳曼尼亚志》、凯撒的《高卢战记》中都可以窥得政治体制是战争冲突与博弈的产物,在战争冲

---

[1] [美] 包尔丹:《宗教的七种理论》,陶飞亚、刘义、钮圣妮译,上海古籍出版社2005年版,第181页。
[2] 《马克思恩格斯文集》第2卷,人民出版社2009年版,第66页。

突中衍生出的军事制度是"氏族制度下一般所能达到的最发达的制度；这是野蛮时代高级阶段的模范制度"。[1] 这种向国家雏形过渡时期的军事制度从内在生成上决定了未来不同政治体制的形式。

马克思在"人类学笔记"中摘录了大量关于原始社会中部落村社和氏族组织之间血缘关系演变与家庭发展史的内容，其中就对东方社会的亚细亚生产方式和村社制度展开了研究。马克思认为，亚细亚生产方式是东方专制政体组成最为稳固的基础。处于此种生产方式下的个体过着依附于村社、土地、熟人范围内的社会生活，同时，村社这种闭关自守的特殊存在形式，致使维护公共基础设施与行使权力的职能都在其内部进行。这就造成国家在世界范围内处于孤立状态与掌权者对国家和社会的独断性控制，进而使得东方社会独有的政治体制能够稳固和长久地存在下去。

孟德斯鸠"地理环境决定论"的观点，认为地缘及气候的差异在影响世界各民族政治制度、生理、心理、气质、宗教信仰方面起到了决定作用，并明确指出："气候条件在很大程度上决定了这个民族的法律、习俗和风尚。"[2] 修昔底德也曾阐发关于地形和政治制度之间关系的观点，认为海军强盛的国度往往政体为民主制度，而陆军强大的民族往往政体为君主制度。

从国际宽视域的角度看，中国地处亚欧大陆东部太平洋西岸这片广袤的温带大陆，其中黄河流域肥沃细腻的土壤，为中国高度发达的农业经济奠定了基础。大河、平原的天然地形条件使中国形成了稳固的农耕文明。父子继替、精耕细作的生产生活方式，决定了中国从古到今对君父权力的服从和崇拜心理。在此基础上，中国古代的统治阶级极为注重以"礼仪"为核心的治国方略。他们或是改造转化古代的礼仪，或是创造与环境相适应的新型礼仪，以维护统治阶级的利益，凸显出古代中国社会以权力阶层为主导的"差序格局"，故在中国古代典籍中常会出现"等贵贱，分亲疏，序长幼"（《荀子·君子篇》）、"君君，臣臣，父父，子子"（《论语·颜渊》）等伦理规制。由于以农耕文明为基础形成的政治体制其主要特征就是社会的同质性较强、内部分

---

1 《马克思恩格斯全集》第 21 卷，人民出版社 1965 年版，第 165 页。
2 [法] 孟德斯鸠：《论法的精神》，许明龙译，商务印书馆 2017 年版，第 373 页。

工不够发达、社会文教水平低下、社会流动性差、阶级阶层以血缘地缘关系为纽带来划定基本的社会关系，所以可以看到，在尧舜之后"家天下"成为固定的政治模式，而在西周时期"宗法制""嫡长子继承制""勤王"等宗法政治制度或行为进一步将之普及化稳定化。上述原因，促发了华夏文明长达几千年的君王一统的专制主义中央集权的长期稳固，这种稳固不仅是作为硬件的政治体制上的，也体现在作为软件的意识形态上。由此衍生的"个人崇拜""朴素平均主义""熟人社会"等等，成为古代中国政治体制的重要组成部分。

与农耕文明不同，西方海洋文明孕育了迥异的政治体制。以古希腊雅典、伯罗奔尼撒半岛、底比斯、科林斯城邦和各岛屿国家为代表的地中海沿岸地区是典型的海洋文明区域，这种类型的文明区域呈地中海式气候，地域狭小，土地贫瘠，农产品种类单一，数量匮乏。农业基础的薄弱使得物品交换成为必然，加上地中海地区特殊的地缘关系，航海与探险也就成为古代西方人的主要生产生活方式。海洋文明类型往往更趋向于多元化，这源于在长期海外探险中形成的探索精神和拓宽眼界后由世界带来的深厚理性认识。这样的社会往往不迷恋传统和权威，自我、独立、理性、平等等意识在这里更为活跃。这些观念和意识促使这些地区产生了最早的民主制度，如雅典城邦的"公民大会""十将军委员会""陶片放逐法"等体现平等型伦理品质的古典民主规则。恰如伯里克利在阵亡将士葬礼演说词中所陈述的那样："我们的制度之所以被称为民主制，是因为城邦是由大多数人而不是由极少数人加以管理的。我们看到，在解决私人争端的时候，所有的人依法都是平等的。"[1]

农业和海洋，不同的文明形式内在生成了君主专制与直接民主制两种不同的政治体制，而不同的政治体制也可以反映出一代代生活于其中的人之心性、气质、精神和交往方式等。纵观历史长河，人类文明的进展本身就是一个在理想境界的感召下，受现实环境影响，不断批判现实、改造现实的历史过程。权力伦理的演进和外化也是如此。

---

[1] ［古希腊］修昔底德：《伯罗奔尼撒战争史》，徐松岩译，上海人民出版社2017年版，第195页。

2. 权力运作机制的外在转化

虽然权力、法律、政治体制、国家机制之间存在着复杂密切的联系，但不能简单地把权力归结为社会或国家的统治者的主权。权力运作机制的外在转化也并不总在国家机制中兜圈子。例如，黑格尔和福柯的权力学说就充斥着不同观点间的对抗。黑格尔在《法哲学原理》一书中将王权、行政权、司法权归纳为国家政权运作的有机统一，而其中尤以王权最为重。黑格尔主张王权具有绝对性、权威性、独断性，且国家主权必须通过某个人格体现出来，也就是君主。"国家的人格只有作为一个人，作为君主才是现实的"[1]，"主权就是作为整体的人格性，而合乎这个概念且具实在性的这种人格性，就是君主的人格"[2]。黑格尔的这种将王权看作主体，并将其尊严视为至高无上的学说，无疑维护了普鲁士君主立宪制政府的权威，黑格尔由此被称为"官方哲学家"。马克思在《黑格尔法哲学批判》一书中对黑格尔的这一学说进行了系统驳斥，并深刻阐述了其人民主权的思想。与黑格尔不同的是，福柯在其政治理论中将王权送上了断头台，将权力与国王、法律、国家机器进行了理论剥离。在其学说中，权力化为一种微分的多样化技术，无处不在，是毛细血管状的，形成了一张巨大而细密的权力网络，"权力，这是比一个法律的整体或一个国家机器更加复杂、更加厚实和更加扩散的东西"[3]。

权力运作机制不仅在哲学家们的个人观点中相异，而且在不同国家、不同政体其外化方式也各不相同。作为中华优秀传统文化中有现实意义的部分，中国古代政治文明亟待深入挖掘，其中行政者在从事政治活动时的行为特点集中体现在"民本"上。中国古代帝王常用"微服私访"的方式体察民情，了解民间疾苦，且自古就有"天下为主，君为客"（黄宗羲）、"些小吾曹州县吏，一枝一叶总关情"（郑板桥）等典故或警句，来表达中国传统儒家文化中的民本思想。为何中国古代专制帝王的权力外化会指向民本呢？这是因为，统治者们日渐意识到，民众作为社会的主体，是国家存在的基础和社会

---

[1]《黑格尔著作集》第7卷，邓安庆译，人民出版社2017年版，第423页。
[2]《黑格尔著作集》第7卷，邓安庆译，人民出版社2017年版，第424页。
[3] 冯俊等：《后现代主义哲学讲演录》，陈喜贵等译，商务印书馆2003年版，第485—486页。

财富的主要来源，也是建构国家、维护自身统治无法回避的关键问题。政治权力作为主客体关联密切的一股力量，虽然可以由主体有效地强加在客体身上，但权力主体对其统治的人民不可肆意妄为，因为这对主体统治来讲毫无益处，只会产生"覆舟"的危险。要消除此种危险又不能简单粗暴，要学会运用一定的制度伦理来约束权力非理性的一面。汉初贾谊的《新书·大政上》就从暴秦速亡中得出结论："自古至于今，与民为仇者，有迟有速，而民必胜之。"这也就是说，即使是长期居于统治地位的帝王，也知晓以民为本的重要性和建构以公平正义为内涵的权力伦理的必要性。

在古希腊时期的雅典，政治机制主要由城邦公民、外邦人和奴隶三者所组成。这种小规模的政治共同体外化为三种特征：第一，全民参政。公民是城邦的主人，他们的主要生存方式就是广泛地参与各类政治活动，因此亚里士多德强调："城邦显然是自然的产物，人天生是一种政治动物。"[1] 第二，法律至上。城邦公民对法律予以高度重视，认为只有绝对服从既定法律的人才能取得同胞的信任。柏拉图在《法律篇》中将城邦中的法律比作金质的纽带，以此来凸显法律的绝对重要性。第三，制度治国。即高度重视制度设计的作用。亚里士多德在《政治学》中将各种城邦的制度做了更为精细的划分，其中君主制、贵族制、民主制为"善"的三种政治制度，而与之呼应的三种坏的政体则是僭主制、寡头制和暴民制。这在后世也成为古典政治哲学研究者们关注的出发点。虽然希腊城邦最终被罗马帝国所征服，但崇尚法律、注重制度的政治基因直至今天仍在很大程度上影响着西方的政治文化。

中世纪时期，基督教的神义氛围笼罩了整个欧罗巴大陆，神学成了权力核心与国家理性的指导思想和驯化权力的理论工具，神意这种至高无上的权力象征开始外化在欧洲大大小小的世俗领主们身上。这种外在转化是由宗教的二重性质所决定的，因为"上帝"具有两面性，即他既可以是教宗、国王的上帝，也可以是先知、人民的上帝。虽然在其后的治乱过程中演化出了"双剑论"这种教士秩序与官僚秩序并行的政治制度，但仍无法忽略"君权神

---

[1] ［古希腊］亚里士多德：《政治学》，颜一、秦典华译，中国人民大学出版社 2003 年版，第 4 页。

授"在那个时代的必要性地位。"没有权柄不是出自神的。凡掌权的都是神所命的"(《申命记》17：15)、"权柄必须由神来任命，我们也因为良心的缘故而顺服这当权的，但这种顺服并不是因为对惩罚的恐惧；而是对当权者都该如是"(《罗马书》)、"你们为主的缘故，要顺从人的一切制度，或是在上的君主，或是君王所派的臣宰，因为他们都是来自神"(《彼得前书》)，以上《圣经》中的论述，上帝、神法、权力与君主这些关键词都是结合在一起的，其特征一方面是世俗权力源于神圣权力的外在转化，另一方面则是以对上帝信仰的超验理论来论证民众的生存必要性及国家存在的目的。

（三）权力阶层的古今演变

古今中外，政治权力的运作、政治活动的开展、政策法规的执行、国家机器的运转都离不开掌握权力的人，这些人在社会分层理论中被称为权力阶层。权力阶层特指占有社会资源或拥有分配社会资源能力的群体，亦即人们通常所称的官僚队伍。在不同时代、不同地区、不同风土文化的影响下，划分权力阶层的标准也随之而变，且权力阶层的演变过程形成了其鲜明的嬗变方式。

1. 权力阶层的主要特征

在古代中国，官僚队伍尤其是文官团体是科层制度下的精英阶层，他们引领着时代主流风尚，辅佐君王治理朝政。"学而优则仕"的观念深深影响着无数代渴望通过官吏选拔制度改变命运的学子，以唐代完善的"三省六部制"为例，"中书起草，门下封驳，尚书奉而行之"的政治行为都需要经过复杂的专业训练和长期的社会经验磨砺，这样的文官集团占据了唐代行政管理的主导地位。在古希腊，柏拉图提倡在城邦中筛选出具有天分的儿童，让他们从幼时就接受算术、几何、辩证法等一系列教育，等他们35岁时再将他们分派至各个城邦中担任具体的行政职务。在积累世俗经验的同时，他们也要学会抵御形形色色的感官诱惑，这个阶段持续15年，在这些人50岁的时候才适合去研究善，以之前的经验和对世界的认识沉浸在哲学的凝思之中。城邦此时如果需要，他们就必须要在城邦中担当起统治者的角色。随着现代国家的不断发展，占据社会主导地位的权力阶层亦是经过专业训练的专职人员组成的社会团体。无论在任何国家任何政体下，权力阶层都承担着支撑国家正常运转的责任，履行着维护国家主权、使社会政通人和的职能。阿尔蒙德认为："在所有国家中，由于职业公务人员的人数和任职时间都大大超过了经选举产生的行政官员……因而他们获得了拟定决策议事日程的主要影响力，这就决定了现代社会的政治体系本质上是一种官僚化的社会体系。"[1]

如果将权力阶层再度细分，从微观上考察权力阶层，那么它还具备如下特征：第一，权力阶层在分配社会资源时是以人或群体的意志的存在为前提的，特别是在专制政体和威权王朝，权力阶层就会形成一种内在逻辑和惯性进路，即执政时间长短和权力集中程度成正比，掌握权力的时间越久，独占垄断的倾向就越强。第二，权力阶层为了实现其意志和利益，往往会形成"独占性"的特征，他们会试图从法律入手，挑战、分享、占有其他阶层的利益，形成一种强制力量。正如恩格斯所指出的，国家及其公共权力是"从社会中产生但又自居于社会之上并且日益同社会相异化的力量"。[2]第三，权力阶层还具有权力集中的特征，该特征体现在"一元化领导"体制上，如秦始皇统一六国，实行中央集权制度，"履至尊而制六合，执敲扑而鞭笞天下，威震四海"（《鉴戒录·判木来》）。第四，权力阶层还具有流动性的特征。福柯将权力形容为"毛细血管"，将种种流变的布局构成的不平等关系称为权力。福柯指出："在分析权力时，必须把它当作某种循环流动的东西……权力通过一种网状组织被使用和实施。个体不仅仅只是在权力的经纬网循环流动，他们总是处于同时经受这一权力和运用这一权力的位置。"[3]

2. 阶层划分的多元透视

社会阶层理论作为权力阶层划分的理论依据，欧美学术界在这方面可谓

---

1 ［美］加布里埃尔·A. 阿尔蒙德、小 G. 宾厄姆·鲍威尔：《比较政治学：体系、过程和政策》，曹沛霖等译，上海译文出版社 1987 年版，第 324—325 页。
2 《马克思恩格斯文集》第 4 卷，人民出版社 2009 年版，第 189 页。
3 ［澳］马尔科姆·沃特斯：《现代社会学理论》，杨善华等译，华夏出版社 2000 年版，第 245 页。

流派众多,歧义纷呈,其中被公认为影响深远和作用巨大,且被中国理论界翻译介绍较多的思想流派主要有三大种类:

一是建立在马克思的阶级划分理论基础之上的当代西方马克思主义阶级问题研究。马克思的阶层划分理论直接来源于他所独创的唯物史观。他认为,社会生产力发展到一定阶段,阶级、社会分工和私有制会随之产生。其中,一个阶级占有另一个阶级的生产资料或剩余劳动产品后,基于各个阶级占有生产资料的多寡不同,其阶级地位、阶级利益、阶级意识就会存在不同程度的差异。而阶级之间的斗争就成为推动人类从原始社会、奴隶社会到封建社会再到资本主义社会、所有制形式不断革新的"火车头"。到了资本主义社会,无产阶级和资产阶级的矛盾无法调和,最终无产阶级公有制会消灭资产阶级私有制,使阶级和国家逐步消亡,步入共产主义社会。而西方马克思主义研究者的代表人物达伦多夫、沃勒斯坦、马尔库塞、普兰查斯、赖特等人,或对权力和权威进行辨析,或转向三元性划分标准,或提出"中产阶级"概念居中调和,以推迟或避免马克思所预言的阶级斗争和社会革命的发生。[1]

二是建立在韦伯社会分层理论预设之上的新韦伯主义。韦伯强调用价值中立的方法思考阶层划分问题,他的思想主要包括:(1)多元分层论。在他的《阶级、身份、政党》一文开头便点明了三种分层秩序:以权力分层为核心的法律秩序,以经济分层为中心的阶级秩序,以声望和身份分层为中心的社会秩序。(2)身份群体论。在社会共同体中,群体或个体可能会因为种族、宗教、语言等原因具有强烈的身份认同意识和结界区分,身份群体与阶级之间存在着冲突、共存和重叠三种境况。(3)社会封闭论。社会封闭是一个社会群体为自身利益最大化采取的一种行动方式,他们通过语言、性别、宗教等将自己与他人区分开来。当他们发展为带有理性规则的联合体时,影响力就会蔓延到权力领域,建立起法律秩序,形成合法的特权群体。(4)科层体系论。资本主义的既得利益集团为了谋求自身利益扩张,建立现代科层制度来保护自身权力不被削弱。

---

[1] 李春玲、吕鹏:《社会分层理论》,中国社会科学出版社 2008 年版,第 86—97 页。

三是建立在涂尔干社会有机体理论之上的形形色色的功能主义谱系。涂尔干从共同价值观的角度出发，将阶层划分建立在价值观基础上的互相关联和有效整合之上。在《社会分工论》一书中，涂尔干视整个社会为一个生物有机体，而社会中的各行各业则组成了这个有机体的各个部位和器官。社会不平等通过有机体分成两类：一是由于家庭出身背景导致的外在不平等；二是由于个人智商和才能导致的内在不平等。外在不平等威胁着现代工业社会的劳动分工和社会秩序，必须逐渐消除；而内在不平等是无法避免的，要求社会能够有利于每个成员各尽所能、各展其才，最终完成社会由"机械性团结"向"有机性团结"的转型。[1]

无独有偶，有关权力阶层划分的理论依据，不单欧美学术界意见纷纭，随着改革开放以来中国社会主义市场经济的深入发展，中国学术界也形成了基于复杂国情的独树一帜的阶层划分理论：

一是以马克思主义经典作家阶级理论研究为主导的社会阶层划分理论。在该领域研究的学者分为两种类型：一类认为马克思主义阶级划分理论只适用于资本主义初期社会结构状况，与当代中国社会结构的巨大变化和当今资本主义国家阶级状态不相适应，必须吸纳当代西方的阶层划分理论以研究当代中国阶层现状。另一类认为，许多人机械地照搬西方社会阶层理论来研究中国如此复杂的阶级阶层状况，其研究成果自然无法揳入和应对当代中国社会面临的种种矛盾。只有回到马克思的阶级划分理论，并对当代西方阶层划分理论的研究成果加以吸收，才能创制出具有中国特色的阶层划分理论。

二是靳凤林教授提出的权力、资本、劳动三大阶层的制度伦理考量理论。此三种阶层的提出，是对当代中国社会转型期政治伦理核心难题所做的一次深度透析。权力阶层指的是承担着复杂的大规模行政职能的具有分配社会资源能力的干部队伍（政党、政府、工会、公职人员、央企国企干部）。资本阶层指的是在社会主义市场经济多种经济成分并存的体制下形成的掌握财富的个体（私营企业主、外企高级雇员、律师、医生等）。劳动阶层则指在三种阶

---

[1] ［法］埃米尔·涂尔干：《社会分工论》，渠敬东译，生活·读书·新知三联书店2000年版，第91—92页。

层中人数最多，占比最大的以农民和工人为主的社会阶层，这一群体具有以下特征：一是经济利益的贫困性；二是生活质量的低层次性；三是政治上的低影响性；四是心理承受力的脆弱性。[1] 此种理论不仅对中国当今的三种主要阶层做了精准划分，还对与之相关的三大根本性矛盾，即权力与资本（政商关系）、权力与劳动（干群关系）、资本与劳动（劳资关系）之间的利益纠葛、冲突及博弈做了透彻分析，提出了用民主政治制度伦理制衡公共权力、用市场经济制度伦理规范资本运营、用公民社团制度伦理保障劳动权益。

3. 中国权力阶层的现状

当代中国权力阶层具有自己突出的人格化特性，尤其是在经历了2000余年封建时期的历练之后，中国的权力阶层已经形成了自身成熟而独特的权力伦理价值体系。受儒家思想的长期熏染，中国社会普遍认同权力本位即官本位的权力伦理特征，它以官职大小、官阶高下作为参照，用以测度个体在政治、经济、文化领域中的社会地位及身份价值。随着此种思想习性的蔓延，中国社会还形成了"以吏为师"的文化内涵，即一种理论的真实程度与官阶高低相联系，导致真理与现实二律背反可能性的形成。处在同一社会共同体的农工商阶层根本无法与官僚阶层相抗衡。由于权力阶层成为全社会关注的焦点，故它诱惑着社会上各类精英人才争相成为其中的一员。从某种程度上说，只要拥有了禄位，各种名色财权便可接踵而来。以北宋为例，与这种权力本位等同于官本位相链接的一种必然现象就是，到了朝代中期，行政机关臃肿冗杂，机构职能交错重叠，手续办理日益复杂，办事效率日渐低下，财政上入不敷出，国家机器逐渐腐化，普通民众苦不堪言，一代王朝陷入风雨飘摇的境地。

在2000多年集权专制社会基础上形成的权力本位传统，无疑对当今中国社会的发展产生了强大阻力。可以说，时至今日，中国权力体系的运转轨迹仍未完全摆脱昔日的官本位影响。杨继绳根据《中国统计年鉴》测算，中

---

[1] 靳凤林：《追求阶层正义：权力、资本、劳动的制度伦理考量》，人民出版社2016年版，第30页。

国党政机关人数 1966—1979 年间增长了 46.4%，1979—1989 年增长 86.1%，1989—2000 年增长 95.3%。至 2005 年止，中国有约 7000 万人纳入财政开支编制，平均 18 个百姓供养一个公职人员。[1] 伴随着权力阶层人数的扩容，行政管理费用也在逐年看涨。周天勇、王长江曾指出："支配权力阶层行为的真正动机并不是无私地为人民服务，而是自身利益的最大化，包括：谋求稳定工作和工资保障的就业利益、部门权力不断膨胀带来的规模利益等。所有这些利益使权力阶层尽可能多地享受和消费人民提供的各种资源，诸如：舒适的办公、愉快的出行、公务旅游观光、豪华奢侈的培训、气派可口的招待餐等。"[2]

新中国成立以来，面对广大人民群众对党和政府的期待，中央政府已进行了八次行政体制改革，在重塑政府公信力、跨越"塔西佗陷阱"方面取得了长足的进步。自 20 世纪 90 年代以来，中国权力阶层在整体上也发生着可观的变化。一方面，行政体制改革为市场经济的发展和民主政治的进步指明了方向，政府的权力逐渐明晰；另一方面，在干部选拔和任用方面，一大批服务意识和大局意识兼备、群众基础良好、能力成绩突出的优秀干部已经成为权力阶层中的中流砥柱。在未来，伴随市场经济进程的不断加快，权力阶层定会走上健康发展的高速轨道，中国社会也定会打破官本位的桎梏。

二、资本的本性与资本阶层的现代生成

资本是什么？资本在物质世界中直观表现为生产资料与财富的聚集。而从深层逻辑来分析，资本不仅作为一种基本要素主导着经济社会的发展，同时还是人类再生产活动与物质资料相结合的产物。这便决定了其必然成为统摄现代国家（社会）运行发展的主体性力量，并通过其人格化的代表主导着现代社会的价值趋向。

同时，资本的发展历程，既是人类社会的时代映射，更是世界历史的重

---

[1] 杨继绳：《中国当代社会各阶层分析》，甘肃人民出版社 2006 年版，第 288—289 页。
[2] 周天勇等主编：《攻坚：十七大后中国政治体制改革研究报告》，新疆生产建设兵团出版社 2008 年版，第 163 页。

要篇章。资本从始至终都紧紧围绕剩余价值来生产自身，在追逐自我增殖的同时，推动着生产力创新发展，推动着时代向前进步。随着生产力的不断发展，资本及资本阶层的展现方式不断多元化，从而催生出诸多的社会制度、治理体系、伦理关系。生产力的不断发展促使资本不断丰富着自身的外在形态，越发具有复杂性、隐蔽性、迷惑性，也使得专家学者们在分析研判资本无序扩张、资本权力化、垄断与反垄断等问题时，不断遇见新的挑战。而中国作为社会主义大国，随着改革开放的不断推进，非公经济越来越成为国民经济发展的重要力量，如何正确认识中国新兴资本阶层的构成特质，也成为治理一系列社会难题的关键。因而，从资本内在的固有本性出发，厘清其繁多复杂的外在形态，遵循资本的内在逻辑建构起对我国资本及资本阶层的客观认识，便成为重中之重。

（一）资本本性的多元向度

资本是社会历史的生产关系。资本不是简单的资金、资源、生产资料的堆叠，而是附着于其上的社会性、历史性的生产关系。资本的社会性使其拥有联结个体的力量，资本的历史性使其拥有联结生产过程的力量。而资本增殖自身的核心需要，在其人格化的代表（资本家）身上延伸为逐利创新、节欲享乐的本性。

1. 社会历史的生产关系

古典政治经济学对资本所做的定义，来自对资本主义发展早期阶段的研究。这就不难理解，为何古典政治经济学家们大多将资本简单定义为货币、土地、机器、厂房等用以生产商品或服务的生产资料。作为古典政治经济学家的代表，亚当·斯密在《国富论》第二篇中将资本界定为个人所有的预期能够创造收入的资产。[1] 而马克思对古典政治经济学的超越在于，他强调"资本不是物，而是一定的、社会的、属于一定历史社会形态的生产

---

1 ［英］亚当·斯密：《国富论》，杨敬年译，陕西人民出版社2001年版，第315页。

关系，它体现在一个物上，并赋予这个物以特有的社会性质"。[1] 皮凯蒂则在《21世纪资本论》中将资本定义为"能够划分所有权、可在市场中交换的非人力资产的总和，不仅包括所有形式的不动产，还包括公司和政府机构所使用的金融资本和专业资本"。[2] 综合上述几种对资本的定义可以看出，资本在人类历史不同时代的背景下往往囊括着不同的内涵。归根结底，资本不仅是客观实体，更是生产的历史过程与社会过程的统一，天然具有社会与历史的双重属性。

资本的社会属性表现为，在生产过程中，一切个体与组织都有着共同的目的——获取价值（或剩余价值），并通过社会组织联结发挥着资本的物质力量。在《资本论》中，马克思强调："资本不是一种物，而是一种以物为媒介的人和人之间的社会关系。"这一社会关系的参与者，在生产过程中主要由劳动者与资本家构成。劳动者出卖自身劳动参与进这一社会关系中的目的是获取与自身劳动力相匹配的价值，而资本家的目的则是在出卖劳动者所创造的全部商品之后，获取工人的剩余价值。尽管二者的目的都是为了获取价值，但资本自身的逻辑要求它必须以剩余价值的榨取为主要目的，这便造成了劳动者与资本家之间天然的、不可调和的矛盾。资本作为社会关系的另一表现，即资本增殖自身的过程必须与社会性生产相结合，而不能仅与单一个体的劳动相结合。资本的社会属性要求它必须处于社会性生产中，才能顺畅地运作起来，才能获得增殖自身的机会。资本作为社会关系的第三种表现，即是资本本身代表了一种既得的物质关系——物质生产资料的私有权关系。这一私有权关系是人类社会发展运行的基础，也需要人类社会来维系。资本不仅是过往社会活动的产物，同时也是旧社会关系扬弃自身的产物。因此，在一定社会阶段，资本在增殖自身的同时，竭尽全力地推动着社会生产力的整体发展，推动着人类社会的不断革新。

资本的历史属性表现为，资本是由于社会的进步和发展到达一定的状态，出现了相应的条件，由此而产生的。资本在生产过程中表现为生产与再

---

[1]《马克思恩格斯全集》第25卷，人民出版社1972年版，第920页。
[2][法]托马斯·皮凯蒂：《21世纪资本论》，巴曙松等译，中信出版社2014年版，第46页。

生产的统一。具体而言，马克思将资本主义生产过程划分为生产、交换、分配、消费四个环节。生产环节是获取资本最重要的环节，没有劳动产品的生产，便不会有资本的物质性产生。交换环节则是劳动产品由单一生产物转化为带有资本属性的商品的重要过程。同时，货币与商品的交换，使得资本获致其隐藏在劳动产品中的价值。在分配环节，根据占有资本的量的不同，对价值进行着内部分配。而消费环节，则是将资本的力量现实地在社会中释放，或成为其他资本增殖的养料，或成为再生产的基础。一旦直接生产过程完成，便意味着再生产过程开始。资本无止休地在生产过程与再生产过程的统一中，实现着自己的根本目的——增殖自身。资本又反过来作用于生产和再生产。这是因为资本作为资本主义经济活动的"第一推动力"，通过对生产内容与形式的确定，实现对消费的供给、对交换的调节、对分配的宰制。资本的历史属性决定着其对资本主义生产方式的传导式影响，具有滞后性的特点。

2. 逐利创新的二重本性

资本自诞生于人类社会时起，在人类社会的发展历程中所扮演的角色就复杂难辨。资本家是资本的人格化，对资本本性的探索便可以从对资本家本性的探索中找到回答。学界对于资本家道德本性的探讨亦从未停止，或颂扬，或批判，或讴歌，或贬斥，不一而足。究其根本，即在于资本家以获取剩余价值为根本目的的逐利创新二重本性。

逐利本性是资本家以获取剩余价值为存在方式所带来的主观要求，是资本家参与社会活动的核心展现。逐利本性在经济过程中展现为资本家对剩余价值的榨取，在道德生活中展现为极端的利己主义倾向，在认知领域展现为对主体的物化。马克思在《资本论》中对资本的逐利本性有过详细论述：作为人格化资本的资本家，其推动生产、交换、分配、消费及再生产过程的根本目的是为了获得剩余价值，因而工人不再被其视为完整的人，劳动力由此失去了鲜活的主体性并与生产资料并列为资本积累过程的原料。由之，资本家从不断拓展工作日界限到将工人的配偶及子女纳入招工范围，再到分工的精细化和劳动的机械化，榨干工人阶层的潜能、健康与生命。追求利益最大化成为资本及资本家的社会交往根本准则，人与人的交往在其眼中转变为物与物的交往，人与人之间的关系被物的关系所替代。而物质利益的获取程度总是相对的，此时由于获取丰厚利润所带来的满足，总会被彼时目睹他人更多的资本占有时所产生的内心渴求取代。这种逐利本性天然地缺乏自我调节、自我约束的机制，情不自禁地走向贪婪的深渊。

创新本性来自于资本增殖自身的客观需要，是资本家觉醒民主自由意识、引领社会与时代变革、加快现代化进程的关键要素。创新本性具体表现为对扩大再生产的渴求，并通过革新生产力降低成本、拓展利润空间。熊彼特将资本主义的创新描述为"把一种从来没有过的关于生产要素和生产条件的'新组合'引入生产体系"。[1] 而作为资本主义"灵魂"的资本家的职能就是实现"创新"，引进"新组合"。因此，资本主义"在它的不到一百年的阶级统治中所创造的生产力，比过去一切世代创造的全部生产力还要多，还要大"。[2] 为了扩大自身的利润空间，资本不断地在旧的生产方式基础上探索新的生产"组合"。新技术的出现带动起组织经营方式的革新，新的经营方式又反过来激发科技的创新。第一次工业革命的兴起，让资本深刻地体会到了技术手段革新与经营方式改革的结合能够为自身带来多么丰厚的利润。自那以后，资本逐渐成为引导社会生产力进步的核心力量。当资本进入了21世纪之后，资本运营的各个环节逐渐呈现出数字化、自动化、智能化的趋势。资本对创新的推动，一方面创造了前所未有的生产活力，极大地拓展了利润空间，另一方面提高了劳动准入门槛，增加了高级技术人员的劳动占比。前者为生产力的进一步创新提供了雄厚的经济基础，后者则刺激了教育科研事业的发展，为科技创新提供了源源不断的人才支持。

逐利本性与创新本性是推动资本完成再生产过程的核心要素，是资本增殖自身的根本趋向的不同展现。逐利本性推动着资本家不断积累剩余价值（财富），获得扩大再生产的物质基础。创新本性推动着资本家在科技研发领域注入资金，不断提高生产率，在再生产过程中实现利润率的提升。利润率

---

[1] [美]约瑟夫·熊彼特:《经济发展理论》，何畏、易家详等译，商务印书馆1991年版，第3页。
[2] 《马克思恩格斯文集》第2卷，人民出版社2009年版，第36页。

的提升又满足了逐利本性的需求，完成新一轮资本积累。

3. 节欲享乐的价值导向

资本的本性是寻求自身的无限增殖，而作为人格化的资本，资本家在实际经济过程中不可避免地存在个体化的价值导向。基于资本增殖这一根本需要，资本家的身上往往会显露出节欲与享乐的双重倾向。西尼尔指出，资本家在节欲的价值导向下，往往会"对于他可以自由使用的那个部分，或者是不作非生产性的使用，或者是有计划地宁愿从事于其效果在于将来而不在眼前的生产"。[1] 将生产性消费放在非生产性消费之前，是资本家节欲倾向的重要表现。而节欲的原因不是因为资本的总量较少或者生产的不足，而是为了计划性地将消费额度使用在未来的生产上。这一方面可以对冲经济风险，另一方面可以扩大下一轮生产的初始资本规模。资本家牺牲当下的奢靡享受、降低生活水准而节省下来的资本，往往会投入新一轮的生产中。因此对于资本家而言，尽管在当下会有所牺牲，但在未来会有更多的利润回报。

资本来源于资本周期中所生产的剩余价值。在对剩余价值的支配过程中，资本家将其中一部分用于生活消费，其余部分则作为积累的资本用于再生产过程。关于这两部分的比例划分，一部分愈多，另一部分便会愈少。马克思指出，作为人格化的资本时，资本家的动机是不断地交换价值以实现价值的增殖，促进人类社会的生产及再生产。因此，全社会的生产力水平得以不断提高，物质基础不断充实，人类历史不断地向前发展。节欲的目的一方面是为了生产性消费，另一方面则是为了满足资本家的致富欲，因为"作为资本的人格化，他同货币贮藏者一样，具有绝对的致富欲"。[2] 当然，马克思并没有因此便将以节欲致富作为主要动机的资本家看作推动整个社会生产发展的功臣。社会机构的广泛协作，在促进生产力发展时所发挥的作用要比资本家个人多得多。同时，"奢侈消费推动了宫廷贵族财产向早期资本家的快速转移，为资本家精细化和集成化的生产提供了机会并创造了条件，从而带动了早期

---

[1] ［英］西尼尔：《政治经济学大纲》，蔡受百译，商务印书馆1977年版，第138页。
[2] 《马克思恩格斯文集》第5卷，人民出版社2009年版，第683页。

资本主义的商业发展、手工业兴盛和进步"[1]。马克思也承认，资本家完全履行节欲致富的意志时，抛开剥削与不平等问题不谈，客观上推动了社会的发展。

马克思在《资本论》第一卷中，引用了大量古典经济学家关于享乐和节欲的论断。古典经济学家善于将个人的消费与资本的积累割裂开来，认为资本的积累来源于资本家对消费的节制。马克思指出，当资本主义处于初级发展阶段时，享乐与节欲的冲动同时占据着资本家的脑海，影响着他的决策。而随着资本主义生产的进步，新的享乐内容与形式开始参与进对资本家的争夺。与封建贵族相比，资本家对享乐与节欲的执着完全建立在对劳动者的剥削之上。这并不意味着封建贵族没有参与对劳动人民的剥削。但与封建贵族"天真烂漫"式的骄奢相比，资本家的骄奢更伴随着"极不纯洁的贪欲"和"扭捏不安的打算"。马克思反驳古典经济学家将享乐与节欲对立起来的做法，他认为资本家节欲以积累资本的同时，扩张着享乐的贪欲。享乐的欲望随着资本的扩张而不断膨胀，无边际的扩张也便意味着无休止的膨胀。但在互联网高速发展、全球信息化高度繁荣的当代社会，资本家们或节欲，或享乐，或二者兼而有之的价值导向，实实在在地对社会整体消费观念发挥着重要影响。因此，只有规范引导资本家的价值观念，使其在社会治理中发挥积极作用，才能清正社会风气。

（二）资本阶层的生成扩张

资本阶层的诞生不是一蹴而就的，而是在封建主义社会中孕育了几个世纪的产物。资本阶层伴随着资产阶级的诞生而生成，并在资本主义的扩张中完成自身的扩张。与资产阶级的鲜明政治立场、政治出发点相比，资本阶层更多是以社会身份、地位、影响的综合呈现为考量标准。

1. 资本阶层的历史生成

资本阶层并不等同于资产阶级，但资本阶层的生成与资产阶级的发展壮

---

[1] 靳凤林：《资本的道德二重性与资本权力化》，《哲学研究》2014年第12期。

大息息相关。资产阶级可以看作处于生产关系中的一种政治身份,资本阶层则是作为一种以资本权力为基础的、具有相应地位和影响的社会身份。因此,资本阶层的诞生,首先是资本权力的诞生。这里的资本权力,是狭义上的资本对社会劳动的支配权,而资本对社会劳动的支配则源自雇佣关系的建立。前资本主义社会中的经济模式以简单商品经济为主,即生产资料作为个体的劳动工具而出现的经济形式。此时,个体作为最基本的生产单位,主导着自己的生产劳动与交换过程。而随着生产力的发展,社会劳动单位从个体作业转变为集体劳动,生产资料从个体的劳动工具转变为集体共同使用的劳动资料,一部分人对另一部分人的劳动的支配、资本对社会劳动的支配,通过生产资料与劳动者的分离建立了起来。

资本权力的诞生,不仅反映了资本增殖自身的诉求,更深刻影响着政治社会变革。当资本在经济领域的先进性逐渐显露出来时,就必然要在政治领域寻求自身的合法性,在社会生活中扩展自身的影响。厉以宁在《资本主义的起源——比较经济史研究》中提到了资本阶层的早期政治身份,"关键在于在封建社会中形成了一种体制外的异己力量,形成了由这样的异己力量所组成的体制外权力中心"。[1] 这种体制外异己的力量即游离于封建体制之外的市民群体,而体制外的权力中心即由市民群体所组成的、与封建领地相对立的城市。随着市民群体与城市的崛起,封建领主土地所有制被不断地削弱,资本阶层的力量不断壮大,并最终通过资本主义革命建立起资本主义制度。资本主义制度扩展到哪里,资本阶层就在哪里发展壮大。

根据资本主义制度的不同,各国资本阶层也展现出不同特性。原生型资本主义国家最初是在西欧出现的,荷兰、英国、法国是其中的典型代表。这些原生型资本主义国家都有一个共同之处,即刚性的封建体制与强大的体制外异己力量。刚性体制是指,在该体制下的封建社会中阶层固化严重、等级制度和身份制度严格、社会纵向流动性差,对异己力量的包容度较差。封建王权与新兴资本阶层的矛盾集中体现在双方对私有产权的不同态度上。王权

---

[1] 厉以宁:《资本主义的起源——比较经济史研究》,商务印书馆2003年版,第410页。

政府认为自身拥有对一切私有产权的解释权，新兴资本阶层则要求政府承认私有产权的至高无上。而一旦封建王权承认了私有产权的合法性，也便承认了自身占据国家资源的非法性。因此，封建王权与新兴资本阶层在根本利益上存在冲突，而且这种冲突是不可调和的。

非原生型资本主义国家的诞生原因是复杂和多样的。非原生型资本主义国家主要以日本和亚洲、非洲、拉丁美洲的一些后发的资本主义国家为主。这些国家的共同特点是没有自发地形成体制外的异己力量和强大的体制外权力中心。譬如朝鲜是弹性的封建体制，而在弹性体制中社会的纵向和横向流动都可进行，并未形成严格的等级制和身份制，权力结构的调整能力较强。因此，在第二次世界大战以前，朝鲜内部未能形成强大的体制外权力中心，也即没有形成本土的新兴资本阶层。直到美军实际控制了朝鲜半岛以南之后，韩国才发展起了资本主义制度。日本虽然是刚性封建体制，但城市归属于封建领主管辖，城市中的商人和手工业者在官府控制下经营，城市与乡村并未发生严重的对立。这使得日本并未出现体制外的异己力量和体制外的权力中心，也便没有产生出新兴资本阶层。直到明治维新之后，日本的官僚体系自上而下地进行资本主义改革，全面西化使得日本快速转变为资本主义国家。但也正是由于改革的推动力量来自于体制内，日本的封建残余势力在其资本阶层的发展过程中仍然发挥着影响。

资本阶层的生成有三个关键的要素：一是资本权力的生成，二是资本主义政治身份的生成，三是社会影响与社会地位的生成。仅从前两个要素来看，资本阶层的生产约等于资产阶级的生成，而资本阶层与资产阶级最大的不同就在于第三要素。资本阶层的社会影响、社会地位尚未彰显之前，资本阶层便尚未完全形成，尚未成为权力阶层、资本阶层、劳动阶层三元互动的一部分。

2. 资本阶层的外在扩张

资本阶层的扩张过程，起始于资本对剩余价值的无止境渴求。这一渴求不断推动着资本主义关系由城市内部扩展到城市之间、由城市之间扩展到地区之间、由地区之间扩展到国家之间，最终呈现为资本主义全球化。而资本主义扩张到哪里，资本阶层的影响力也便扩张到哪里。因为，从资本作为社会关系出现的那一天起，"创造世界市场的趋势已经直接包含在资本的概念本身中"。[1] 而资本阶层在世界范围内的扩张也就可以预见了。

从原始社会时期开始，人类为了生存，不得不通过将脑力、体力与物质资料相结合来生产出所需的物质产品。当人类对自然规律的认识与掌握不断深化，人类改造自然的能力便不断加强。人类在生产环节中结余下的劳动产品越来越多，交换与交往的需求随之出现，商业资本阶层的萌芽也便随之诞生。为了规避个体差异带来的丛林法则，适应生产力发展，维护个人的主体利益，从私有产权到私有制再到国家，人类社会的文明框架被一步步搭建起来。社会秩序的安定又反过来推动了社会分工的深化，促进了生产力的进一步发展，市场化的交换行为开始出现并且随着各地间路途的贯通而不断扩展着辐射范围。当陆地上再没有新兴市场出现时，欧洲人自然而然地将目光望向了海洋。15世纪末期为了满足自身对金钱、名望、权力的渴求，前赴后继的欧洲探险家们开启了地理大发现时代。全球的人类文明由此被一条条贸易航线串联了起来，极大地促进了世界市场的形成。"商业和商业资本的发展，到处都使生产朝着交换价值的方向发展，使生产的规模扩大，使它多样化和世界化，使货币发展成为世界货币。"[2] 随着全球贸易航线数量的不断增长，世界各地的原料源源不断地反哺欧洲，商品在全球范围的需求也同步激增，反过来刺激了欧洲本土不断地提高生产能力。地理大发现时代是商业资本阶层蓬勃兴起的时代，也是商业资本阶层主导世界资本主义发展进程的时代。

直至第一次工业革命的出现，机器被引入了生产环节，手工工场逐渐被机器大工业所取代，生产力得到了进一步的解放。工业资本阶层开始登上历史舞台，并逐渐取代商业资本阶层成为主导资本主义发展的关键力量。在工业资本阶层的推动下，工厂中商品的生产量远远超过本土市场的需求量，向海外倾销成了资本进一步扩张的必由之路。新兴的工业国家不断地用其所生产的工业产品敲开一个又一个封闭国家和民族的大门。第二次工业革命后，

---

1 《马克思恩格斯文集》第8卷，人民出版社2009年版，第88页。
2 《马克思恩格斯文集》第7卷，人民出版社2009年版，第370页。

电器与内燃机的广泛应用，使得社会生产力水平进一步提高，生产社会化趋势进一步加强。资源与生产在企业间的竞争中不断集中，造就了一个又一个行业龙头。尤其是第二次工业革命中所出现的电力工业、化学工业、石油工业和汽车工业等，都需要对生产和资源的高度统筹与集中，都需要依托大规模的产业集群来实现。垄断组织自然而然地在这些行业中不断地涌现。垄断组织的出现反过来进一步提高了生产效率，扩大了生产规模，推动了社会生产力的发展。企业间的竞争进一步加剧，促使资本不断地在全球开辟新的市场。

金融资本阶层来源于工业资本阶层与银行资本阶层的融合，并在20世纪初的帝国主义殖民扩张中辐射全世界。金融资本阶层的迅猛发展具体表现为工业与银行业的多领域业务深度融合、社会工业生产水平的极大提高、西方国家持续不断的资本输出。尤其是"二战"之后，世界殖民体系崩溃，全球大量的新兴民族国家迫切希望加入工业化进程，西方金融资本阶层趁势涌入各国市场，攫取巨额资产。

到了20世纪中叶，第三次科技革命的开启为人类社会带来了以原子能、电子计算机、空间技术为代表的高精尖科技，人类文明以前所未有的迅猛态势拓展着认知边界，形塑着物质世界。生产生活方式与高新科技的结合，使人类社会迸发出前所未有的创造力。在价值链理论的引导下，产品的生产过程在全球化过程中得以拆分，生产成本进一步降低，生产效率进一步提高，全球生产体系逐渐完善。资本主义的形式与内涵伴随着全球生产体系的兴起而渗透进世界的每一个角落。

科技资本阶层依托第三次科技革命的诸多成果，在以美国为代表的西方国家率先出现。20世纪中叶，一些大型的美国企业陆续建立研发机构（R&D，research and development），整合基础学科研究、前沿应用研究及试验性发展，极大地推进了科技资本的发展。由此，科技资本阶层在以半导体、计算机、互联网为代表的尖端科技领域不断拓展着自己的经济版图。进入21世纪之后，科技资本阶层的膨胀与扩张更引发了人工智能革命。人工智能的渗透性、替代性、协同性和创造性深深地融入生产、交换、分配、消费各个环节，极大地促进了社会各领域、各行业的发展。社会经济的协同发展又反过来赋能人工智能的发展。

数字资本阶层是以科技资本为土壤而生发出的新兴力量。数字资本阶层对于知识和技术的渴求是以往任何资本形式都未曾有过的。以信息工程技术为核心的数字经济颠覆性地创新了资本增殖的模式。网络流量的集聚效应使得"赢家通吃"这一现象在数字经济时代表现得尤为普遍。各个网络平台的大V、网红，能够在极短的时间内通过流量变现赚取巨额资本。而大数据云计算技术的出现也使得诸如电子商务、跨境电商、网络营销等新兴产业，在极短的时间内创造一个又一个财富神话。时至今日，网络平台已然成为数字资本阶层攫取用户数据的重要渠道。用户在网络平台的所有操作都会经过程序的处理转化为数据，成为数字资本阶层原始积累的一部分。各个电商平台通过对用户数据的云计算分析，精准切入用户痛点，极大地刺激了用户的消费欲望，从而实现利益的变现。数字资本阶层不仅通过攫取数据进行原始积累，更将数据售卖给工业资本阶层和金融资本阶层以帮助其实现自身的原始积累。

从商业资本到工业资本到金融资本到科技资本再到数字资本，资本凭借一次次科技革命的力量不断实现着自身的增殖，同时又反过来推动着科技革命的蓬勃发展，推动着资本阶层的全球化扩张。

（三）资本阶层的现代生成

在封建主义社会晚期，资产阶级的诞生可以看作资本阶层的诞生。随着生产力的发展，资产阶级与资本阶层的内涵仍有一定的重叠，但并不完全对应。这是因为资本阶层作为一种社会身份，远比资产阶级的政治身份更有流动性。资本阶层的内涵与资产阶级的内涵相比也更具时代性，资本阶层的现代内涵远比资产阶级的内涵要丰富得多。当代中国资本阶层在社会主义市场经济的影响下，展现出独具中国特色的样貌，并在中国现代化进程中发挥着重要作用。

1. 资本阶层的多维向度

资本阶层的划分标准是时代性的展现，代表着人类社会阶段性的生产力水平和理论特性。恩格斯在《共产党宣言》中对资产阶级有过明确的描述："资产阶级是指占有社会生产资料并使用雇佣劳动的现代资本家阶级"。[1]"现代"一词，主要是与前资本主义社会生产条件下产生的高利贷资本和商人资本划清界限。唯有资本所有者占有生产资料并直接介入生产领域，才能称为现代的资本家。这里的资本家阶级与资产阶级的区分在于，马克思与恩格斯在文本描述中，习惯于将包括工业资本家、商业资本家、金融资本家在内的掌握巨量社会资源的大资本家与小作坊主、小商人、小手工业者等小资产阶级做出区分。小资产阶级是介于资产阶级与无产阶级之间的中间阶级，既不参与剥削也不受剥削。因而在马克思主义的视域中，资产阶级与中间阶级组合成为资本阶层，无产阶级统归为劳动阶层。

韦伯对资本阶层的划分，内置于其多元分层理论。韦伯在以"经济秩序"为划分标准的"阶级"之外，提出以"法律秩序"为划分标准的"政党"和以"社会秩序"为划分标准的"身份群体"。从有产阶级和商业阶级来看，韦伯将社会成员划分为享有正面特权的阶级、享有负面特权的阶级以及"中产阶级"等三种层级；从社会阶级看，社会成员被分为工人阶级、小资产阶级、知识阶层以及特权阶级。在政治共同体内部的权力分配中，韦伯又从阶级、身份和政党等多个维度来分析不同社会群体获得资源和机会的能力。对于韦伯的这种阶级划分形式，奥罗姆将其概括为"在劳动力市场中具有同等地位者的整体聚合"。[2]而由于资本对社会劳动的支配，资本阶层可以看作是在劳动力市场享有主动权、支配权的群体。

布迪厄在汲取马克思与韦伯阶级阶层理论内涵的基础上，认为社会行为主体无不处于"场域"之中。他将"场域"界定为"在各种位置之间存在的客观关系的一个网络或一个形构，这些位置是经过客观限定的"。[3]各行为主体在"场域"中为获得各种权力或资本进行着充分的竞争，以确定自己在社会

---

1 《马克思恩格斯文集》第 2 卷，人民出版社 2009 年版，第 31 页。
2 [美] 安东尼·奥罗姆：《政治社会学导论》，张华青等译，上海人民出版社 2014 年版，第 49 页。
3 [法] 皮埃尔·布迪厄、[美] 华康德：《实践与反思——反思社会学导引》，李猛、李康译，中央编译出版社 1998 年版，第 39 页。

空间中的相对位置。位置相近、条件相仿、受到相似约束的行为主体组合成为一个阶层。同时，布迪厄在描述资本概念时，在传统的经济资本之外，提出了文化资本（包括身体化文化资本、客观形态文化资本、制度化文化资本在内的一切与文化有关的有形和无形的资本）、社会资本（以群体成员间相互认知与支持为基础的，以社会网络形式而联结的，集合了潜在或实际资源的资本）、符号资本（前述资本被认可的象征符号）的概念。[1] 阶层与阶层之间由于占有这四种资本量的不同，而被区分为支配阶层、中间阶层和普通阶层。[2]

资本阶层的构成正随着科技的产业化、分工的精细化、职业的多样化而变得愈发复杂。马克思、韦伯、布迪厄等理论家的社会阶层理论虽然各有特点，但他们之间有一个基本的共识，即中间及更高阶层可以统称为资本阶层。与资产阶级相比，资本阶层的形成对资本原始积累的依赖更弱，后天努力的作用更明显，对社会产生影响的方式更多元，阶层流动性要好于资产阶级。在资本阶层内部，各个成员由于对经济资本、文化资本、科技资本占有的量和比例不同，可以划分为不同的资本阶层。无论是经济资本阶层、文化资本阶层还是科技资本阶层，在其跻身各自的资本阶层之后，随着时间的推移和经验的积累，会逐渐获取与自身阶层相匹配的社会资本和符号资本。

2. 中国资本阶层的复杂构成

由于经济体制不同，当代中国资本阶层的构成与西方社会资本阶层的构成有着很大区别，尤其是经济资本阶层的差别。"多种经济成分并存的体制造就了中国社会特有的资本阶层，包括民营企业家、乡镇企业家、企业承包人、房地产开发商、外企高级雇员等一批精英人物"[3] 共同构成了经济资本阶层。这些经济精英凭借自身所占有的大量经济资本跻身经济资本阶层，但对文化资本的占有量则相对较少。以作家、艺术家、大学教授、媒体权威为

---

1 [法] 皮埃尔·布迪厄、[美] 华康德：《实践与反思——反思社会学导引》，李猛、李康译，中央编译出版社 1998 年版，第 189—211 页。
2 Bourdieu, P., *Distinction: A Social Critique of the Judgement of Taste*. Harvard University Press, 1984, pp.345-346.
3 靳凤林：《追求阶层正义：权力、资本、劳动的制度伦理考量》，人民出版社 2016 年版，第 26 页。

代表的文化工作者，尽管并没有占有大量经济资本，但因占有大量文化资本而跻身文化资本阶层。随着科技的进步和社会的发展，以生物工程师、软件工程师、高级程序员为代表的技术研发者，凭借自身高超的研发能力和水平为相关企业创造了大量的经济效益，从而获得巨额的资金回报，实现经济自由，跻身科技资本阶层。经济资本阶层、文化资本阶层、科技资本阶层共同构成了当代中国资本阶层，并深刻参与着权力、资本、劳动三元互动，深刻影响着中国社会的方方面面。

复杂多样的资本阶层结构背后，是当代中国非公有制经济的蓬勃发展。从1978年12月十一届三中全会做出改革开放的重大决策，到1984年11月我国第一家私营企业——中国光彩实业有限公司的成立，到1992年邓小平南方谈话之后民营企业数量与规模的急剧扩大并逐步迈向高精尖产业，再到2016年习近平在民建、工商联界委员联组会上强调，我国的基本经济制度必须坚持"两个毫不动摇"为非公有制经济的发展创造更加公平、开放、宽松的环境，非公有制经济发展在中国特色社会主义思想的指引下不断迈上新台阶，并逐渐成为推动国民经济繁荣的中坚力量。到2018年初，民营经济对国家财政收入的贡献占比超过50%；GDP和固定资产投资、对外直接投资占比均超过60%；企业技术创新和新产品占比超过70%；城镇就业占比超过了80%，全国城镇就业数是4.25亿人，非公有制企业就业数是3.4亿人，这就是80%；对新增就业的占比贡献超过90%。[1]当代中国资本阶层的发展壮大是实现中华民族伟大复兴的根本保证。当前我国正面临内部供需结构不匹配的结构性问题和外部国际贸易剧烈波动的周期性问题，并表现为供给侧结构性矛盾与科技的国际竞争。经济史学家约翰·S.戈登认为，美国作为一个新兴国家，之所以能够迅速超越欧洲列强，根本原因在于资本市场和资本阶层的不断强大。[2]因此，化解内部外部双重压力的关键在于，政府要充分发挥市场

---

[1] 台盟中央主席苏辉、全国工商联主席高云龙在2018年3月6日民主党派中央和全国工商联领导人记者会上回答记者提问。

[2] ［美］约翰·S.戈登：《伟大的博弈：华尔街金融帝国的崛起（1653—2004）》，祁斌译，中信出版社2005年版，第Ⅹ、Ⅺ页。

经济的资源配置作用,并且在建成全面小康社会的基础上精准施策、逐步消灭我国的贫困阶层,"使所有的无产者都变为资本拥有者,才能真正实现社会的可持续发展"。[1] 同时,当代中国资本阶层要牢牢把握世界百年未有之大变局和中华民族伟大复兴的战略全局,着眼长远发展,充分发挥创新创业潜力,在中国推进社会主义现代化进程中承担起发展重任。只有在政府与资本阶层共同努力下,建立起平等自由的市场经济秩序,充分发挥资本阶层的中坚力量,才能最大限度地释放资本阶层的创新创业活力,才能真正实现劳动、资本、权力的三元良性互动。

---

[1] 靳凤林:《追求阶层正义:权力、资本、劳动的制度伦理考量》,人民出版社 2016 年版,第 28 页。

第二章

资本阶层权力化的机遇、逻辑及危害

按照西方学界主流意见,阶级是个经济概念,其划分标准大多限制在财产关系上。而且,进入阶级社会后,人类社会相继出现奴隶主阶级和奴隶阶级、地主阶级与农民阶级、资产阶级与无产阶级以及中间阶级。然而,在马克思主义看来,唯有资本所有者占有生产资料并直接介入生产领域、垄断经济权力后,才能称为现代资本家。与此同时,他们还通过一系列革命手段才真正掌握了政治权力,成为统治阶级,进而完成了由封建社会向资本主义社会的转型。在此之前,高利贷资本和商人资本只能依附于传统社会中的政治权力阶层(组织、个人)而无法成为一个独立自主的阶级。换言之,无论中西,传统社会中的高利贷资本、商人资本虽掌握了一定的购买力和支配劳动者的能力,但只要没有政治权力及由此带来的经济权力,就只能居于被统治阶级之列。因此,从完整意义上讲,阶级划分的根据必须兼政治权力和经济权力两个标准,而与阶层划分的标准相类似[1]。例如,在传统封建专制社会中,掌握政治权力的阶层自然垄断着这个国家的经济权力,从而享有一系列特权。这一点对现代资本主义社会而言也具有部分真理的价值。只是,这两种权力在现代资本阶层手中的派生关系已经发生了根本性翻转,而造成这一局面的原因,无疑源自高利贷资本和商人资本与封建统治力量展开的一系列既合作

---

[1] 阶层虽然是一个社会学概念,但其划分标准所具有的多元且综合性往往比阶级划分依据更符合实际。

又冲突的博弈。然而，在传统社会向现代社会过渡过程中，就欧洲资本阶层而言，他们成功问鼎国家权力并实现了自身的产业化改造；就中国近代资本阶层而言，则止步于中世纪"权力经济"范畴之前，无力开辟出一条"产权（市场）经济"道路。因此，本章论述的"资本阶层权力化"三议题，不仅是一项基于西方资本主义史前史的考察，更是一种对现代资本扩张逻辑的伦理反思和道德批判。

一、资本阶层权力化的机遇

追溯资本阶层权力化的起源，要从中世纪的西欧开始。西欧封建社会继承了罗马帝国的许多历史遗产，包括基督教文化、土地贵族、商人阶层以及对私人财产提供有限保护的罗马法等等。但在西方语境下，封建主义是指具有贵族身份的封君和封臣之间的契约关系，即封君赐予封臣一份领地或采邑，为封臣提供保护；作为交换，封臣宣誓对领主的忠诚，以及承诺进贡、提供劳役和兵役等义务，同时封臣在自己的领地上享有较为完整的治理权或统治权。正是基于此，我们说欧洲中世纪封建社会的权力中心是多元的。这时的国家并不是现代意义上拥有最高权力及其管理组织的政府，也不同于拥有绝对主权的、最大且最高的、独立自主的教会。从世俗统治来看，国王是全国性权力中心，各诸侯是在自己的封建领地又构成一个地区性权力中心。国王与诸侯之间、诸侯与诸侯之间，既有联系与制约，又有冲突和矛盾。从教会统治来看，教皇是整个基督世界的权力中心，各教区的大主教是所在教区的权力枢纽。教皇与大主教之间、大主教与大主教之间，同样既相互联系又有竞争与冲突。由于世俗统治和教会统治并存，国王与教皇之间、国王与本教区的大主教之间、诸侯与本教区的大主教之间，经常会出现冲突，甚至是战争，这就给资本阶层的权力化提供了历史机遇。也可以说，中世纪西欧的工商业力量在教权与王权的矛盾与冲突中不断聚集、壮大，并发育成一个向传统特权阶层冲击的新社会力量和国家权力的问鼎者。

(一) 战争诱发工具理性

在博弈经济学看来，要促进工具理性行为的扩张，一个社会必须有以下"博弈"规则作为主导：一是竞争的核心在输赢不在对错；二是输赢的定义非常清楚且稳定不变；三是博弈规则必须稳定而且博弈链条很长，或者说必须让输方或旁观者能够总结经验，然后与赢方在同一规则下继续博弈。[1]基于以上前提不难看出，作为人类社会展开竞争的主要形式，战争有着清晰的输赢标准，尤其在各国实力相当时，一旦出现持续时间够长如数百年以上的战争，加之军事竞争和经济竞争难解难分，这个区域就成为工具理性文化的养成地和训练场。这也就是说，绵延不断的国家或宗教战争会促进工具理性文化在各国的军事、政治、经济和意识形态等领域的纵深发展，进而促进科技、生产及国家汲取动员力等方面的一系列变革。[2]

西欧中世纪战争无疑具有以上功效。首先，它具有持续时间长、发生频率高的特点，仅从加洛林王朝开始，到英法百年战争前夕，在这大约600年时间里，发生重大战争共计111次，平均每5年爆发一次。[3]这些战争既有西欧各封建国家之间的战争，也有各封建国内部君主与贵族、贵族与贵族之间的战争，还有镇压所谓异教徒、异端的战争。其次，在长达数百年时间内，西欧各国不断发动战争，同时又不具备彻底消灭对方的实力。每次战争结束，输方只要没有被彻底消灭，还有下次博弈的机会，就会向赢方学习，总结经验，采取各种措施以提高下次战争的胜算，比如扩充军队、改良武器装备、训练方法、战略战术和组织形式，提高后勤保障能力，鼓励生育、农耕和商贸以增加社会的财富储备，改革官僚体制以提高税收汲取能力等等。这种变革一旦成功，输方反败为胜，必然会引发周边国家的模仿和学习，进而在西欧各国之间形成强大的竞争压力，推动工具理性在西欧各国迅速扩张。最后，

---

1 赵鼎新：《东周战争与儒法国家的诞生》，华东师范大学出版社2011年版，第208页。
2 战争不仅需要招募军队和支付军饷，而且需要大量的军需物资。在17世纪晚期，一支6万人的军队，如果配备4万匹马，仅食物一项，每天就要消耗近100万磅。军队还需要武器、衣物、草料等其他物资。军队到哪里，大量军需物资就要配送到哪里。战争需要消耗大量的财力，战争的规模和形态往往考验一个国家汲取资源的能力和组织动员能力。
3 倪世光：《骑士制度与西欧中世纪战争》，《中国社会科学》2020年第9期。

必须清楚地看到,任何军事竞争的背后都是经济实力的比拼,西欧中世纪各国间的战争概莫能外。这时的掌权者支持和规范工商业的发展可以起到一举多得的效果。具体而言,西欧各国纷纷颁布法令,规定铺设、维持和修理马路、大桥、庇护所的权利和义务,维持社会治安和贸易秩序,为商人提供人身和财产保护,支持建立各种集市、交易会以及公会、行会,积极疏通河道,开辟海上贸易通道,制定商事法,规定对外国商人的保护和救济,确保他们享受国内商人的同等待遇等等。于是,繁荣的商业贸易也催生了一套理性化的行政管理制度。例如,在13世纪末期,哈布斯堡的路德福曾命令:他领地上的贵族对所有通过他们境内的商人,应给予保护;每个贵族对他土地上所发生的盗窃案担负责任。[1] 在给商人提供保护的同时,王室也开始将贸易权力集中到自己手中。早期的市场一般开设在教会,自然由教会进行组织和管理。随着王权和教权出现纷争,王权开始将市场和集市纳入王室的管辖权内。在法王圣路易时代,开辟市场和市集是王室的特权之一,不经国王同意,任何人不得在法兰西境内开设市场和市集。这些措施促进了商业和手工业的发展,大大地增加了贵族和王室的收入,也使得他们更加积极地支持各种市场和集市的发展,允许许多市场和集市享有一定的自治权。有了自主权,就意味着市场和集市的管理者获得了某种程度上的产权激励。管理者们纷纷采取各种措施来扩大市场规模、增加营业收入以及维持市场秩序等等,不仅积累了大量财富,也提高了管理市场和集市的组织能力。

再以中世纪最为著名的香槟集市为例。该集市存续大约300年,几乎都是在香槟伯爵的统治下。在每个城市,伯爵提供营业大厅和大储栈,规定统一的营业时间和流程,维持市场秩序,设立市场法院调解纠纷。他与许多国家签订优惠条约,为来往于香槟集市的商人提供保护,减免沿途通关税负,通过颁发"市集通行证"防止封建主的勒索以及沿路盗匪掠夺等。意大利和法国南部的工商业城市的工商业者纷纷进驻香槟集市,使得香槟集市成为整个西欧世界的国际贸易中心。为了方便集市管理,伯爵发展了一种精细的管

---

[1] [美]汤普逊:《中世纪经济社会史》(下),耿淡如译,商务印书馆1997年版,第169—170页。

理流程，将工作安排精细到每日、每周或每月。不仅对市集的边界、功能以及时间进行统一管理，还解决商人的住宿、货物的存储以及市集的监督等问题。与此同时，伯爵还对市集行政管理进行了职能分工。起初，集市设立了市集监督员，负责司法、警务以及颁布管理法令等；接着又增加了市集书记，即监督助理，这些市集书记最终成为市集运行的真正指导者；还设立了秘书，即市集监印官，负责把伯爵的印章加盖在集市开放期间所签订的重要契约上；市集还安排有警卫官，以维持集市市场并监督市集法令的执行情况。此外，市集还提供代笔人，他们担任记录员，为商人们起草契约。由于香槟集市汇集了西欧各国商人带来的不同货币，从而刺激了信贷和汇兑业的发展，出现了钱兑商制度。从 14 世纪开始，这些钱兑商直接受国王控制，准许放款取利，负责给商人们兑换钱币并收取手续费，收受存款、发放市场票据等等。值得一提的是，极盛时期香槟集市的统治者无论在力量、智慧、权威或财富方面，都可与强有力的王室分庭抗礼。[1]

（二）意识形态的重大突破

一般而言，在传统农业社会，农民才是生产的主力军，商人的经营活动主要集中在流通领域：一是将产品贩运到不同地方，从中谋取差价；二是与政府、教会合作，充当政府包税商、军事后勤补给代理人或教会财产管理人，进而获取垄断利润；三是利用市场行情的优势地位进行投机，买贱卖贵，或者放高利贷，收取高额利润或利息。要言之，早期商人很少直接从事生产，因而一直受到主流价值观的排斥。

历史地看，西欧中世纪之前，如古希腊研究专家黄洋在《古代希腊土地制度研究》中所指出的："古希腊文明事实上不是一个商业文明，而是一个以农业为其主要社会与经济基础的古代文明。"这是因为"古代希腊城邦的主要社会与政治力量即公民的主体是自由农民，而不是手工业者或商人"，"同中国古代一样，在古代希腊人的思想中同样存在着重农轻商的观念"。因此，

---

[1] ［美］汤普逊：《中世纪经济社会史》（下），耿淡如译，商务印书馆 1997 年版，第 201—206 页。

"古典城邦中自由农最重要的特征包括，国家对农民和他们的土地不征收固定的人头税和财产税，同时只有公民才有权拥有土地，而土地所有制和政治权利又是紧密结合在一起的"。[1] 实际上，古希腊城邦中从事商业活动的人，大多都是没有土地的外邦人或者失去土地的农民，他们不具有公民身份，也不能享受城邦的政治权利。无独有偶，早期的罗马帝国，无论是在王政时代还是共和时代早期，"罗马经济生活的基础是农民经济，是一种原始的以农为本的生活方式，在这种生活方式中，每一家的全体成员都在田地里辛勤劳动，而在例外的情形下，使用一些奴隶和一些来自远古以来由于宗教束缚而依附于贵族之家的门客来帮助他们自己。"[2] 罗马人重视土地、耕畜和收成，地主也长年住在农村，整天关心的是田地的耕作。"罗马富人得到的美名叫好庄稼汉，自以为无上荣耀。"[3]

西欧中世纪时期，掌握意识形态领导权的教会力量认为，商人只是为了赚取商品在不同地区的差价，没有给社会增加任何财富。圣经《马太福音》中说："耶稣对门徒说：我实在告诉你们，财主进天国是难的。我又告诉你们，骆驼穿过针的眼，比财主进神的国还容易呢。"教会还认为，商人们从事的放贷取息、哄抬物价、杀价、高额地租、削减工资、拒绝给延迟还款者折扣、对贷款抵押品有过分要求和中间人的过高利润等经济行为都是高利贷行为，应当予以反对和谴责。[4] 圣奥古斯丁将对金钱和财产的贪欲视为使人堕落的三大罪恶之一。第一次尼西亚大公会议教规进一步规定，从事高利贷并获取不义之财的教职人员，"将被剥夺教士之职并被除名"；教会人士、宗主教、大主教或教士容留高利贷者，会遭受自动停职。[5] 毋庸置疑，教会占据着道德制高点。具有讽刺意义的是，教会虽然是一个意识形态机构，但也免不

---

1 黄洋：《古代希腊土地制度研究》，复旦大学出版社1995年版，第3—5页。
2 ［美］M.罗斯托夫采夫：《罗马帝国社会经济史》（上），马雍、厉以宁译，商务印书馆1985年版，第31页。
3 ［德］特奥多尔·蒙森：《罗马史》第1卷，李稼年译，商务印书馆1994年版，第174页。
4 ［英］R.H.托尼：《宗教与宗本主义的兴起》，赵月瑟、夏镇平译，上海译文出版社2006年版，第92页。
5 赵立行：《欧洲中世纪教会经济立法及其伦理》，《中国社会科学》2005年第3期。

了从事各种经营活动,不仅拥有巨大的经济实力,甚至占有西欧大约 1/3 的土地,市场优势非同一般。加之,教会还为中世纪的西欧社会提供了一个政治和文化上的整合性力量,在很长时段内扮演西欧各国政治的协调者、领导者甚至保护者的角色。这客观上为西欧经济的持续发展和长距离贸易提供了稳定的秩序与空间,有利于商人阶层的资本积累。

然而,这些发展起来的具有理性化文化的商人阶层不仅享有城镇或城市的自治权,也揳入王权和教权的斗争中,推动了中世纪意识形态领域的理性化转型,进而改变了商人阶层的伦理处境和道德地位。

一是通过与王权联盟对抗教权,推动文艺复兴运动,迫使教会丧失对世俗生活的意识形态领导权,从而提高了商人阶层在世俗生活中的威信、地位、财富和权力。在漫长的中世纪,基督教的兴起,尤其是公元 800 年圣诞节,查理大帝到罗马教廷接受教皇的加冕后,便正式确立了教皇作为上帝代理人的角色,教权取得了高于王权的法理地位。这也标志着教权与王权的缠斗拉开了序幕。为了对抗教权的扩张,王权不得不利用一切有利的政治与理论资源来为自己进行辩护。一方面,王权根据基督教传统中的"格拉修斯原则",限制教权在世俗社会的影响力。另一方面,王权主张从亚里士多德的自然主义政治观和罗马法中获取思想资源,认为人民才是王权合法性的重要来源。但是,在现实生活中,教权不仅在人们的精神世界具有绝对的统治地位,而且由于教会积累了大量土地和财富,进而对人们的世俗生活也有很大的影响力。为了改变自身的弱势地位,王权不得不寻找同盟者。与此同时,商人阶层急切地希望改变教会对人个性自由的束缚,打破教会对工商业的偏见,促进工商业的自由竞争。由此,王权与资本联合起来,开始大力支持文艺复兴运动。在文艺复兴运动中,商人阶层往往通过资助和庇护艺术家、兴办公益性事业以及控制选举等方式获得威信、地位、财富和权力。例如,佛罗伦萨的美第奇家族早年原本从事医生行业,后来开始涉足工商业,通过建立美第奇银行,给佛罗伦萨共和国提供战争贷款,替教会征收什一税,向欧洲其他国家的君主、贵族及公民发放高利贷。经过几代人经营,美第奇家族逐步跻身于佛罗伦萨的城市显贵,最后成为寡头政治的特权家族。美第奇家族的创立者乔万尼认为,家族要想在佛罗伦萨共和国获得财富、地位和权力,仅仅依靠少数权力集团的支持是不够的,还需要得到广大市民的信任和拥戴,而资助和庇护艺术家、赞助各种公益性事业是在民众中获得威信的有效方式。美第奇家族的乔万尼、科西莫以及洛伦佐等掌门人,先后赞助过以达·芬奇和米开朗琪罗为代表的一大批人文主义艺术家,资助建造了圣母玛利亚教堂、佛罗伦萨市孤儿院、圣洛伦佐教堂以及美第奇教堂,创建柏拉图学院、比萨学院、美术学校、私人图书馆等学术教育机构,资助各领域人文主义学者翻译、收集和整理大量希腊文、拉丁文的古代手稿等等,推动佛罗伦萨成为意大利早期文艺复兴运动的中心。[1]

二是通过理性启蒙运动宣传资产阶级意识形态,改变人们对商业、银行业的偏见,让人们认为赚钱不再是贪婪行为,而是为社会创造财富。早期的商人是贪婪的象征,莎士比亚的《威尼斯商人》代表了世俗世界对商人的道德评价。在《牛津英语词典》中,"贪婪"一词的含义包括:对食物或饮料过度渴求,或者过度消耗;贪吃、渴求、饥渴;对财富或收益过度渴求或向往;过多或贪求的欲望;等等。罗伯逊认为,贪婪在早期的语义学上具有两个特征:罪恶和过度。随着时代的变迁,贪婪的意义开始不断增添新的内涵,贪婪的对象也从食物、性、荣誉、权力转向金钱。在文艺复兴和启蒙运动影响下,世俗意识形态开始兴起,基督教伦理对人们的道德约束力式微。学者们开始从纯粹思辨的角度对贪婪进行解读,从人性论出发,将贪婪视为一种人类的欲望:婴儿贪吃是为了身体的成长,成人贪色是为了族群的成长,商人贪利是为了资本的成长。美国学者赫希曼认为,从大约17世纪开始,学者们就开始尝试用欲望克制欲望。正如孟德斯鸠在《论法的精神》中所言:"幸运的是人们处在这样的境况中,他们的欲望让他们生出作恶的念头,然而不这样做才符合他们的利益。"这句话表明,学者们将利益从欲望中分离出来,认为利益是可以进行理性计算的,因此,利益可以驯化欲望。霍尔巴赫说:"欲望是欲望的真正平衡物;我们切不可试图扼杀它们,而是应当努力引导它们;我们还是用有益于社会的欲望来抵制有害社会的欲望吧。理性……无非

---

[1] 马蹄非:《美第奇家族艺术赞助的心理动机与15世纪佛罗伦萨艺术》,《美术观察》2019年第5期。

是指为了我们的幸福而选择必须遵从的欲望的行为。"[1] 要言之，人类可以运用自身的理性，将贪婪转化为人类社会前进的动力。此时，还有更多的知识分子发展出各种理论来论证工具理性的合理性，诸如自然法、社会契约论、自由主义、个人主义、新教伦理等等。斯密在《国富论》提出"看不见的手"理论，将自利视为推动社会繁荣的主要动力。其他古典经济学家则进一步将利益转化为自利、需求、偏好等专业术语，进一步将商人阶层的赚钱动机合理化，彻底摆脱了封建社会的道德羁绊。

（三）权力框架的翻转重塑

由上可知，经济竞争与军事竞争都属于典型的长链条博弈，共同推动了中世纪西欧社会向效率导向型工具理性文化的转型。但从利益的角度来看，经济竞争与军事竞争有重大的区别。经济竞争往往指向私人利益，而军事竞争则讲究师出有名，至少名义上是为了公共利益。此外，军事竞争一旦结束，军事权力必须向政治权力转化，通过向人们提供公共品来建立统治集团的道德合法性，否则不可持续。与此同时，商人阶层在战争中积累了大量财富和逐步掌握意识形态领导权后，也开始尝试将手中的资本权力化。可以说，掌握军事力量的权力阶层与商人阶层之间既有合作，也有冲突，只要突破限度，权力的框架和性质就会发生系统性翻转和再造。

蒂利在《强制、资本和欧洲国家（公元990—1992年）》一书中分析了战争形式和国家能力之间的互动以及商人阶层的"得寸进尺"，进一步指明第二个千禧年以来的三个重要变化：（1）这一阶段的初期，欧洲各国国力都很弱，没有足够的财力维持常备军，主要由骑士代表国王参战。幅员辽阔、人口众多的国家往往拥有更多的骑士，因而在战争中占优。但是，14世纪以后，瑞士长矛兵的兴起使得骑士在战争中不再占有优势。（2）有些国家的城市经济繁荣，变得富有，可以花钱雇用士兵作战，且经济实力的大小越来越决定着一个国家军事力量的强弱。例如，佛罗伦萨、威尼斯等富有的城邦国家往往

---

[1] ［美］阿尔伯特·赫希曼：《欲望与利益——资本主义胜利之前的政治争论》，冯克利译，浙江大学出版社2015年版，第24页。

在战争中占据优势。但是，雇佣军在战争中不见得会为雇主卖命，而且很容易因为军饷和给养而发生兵变。(3)于是，随着财政汲取能力和控制能力的强化，许多国家开始发展常规军。有了常规军之后，那些既有发达的城市经济，又有较大领土的国家开始占优。但这些国家的权力阶层仍然不具备足够强大的专制能力，为了维持常备军开销和奖励作战勇敢的士兵，在不同程度上与贵族、僧侣和城市里的商人阶层妥协，通过讨价还价的方式从城市经济中汲取财力[1]。正是在这种讨价还价的过程中，商人阶层不仅获得了丰厚的利润，而且开始在国家权力结构之中具有了一定的发言权，并在曲折斗争中完成了权力结构的重塑。

美第奇家族早期曾利用强大的资本力量，在佛罗伦萨建立起寡头统治，但由于既不具备充分实现君主专制的政治基础，又未能将资本权力化成果通过一系列的制度巩固下来，因此招致其他政治寡头、市民社会的强烈反对。美第奇家族控制下的佛罗伦萨很快陷入政治动荡，频繁发生革命，最终走向衰亡。为此，布罗代尔认为，威尼斯、米兰、佛罗伦萨、热亚那、安特卫普、阿姆斯特丹等城邦共和国代表欧洲的旧经济世界，是"在别人家里的资本主义"，即商人阶层依附于领主制、封建制、农奴制、包买商等旧制度，或者通过海外殖民，榨取周边乡村、东欧、俄罗斯、土耳其以及亚非拉殖民地等外围地区的农民、手工业者、矿工等生产者的剩余价值。[2]这就是说，资本主义虽然已经出现，但并未进入真正的市场交易和人们的日常生活，而是依附于传统权力。这是资本阶层权力化的"适应性"阶段，即资本主义仅仅能够适应所有经济部门，能够与其他生产方式并存，包括西欧的外包工制、美洲种植园的奴隶制以及波兰的农奴制等。但这种资本主义都是在不改变传统社会结构和经济关系的条件下，抓住销售这个瓶口，间接地控制生产，进而把传统生产方式下生产的产品纳入其控制的流通领域，为最大限度的资本积累服

---

1 [美]查尔斯·蒂利：《强制、资本和欧洲国家（公元990—1992年）》，魏洪钟译，上海人民出版社2012年版，第120—124页。
2 [法]费尔南·布罗代尔：《15至18世纪的物质文明、经济和资本主义》第3卷，顾良、施康强译，生活·读书·新知三联书店1993年版，第275页。

务，还没有从政治制度上为自己开辟全新的护航之路，还没有成为政治航船的舵手。

此后，真正的权力重塑在于资本主义制度的建立。中世纪欧洲的战争不管激烈到何种程度，这些冲突都会在封建制度模式下得到解决，属于体制内权力中心之间的竞争与平衡。但是，西欧封建社会实行农奴制，农奴和土地都属于封建领主，贵族就是贵族，农奴就是农奴，高低贵贱的身份不容改变，每个人从生到死都必须按照所属的社会等级和身份规定来生活和工作。农奴没有人身自由，社会流动受到严格控制，农奴未经许可不能离开庄园，逃亡被捕后会遭受严惩。有些农奴即便得到许可，进城经商或从事手工业，也仍然要定期向封建领主缴纳契税，真正通过赎买获得人身自由的农奴很少。"垂直的社会流动不可能在体制内实现，正常的社会水平流动对卑贱的农奴一般说来是不可能的……刚性体制西欧封建社会越是限制社会流动，卑贱出身的和等级低下的人们就越想挣脱这种限制。"[1]农奴往往选择逃亡到城市，在这里他们既能在经济上找到谋生之道，又能摆脱对封建主的人身依附，得到争取平等地位的机会。那些得到许可进城谋生的农奴，则会选择通过赎买的方式获得人身自由。换言之，工具理性文化的深入、世俗社会意识的兴起以及城市资本力量的强大，使封建社会体制外的异己力量开始向城市聚集，中世纪城市成为西欧封建社会体制外的权力中心。进而言之，在王权和教权的缠斗中，王权得到城市市民的支持，并建立了封建专制的民族国家。如专制时期的法国曾率先号召士兵为自己的民族而战，具有民族主义情怀的法国农民，打起仗来异常勇敢，一时所向披靡。王权与商人的联盟成为民族国家的主导力量。各国争相效仿，民族国家成为历史潮流。然而，随着王权不断巩固和强化，官僚机构的完善和制度化，以及战争费用不断增加，王权对城市的税赋压榨更加沉重，使得王权和城市之间的裂痕扩大。市民和王权的这一联盟帮助王权取得最后胜利，而王权则以奴役和掠夺报答了它的盟友。[2]城市的商人阶层和市民不能再容忍王权的专制和暴虐，要求享有充分的政治权力。加

---

[1] 厉以宁：《资本主义的起源——比较经济史研究》，商务印书馆2015年版，第53—54页。
[2] 《马克思恩格斯全集》第21卷，人民出版社1965年版，第454页。

之启蒙运动中提出的"自由、平等、博爱"等价值诉求以及自由主义、契约论等理论给资产阶级革命提供了精神动力,商人阶层和城市市民开始在不同国家进行革命斗争,最终在荷兰建立了第一个资产阶级共和国。从此,商人阶层实现了资本权力化,成为新社会的统治阶层,开启了"商人治国"模式。之后就是英国资本阶层与传统国家力量的一系列较量,直至19世纪建立起自己主导的自由主义全球秩序[1]。总之,整个欧洲从重商主义向自由主义的持续转型中,新兴资本阶层和工商力量建立了始终服务于资本增殖目的的新政治逻辑,终结了封建专制社会"权力经济"的历史,开启了市场经济、世界历史和人类文明的新纪元。

二、资本阶层权力化的三重逻辑

迈克尔·曼认为,任何一种社会形态都是由多重交叠、交错的权力网络构成。意识形态权力、经济权力、军事权力和政治权力是权力网络的四条主线。围绕每一种权力,人类社会内部又会建立细分化的组织体系和权力网络。而且,任何一次社会变迁都是意识形态、经济、军事和政治四种权力及其组织相互作用的结果。[2] 这也就是说,资产阶级或资本阶层成为统治阶级后只有建立和编织好这张权力大网,才能实现资本的安全与积累。就四种权力的特性而言,军事权力和政治权力具有强制性和集中性,而经济权力和意识形态权力在组织上不具有强制性,在网络上具有分散性、多元化、去中心化的特点。但后两者都需要强制性来扩大市场或影响力,因而会选择与军事权力或政治权力合作。虽然从长远看,经济权力更具有优势,它可以通过提供公共

---

[1] 自由主义全球秩序,简言之,即"自由商人"主导的全球贸易秩序。1833年颁布的《特许状法案》,彻底终结了英属东印度公司对远东贸易的垄断权,"自由商人"成为印度洋贸易的主导。而在此之前,1813年颁布的《特许状法案》,也已经取消了英属东印度公司除茶叶外的对印度贸易垄断。1833年的法案还新设了印度总督。这就使得曾经主导了整个英帝国重商主义时代跨印度洋贸易的东印度公司,从一个集贸易、军事、行政、立法、司法以及外交等多项大权于一身的印度实际主宰者,变成了一个辅助性的行政性机构。新兴英国"自由商人"是终结东印度公司垄断的重要推手。

[2] [英]迈克尔·曼:《社会权力的来源:从开端到1760年的权力史》,刘北成、李少军译,上海人民出版社2015年版,第1—5页。

品（绩效）的方式获得长期统治的合法性，但资产阶级要真正掌权，就必须根据四种权力的不同特点，采用不同行动逻辑，才能最终实现综合效益。

（一）传统商业资本的强制逻辑

在传统社会，商人依靠军事权力或政治权力进行领土扩张、掠夺资源和拓展市场。例如，传统集贸市场的交易几乎是公平竞争的，商人所得的利润从长期来看是趋于市场交易的平均利润。因此，在一般性市场交易中，商人的财富积累是有限度的。要想进入长途贸易、盐铁业、矿产业、奴隶贸易以及信贷业等利润丰厚的经济领域，商人阶层必须获得强制性权力的支持或授权。换句话说，商人阶层只有将军事权力（战争）商业化，并巧妙地操控政治权力，才能垄断贸易通道，进而夺得国际贸易的控制权或进行殖民统治。

古希腊城邦雅典和斯巴达是在争夺霸权的军事竞争中兴起的。"自从波斯战争终结，到伯罗奔尼撒战争开始，中间虽然有些和平的时期，但是就整个情况来说，这两个强国不是彼此间发生战争，就是镇压它们同盟者的暴动。"[1]商人们追随雅典的舰队开展海上贸易，建立海外殖民地。罗马帝国通过不断发动战争成为地中海霸主。罗马军团每占领一个地方，就修筑道路、运河、城墙，建立行省，控制人口和资源。商人们则一路追随，充当包税商，提供后勤补给，将行省的奴隶和资本源源不断地输送到罗马，促进了大庄园经济、采矿业和城市工商业的繁荣。正如靳凤林教授指出："古希腊罗马帝国的起承转合奠定了西方霸道政治的历史基因。"[2]进入近代早期，军事力量也是很多意大利城邦商业繁荣的基石。例如，威尼斯商人通过给拜占庭帝国提供军事援助，获得贸易特权和通商口岸的使用权，从而奠定威尼斯的商业霸权。军队不仅是维持这种商业霸权的工具，而且是商人操控政治权力的手段。发动战争需要大量资金，政府通过向商人以及民众发行债券筹集资金。热那亚自1257年开始计算债务。1322年热那亚国债总额为831496里拉，利息为

---

[1] ［古希腊］修昔底德：《伯罗奔尼撒战争史》上册，谢德风译，商务印书馆2007年版，第17页。
[2] 靳凤林：《西方霸道政治的历史由来及实践逻辑》，《南昌大学学报（人文社会科学版）》2020年第3期。

8%—12%。1354年合并清理后的债务上升到2962149里拉。1378—1381年，因为向威尼斯开战前后十次发行强制性国债，每次平均为10万弗罗林，利息为8%，其结果是到14世纪末债务总额比上述的290多万还要高出250万里拉。1470年热那亚的国债为1200万里拉，1597年是4377万里拉。[1] 由此可见，"军事经济"一方面吸引了大量城邦公民将家庭积蓄用来购买国债，促进债券、信贷等金融业的发展，也加快了资本的积累，同时大商人利用债务危机操控城邦的政治权力，发动战争，占领海上贸易通道，垄断地中海的长途贸易。葡萄牙、西班牙、荷兰、英国等西方国家先后在世界建立霸权，成立类似于东印度公司的经济实体兼军事武装集团，依靠军事权力，抢占战略要地和通商口岸，瓜分殖民地，掠夺殖民地的人口、黄金、白银、茶叶、香料、棉花以及石油等战略物资。但是，把军事权力或政治权力作为强制的手段，也会给资本阶层带来巨大的风险，且越来越影响到资本的安全性和可持续积累性，这就要求必须由"市场逻辑"来替代"强权逻辑"。具体而言，这种风险主要来自三个方面：

首先，传统社会中的军事权力或政治权力往往面临激烈而残酷的斗争，商人阶层很容易成为这种权力斗争的牺牲品。伍德在《资本的帝国》中认为："在任何一个阶级社会，当一个阶级剥削另外一个阶级的剩余劳动时，都存在着两个既相关又不同的剥削要素，即对剩余劳动的剥削和实施这种剥削的强制力量。"[2] 在传统社会，这两个要素是联合在一起的，政治或军事力量往往充当直接剥削者的角色，商人阶层则借助这些强制力量榨取农民的剩余劳动，从而成为人们明确无误的攻击目标。一旦这种强制力量因人们的反抗而减弱或失控时，商人阶层的资本积累进程就会随之中断，甚至积累起来的财富会彻底丧失。

其次，商人阶层积累的财富很大程度上被军事权力或政治权力所榨取，以用于维护其统治，难以实现资本的长期性积累。一方面，政治权力需要通过提供公共品维持统治合法性，包括修建道路、治理水患、赈济灾害以及保

---

[1] [德]维尔纳·桑巴特：《战争与资本主义》，晏小宝译，大风出版社2016年版，引言第3—20页。
[2] [加拿大]埃伦·M.伍德：《资本的帝国》，王恒杰、宋兴无译，上海译文出版社2006年版，第6页。

证国家安全等等，从而消耗大量的生产剩余。另一方面，权力阶层主要将这些榨取的社会财富用于维护其统治地位，包括：一是支付官员薪水，维持官僚机构的正常运行；二是保障军费支出，对内镇压或对外扩张；三是等级制社会符号体系的再生产，包括宫殿、官宅、礼器、服饰、祠堂、陵墓等。[1]

最后，民族国家兴起和世界体系建立增强了政治权力的封闭能力，从而制约了资本的流动性。相对于其他权力而言，政治权力一旦建立，就占据优势地位，很容易形成对军事、经济以及意识形态权力的统辖。但是，在传统欧洲社会，政治权力影响范围有限，很多地区和人口并不完全受国家控制。一旦一个地方出现暴政，商人阶层可以用脚投票，寻求其他封建主、贵族、教会的庇护，要么干脆迁徙到其他城市、殖民地或其他国家。当殖民地被瓜分完毕，进入世界体系时，政治权力对所辖的地区和人口具备了史无前例的强制力。资本阶层具有了国民属性，资本的流动性也自然受到政治权力的制约。

（二）近代工业资本的市场逻辑

众所周知，传统农业社会中的商人阶层一般不从事生产，其财富积累主要渠道是来自流通领域的不平等交易，即"贱买贵卖"。因此，商人更乐于借助军事权力或政治权力来进行强迫交易。从整个社会财富总量来看，强制逻辑下的资本积累并没有增加新的财富，只是运用暴力对既有财富进行不平等分配，本质上属于零和博弈。因此，这仍然是一种传统的资本积累方式，并不会促进生产力的发展和财富总量的增加。市场逻辑下的资本积累方式不再仅仅是依靠暴力去获取奴隶、收取更多的税赋、掠夺金银等贵重资源，或者控制贸易网络以保证商业的优势地位，而是以经济剥削为特征，用竞争性的市场规律驱动生产力的提高来获取利润。尤其是进入15、16世纪后，各国政府开始有计划地打破地方性贸易和城市间贸易的隔阂，建立一个竞争性的全国性市场。这种竞争性的市场逻辑还促成了英国农业资本主义的产生。

---

[1] 鲁品越、骆祖望：《资本与现代性的生成》，《中国社会科学》2005年第3期。

最早揭示市场逻辑的要数托马斯·莫尔。1516年，莫尔在其经典著作《乌托邦》中从市场逻辑立场重新定义了殖民的含义。他认为，在乌托邦，居民一旦出现剩余，就应该前往他乡建立殖民地。如果土地是荒芜的，那么殖民者将其利用起来，是符合自然法则的，因为任何人都有权利为了生存的需要而获得一份荒地；如果原住民愿意加入进来，用更先进的耕作方式使得土地有更多的产出，那么对殖民者与原住民双方来说都是有好处的。如果原住民不愿意接受更为高效的生产方式，殖民者就有权动用武力夺取土地。[1] 由此，殖民行为具有了正当性。莫尔撰写这本书之时，英国农村正在发生深刻的变革。都铎王朝加速了中央政府的集权化，全国性市场也逐渐形成。中央政府的集权化使得地主们逐渐丧失了强制力，强制逻辑下的资本积累越来越不可能；在竞争性市场压力下，地主们的财富越来越依靠土地的经营和改良，或者说取决于佃户的生产力水平。于是，地主们出租土地不再根据习惯法来决定，而是根据市场行情改变租金，也更愿意将土地出租给能够提高产量增加收益的农户。这样一来，佃户之间也出现了竞争，土地越来越集中于少数大佃户手中，那些既没有竞争性生产手段又不能接受灵活租金的小生产者就逐渐被淘汰，成为大佃户的短期雇工。这种农业资本主义逻辑逐步扩展到整个英国农村。这种变革带来的不仅仅是土地的集中化，也重新塑造了财产权的含义。在随后的圈地运动中，很多农民失去赖以为生的土地，农业让位于利润更高的羊毛养殖业。伴随这种新的财产观、利润观，英国还将自由市场法则运用到殖民扩张和国际贸易中。

也正如马克思所指出的，在市场逻辑取得决定性地位后，工人变成无产者，不直接掌握生产资料，只能通过出卖自己的劳动力换取工资以维持生计。在就业市场，失业率总是存在的，为了养家糊口，工人之间不得不展开残酷的竞争。资本阶层作为统治阶级后，不再需要直接控制军事的或政治的强制力来压榨生产者，而是通过不断提高劳动生产率的竞争性法则来间接地强制实施。于是，这种新的竞争性法则或资本积累路径具有以下几点优势：（1）降

---

[1] ［加拿大］埃伦·M.伍德：《资本的帝国》，王恒杰、宋兴无译，上海译文出版社2006年版，第51—52页。

低了资本积累的风险。资本阶层为了避免成为军事/政治权力竞争的牺牲品，将经济权力分离出来，建立了以维护私有财产权为核心的司法系统，政府则承担起维护所有制和无产制的职能，进而降低了资本积累的风险。圈地运动之后，资本阶层对劳动者的残酷剥削以及无产者不断增长，给英国的社会秩序带来了明显的威胁。为了解决这一问题，英国出台《济贫法》，建立了第一个系统的、由政府统一管理的福利项目，由各地的教会或济贫院负责对穷人进行统一的救济和管理。通过《济贫法》，英国政府一方面坚定地保护私有财产和资本的自由流动，对危及资本阶层利益的罢工、暴动进行残酷镇压；另一方面确保经济萧条时期失业的无产者可以通过接受救济而活命，从而维持一支工人后备军；同时又控制劳动力自由流动，不允许无产者有其他的谋生手段，进而确保有人在资本需要之时"自愿"出卖劳动力。(2) 扩大了资本积累的范围。在强制逻辑下，经济权力仅能随着军事/政治权力的控制范围而延伸，一旦超出军事/政治权力所控制的范围，经济权力就不再有效；同时，资本积累也会受到军事/政治权力的限制，通过强制力从生产者手中榨取的财富总是会受到生产力水平以及风俗习惯的制约。市场逻辑则不同，它不仅适用于资本阶层与劳动者的剥削关系，还可以延伸到帝国与附属国之间的关系上，包括操纵市场、债务以及产业链等手段；同时，它利用政府干预来解决残酷剥削引发的社会问题，从而降低资本积累的成本；它还可以与科技相结合，不断提高生产力，从而突破资本积累的上限。(3) 优化了资本积累的组织。资本阶层通过不断优化现代公司的组织架构来降低风险、追求利润最大化以及积累资本，包括：建立股份制公司制度来分散投资风险；建立跨国公司在全球进行产业分工和资源配置，提高配置效率，将利润最大化；利用互联网、算法以及人工智能等技术手段加强对劳动力的规训与操控，从而压榨更多的剩余劳动；运用金融手段建构复杂而灵活的股权结构，根据不同国家和地区的投资政策和税收水平调整公司的组织结构，来规避反垄断调查、偷税漏税以及合理避税等等。

不过，需要指出的是，"这种自发调节的市场的理念，是彻头彻尾的乌托邦。除非消灭社会中的人和自然物质，否则这样一种制度就不能存在于任何时期；它会摧毁人类并将其环境变成一片荒野"[1]。事实上，商品、劳动力以及金融的自由市场从来就没有存在过。例如，根据比较优势理论，大多数发展中国家工业生产能力有限，农产品是为数不多、具有比较优势的产业之一。但是，美国一方面打着自由贸易的旗号，要求发展中国家取消保护主义政策，开放国内农产品市场；另一方面，却对本国的农产品出口提供高额补贴，利用价格优势抢占发展中国家的农产品市场。国际货币基金组织在鼓吹自由市场意识形态的同时，却经常性地干预国际汇率市场。在劳动力流动方面，各国政府均制定了严格的法律条款，限制劳动力的国际流动。进入 21 世纪后，民族主义兴起，使得这种限制进一步升级。美国前总统特朗普为了禁止拉美难民进入美国境内，不惜在边界修建"隔离墙"；德国总理默克尔基于人道主义精神而接收了叙利亚等中东国家的难民，不久就引发各种社会问题而陷入民意危机。由此可见，具有分散化、去中心化特点的自由市场法则实质上也是一种经济竞争的逻辑，遵循这一逻辑往往意味着一种国家秩序的无政府主义。[2]

（三）现代金融资本的人性逻辑

众所周知，自由市场法则从一开始就是建立在人性假设之上的。亚当·斯密在《道德情操论》和《国富论》中都认为：每个人都有"自爱"的本性，即珍惜自己的生命、自身生存发展的需求；每个人也有"同情"的能力，即能够通过想象力感同身受地体验他人的不幸与痛苦。每个人在追求自身利益的时候，也能理解并尊重他人争取自身利益的权利。这就是人类独有的道德情操，由此形成社会的道德秩序。在这种道德秩序中，为了增进自己的利益，每个人都会通过"同情"能力了解他人的需求，从而创造出满足他人需求的产品和服务，并竞相降低生产成本，进而获得更高的利润。在"看不见的手"的引导下，个人的利己行为无意间增进了整个社会的公共利益。

---

[1] ［英］卡尔·波兰尼：《大转型：我们时代的政治与经济起源》，冯钢、刘阳译，浙江人民出版社 2007 年版，第 3 页。

[2] ［加拿大］埃伦·M.伍德：《资本的帝国》，王恒杰、宋兴无译，上海译文出版社 2006 年版，第 116 页。

但是,斯密之后的经济学家将这种人性假设进一步抽象化:经济人不再需要道德情操了,只是一个理性的、自利的、有需求的市场主体。自发调节的市场机制就是供给与需求之间的一种动态平衡。供给就是产品和服务的生产,发生在生产领域;需求是人类欲望的一种经济学表述,指人对物的占有欲。在经济社会中,满足这种对物的占有欲是通过消费行为来实现的,属于消费领域。马克思也指出:"生产、分配、交换只是手段。谁也不为生产而生产。所有这一切都是中间的、中介的活动,目的是消费。"[1] 因此,资本阶层的权力化不仅仅是对劳动过程的掌控和剩余劳动的占有,更重要的是通过对消费理念的塑造和消费行为的操控来实现。

事实上,为缓和阶级矛盾,随着资本主义走向成熟,西方国家先后建立社会福利制度,包括8小时工作制、合理的工资水平以及必要的医疗保险等等。资本阶层在国内的攫取和掠夺受到一定的限制,于是,资本阶层开始主张经济全球化,将劳动力密集的生产环节转移到发展中国家,继续攫取高额垄断利润。在西方国家,意识形态领域也在发生变化。当生产力水平提高,丰裕社会出现时,新教伦理所提倡的节俭理念就显得不合时宜了。[2] 克勤克俭的消费习惯和不断扩大的生产能力只会加剧生产过剩的危机。大萧条之前,美国的经济学家和资本阶层就发现,人们对食品、衣服和住所等必需品的消费是有限度的,一旦这些消费得到满足,人们都不再购买。要想经济继续增长,就必须刺激大众消费。于是,美国的经济学家和政策制定者们开始大力鼓吹所谓"消费民主化"。例如,"二战"结束之后,美国的大众消费开始走向成熟。一方面,美国政府奉行凯恩斯主义,实施罗斯福新政,通过扩大政府开支,投资兴建基础设施,拉动对大宗商品的消费需求;另一方面,建立完善的福利制度,从而提高人们的可支配收入,提高消费能力。在这种新经济理论、政策以及制度的导向下,消费主义在美国盛行,刺激了经济的繁荣

---

1 [德]马克思:《1844年经济学哲学手稿》,人民出版社2000年版,第177页。
2 韦伯认为,新教伦理精神是资本主义产生和发展的前提。基于天职观、禁欲主义和账簿理性的商人们将自己的行为目标理性化,孜孜不倦地去开拓、经营事业,积累财富,再扩大生产,从而实现资本的不断积累。正是在政治权力和意识形态的全力支持下,西欧各国迅速完成了资本的原始积累。

与发展。各发达国家纷纷效仿美国,刺激大众消费,促进本国经济发展。再如,进入 21 世纪后,各国民众可以通过网络媒体随时了解全球资讯,使得人们对本国政府施政行为的效能评价,不再限于对本国发展历史的纵深分析,还可以在国家间进行横向比较。这使得各国政府之间的竞争不再局限于经济领域的竞争,往往涉及政治、意识形态等领域的竞争。[1] 在这种政治环境和意识形态的压力下,资本阶层要想追求资本的无限积累,只有一条出路:刺激消费。唯有不断消费,才能不断产生需求,才能不断开辟新的市场。刺激消费,本质上就是解放人的欲望,实现资本对人们日常生活的操控。这就是资本借助激发人们欲望的非理性化来实现持续积累的法则,也即资本权力化的人性逻辑。

首先,塑造消费主义价值观。在传统社会,人们的身份是政治权力或意识形态权力赋予的,身份的等级决定其能享受的消费品或服务的类别和档次。有钱也不允许或享受不到不符合自己身份的消费品或服务。在资本阶层的推动下,传统的身份等级制逐渐瓦解,人们之间的社会关系逐渐转向更加平等的"契约"关系,人们的社会阶层也变得模糊。但人们之间的竞争意识并没有消失,总是希望不断提升自己的社会地位,并通过某种方式来彰显这种自我价值实现的程度。消费社会正好契合了人们的这种需求。在消费社会,各种消费品或商业性服务被分为不同类别、品牌、等级和档次。人们通过各自的消费品牌和档次标识自己所处的阶层和社会地位。一个人的消费品位或档次越高,意味着这个人的社会地位越高,自我实现的程度越高。"财富和产品的生理功能和生理经济系统(这是需求和生存的生理层次)被符号社会学系统(消费的本来层次)取代。"[2] 人们的消费不再仅仅是为了满足自然生理需

---

[1] 这种竞争在政治领域的表现为,即便是在发展中国家,权力阶层也越来越关注自身行动的道德合法性,将追求阶层之间的公平正义作为价值导向,注重保护劳动阶层,尤其是弱势群体的权益等等。在意识形态领域,生态主义兴起,民众越来越关注气候问题、环境问题、绿色能源问题、生物多样性问题以及第三世界国家的发展权问题等等。这给资本阶层的市场行为划定了伦理底线,使得企业在生产经营中,必须承担起一定的社会责任,包括尊重所在国家和地区人民的发展权益,保护企业所在地区的自然环境,节能减排等等。

[2] [法] 让·波德里亚:《消费社会》,刘成富、全志刚译,南京大学出版社 2000 年版,第 71 页。

要,而是为了标识自我身份或表现自我价值。消费不仅是日常生活的一个必要环节,而且成为人生的根本意义。

其次,培养非理性消费习惯。(1)鼓励消费不断升级。在经济学中,消费品可以分为必需品和奢侈品。但资本阶层一方面大规模生产各种奢侈品,降低生产成本;另一方面通过广告宣传各种标配生活模式,不断升级人们的消费欲望,将这些奢侈品纳入到必需品的范畴。(2)培养新的消费习惯。资本阶层通过培养人们新的消费习惯来开辟新的市场。例如,人们的传统出行方式主要是公交、的士以及自驾。移动网络和智能手机出现后,资本阶层用互联网技术彻底改变了这个行业,通过大规模的补贴,吸引人们用滴滴平台约车或当兼职司机。经过几年的培养,人们养成了坐网约车的消费习惯,一个新的出行市场得以开辟。(3)直接刺激非理性消费。随着阿里巴巴、京东、美团以及滴滴等超大型平台的崛起,网络消费已经成为年轻人的主流消费方式。当网购的消费习惯养成后,以抖音、快手等短视频直播带货模式异军突起。网络直播是一种通过视频、语言、图形以及色彩等各种形式不断刺激人们的消费欲望,再借助各种水军、心理暗示以及精准算法推送商品的营销方式。在直播带货中,各种热卖品成为控制消费者的商品符号。主播很容易引导消费者产生群体无意识而出现冲动消费或过度消费。

最后,提升大众消费能力。在传统社会,人们的消费能力是以既有的财富为支付底线的,除非有特殊原因,一般的借贷消费都会受到道德、法律或宗教的约束。因此,人们的消费能力是有限度的。如果人们都量力而出,资本增殖的游戏就会有减速或停下来的一天,这是资本阶层不愿意看到的结果。消费主义希望人们不断满足于消费行为带来的快乐,但在现实生活中,人们的消费行为往往会受制于货币不足。为克服这个矛盾,资本家发明了信用卡以及信贷机制,来支持人们的消费需求。在工业资本主义时代,资本阶层主要通过工资体系剥削生产工人。进入金融资本主义阶段后,资本阶层增加了债务这个武器,实现对消费者的剥削。信用卡和信贷机制是一种早期的金融产品。随着金融技术的飞速发展,金融产品的创新层出不穷,包括债券、股票、期货、保单及其衍生品等等。资本家通过这些金融产品来激活未来时间,并以未来时间为中介,实现对财富的重组与聚集。

三、资本扩张特性及道德危害

马歇尔在《经济学原理》导言中说:"世界历史的两大构成力量,就是宗教和经济的力量……宗教的动机比经济的动机更为强烈,但是它的直接作用,却不像经济动机那样普遍地影响人类生活。"[1] 丹尼尔·贝尔也注意到了这两种力量,认为"前者代表了资产阶级精打细算的谨慎持家精神;后者是体现在经济和技术领域的那种浮士德式骚动激情,它声称'边疆没有边界',以彻底改造自然为己任。这两种原始冲动力的交织混合形成了现代理性观念"。[2] 这种观念充满了资本阶层的前世今生,形成了垄断性、隐蔽性、投机性等一贯性特征,尤其当资本力量占统治地位、资产阶级成为统治阶级的时代,这三种特性越来越成为社会公害。

(一) 资本垄断性及其危害

年鉴史学派代表布罗代尔曾以总体历史方法论将人类的经济活动分为物质生活、市场经济、资本主义三个层次。其中,资本主义居于最高层,市场经济次之,物质生活处于最底层。物质生活与市场经济以竞争为边界;市场经济与资本主义以垄断为边界。他认为,市场经济是"自在的存在",市场经济的法则是竞争;而资本主义作为一种"自为的存在",其核心是对市场的垄断。所以自诞生之日起,资本就无时无刻不在绕开市场,依靠垄断从事赌博、冒险以及欺诈等活动。资本主义从始至终具有垄断性,利用对市场的垄断同时又反对市场。正如其所言,"古典经济学所描绘的在一定水平上始终存在的市场经济规律,在精细计算和投机冒险的高级区域内很少以自由竞争的形式起作用。一个背光的、阴暗的、只有行家们在活动的区域,从这里开始,我以为所谓资本主义的根子就扎在这里"。[3] 所以,资本权力化历程实质上是"资

---

1 [英] 阿弗里德·马歇尔:《经济学原理》(上),廉运杰等译,商务印书馆2009年版,第23页。
2 [美] 丹尼尔·贝尔:《资本主义文化矛盾》,赵一凡、蒲隆、任晓晋译,生活·读书·新知三联书店1989年版,第29页。
3 [法] 费尔南·布罗代尔:《15至18世纪的物质文明、经济和资本主义》第2卷,顾良、施康强译,生活·读书·新知三联书店1993年版,前言第2页。

本主义"从金字塔顶端下沉到市场经济的过程,其垄断触角已延伸到了物质生活;尤其生活在当今世界的人们越来越感知到,"资本主义"通过对数字经济的追捧正开始嵌入或渗入到人们日常生活的方方面面。

具体而言,在资本主义早期,对于资本阶层来说,最便捷的垄断方式多集中在流通领域,这时的大商人可以通过垄断大宗商品的交易市场获取高额利润。此后,继续研究15世纪以来的欧洲经济活动,我们可以看到资本主义的垄断行为出现了如下升级现象。

(1)从15世纪开始发展起来的大公司的"垄断意味着十分强烈的资本主义活动;没有国家给予的优惠条件,公司就不可能实行垄断;公司依靠垄断独占了与许多地区的远程贸易"。[1]例如,威尼斯禁止本国的商人直接去德国经商,这使得德国人不得不亲自来威尼斯购买呢绒、棉花、羊毛、丝绸、香料以及胡椒等大宗商品。当局规定,所有德意志商人都必须在"德意志商馆"居住、存放货物,并在当局严密监视下出售货物,再用售货所得购买威尼斯商品。阿姆斯特丹的大商人则采取另一种垄断方式,他们建造庞大的仓库,再用现金或预付货款的方式低价从生产者手中买进大量货物,然后囤积在仓库中,等待市价上涨再抛售。当时的欧洲战乱频发,每当战争一触即发、紧俏商品行将涨价时,大商人们就利用仓库囤积货物再高价抛售,从中谋取高额差价。

(2)最有效的垄断方式是借助政治权力或军事权力的强制性,形成对贸易通道或大宗商品产地的事实上和法律上的垄断。例如,17世纪,荷兰在巴达维亚建立殖民地,接着攻陷马六甲,依靠军事力量和区位优势,以南洋群岛为中心,编织起庞大商业交换网络。荷兰不仅独享进入日本市场的特权,而且垄断了肉豆蔻及其假种皮、八角茴香以及桂皮等细香料的贸易。为了保证这些香料贸易的垄断地位,荷兰将这些商品的生产控制在某个岛屿的弹丸之地,牢牢控制这个岛屿,禁止其他地方种植这类作物。安汶专门生产八角茴香,班达种植肉豆蔻及其假种皮,锡兰生产桂皮。与此同时,其他岛屿上

---

[1] [法]费尔南·布罗代尔:《15至18世纪的物质文明、经济和资本主义》第2卷,顾良、施康强译,生活·读书·新知三联书店1993年版,第532页。

的丁子香树统统被砍掉,必要时,他们宁愿向地方首领按期支付补偿金;动用军事力量占领西里伯斯群岛的望加锡和印度的科钦,因为科钦生产次等桂皮,望加锡也具备香料贸易的区位优势。不仅要控制产地,还要控制产量。锡兰岛面积大,导致驻军开支很高。但荷兰当局仍然严格控制桂皮种植园的规模,依靠暴力和严密监视,限制桂皮的产量,从中赚取高额利润。"任何人防范别人染指其情妇,却超不过荷兰提防别人插手其香料贸易。"[1]

(3)进入资本主义的最高阶段帝国主义时期,金融垄断成为最突出、最主要的特征。在实行复本位制的时代,通常有好几种货币流通,它们之间的汇兑价格经常随着时局或市场行情出现剧烈波动。大资本家经常要经手大笔货币或信贷债券,有权根据市场行情选择抛出或指定某种货币进行交易。由此,大资本家往往会一边囤积大量的金币、银币等硬通货,一边迅速地用铜币、铸币等易贬值或成色不足的劣质货币支付工资或采购商品,从中谋取巨额利润。进入纸币时代后,大资本家转而通过银行业、证券业、保险业以及股市等工具实现对金融市场的垄断。例如,19世纪80年代,美国的银行几乎都是国有银行,受联邦政府管辖,大多集中在大城市,法律允许它们发行自己的纸币。同时,私人银行数量也正在迅速增长。到1913年,非国有银行数量已占全美银行总数的71%,控制了全国银行存款总量的57%,金融市场竞争异常激烈。1910年11月,美国摩根集团、洛克菲勒集团与欧洲的罗斯柴尔德集团、沃伯格集团派代表在美国杰基尔岛召开了一次秘密会议,开始谋划对全球金融资源垄断。据当时核算,它们已掌握1/4以上。[2]1913年,《联邦储备法案》通过,美联储成立,华尔街的银行家们开始掌控整个国家的银行储备,[3]推行牺牲劳动阶层、成全资本阶层的政策。1944年,国际货币基金

---

[1] [法]费尔南·布罗代尔:《15至18世纪的物质文明、经济和资本主义》第3卷,顾良、施康强译,生活·读书·新知三联书店1993年版,第263页。

[2] [美]G.爱德华·格里芬:《美联储传——一部现代金融史》(第5版),罗伟、蔡浩宇、董威琪译,中信出版集团2017年版,第6页。

[3] 表面上看,美联储会通过最后贷款人和货币政策来维持金融稳定并缓解或阻止金融危机,维持经济稳定和低通胀。但在实际操作中,美联储很大程度上是大资本家维护自身利益的工具。一旦发生金融危机,能得到紧急救助的往往是大而不能倒的大银行、大企业等,小银行、小企业要么倒闭,要么被资本家们低价收购。紧急救助的资金往往来自财政部发行的政府债券。资本家们(转下页)

组织和世界银行成立，美国、日本、德国等西方发达国家的资本阶层自此掌握了资本输出的两大工具[1]。发达国家的资本阶层名正言顺地通过债务这个武器操控了发展中和不发达国家的市场和经济血脉。

（4）21世纪以来，进入数字经济时代后，苹果、亚马逊、谷歌、特斯拉等大型企业，则利用产业链、信息技术、准入规则以及专利保护等手段维持其事实上和法律上的垄断地位。作为全球电子科技行业的领军企业，2011年8月10日，苹果公司开始成为全球市值最高的公司，并且持续至今。在过去的十多年里，苹果公司以客户需求为导向，坚持创新，建立供应链联盟，实施分销渠道差异化、外包非核心业务等战略，成为世界最赚钱的公司之一，在电子科技领域占有垄断性优势。这种优势主要得益于苹果公司对知识产权的有效运用以及对产业链、价值链的掌控。一方面，苹果公司的技术研发和创新活动紧紧着眼于市场应用价值，积极开展专利布局，促进知识产权商品化，构筑产业生态体系。通过研发或并购等方式，苹果公司对核心技术 ios 系统不断更新、改良、增进、创新，补充完善各项关键技术专利池，以此锻造知识产权利器，争夺市场优势地位。当三星威胁到苹果的全球智能手机领导者地位时，苹果公司对三星提起专利侵权诉讼，不仅索取到巨额赔偿，还使得三星的热销产品在美国被禁售。苹果不仅关注技术层面的发明专利，还注重结合高科技和人性化的外观设计、包装、支架、胶套等实用新型专利，甚

（接上页）又可以通过购买国债再发一笔横财。为了刺激经济复苏，美联储还会降低利率和存款准备金率，实行扩张性货币政策，这往往会引发通货膨胀。如此一来，真正承受金融危机后果的往往是普通的劳动阶层。例如，2008年次贷危机爆发后，美联储释放出超过10000亿美元的新货币，美国国债上限提高了8000亿美元，国会通过7000亿美元救助计划，财政部向房利美、房地美两大地产公司注资1000亿美元，其他濒临破产的保险公司、汽车公司、外国银行获得了剩余的救助资金。劳动阶层不仅失去了工作，个人资产（例如房产、基金等投资）也严重缩水，甚至损失殆尽，垄断金融市场的资本阶层则成为真正的受益者。

[1] 世界银行的贷款主要有两种：行业贷款和结构调整贷款。行业贷款主要用于特定项目，主要集中在水电工程、炼油厂、伐木场、矿场以及钢铁厂等。作为提高贷款的条件，世界银行经常要求借款国压低其国内的工资水平，这实际上是要求贷款国动用政治权力协助其对本国劳动力进行剥削。结构调整贷款则用于支持经济部门的政策变革，没有指定的发展项目。这就意味着，债务国可以用这笔贷款还旧账、支付贷款利息或者中饱私囊。随着国际债务越滚越大，许多国家陷入对国际货币基金组织和世界银行的依赖之中，不得不按照这两大机构的要求进行改革。

至将带有缺口的苹果商标广泛注册到几乎所有商品类别上,以此提高商标附加值,使得苹果产品成为科技、创造力和高端时尚文化的象征符号。另一方面,苹果创新商业模式,通过创建 App Store 和 iTunes Store 开放平台,让用户付费下载各种应用程序、音乐作品,再同音乐影视提供商和应用开发商分成,建立起基于知识产权交易收益分成的合作伙伴共赢机制,进而掌控上游的软件开发者、音乐厂商以及下游的广大用户。[1] 由此,苹果公司垄断供应链附加值最高的两端(约 60% 的利润)——研发设计与营销服务,而将利润最低的产品制造环节外包给分布于美国、韩国、东南亚、中国台湾及大陆等国家和地区的供应商。而作为数字经济领头者的其他大型科技公司也如法炮制,操纵着全球的供应链、产业链、价值链,甚至与西方国家的政府形成了联盟,遏制落后地区和国家的产业转型、技术升级。

(二) 资本隐秘性及其危害

众所周知,依靠强制逻辑积累起来的资本会因动乱和战争而毁于一旦。为了瓜分殖民地,欧洲国家先后发动两次世界大战,使得欧洲各国昔日积累的社会财富灰飞烟灭。当民族国家成为国际政治行为主体时,通过殖民扩张来寻求市场的方式在空间上受到了限制。资本阶层不得不从政治权力或军事权力中分离出来,转向更为隐秘的方式。一方面,通过给自由竞争的市场法则披上"自然法则"的神圣外衣,在无情榨取劳动剩余的同时,让政府和法律充当维持社会秩序的"中立者"角色。另一方面,开始真正地进入布罗代尔所谓"市场经济",利用科技提高生产效率,在生产领域展开竞争,促进商品和服务的价格大众化。人类社会开始步入消费时代,资本权力化也开始采取更为隐秘的人性逻辑。

一是资本阶层利用信息和资本方面的优势地位,以隐蔽的方式在流通领域攫取超额利润。诚如布罗代尔所言,早期的资本阶层利用政治权力或军事权力之间的竞争,盘踞于"市场外的市场",在"私人交易"领域从事"赌

---

[1] 王磊:《苹果:有效运用知识产品铸就霸业》,《中国电子报》2013 年 3 月 19 日。

博、冒险和作弊"：或超越所在城市和民族的习俗约束和市场监管，控制生产者与消费者之间的商业环节，与外国商人合伙，从事高额利润的长途贸易；或利用各种手段在金融活动中占据有利地位，操纵对王室、贵族、领主们的信贷资源和金融活动，从中谋取高额收益。在直接贸易发展起来之前，欧洲的长途贸易以转口贸易为主。在这种贸易中，占据区位优势的某个城市往往会成为受益者，如威尼斯、热那亚、安特卫普以及阿姆斯特丹等等。例如，17世纪，阿姆斯特丹建立起世界上最发达的仓储系统，从而成为各种贸易关系的交汇处以及商品的流通渠道和分销渠道，而且还由此催生出当时最发达的信贷、承兑期票以及委托贸易等支付手段和贸易方式，积累了大量的金融资源。为了保持这种垄断优势，荷兰采取各种措施排斥可能出现的竞争。1665年，有人提议开通一条新的印度通道，可以将行程缩短6个月，但这一计划遭到东印度公司竭力阻挠而搁浅。因为新的通道一旦开通，每年堆放在仓库的大量存货将因航程缩短而不得不提前出售或降价销售，从而改变供需关系，失去垄断利润。荷兰的经济繁荣造成了资本过剩，即便向欧洲各地的商人提供信贷，仍有盈余，于是这些资本家开始向欧洲各国君主、贵族以及领主们放债。18世纪60年代，欧洲诸国纷纷向荷兰借贷，包括神圣罗马帝国皇帝、丹麦国王、瑞典国王、法兰西国王、俄国的叶卡捷琳娜二世、萨克森选侯、巴伐利亚选侯以及其竞争对手汉堡市，甚至还包括正在进行独立战争的美国起义军。

二是资本阶层利用自由市场法则，借助隐蔽的手段通过生产领域来压榨劳动剩余价值。在传统社会，商人阶层借助政治权力或军事权力，通过暴力的方式霸占劳动阶层的生产剩余。工业革命后，资本阶层占有生产资料，利用事实上和法律上的垄断地位，通过延长劳动时间和提高劳动强度来压榨劳动阶层的剩余价值。当这种压榨超过一定限度时，劳动阶层会运用各种手段进行反抗，从日常工作中的消极怠工、毁坏机器设备，到大规模的罢工、起义以及革命等等。这使得资本阶层不得不转向更为隐秘的剥削方式。于是，自由主义市场意识形态应运而生。表面上看，根据自由市场法则，资本阶层投入资本获取收益，劳动阶层出卖劳动力获取工资。没有暴力和强制，双方之间是自愿平等的契约关系。工资水平出现波动，是市场机制发挥作用的结果。但事实上,资本阶层从中榨取了更多的劳动剩余。在经济全球化的今天,民族国家是国际社会的行为主体。一方面,各民族国家的劳动力不能轻易跨国流动,劳动阶层只能在本国就业市场找工作,但各国经济发展水平不同,劳动力价格也不一样。另一方面,资本阶层可以利用技术手段、金融工具以及跨国公司平台实现在全球的自由流动,将资本配置在劳动力价格较低的国家和地区,从而榨取更多的劳动剩余。特别是进入数字时代后,资本阶层对劳动阶层的剥削手段更加隐秘。许多平台型企业改变传统的用工模式,通过第三方劳务派遣或者直接向社会招聘大量的零工或兼职人员,不提供五险一金等基本福利,不提供劳动工具,只是把劳动者变成控制系统中的编号,运用算法不断优化对劳动者的时间控制。在竞争性算法的驱动下,劳动者不断发掘自身潜能,实现自我剥削。收益留给了企业,成本却甩给了社会和国家。在劳动自由的假象下,许多年轻人加入外卖员大军。以美团为例,美团骑手不但要自己购买电动车,还要花钱购置美团的系统终端。从骑上电动车开始,外卖员就成了平台系统的提线木偶:为了完成任务,不得不争分夺秒,跑得越来越快,不惜违反交通规则,不惜损害自己的健康和生命。在生产线发生事故尚且能算工伤,外卖员被算法逼出交通事故就只能自负其责。正是基于对骑手的隐秘压榨,美团才建起价值数千亿美元的商业帝国。

三是资本阶层利用人性的弱点,通过算法推送等隐蔽手段将用户期货化,以实现商业变现。历史比较地看,在传统农业社会,商人阶层的主要服务对象是皇室、贵族、领主、教会以及富人,集中在满足人们的奢侈性和炫耀性消费以及满足人们对宗教信仰的追求。但这种消费观点和商人的营利行为都会受到习俗、伦理以及宗教观点的约束。文艺复兴之后,这种约束力量越来越小。进入工业社会后,生产力水平极大提高,商品和服务更加丰富。为了解决生产过剩问题,资本阶层一边扩大生产规模以降低产品价格,创新和改进产品性能以满足人性中的贪婪、虚荣等需求;一边通过广告、时尚以及信贷的方式,提升人们的消费欲望,刺激人们非理性的消费行为。在这个阶段,资本阶层提供的所有产品,如自行车、家用电器、汽车、计算机等等,都还是简单而中性、提供便利和享受的工具,人们依然是消费的主体。当自己的消费能力有限,或者需求得到满足后,人们可以选择放弃消费。进入数字经济时代后，资本阶层开始利用互联网技术改变当今的世界，使一个以人为本、服务型的技术环境，转变成一个使人致瘾的、操纵型的技术环境。社交媒体不再是在车库里等着人去骑行或驾驶的自行车或汽车，也不再是陈列在超市、商场或购物中心等待顾客上门的各种商品，而是一种会自我学习、分析、操纵、致瘾的东西，成为资本阶层索取、引诱甚至操纵并获利的工具。人类社会在互联网技术的建构下，正是逐步演化为一个致瘾型、操纵人类智慧的喂养型的社会。这种喂养是经过大数据分析、机器学习决策后，精准推送给人们的。现在，互联网公司提供了大量的免费产品，如 FaceBook、微信、抖音、推特。为这些社交 App 付费的是那些广告商，他们是社交 App 的顾客，而用户成了被销售的商品。要言之，如果你没有花钱买产品，那你就是被卖的产品。为了获得数据，这些公司需要监视用户去过的每个地方，每种喜好，每种行为数据，无限追踪、分析、评估，最后通过算法模型给用户画像，从而提高广告推送的确定性。算法的每一次推送，都代表着资本阶层的一种商业利益。为了提高这种确定性，FaceBook、推特这些所谓高科技公司的研发核心就是，怎样让人们最大程度地上瘾，花更多的时间在这些 App 上。FaceBook、优步等公司的高管都曾在斯坦福大学上过这样一个课程：怎么用技术劝服用户？这类行为被称为：劝服的艺术。这是一种极端刻意的、对人们行为进行设计的行为。用户的每一次下拉或上拉刷新，都是一次算法的重新推送。它们深入人的大脑，植入一种无意识的习惯，让人的脑袋更深层次地被编程。这种影响并不会触发用户的意识，而是一种潜意识，这意味着用户根本不会察觉。其所带来的后果是，将你还没想到的部分，用算法推送给你，使它们成为你思想的一部分，还让你觉得这是自己所想的。人们在各种致瘾的大数据分析、算法推送下，成为资本阶层权力化的牺牲品。

（三）资本投机性及其危害

贪婪是资本的本性，也是资本权力化的根本动力。马克思在《资本论》中引用了托·约·登宁的一段精彩论述说明资本的这种本性："资本逃避动乱和纷争，它的本性是胆怯的。这是真的，但还不是全部真理。资本害怕没有利润或者利润太少，就像自然界害怕真空一样。一旦有适当的利润，资本就胆大起来。如果有百分之十的利润,它就保证被到处使用;有百分之二十的利润,它就活跃起来;有百分之五十的利润,它就铤而走险;为了百分之一百的利润,它就敢践踏一切人间法律……如果动乱和纷争能带来利润,它就会鼓励动乱和纷争。走私和贩卖奴隶就是证明。"[1] 也正如韦伯所指出的那样,"无止境的营利欲并不等同于资本主义,更加不是其'精神'所在。反之,资本主义恰好可以等同于此种非理性冲动的抑制,或至少是加以理性的调节。总之,资本主义不外乎以持续不断的、理性的资本主义'经营'来追求利得,追求一再增新的利得,也就是追求'收益性'"。[2] 对于资本阶层来说,追求利润的最大化是指导其行动的价值原则。垄断是目的,隐秘是手段,投机主义则是资本阶层采取行动的理性化策略。也就是说,在经济权力的竞争游戏中,当代资本主义鼓励自由竞争只是为了获得进入游戏的机会,垄断市场才是最终目标;采取隐秘手段进行私下交易或榨取生产剩余,是为了更好地瓜分市场或降低掠夺的风险。因此,从某种意义上来说,在资本权力化的进程中,无论是强制逻辑、市场逻辑,还是人性逻辑,资本阶层在不同社会条件下、不同权力结构中采取不同的行动逻辑或采取多种逻辑,虽呈现出越来越理性化的趋势,但都是对贪婪逐利动机的理性化处理,究其实质是一种典型的机会主义。

一是流寇式投机主义。美国著名经济学家奥尔森在《权力与繁荣》中指出,权力是由人执行的,而人的行为策略极为复杂。为了说明这种复杂性,他建立起一个关于"流寇与坐寇"的模型。在这个模型中,流寇首领在征服一片领地后,会想方设法掠夺财物,逃避契约,拒付债务,乱发货币,尽可能在最短时间内侵占最多的收益,再去另一个地方重复这种抢劫活动。如果这个首领打算留下来,进行长期的统治,从流寇变为坐寇,他就会基于共容利益的考虑,改变其行动策略。他会减少攫取的份额,并提供诸如打击犯罪、防范灾害、维持社会治安等公共品。这样一来,人们的生产积极性提高,普

---

[1] [德] 马克思:《资本论》第 1 卷,人民出版社 1975 年版,第 829 页。
[2] [德] 马克斯·韦伯:《新教伦理与资本主义精神》,康乐、简惠美译,广西师范大学出版社 2007 年版,前言第 5 页。

通人的收益增加，领地的财富越来越多。坐寇首领不仅可以持续地获得收益，而且这种收益可能会越来越多。[1] 在中世纪，欧洲各国的民族意识尚未真正成形，政治边界也是犬牙交错，商人阶层在逐利活动中基本上遵循这种流寇式机会主义原则。不同领域的利润率会随着时局的变化而变化，商人们也会根据不同的利润率在不同领域进行转移。当资本阶层将资本投向工业或农业时，往往是因为所处的商业领域已经不再是高额利润领域。例如，16世纪，威尼斯的资本阶层发现商业利润降低，转而向工业（羊毛业）、农业和畜牧业投资。18世纪，还有资本阶层投资畜牧业，因为养羊每年可提供40%的投资收益。"资本主义都有一个基本特点，即在出现严重危机或利润显著减少时，几乎随时都能从一种形态转变为另一种形态，从一个领域转移到另一个领域。"[2] 近代资本主义国家向全球进行殖民扩张期间，资本阶层奉行的正是这种流寇式的机会主义。荷兰是第一个资本主义国家，但很快就衰败了。布罗代尔认为，荷兰的衰败与资本阶层的投机主义密切相关。"荷兰的政策和活动经历了种种曲折的变迁，无论在有利或不利的环境下，荷兰始终是要维护商人的整体利益。商业利益高于一切，压倒一切，为宗教感情（如在1672年后）或民族感情（如在1780年后）所望尘莫及。"[3] 东印度公司的董事们强烈主张，他们公司在东印度夺得的要塞和堡垒不应被看作国家的战利品，而应被视为商人们的私有财产，因而他们有权将这些产业卖给任何人，包括像西班牙国王一样的荷兰的敌人。1693年，荷兰及其盟国正在与法国交战，此时的法国出现饥荒，荷兰政府发布命令，禁止商船前往法国。但这并不妨碍荷兰商人使用瑞典、丹麦的船只，或者用中立国旗号做掩护的荷兰船，向法国运输货物。在全球化的今天，资本阶层的这种投机主义主要表现在利用跨国公司这种组织形式在世界范围进行资源配置，尽可能地在发展中国家攫取垄断利润，然后抽身离开，由所在国家和地区承担生态恶化、贫富分化以及社会动荡等

---

1 [美]曼瑟·奥尔森：《权力与繁荣》，苏长和、嵇飞译，上海人民出版社2005年版，第2—8页。
2 [法]费尔南·布罗代尔：《15至18世纪的物质文明、经济和资本主义》第2卷，顾良、施康强译，生活·读书·新知三联书店1993年版，第518页。
3 [法]费尔南·布罗代尔：《15至18世纪的物质文明、经济和资本主义》第3卷，顾良、施康强译，生活·读书·新知三联书店1993年版，第244页。

恶果。

二是制度性投机主义。300多年来，西方资本主义国家发生金融危机的次数数以百计。许多经济学家认为，资本贪婪是资本主义社会基本矛盾在金融领域的集中表现。美国次贷危机爆发后，新任总统奥巴马在就职演说中承认，当时的金融危机是华尔街银行的"贪婪和不负责任"造成的结果。次贷危机造成美国经济衰退，失业率猛增，很多普通美国人不仅失去了工作，原有的财产也大幅缩水。与此同时，美国金融界从国会和财政部收到纳税人数万亿美元的救助，资本阶层和企业高管们依然在大规模分红和享受天价薪酬。尽管普通民众发动了占领华尔街运动，控诉华尔街金融资本家的贪婪，表达对金融制度偏袒权贵和富人的不满，但无济于事。这就是资本权力的另一种投机策略：制度性投机主义。资本阶层通过特定的组织形式，利用监管的制度性漏洞，或者直接俘获监管层，进行各种投机活动。在现代公司这种组织架构中，股权可随时出售转移，股东们因此急功近利，要求管理层尽快给出高额回报；而管理层也乐意接受即时的巨额报酬。因此，金融行业普遍实行薪金和盈利结果紧密联系的考核办法。这种激励机制就对公司的风险治理造成反向压力，促使大股东和高管层都遵循投机主义。由于没有负收入（赔偿），也没有延时兑现，投机收益远大于风险成本。在"股东至上"价值观念引导下，董事会一味追求利润最大化，逼迫和纵容高管层的高风险经营行为，于是高管们不断创新衍生产品，开发新的金融工具，对名目繁多的金融产品和工具的风险进行隐瞒、转移，进而冒险、造假、欺诈就产生了。即便是某个公司巨头遭遇到挑战，不得不进行破产重组，甚至直接倒闭，但真正承担这种后果的往往是那些普通股民、投资者、就业人员以及当地政府；躲在背后的资本阶层可以轻易地重组财富，换一种新的方式获取利润，再进行下一轮的毁灭性行动。例如，在次贷危机爆发前夕，金融机构的资本阶层为了获得高额投资回报，给机构高管们订立20%以上的年盈利指标，这一指标比GDP增长率高出几倍；同时，他们又给高管们开出高额现金报酬或股份期权。一旦高管们完成规定指标，即可获得公司的"天价薪酬"。董事会激励导向出现偏差，过分注重高级管理层和经理人员的高额薪酬和股权激励，促使管理层采取激进的高风险的经营策略，违背审慎经营的理念，完全丧失社会责任感，追逐短期利润甚至操纵股价,通过粉饰短期盈利获得巨额薪酬收入。[1]有资料反映,1965年美国公司首席执行官的薪酬总额是一线工人的44倍,1998年飙升至419倍。美国经济政策研究所的统计数据也表明,2006年美国企业高管的平均收入是一般工作人员最低工资的821倍。而且,一手制造危机的高管们还可以身披"金色降落伞"(美欧对金融业通常按照聘用合同给离职者大笔赔偿金现象的统称)从容离开。例如,花旗银行总裁离职时就带走了1400万美元。

总之,进入21世纪,新的权力转移和财富分配正在发生。在未来的一个时期,新兴大公司将更为深刻地影响全球产业布局、贸易以及竞争格局,也会深刻影响各国的政治、经济和政策走势。任何一种新的财富创造体系都会削弱经济和政治权力体系的每一根支柱,最终改变家庭、企业、政治、民族国家以及世界权力本身的结构。随着资本主导下的巨头公司越来越大,它们就会成为商业世界越来越重要的组成部分,影响着所有人的生活。

---

[1] 阎维杰:《资本家的贪婪与监管被俘》,《中国金融》2009年第17期。

第三章

权力阶层资本化的诱因、机理及后果

　　权力及权力的合理性是古今权力之问的核心内容，而该问题的经典回答是，无论从西方的古希腊时期到中世纪再到近代民族国家阶段，还是从中国的夏商周王制时期到秦汉开启的帝制时代再到近代以来的民主制追求，人们对权力本质及其运行无一例外都采用了"实然"和"应然"相结合的立场。这其中最为通行的理解是社会学家韦伯的政治权力类型划分及其合理性依据，而最具批判和颠覆意义的认识非马克思主义者莫属，即政治权力是阶级社会阶级矛盾不可调和的产物，并以国家的形式固定下来。然而，就"权力（阶层）资本化"这个问题，两种经典解释出奇一致地认为，在人类社会早中期，由于群己、公私利益界定含糊不定，人们的权利意识普遍淡薄，而且这时的政治权力合法性多源自"传统礼俗"或"克里斯玛信仰"。这就导致一个后果，即政治权力的掌控者往往可以依靠特权垄断市场交易机会，轻易获得财富。尤其对中国传统社会的权力阶层而言，权力资本化的突出表现，是通过绞尽脑汁的敛财活动最大限度满足个体和家族的奢侈性消费；又由于他们的财富增殖很少与生产活动发生关系，所以其财富增殖的强制逻辑和传统政商伦理要求，就很少建立在生产和交换规模的扩大上。或者说，整个官僚阶层占有最重要的社会财富，作为一个整体，他们远比工商阶层更加富有。基于此，我们认为，在"职权（权力）经济"的范畴内权力（阶层）的资本化是一个似是而非的问题。所以，本章论述的权力（阶层）资本化行为主要发生在"法理型国家"建立和完善阶段，即当"产权（市场）经济"成为时代主流,尤其当社会资源的配置主体转而为市场力量或资本力量时,认清权力阶层资本化的诱因、机理、后果,确定如何规范这类行为,便成为迫切需要解决的政商良性交往难题。

一、什么诱发权力阶层资本化?

在近代西方启蒙运动的推动下,西欧国家率先发展起了自由市场经济。在亚当·斯密等经济学家的倡导下,社会分工之于生产效率提高和国民财富增殖的意义被置于举足轻重的地位。与此同时,为适应繁荣起来的商业资本、产业资本,具有非人格化、专业化、技术化等特征的现代官僚体系也随之成熟、定型。只是,与传统社会的权力阶层过分重视财富再分配而轻视经济和市场活动不同,在物质财富的快速积累和基于科层制的近现代官僚体系相辅相成的背景下,现代社会中的权力阶层日益关注起市场动向,其资本化方式和程度自然具备了前所未有的物质条件和制度空间。而防止和遏制这一趋势和行为,正成为一个受到中西方现代社会普遍关注的公共话题。

(一)权力阶层的道德失范

权力阶层的道德失范具有多种多样的社会原因和表现形态,包括科层制下官僚队伍的不断扩张,民主制逐步沦为政客经过成本—收益的理性算计以攫取权力的选举游戏,特别是发展型政府通过行政职权的扩张来带动经济的快速繁荣。所有上述因素的综合作用共同推动了权力阶层的道德失范。

1.科层制下的官僚主义倾向

1745 年,蒙西尔·德·古尔耐最早将办公室或桌子的"bureau"和希腊语"统治"(to rule)一词连在一起,出现了特指"官僚统治"的"rule by the bureau"这一词语搭配。此后,韦伯对这种统治形式进行了系统研究,并建构了一种理想类型的官僚制组织理论,即一种以合理合法的权力或职权为核心要素,能够对社会进行最有效地管理的组织形态及行为模式。英文中

"bureaucracy"一般译为"科层制"。[1]因此,基于价值中立立场,本章中的"科层制"多用以描述现代社会中大多数国家业已采用的行政管理体制。

具体而言,这种体制通常具有三大要素性特征:(1)专业化。是指科层制体制将既定的组织目标分解,然后进行分工,进而确定每个岗位的工作职责,即通过强制性手段规范每个岗位的行为和角色,强调行政人员的专业知识和执行能力。(2)合理化。是指科层制体制通过建立一系列权利与义务体系建立合法权威,形成一套以服从、效率、功利等为核心的价值规范体系。在金字塔形的组织结构下,根据以等级制为核心的规章制度来量才用人,将个体的能力,以合乎逻辑和高效率的方式整合起来,确保整个组织目标的实现。(3)非人格化。是指科层制体制要求人们在处理公务时,要严格区分公私关系、不徇私情,不因个人的性格、气质、品德、偏好以及人员变动而改变,必须通过可确定的、可预测的、专门化的知识和技能进行公共事务管理。

进而言之,科层制中的权力金字塔上层,可以获得更多的信息、收入、声望。这既能增强上层的权威,也能激励下层努力进取。下层行政人员要想获得升迁,只有三种选择:一靠能力,在工作中取得优秀业绩。这种选择不仅费时费力,还取决于评价业绩的标准和主体是否公正,可控性不强。二靠逢迎,即通过投其所好、投机钻营等方式迎合上级,从而获得赏识和提拔。这种选择会导致命令主义、文牍主义、事务主义。三靠关系,即通过血缘、地缘、业缘、利益输送甚至政治攀附等方式,与上级官员形成利益共同体或依附关系,从而获得提拔重用或职务晋升。基于此,权力阶层又被认为是"工作业绩最差的群体、预算最大化者、庞大的蚁群和帝国的营造者。他们……削弱经济、威胁民主、缔造魔鬼。他们代表着税收、规制和大政府,代表着控制,代表着精英主义而对弱势群体明显不公"。[2]于是,当科层制与"官僚主义"[3]挂起钩来的时候,权力阶层资本化的道德风险在所难免。

---

1 [英]安东尼·吉登斯:《社会学》,赵旭东等译,北京大学出版社 2003 年版,第 439 页。
2 [美]查尔斯·T.葛德塞尔:《为官僚制正名——一场公共行政的辩论》,张怡译,复旦大学出版社 2007 年版,第 21 页。
3 列宁指出:"官僚主义一词可以在俄语中译成地位观念。官僚主义就是使事业的利益服从于向上爬的需要,就是一味追求地位而忽视工作,为增补进行争吵而不进行思想斗争。"参见(转下页)

值得注意的是，当代中国的行政管理体制（科层制）还会体现出新旧两个时代互相交叠的特征。一方面，改革开放以来，党和国家高度强调依法治国，国务院也围绕大部制改革、"放管服"、"建立负面清单"等方面进行行政管理体制机制改革，初步建立基于科层制的现代行政管理体制。另一方面，由于强大的历史惯性和改革的路径依赖，中国传统官僚制在中国行政管理体制中的延续也非常明显。封建社会残留下来的特权思想、权力崇拜以及非正式制度等传统习俗仍然是权力阶层资本化的土壤。

2. 政治权力的非道德化趋势

如果说工具理性扩展到日常生活的必然结果是科层制出现，且不可避免地会为权力阶层的资本化留下制度空间，那么政治权力非道德化的蜕变则为权力阶层寻求资本化提供了道德和伦理上的辩护。

目前，这种道德辩护可以大致分为三种形式：（1）强调君权神授。权力阶层把权力的正当性建立在神性基础之上。古代中国的统治者"绝地通天"，自称天之子，垄断与天地交通的权力，进而确定了权力的神圣性基础；中世纪欧洲国王登上王位需要得到罗马教会的加冕，唯其如此，才具有统治的合法性；阿拉伯国家的统治者既是政治元首又是宗教领袖，集君权与神权于一体。（2）维护共同体价值。权力阶层声称行使权力是为了更好地维护公众利益。古希腊先哲亚里士多德认为，城邦共同体是最高的善，公民积极参与到城邦的政治生活中，才能更好地维护城邦的公共利益。古代中国的"民本"思想，也是将民情、民意、民心作为衡量权力阶层实施统治是否具备道德合法性的重要考量。（3）基于法理权威。近代以后，大多数民族国家纷纷采取了普选制、代议制等民主制度。这些国家的权力阶层声称，政府的权力来自普通民众的授权，政府是全体公民意志的代理人，通过现代政治制度制约的方式确保政治权力的来源与运行的正当性。

（接上页）《列宁全集》第 8 卷，人民出版社 1986 年版，第 363 页。毛泽东认为官僚主义"一种是不理不睬或敷衍塞责的怠工现象……另一种是命令主义"。参见《毛泽东选集》第 1 卷，人民出版社 1991 年版，第 124—125 页。

事实上，自近代以来，"国家"这个词的含义越来越侧重于强调统治技艺的理性化[1]。马基雅维利就认为，国家（政府）不再代表"共同体的善、公共利益"，而是转而为统治者利益服务。为了达到目的，统治者在运用权力时可以不择手段。[2]但也如韦伯反复告诫的，虽然科层制的内部逻辑会发展出严重的马基雅维利主义倾向，但以政治为志业的年轻人一定要警惕政治权力成为失去道德羁绊的野马。"我们这个时代，因为它所独有的理性化和理智化，最主要的是因为世界已经被祛魅，它的命运便是，那些终极的、最高贵的价值，已从公共生活中销声匿迹，它们或者遁入神秘生活的超验领域，或者走进了个人之间直接的私人交往的友爱之中。"[3]也就是说，传统社会赋予政治权力的神圣性和共同体价值，随着理性化进程逐渐退场，基于法理型权威的民主制也逐步沦为政客经过成本—收益的理性算计以攫取权力的选举游戏。例如，当代西方国家的候选人往往为了选票讨好选民、迎合选民需求，并把增加社会福利、提高就业率、减税等作为竞选纲领。被选举人与选民之间成为一种以利益关系为中心的政治交易，谁增加福利谁上台，反之下台，整个社会的福利支出只能增加不能减少。然而，社会财富的消耗增速大于社会财富创造的增速时，就会导致借债、赤字。选举过程中所表现出的选举人和被选举人的短视性、盲目性、自利性及贪欲，不仅诱发、促成了当代西方国家严重的债务危机，[4]也会为权力的资本化打开通道甚至便道。

3. 发展型政府的权力扩张性

熟悉当代世界经济史的人都知道，20世纪60年代以来，"亚洲四小龙"的经济起飞给不少学者提供了理论灵感。约翰逊就在《通产省与日本奇迹》率先研究了东亚政府干预与经济增长之间的关系，并开创性地提出"发展型政府"这个概念，强调政府干预对促进东亚地区经济增长，造就"东亚奇迹"

1　刘训练：《马基雅维利的国家理性论》，《学海》2013年第3期。
2　[意]尼科洛·马基雅维里：《君主论》，潘汉典译，商务印书馆1986年版，第85页。
3　[德]马克斯·韦伯：《学术与政治》，冯克利译，生活·读书·新知三联书店2005年版，第48页。
4　蔡立辉、欧阳志鸿、刘晓洋：《西方国家债务危机的政治学分析——选举民主的制度缺陷》，《学术研究》2012年第2期。

方面不可或缺的重要作用。[1] 发展型政府理论进而认为，东亚发展型政府具有两个显著特征：一是政府在决策过程中尽可能排除私人资本的影响，根据国家长期战略和整体利益制定产业政策，通过政企联盟、压制社会的威权体制来扶持和培育战略性产业，进而提高本国企业的国际竞争力。二是政府具有出色的国家能力。这种国家能力不仅体现为政府在社会事务管理上的高度嵌入性以及在社会资源汲取上的强大动员能力，而且体现在对政府部门之间和私人部门的协调能力。如日本的通产省、韩国的企划院等机构不仅负责制定并执行产业政策，还负责协调不同政府部门间的关系，整合不同部门的利益，以服务于经济增长。[2]

事实上，行政权力具有天然的扩张性，这种扩张性在发展型政府中又具有一定的正当性基础。比如，从某种意义上来说，现代政府取代了中世纪基督教会在西欧社会扮演的"父爱主义"角色，成为人们"从摇篮到坟墓"的照料者。但对于崇尚经济民族主义和重商主义的发展型政府而言，一旦具有较大的政策自主性和较强的国家能力时，便可以通过干预社会经济、促进国民经济可持续发展的方式来提高国际竞争力。同时，随着国民经济发展而来的是社会分工的精细化、利益关系的复杂化、公共需求的多元化，这时的发展型政府为了增进和实现公共利益，也不得不凭借对社会资源的控制和支配，以国家强制力为后盾来扩张权力。这种运用手中的权力攫取资源和替代资本主体角色的强烈动机和迫切意愿，显然成为权力资本化的重要原因和突出表现。此外，科层制下的官僚主义、发展型政府的"经济人"角色更会导致行政机构及人员的激增。对此，公共选择理论认为，不论是官员个体还是整个政府机构，都具有理性"经济人"的特征，在决策的过程中，都要追求自身效用最大化，进而促进政府规模和权力的非常态扩张。中国的一些地方政府作为典型的发展型政府自然不能例外。例如，海南省在建制初期，曾根据"小政府、大社会"思路设计了19个部门，成立了24个厅局，数量不及其他

---

[1] 孙沛东、徐建牛：《从奇迹到危机——发展型政府理论及其超越》，《广东社会科学》2009年第2期。
[2] 转引自孙沛东、徐建牛：《从奇迹到危机——发展型政府理论及其超越》，《广东社会科学》2009年第2期。

省份一半。但到了 1992 年，海南省政府的 24 个厅局就扩张为 25 个厅、11 个局、6 个直属局和 18 个经济实体。[1] 政府规模的扩张伴随着的是行政人员队伍的扩大和政府开支的增加，这种扩大无疑会加剧官僚主义作风和增加权力寻租空间。而这两者都是滋生腐败的罪魁祸首。一些中国学者研究发现，政府机关雇员人数和党政机关雇员人数分别上升 1 个百分点，会导致腐败发生率分别增加 0.36% 和 0.68%，而工具变量分析的影响分别为 0.96% 和 1%。政府财政收入的增加、政府开支中行政费用比例的增加会提高腐败发生的可能性。[2]

（二）公共决策的理性自利

所谓公共决策的理性自利强调的是掌握公共权力的政府工作人员，由于其信息偏好，在决策机制、决策过程和决策执行上，向着有利于自身利益最大化或资本阶层利润最大化的非道德方向发展，特别是在现行公共财政体制和项目委托代理体制下，由于程序漏洞和监督不力更容易滑向理性自利化的深渊之中。

1. 公共政策选择的有限理性

作为西方古典经济学理论的延伸，决策论认为，具有"理性经济人"特征的决策者在分享完全信息的基础上，依据理性能力可在所有备选方案中选择最优或最好的方案。但在西蒙看来，人的认知能力、信息加工能力、计算能力等理性能力都是有限的，大部分情况是，面对部分可供选择的解决方案，人们多是在两个方案中挑选一个更好的，然后用这个方案与下一个方案进行比较，直到挑选出满意的方案为止。传统组织理论也发现，科层制的政府组织机构虽有足够的理性能力处理各种日常公共事务，应对突发性事件或重大危机，确保政府决策的确定性和可靠性。但即便如此，政府进行决策时所了解和掌握的信息仍然非常有限。而且，即便政府掌握了较为充分的信息，决

1　吴木銮、林谧：《政府规模扩张：成因及启示》，《公共管理学报》2010 年第 4 期。
2　周黎安、陶婧：《政府规模、市场化与地区腐败问题研究》，《经济研究》2009 年第 1 期。

策的参与者也有可能根据不同的价值立场对这些信息进行不同的解释和利用，很难做到完全中立的评价。

就当代中国而言，由于幅员辽阔、人口众多，区域之间、城乡之间经济社会发展极不平衡，各地历史文化、资源禀赋及发展路径差异较大，地方政府要想真正落实上级政策精神，就必须把上级精神、本地实际和群众意愿三者创造性地结合起来。这种复杂性难免会为地方决策活动留下"权力资本化"的道德风险。（1）从决策机制看，由于地方党委全面负责同级人大和政府部门的干部考察、推荐、任免权，同时又可通过主管意识形态工作将各种决策变成党员干部群众的观念和行动，因而在实际决策中多处于核心地位，党委领导一般是实际上的首长。这种首长负责制一旦遇上缺乏高尚品德和自我约束能力的领导，就极易给地方各级党组织和政府部门主要负责人留下以权谋私、滥用职权的操作空间。（2）从决策过程来看，各级地方政府主要通过组织调研、专家座谈、听证公示以及网上沟通等方式和渠道来进行决策信息的采集。由于决策规则和程序不健全，各党组织和部门主要负责人的个人偏好和领导意志对决策过程中的信息搜集方式、公众参与程度、专家组人员构成具有决定性的话语权，从而难以获得较为充分的决策信息。（3）从决策执行上看，地方政府要承担经济发展、环境保护、社会公平等众多职能，这些决策目标之间难免有冲突，有的地方政府在执行时有可能顾此失彼，不得不采取"上有政策，下有对策"的策略，在执行上打折扣、搞变通，甚至出现目标替代的情况。即使没有冲突，执行这些决策目标也有一个轻重缓急的次序考量，这同样取决于各级党组织和政府部门主要负责人的政治觉悟和价值取向。因此，对权力资本化的约束就会变得更富弹性。

2. 公共财政预算的道德风险

公共财政预算是指在一定时期内政府针对公共财政收支问题进行计划。而且，作为政府履行职能的物质前提，现代政府的公共财政预算既是一个经济问题，也是政治问题。公共财政预算制度的运行过程，本质上是在财政资源稀缺的条件下，不同政治利益主体通过权力博弈实现利益最大化的过程。"预算过程充满了公共政策方面的权力斗争。预算的制定过程是政治权力发挥作用的过程,而不是以预算代替政治权力的过程。"[1]这为权力阶层资本化提供了搭载的便利。

经济学家约瑟夫·熊彼特指出:"一个民族的精神风貌、文化水平、社会结构以及政策可能塑造的行为方式,所有这些甚至更多,都记录在它的财政史上。"[2]中国的公共预算制度形成于20世纪50年代初期。在计划经济条件下,公共财政预算实质上是国民经济计划的一部分,是中央政府以高度集中的指令性计划配置社会资源的一种基本手段。自1999年以来,在公共财政改革理念指引下,中国从公共预算管理技术创新入手,实施了诸如编制部门预算、完善政府收支科目分类、推行国库集中收付制度和政府采购制度等改革举措,拓展了预算管理范围,规范了预算编制与预算执行等预算环节,初步构建起与公共财政相适应的公共预算制度框架,在加强预算约束和提高预算管理水平等方面显现出良好效果。[3]但中国公共财政的预算软约束问题常会带来以下道德风险:(1)中国地方政府债务规模的急速膨胀。1995年版的《预算法》规定地方政府不得发行地方政府债券。为了招商引资和发展经济,地方政府需要投入大量资金进行公共基础设施建设,但地方政府无法直接向公众或者银行融资,也不能通过提供担保来间接获取资金,于是纷纷组建城投公司,为各种基础设施建设融资。一旦地方融资平台违约,地方财政将难以填补窟窿,地方政府与商业银行必将陷入危机,促使中央政府不得不通过价格补贴、税收减免、信贷计划、优惠利率等方式进行兜底或救援。[4](2)地方政府形成对土地财政的依赖。为了增加财政收入,许多地方政府还通过城市化将农地转变为建设用地,靠卖地来获得预算外资金。自1990年国务院规定土地使用权可以有偿出让开始,土地使用权市场正式出现并建立起来。此后,

---

1 转引自谢庆奎、单继友:《公共预算的本质:政治过程》,《天津社会科学》2009年第1期。
2 [美]保罗·萨缪尔森、威廉·诺德豪斯:《经济学》(第18版),萧琛译,人民邮电出版社2008年版,第276页。
3 彭健:《中国公共预算制度:演进轨迹与发展取向》,《中州学刊》2012年第5期。
4 例如,改革开放后,中央政府进行了两次大规模救助:1998年亚洲金融危机背景下的不良资产剥离与2009年国际金融危机背景下的4万亿刺激计划。这两次大规模救助无疑助长了地方政府对中央兜底的预期,从而强化了地方政府公共财政的预算软约束。从2007年末至2013年,地方政府融资平台的债务体量从不足5万亿元上升到18万亿元。

随着城镇住房制度的改革和城市中工业、商业用地的大规模开发,城市土地使用权出让的市场规模迅速扩大,且以土地出让金为核心的土地财政已成为推动经济增长的主要动力之一。[1](3)地方政府公共财政支出结构扭曲。中国式分权、基于政绩考核下的政府间竞争以及官员的晋升激励压力,促使地方政府在安排支出结构上存在明显的偏向:在基本建设上热情高涨甚至过度供给,而在人力资本和公共服务上则缺乏动力、供给不足。这个趋势虽在21世纪初得到缓解,但离国际平均水平尚有一定距离。[2]

3. 委托代理制下的机会主义

现代社会的大型组织,包括政党、政府、军队、企业和社会团体,都是通过理性的科层制来提高管理效率,实现对组织的有效管理。而且,大多数现代民族国家也是通过科层制来实现行政系统有效运转的,进而实现对社会经济的公共管理。哈丁认为,从组织理论上看,科层制下的行政系统通常会面临信息传递问题。例如,上级希望下级能够如实报告其部门的工作绩效和组织环境,独立判断并执行组织命令。下级则可以滥用自己的自由裁量权,扭曲向上级报告的信息以谋取私利,包括报告上级偏爱的信息,报喜不报忧,报告对自己有利的信息,或者能够提高本部门资源的信息,同时有意掩盖一些不利信息或者降低其重要性。这种信息扭曲的不断累积既会严重限制领导者进行有效决策的能力,[3]也会反向刺激权力资本化行为的出现。

以当代中国为例,由于中国官员职务实行内部任命制,中央政府和上级政府在掌控地方官员升迁方面拥有绝对权力,因而围绕职务晋升展开的干部考核是激励地方官员向上级如实汇报信息,解决信息不对称问题进而确保上级科学决策的重要制度安排。但是这种制度安排不足以解决中国国家治理面临的诸如超大规模、少数民族众多、文化多元以及区域发展不平衡等一系列

---

1 孙秀林、周飞舟:《土地财政与分税制:一个实证解释》,《中国社会科学》2013年第4期。
2 傅勇、张晏:《中国式分权与财政支出结构偏向:为增长而竞争的代价》,《管理世界》2007年第3期。
3 转引自彭正波:《政党官僚制、机会主义与委托代理:一个央地关系的解释框架》,《云南行政学院学报》2017年第1期。

挑战。于是,在确保中央在国家政策、资源调配、人事管理等方面实现统一管理的前提下,国家不得不给地方政府分权,通过"项目制"或"行政发包制"等委托代理机制发挥地方主动性,因地制宜地开展区域间竞争。

就项目制而言,这是中央政府自上而下以专项资金的方式进行资源配置的制度安排。自分税制实施以来,中央政府向下汲取财政资源的能力大大增强,向地方政府转移支付的规模也逐渐增大,其中,专项转移支付大幅度上升。对此,周雪光认为,许多项目的正式制度在字面上有着明确的政策目标、检查验收标准和严格的程序,似乎符合直控式或承包式模式,但这些目标的实际评估并非易事。委托方监管成本高昂,在实际运行过程中不得不妥协变通处之;承包方有可能采取相应对策,将实际控制权掌控于自己手中,导致了向其他形式的转化。[1] 渠敬东进一步指出:"在财政资金的'汲取'与'下放'中,地方政府对于专项资金的转化与变通,使得项目难以按照预期的目标得到落实,反而因原体制的优势,集投资者、占有者、委托者、经营者于一身,辗转腾挪,多番变化,使项目的原初方案大打折扣,公共服务和公共事业建设也难于保证。而部门政府也往往在项目过程中,因为拥有不可替代的资源、信息和权力,而逐步转变成为专项意义上的独立王国。"[2]

就行政发包制而言,这是以中央和上级政府将行政事务层层发包、地方和下级政府实行财政分成与预算包干、中央和上级政府实行结果导向的考核控制为特征的管理体制。行政发包制具有中央集权、地方分权、横向协调和整合度低等三个特点:一是中央集权,即中央和上级政府作为发包方,具有不受约束的正式权力和剩余控制权;二是以属地管理为特征,赋予地方政府自由裁量权和实际控制权;三是经过属地层层发包,大量跨区域事务和全国性公共产品也被人为切割。这种体制会导致所谓"中央请客,地方买单",地方政府在公共服务支出上承担较大的财政压力,越是基层政府,公共服务能力越弱。在这种压力下,地方政府不得不利用各种正式和非正式的权力,抵触和变通中央和上级政府的政策,造成相对弱化的横向协调功能和各种地方

---

1 周雪光:《项目制——一个"控制权"理论视角》,《开放时代》2015年第2期。
2 渠敬东:《项目制:一种新的国家治理体制》,《中国社会科学》2012年第5期。

保护主义。[1]

二、权力阶层资本化的发生机理

当代政治经济学界对权力阶层资本化诱因的研究表明，无论是作为市场本身的负外部因素，还是权力阶层的道德失范，都不会单独发挥作用。而且，在世界范围内权力和资本之间的危险交织和强化趋势，都构成了对政商交往伦理的正面挑战。中国政府若要从根本上杜绝自身在政商交往伦理价值目标上的种种异化现象，就必须切实从如何防止官员个人寻租、如何减少地方政府越轨、如何进行政府治理体制改革及如何进一步化解市场监管的伦理困境等几个关键环节和重要方面入手，从伦理学视角找到遏制现代政府特别是发展型政府，在治理市场经济和监督权力运行时一系列副作用发生的内在机理。

（一）权力阶层以权谋私

权力阶层以权谋私的途径复杂多变，特别是在世界各国进行国家体制机制改革过程中，由于权力运行的制约和监督相对滞后，权力阶层很容易借助制度转型过程中的漏洞进行寻租和腐败。西方社会各个政党在竞争选民的过程中对资本的高度依赖决定了权力资本化的必然性，而权力阶层在权力运作细节上的以权寻租，也成为中外社会权力资本化的重要表现形式。

1. 充满复杂性的政府机构改革

世界银行早在20多年前就曾发布《1997年世界发展报告》。该报告着重指出，从世界各国历史和经验可以提炼出一个基本判断，即没有一个现代化的有效政府，经济和社会的可持续发展都是不可能的。[2] 例如，许多发达国家在经济起飞之后都会把国家治理和政府机构改革提上议事日程，以确保经济

---

1 周黎安：《行政发包制》，《社会》2014年第6期。
2 世界银行编著：《1997年世界发展报告：变革世界中的政府》，蔡秋生等译，中国财政经济出版社1997年版，前言。

社会的持续发展。[1]与西方国家相比，为了提高本国政府的有效性和国家治理能力，作为发展型政府的典型代表，东亚各国政府一般都有较为庞大的行政机构，承担了更多的经济社会发展职能。例如，从20世纪80年代起，日本开始大力推行"民间导向、依法进行、强力推进、政党参与"的政府机构改革，这一改革贯穿于整个90年代。经过十多年的方案设计、立法调整和准备过程，2001年6月日本才正式实施中央政府管理机构的重大改革，将内阁部委由原来的23个调整合并为15个。这类改革一方面提高了国家权力治理经济的能力，另一方面也为权力腐败埋下了隐患，其复杂性和艰巨程度非美欧国家能比。

发展型政府机构改革的复杂性在中国表现得尤为突出。40多年的改革开放进程中，中国的政府机构改革面临着更为复杂的挑战，且一直是行政体制改革的重要组成部分。迄今为止，中国分别于1982年、1988年、1993年、1998年、2003年、2008年、2013年和2018年，进行共计8次政府机构改革。[2]从中国政府机构改革历程来看，发展型政府改革的复杂性主要体现在两个方面：一是发展型政府机构改革在不同的发展阶段有不同的使命和任务，因而具有一定的周期性。经过40多年的周期性改革，中国政府机构改革先后回应了机构与职能、效率与公平、民主与法治、政府与市场、政府与社会、中央政府与地方政府以及党的领导与政府管理这些重大理论与实践问题。[3]二是在持续的政府机构改革下，权力制约和监督机制呈现出一定的滞后性。改革开放以来，中国在短短40多年内实现从传统农业社会向现代工业社会、从计划经济向市场经济的双重转型。这种双重转型的压力也促使中国政府职能改革同步进行。在持续的政府机构改革进程中，党和国家对权力运行的制约和监督相对滞后，权力阶层很容易利用社会转型中的制度漏洞进行寻租和腐败。

---

1 王绍光：《美国进步时代的启示》，中国财政经济出版社2002年版，第1—7页。
2 许耀桐：《中国政府机构改革40年来的发展》，《行政论坛》2018年第6期。
3 赵宇峰：《政府改革与国家治理：周期性政府机构改革的中国逻辑——基于对八次国务院机构改革方案的考察分析》，《复旦学报》2020年第2期。

针对种种不良后果，中国共产党第十八次全国代表大会后，国家建设框架和国家治理再次发生重大变化。具体而言，2013 年，国家治理体系和治理能力现代化被定为全面深化改革的总目标，中国政府机构改革的总逻辑，就由社会主义市场经济逻辑转入国家治理现代化逻辑。2018 年 2 月 26 日至 28 日，党的十九届三中全会审议通过《中共中央关于深化党和国家机构改革的决定》和《深化党和国家机构改革方案》，由此揭开最新一轮、以全面推进国家治理体系和治理能力现代化为核心的政府机构改革。尤其是针对以权力资本化为重要内容的权力腐败问题，中国共产党自十八大以后，为了加强权力运行的制约和监督，坚定推进全面从严治党，加强党风廉政建设和反腐败斗争，建立健全党和国家监督体系，一体推进党的纪律检查体制改革、国家监察体制改革和纪检监察机构改革，一体推进不敢腐不能腐不想腐体制机制。这些年，经过党中央铁腕反腐，在"打虎""拍蝇""猎狐"过程中，一大批腐败干部被纪律审查和监察调查，反腐败斗争取得压倒性胜利。

即便如此，作为发展型政府，中国政府治理体系还需要进一步完善，国家治理能力仍有待提高。当前的政府机构改革还存在党对政府领导不够全面、党政机构职责重叠交叉导致权责脱节、政府机构职能划分不够科学、中央和地方权责不对等、基础机构设置较为薄弱、事业单位改革滞后等问题，同实现国家治理体系和治理能力现代化的要求还不完全适应。特别是反腐败斗争形势依然严峻复杂，全面从严治党依然任重道远。例如，地方政府和官员在精准扶贫、涉黑涉恶、群众利益、政府采购、专项资金等领域，漠视侵害群众利益，利用保护伞扰乱市场秩序、非法牟利，面子工程以及基层权力的"微腐败"仍然存在。以上这些现象无疑为现阶段中国权力阶层以权谋私行为带来了更多的机会和场景。

2. 权力阶层内部的多元竞争

在西方社会，不同政党之间的竞争性承诺导致社会福利目标的异化。众所周知，社会福利是现代政府救助弱势群体、改善国民生活质量、增进人类社会福祉的重要制度安排。传统社会中的社会福利一般是由宗族、教会、慈善组织及社区邻里提供的。工业革命后，现代国家或政府开始在社会福利中扮演越来越重要的角色。尤其是 20 世纪以来，国家和政府成为社会福利的主要承担者，出现了以瑞典等北欧国家为典型代表的高福利国家。这些福利国家"不仅保障公民最低限度的生活水平，努力促进所有人的福利水平，而且通过提供一系列的社会服务最大限度地促进社会平等和政治参与"。[1]进入 70 年代中后期，大部分福利国家却因经济滞胀陷入困境。盲目的社会福利扩张不仅导致政府规模的扩大，社会支出的增加，带来了庞大的财政赤字，而且还进一步引发经济衰退和通货膨胀，影响了经济的可持续发展。同时，过度的社会福利更造成了严重的道德公害，成为"养懒汉"的温床。西方国家提供的福利救济越多，发生道德欺诈的可能性也就越大，这对于个人自由发展与国家竞争力来说无疑是一种双重损害。[2]然而，为了赢得选举或连任，西方国家的政党领导人在制定和实施社会政策时，却不顾经济客观规律和社会长远发展，依然我行我素，通过减税、增加社会养老金、医疗补贴、教育补贴等措施来取悦选民、争取选票。长此以往，这些国家的政府日渐财政入不敷出，只能靠举债度日，最终引发主权债务危机。例如，2008 年 10 月，冰岛爆发主权债务危机。根据美联社的数据，当时冰岛外债规模高达 800 亿美元，为其 GDP 的 300% 左右，人均负债 1.8 万美元。2009 年，希腊政府债务危机爆发，赤字率达 12.7%，公共债务占 GDP 约 113%。2010 年，西班牙的债务率和赤字率分别为 61.0% 和 9.3%；意大利的债务率和赤字率分别为 118.4% 和 4.5%。2011 年 5 月 16 日，美国国债总额触顶达到法定上限的 14.294 万亿美元；8 月 5 日，标准普尔将美国主权信用评级由"AAA"降至"AA+"，这是美国历史上首次丧失 AAA 主权评价。这其中少不了不合理的社会福利支出结构带来的负面影响。由此可见，发生在分配领域的社会福利本应该是一种量力而行的"分蛋糕"行为，却被权力阶层看成一种可为一己私利所用的政治筹码。他们不顾福利冒进对经济发展的消极影响，不顾减税导致的政府收入减少，任意扩大公共支出，最终带来政府债务严重失衡，这不可避免地加

---

[1] 尚晓援：《"社会福利"与"社会保障"再认识》，《中国社会科学》2001 年第 3 期。
[2] ［英］安东尼·吉登斯：《第三条道路：社会民主主义的复兴》，郑戈译，北京大学出版社、生活·读书·新知三联书店 2000 年版，第 119 页。

剧了权力的资本化危害。只是，这种危害是通过冠冕堂皇的理由施加的，比个体意义上的官员以权谋私显得更符合道德。即便如此，西方国家的福利冒进行为仍不折不扣地成就了官僚集团的公权私用，不仅打开了资本阶层通往权力宝座的通道，也成为权力阶层资本化的又一隐蔽手段。

　　与西方社会不同，中国地方政府之间的竞争也极易导致公权力的越轨。经济学家张五常认为，改革开放以来，中国经济增长的源泉在于创造了一个地方政府竞争的制度。[1] 具体而言，自20世纪80年代初，中国共产党提出以经济建设为中心的目标，各地方的经济发展水平便成为地方官员晋升的主要考核指标。在这一指挥棒引导下，地方政府主官开始围绕经济绩效展开激烈竞争，并热衷于GDP及相关经济指标排名活动。例如，中央政府提出具体的经济发展指标后，省级、市级、县级政府都会纷纷给下级政府制定相应的经济绩效考核指标，各级政府又将任务分配到各部门，层层分解，层层加码。比如，在纵向上，全国"十一五"规划设定年均经济增长预期目标为7.5%，而各省市"十一五"规划预计平均GDP增速却是10.1%，最高的达13%，最低为8.5%。在横向上，很多地方政府将招商引资作为各部门的主要考核指标，各部门又将任务分解到党员干部，凡是吃财政饭的都有招商引资的任务，完不成任务扣年终奖金，甚至出现中小学老师不上课出去招商引资的现象。对此，周黎安进一步认为："地方政府竞争，虽然从形式上表现为政府之间的竞争行为，但是政府的选择很大程度上是各地方政府一把手的决策选择，政府之间的竞争实质上就是各地方政府官员之间竞争，我们将官员之间的竞争行为称为官员晋升锦标赛。"[2] 这种理论认为，官员晋升锦标赛实质是上级政府为多个下级政府部门的行政长官设计的一种晋升竞赛，竞赛优胜者将获得晋升，而竞赛标准由上级政府决定，它可以是GDP增长率，也可以是其他可度量的指标。在晋升锦标赛体制下，地方官员的晋升之路是典型的逐级淘汰结构，被淘汰出局者自动失去下一轮参赛资格，只有优胜者才能进入下一轮。在激烈的政治竞争中，一些地方官员采取"铤而走险"的策略，推动地方政

---

[1] 张五常：《中国的经济制度》，中信出版社2017年版，第141—165页。
[2] 周黎安：《官员晋升锦标赛与竞争冲动》，《人民论坛》2010年第5期。

府的越轨行为。具体表现为：为了在任期内交出漂亮的经济发展指标，大幅度削减文、教、卫生等公共服务支出，甚至挪用专项资金，来加大基础设施建设等生产性投资；为了增加地方财政收入以扩大投资，不惜践踏国家规定的"土地红线"，变相出让农用土地用于房地产开发，围绕土地征用的各种强拆事件层出不穷；为了保护本地税收大户，罔顾中央关于环境保护的政策法律，对辖区内企业污染环境、非法排放等违法行为睁只眼闭只眼，甚至通风报信，充当保护伞；为了争取中央政策支持，不顾本地区的区位特点、资源禀赋以及人才储备等实际情况，动辄上马各种大项目、"风口"项目，大搞重复建设，形成恶性竞争，要么依靠国家财政补贴才能生存，要么搞个半截子工程获得升迁，留给后任一地鸡毛；有些官员临近退休时想趁机捞一把安度晚年，出现所谓58岁现象。由此可见，中国政府现阶段的权力资本化机理显然不同于西方国家以福利冒进为中心的政党竞争模式，其表现出的粗暴程度需要更多的治理智慧和更大的反腐力气去化解。

3. 官员行使公权力时的寻租

个体层面的官员越轨较之以上集体层面的权力资本化呈现出了更为复杂多变的一面。现代产权经济学和公共选择学派认为，寻租表面上看是指人们利用某种资源（包括权力）从中谋利的行为，实质上则是委托代理理论在制度层面的延伸。根据委托代理理论，因产权而来的剩余控制权和剩余索取权理应归委托人完全所有，但由于所有权和经营权是分离的，委托人和代理人之间便出现了信息不对称问题。为实现自身利益的最大化，委托人会通过监管代理人的方式来约束其行为。然而，出于自利本能，代理人希望通过"寻租活动"来弥补自己创造的价值剩余。私人（治理）领域如此，公共（治理）领域也如此。具体而言，在"产权经济"的大前提下，无论中西，作为公权力的代理人，现代官员往往会通过以下四个途径来实现权力寻租：

（1）通过行政审批寻租。如前所述，现代社会的市场不是万能的，必须依靠政府的适度干预来减少市场失灵。但理性逐利的政府官员为获得自身私利，不免以市场监管的名义制定各种审批程序，来限制企业之间的自由竞争，然后从得到特殊关照的企业那里分享租金。（2）利用产权模糊寻租。由于信息的不对称和人的有限理性，产权交易中的物品或权利不能完全界定，总会有一部分以公共品的形式存在于公共领域中，这就会引起人们的争夺。在发展中国家，市场化程度比较低时，产权相对比较模糊，当人们发现通过游说或行贿官员来获取的租金远远高于生产性收益时，寻租现象就不可避免了。例如，在税收征管、政府采购或购买公共服务时，就容易出现官员利用手中权力寻租的现象。（3）提高交易成本寻租。新制度经济学家认为，在现实社会中，人们只能在现有制度的制约下开展经济活动，制度结构决定人的行为方式。[1] 由此可见，任何一项交易活动都是有费用（或成本）的，其费用的大小取决于交易当时所处的制度结构。官员要想从中获利，就会在权利转让、谈判进行、契约签订、监督实行等各环节上，人为抬高交易成本，进而寻租。例如，中国改革开放初期，短时间内进行的大规模制度变革确实极大地降低了市场交易成本，但为了维护既得利益，一些政府官员却利用手中的权力人为抬高交易成本，从而实现自己的寻租目的，双轨制改革期间出现的"官倒""批条交易"现象就是这类寻租的典型代表。（4）权力期权寻租。西方国家的权力寻租还可以通过权力期权来实现，因而更具有迷惑性和隐秘性。从公开报道看，西方国家高级官员在任职期间虽较少发生腐败劣迹，但离任后却可以"合法"赚钱。例如，上到总统、部长，下到联邦机构高级官员或者顾问，离开政府职位后，就可能获得数百万、上千万美元直至更高的演讲费、咨询费、专家费和项目费等等，他们更多的是直接进大公司中担任高管，获得高薪。再过个4年或8年，一旦本党派候选人赢得大选，这些前政府高官又有机会通过美式"旋转门"进入联邦政府高层，甚至成为总统身边的顾问。

（二）政府市场监管的难点

政府监管过程中出现的两难处境为权力资本化提供了重要的社会契机，特别是政府为了市场的全面繁荣，必须对垄断行业予以有效限制，此时，各种垄断利益集团就会寻找各种借口来游说政府政策制定者，从而为权力资本

---

[1] 转引自贺卫：《寻租的政治经济学分析》，博士学位论文，上海财经大学，1998年。

化提供有利机会。而国家基于公共建设的需要，会随时通过调整财政税收政策实现效率与公平的二者兼顾。这就要求税收监管部门对企业纳税分类予以精细管理，这也为税权资本化提供了肥沃土壤。

一般而言，垄断破坏了自由竞争并以不正当的方式排斥了其他生产者对消费者的权益的某种不正当的剥夺。[1] 例如，在供给侧，垄断企业的定价高于完全竞争市场环境下的最低平均成本，产出水平也低于完全竞争市场环境下的产出水平，从而导致生产的无效率；在消费端，由于消费者可以消费的产品数量会低于完全竞争市场环境下的数量，而且要支付更高的价格，进而会造成消费者的福利损失。鉴于垄断的危害性，1890年著名的《谢尔曼法》在美国颁布，世界各国特别是经济发达国家纷纷制定各种反垄断的市场监管政策。2008年8月1日，中国制定的反垄断法开始正式实施。但自反垄断法诞生之日起，围绕着反垄断政策的内容、手段以及效果就一直存在至少三个方面的争论。

一是不同流派的经济学理论对垄断危害性的认识存在巨大的理论分歧。经济学家熊彼特就认为垄断在一定程度上鼓励创新，张伯伦和罗宾逊夫人提出垄断竞争理论，认为垄断与竞争可以兼容。在垄断和反垄断领域，最具有代表性的经济学理论当属哈佛学派和芝加哥学派。哈佛学派认为，判断一个产业是否具有竞争性，主要取决于该产业的集中程度和进入壁垒的高低。任何倾向于提高集中度和增加进入壁垒的市场结构变化都是有悖于竞争的，这种市场垄断有百害而无一利。因此，政府就有必要进行严格的管控和规制。芝加哥学派则强调，政府判断是否有必要进行管控和规制的主要依据，应当是资源配置的效率是否受到了损害，而并不是所有的集中和高进入壁垒都是低效率的，很多时候垄断地位往往是企业追求经济效率和研发创新的成果，是市场的奖励。

二是不同发展阶段的国家会以不同的价值取向将反垄断政策用于国际贸易。在如何看待垄断和实施反垄断政策上，"二战"后的日本就采取了较为

---

[1] 史东辉、程美芳：《发达国家反垄断政策的若干争论与启示》，《外国经济与管理》1995年第11期。

灵活的策略。"二战"后不久,美国为日本制定了《禁止垄断法》(1947年)和《经济力过度集中排除法》(1947年),对日本的财阀和统制性经济团体进行强制性解散。但是,不久以后,1953年,日本政府为了促进规模经济、提高国际竞争力和加速实现经济复兴,对反垄断法进行了大幅修改,包括放松控制卡特尔、放松企业集中、放松控制垄断以及允许大企业控制零售商的销售价等,显著地放松了反垄断控制,有力地促进了日本经济20多年的高速增长。

三是许多国家对数字经济、平台经济等新经济形态的监管尚处于探索中。在西方国家中,欧盟很早就开始对数字经济巨头和超大型平台企业进行严厉的市场监管;微软也曾持续受到欧盟的反垄断调查,尽管比尔·盖茨亲自出庭辩护,依然被开出约合19.95亿美元的罚单。2013年,欧盟对谷歌判罚28.74亿美元。2018年,有史以来最大的芯片领域并购案——高通收购恩智浦案也以涉及垄断为由招致否决。2020年11月19日《华盛顿邮报》报道称,美国纽约等各州检察机关计划最早于12月初向脸书提起反垄断诉讼,收购Instagram、whatsapp等竞争服务是核心争论点。反观中国,近些年,出于鼓励创新和允许试错,中国政府在数字经济和平台经济领域的监管政策一直遵循包容审慎的原则。在中国《反垄断法》自2008年施行以来,对国内互联网企业涉嫌垄断的事件,却无一例明确判罚,但2020年国家市场监督管理总局首次对阿里巴巴等三家企业开出罚单,为互联网企业领域的反垄断拉开了新的帷幕。

以上三个方面的争论点给以垄断企业为代表的利益集团提供了游说的空间,它们通过各种手段规避反垄断调查。

其一,理论上自我辩护。垄断企业通过给各大知名高校、智库、学术团体以及媒体提供研究经费来鼓励和收买知名作家、权威学者,来获取影响力和话语权,且尤为青睐和主动援引芝加哥学派波斯纳教授的观点,即"如果失败者不出局,成功者反而受到惩罚,哪怕市场上还有足够数量的企业在竞争,这种竞争也只不过是人为的、造作的,政府难辞其咎"。具体而言,美国联邦政府起诉IBM时,IBM曾辩称:"政府是在惩罚成功者,而不是在惩罚反竞争行为。政府的所作所为,是对预见到计算机革命的巨大潜力并通过自己'高超的技术、远见和产业'来统治该产业的企业进行惩罚。"又如,2011年至2012年期间,谷歌公司通过关系联系上乔治·梅森大学法律与经济学研究中心领导人,协助该机构举行三场涉及互联网搜索技术的研讨会,并通过该机构邀请美国联邦贸易委员会(FTC)的委员参加。会议中,发言者的基调一边倒,普遍有利于谷歌。2013年1月,FTC方面对谷歌的调查结案,五名委员会成员一致投票认为谷歌公司不涉及非法违规操作。另据知情人士透露,乔治·梅森大学法律与经济学研究中心就是谷歌"薪酬名单"上的一个单位,它经常从谷歌公司收取大笔"捐款"。

其二,民意上施加压力。垄断企业时常以代表民族和国家利益自居,以国际市场上的公平竞争为价值诉求,寻求政府放松监管和实行贸易保护主义。"如何解释资本主义、自由市场经济体与这些国家普遍存在的《反垄断法》之间的可实证观察的积极联系呢?我们从理论上和经验上论证,资本主义本身并不能解释《反垄断法》的通过。这样的解释需要将一个关键因素纳入其中:民主。"[1] 反垄断本质上不符合资本主义与生俱来的自由竞争思想,这种不协调性在涉及民族或国家利益的国际贸易中,很容易被大型跨国公司所利用。一些在国际市场上占有垄断地位的跨国公司往往会打着民族主义和国家利益至上的旗号,反对政府的监管和反垄断调查就具有天然的民意号召力,进而影响国家的贸易政策。在国际垄断竞争中,由于政府与公众、个人与集体之间存在着利益分歧,产业利益集团能通过众多方式向政府决策者施加政治影响与压力,贸易政策实为利益集团游说政府的结果。[2]

其三,政治上开展游说。垄断企业喜欢聘请前政府高官,组织专业游说团队,甚至直接提供巨额政治献金来培养代言人,进而在幕后操纵政府决策。美国存在着世人皆知的游说集团,各种游说集团最为有力的游说手段就是政治捐款。因此,在美国政治中有让人哭笑不得的现象:偶尔收钱是腐败,可能会锒铛入狱,但长期捐助就不是腐败,而是合法的"政治捐款"。筹款成为

---

[1] 转引自宋宏梅、张金平:《美国反垄断法制史对中美贸易战的启示》,《福建论坛(人文社会科学版)》2019年第11期。
[2] 吴韧强、刘海云:《垄断竞争、利益集团与贸易战》,《经济学》2009年第3期。

衡量某一政党或者政治活动人士能力的重要指标。拿到的钱越多，说明越受人欢迎。这些捐款通过各种途径，流向政党和政客。这些钱当然不是白拿的，是带有政治目的或者政策诉求的。美国政府及政策就这样制度性地被政治捐款所围猎和俘获。从 2011 年 6 月开始，美国联邦贸易委员会对谷歌开展长达 19 个月的反垄断调查，最终予以撤销。与之相对应的是，2012 年谷歌公司在反垄断调查和其他方面的游说支出超过 1400 万美元，政治游说方面的投入一跃成为全美第二，仅次于美国通用电气公司（GE）。

三、政治能力与经济调控能力的双重弱化

在市场化、法治化、民主化的现代社会前提下，物质财富快速积累和科层制现代官僚体系之间的相互作用，为权力阶层资本化提供了不同以往的机遇和平台。然而，随着政党道德自律意识和普通民众权利意识的抬头，无论是西方世界还是改革开放以来的中国社会，都开始对现代国家的公权力运行保持高度警觉。一方面，我们迫切需要认清权力阶层资本化的内在逻辑；另一方面，还需要从其危害性角度反思权力阶层，资本化带来的一系列严重后果，尤其是伦理道德方面的挑战。如果说本章的第一、二节多侧重于对权力资本化的原因分析，那么本节重点从后果层面反面说明如何进一步规范权力阶层与资本阶层的交往以及遏制权力腐败的深远意义。进言之，除揭示现代社会中权力资本化危害的一般表现外，本节将重点从当代中国的实际情况入手，从政党自身发展和经济调控能力的视角，来深度反思中国式权力腐败的危害。

（一）弱化权力阶层的政治能力

对权力资本化引发的严重后果可以从不同侧面予以深度分析。就对权力运行体制自身的影响而言，后果无疑是对政治生态的严重败坏。与此同时，权力资本化还会加剧贫富分化现象的深度发展，导致社会阶层的不断固化，从而使得干群矛盾日益激化，导致国家政权的合法性逐步流失，进而危及政权本身的生存根基。

1. 严重败坏政治生态

弗朗西斯·福山在《政治秩序的起源：从前人类时代到法国大革命》中指出，现代政治秩序由国家、法治、责任政府三种制度组合而成。"成功的现代自由民主制，把这三种制度结合在稳定的平衡中。能取得这种平衡，本身就是现代政治的奇迹。"[1] 从这三种制度来看，权力阶层在这种平衡中发挥的作用至关重要。要发挥好这种作用，需要权力阶层营造良好的政治生态，而权力阶层资本化则会严重地败坏政治生态。

在中国，权力阶层资本化对政治生态的破坏主要集中体现在作为政治上"关键少数"的"一把手"权力过分集中。有学者统计，改革开放以来，地方政府或部门"一把手"位高权重，一旦被抓，背后会牵扯出一大批企业家或政府官员，对当地的政治生态产生极大的破坏。[2] 一方面，这些官员充当权力掮客，滥用权力给企业家开绿灯、充当保护伞，企业家则愿意通过行贿、送"干股"、请官员当"顾问"、给官员的亲属输送利益等方式寻求官员庇护，偷税漏税，逃避监管，打击竞争对手，确保企业利益。而且，官员利用手中权力为商人谋取非法利益和官员配偶、子女、兄弟等亲属经商是百姓最为反感的两种官商勾结形式。腐败官员借用商人的资本跑官晋升或大搞政绩工程，商人则通过向腐败官员输送巨额利益以寻求当地的土地、矿产以及基建工程等项目的开发权。另一方面，"一把手"掌握地方官员晋升渠道，通过提拔亲信，催生更多的腐败分子把持领导岗位，对"一把手"形成人身依附，形成吏治腐败生态链。在"一把手"腐败的示范效应下，腐败分子纷纷结党营私，排挤和打击清廉务实的干部，形成劣币逐良币的政治生态。另有学者根据中纪委监委网站披露的查处数据进行研究分析，发现个别村干部作为权力体系的"毛细血管"，在承接国家资源、管理集体资源、治理村级事务和实施村民自治的过程中，也存在滥用职权、克扣私分、虚报冒领、吃拿卡要、拉票贿选

---

1 ［美］弗朗西斯·福山：《政治秩序的起源：从前人类时代到法国大革命》，毛俊杰译，广西师范大学出版社 2014 年版，第 412 页。
2 乔德福：《省部级一把手腐败特点、趋势和风险防控机制创新》，《党的建设》2014 年第 3 期。

等不同的腐败行为。[1]

2. 分化、固化社会阶层

由于财产收入、资源占有、社会地位、话语权以及禀赋机遇不同，人们在任何一个时代都会形成不同的社会阶层。基于利益分化出现的阶层分化是推动社会变迁和发展的动力：一方面，不同阶层之间的差异会促使人们通过自己的努力向上流动；另一方面，不同阶层会逐渐形成各自的生活方式、价值取向、文化认同，进而强化阶层内部的身份认同和自我界定。一般而言，阶层越高，进入难度越大，阶层的定型化强度越大，从而产生阶层的封闭甚至固化。

中国改革开放40多年来，由于渐进式改革模式、体制机制滞后性等因素，党政、事业和社会团体机关单位的领导干部掌握着普通社会成员无法企及的组织资源、经济资源、社会资源、文化资源、再分配权力和寻租能力，所以很容易通过不同权力的交换、权力资本化、就业、教育以及房产等方式将其占有的政治资本、社会资源、家庭财富传递给下一代，促使中国的社会结构分化不仅体现在横向社会阶层间的分化，还延续至纵向代际间的分层，形成三种权力阶层纵向代际传递方式。[2]（1）将政治资本转化为就业机会。权力阶层内部成员之间在不同部门或单位通过相互提携、交换、联姻等方式招聘子女进入党政事业单位，瓜分所辖地区实权部门的重要职位。[3]（2）将社会资源转化为人力资本。随着时代发展和就业观点转变，权力阶层不再满足于将所在单位或部门的身份、地位和权力传递给子女，而是开始动用各种社会资源，千方百计将子女留在省会城市、一线城市学习、工作，甚至送到外国去留学。子女大学毕业之后，权力阶层更有能力动用各种社会资源为子女扶一把，找到一份好工作，出现了"官二代"毕业生的起薪比非"官二代"毕

---

1 徐铜柱：《资源与秩序双重维度下的村干部腐败及其治理研究》，《社会主义研究》2020年第1期。
2 陈家喜、黄文龙：《分化、断裂与整合——我国"二代"现象的生成与解构》，《中国青年研究》2012年第3期。
3 冯军旗：《中县"政治家族"现象调查》，《南方周末》2011年9月1日。

业生起薪高的现象。[1]（3）将家庭财富转化为晋升社会阶层的硬件。在生产型工业社会，劳动是最重要的生产要素，基于劳动分工形成的不同职业是社会分层的主要标识。然而，随着向投资性消费社会的变迁，资本和技术的作用在加强，具有资本投资属性的不动产如住房在社会分层的效力悄然加强。[2]有学者发现，大城市居民以购房形式跨越阶层的现象越来越突出，且父代资助水平的差异直接影响子代的社会流动方向和速度。[3]正是利用这一规律，权力阶层开始利用手里的财富和信息资助子女在北上广深或者欧美发达国家购买房产，以此实现阶层跃升和固化目标。由此可见，以上三种方式造成的当地中国独特的"二代"现象，表面上有利于实现权力阶层的代际承继，但却从根本上削弱了其自身的政治合法性和后代的从政能力，这可以说是政治生态破坏的曲折表现。

3. 恶化干群关系

毛泽东在《论持久战》中指出："很多人对于官兵关系、军民关系弄不好，以为是方法不对……我总告诉他们是根本态度（或根本宗旨）问题，这态度就是尊重士兵和尊重人民。"[4]此后，中国共产党领导中国革命、建设和改革的历程都充分体现了走好群众路线的重要性。习近平总书记也反复强调："群众路线是我们党的生命线和根本工作路线。"[5]它已经成为中国共产党政治路线和组织路线的突出特征。反之，作为当代权力阶层资本化主要形态的中国政府官员腐败行为或在行使权力过程中站在偏袒资本阶层的立场，却使得人民群众产生了强烈的相对剥夺感，严重损害了城乡劳动阶层的利益，极易

---

1 李宏彬、孟岭生、施新政等：《父母的政治资本如何影响大学生在劳动力市场中的表现？——基于中国高校应届毕业生就业调查的经验研究》，《经济学》2012年第3期。
2 张广利、濮敏雅、赵云亭：《从职业到住房——社会分层载体的具象化》，《浙江社会科学》2020年第3期。
3 范一鸣：《住房流动、父代资助与青年群体的阶层分化——基于北上广青年群体的实证分析》，《中国青年研究》2020年第8期。
4 《毛泽东选集》第2卷，人民出版社1991年版，第512页。
5 习近平：《群众路线是我们党的生命线和根本工作路线》，《人民日报》2013年6月19日。

引发抗争性社会冲突，即干群矛盾。[1]

首先，权力阶层的作风问题是激化干群矛盾的直接根源。中国古代有"官本位""以吏为师"的文化传统，这种传统依然在当下中国发挥着深远影响。杨继绳据《中国统计年鉴》测算，到 2005 年为止，中国吃财政饭的人数约 7000 万，官民比高达 1∶18。[2] 所以，在当下中国，权力阶层依然是推动社会变迁的主要力量，是各类精英追逐的目标，"公务员热"即为可靠例证。广大群众之所以对这一阶层中的部分人产生强烈的反感之情，原因出在权力阶层中的一部分官员会时常表现出对上对下、对官对民、对公对私迥异的"两张脸孔"。这些行为是损害党群干群关系的根源。此外，2014 年 7 月 17 日至 10 月 10 日，人民论坛问卷调查中心结合党的群众路线教育实践活动、各地民主生活会，针对"四风"问题进行了调查和梳理，发现"吃拿卡要，刁难群众"以 84.20% 的得票率高居"群众最反感'四风'问题"的榜首，其后为"迎来送往，大吃大喝""好大喜功，政绩注水"等不良作风。[3] 由此可见，干部的不良作风与官员腐败行为有着千丝万缕的联系，它们共同削弱了执政党的政治基础和执政能力。

其次，权力阶层的能力不足是激化干群矛盾的现实诱因。伴随中国的市场化改革，尤其是近年来，一大批平台型企业抓住数字经济的风口，依靠国内外资本市场的运作迅速崛起，发展成大型垄断资本集团。一方面，这些资本阶层的新贵通过企业营销、形象塑造、著书立说、跨年演讲等方式塑造和传播资本阶层的生活方式、价值观念，拥有强大的话语权，使资本崇拜在年轻一代影响日隆。由此可见，权力阶层的治理能力正在遭遇资本阶层新生力量的严峻挑战。另一方面，由资本控制的一大批超级平台经济体不仅具备传统企业和交易市场的经济功能，而且承担了部分传统政府的社会治理职能，这对权力阶层的监管和治理能力是极大的挑战。例如，2020 年政府监管部门

---

[1] 靳凤林：《追求阶层正义：权力、资本、劳动的制度伦理考量》，人民出版社 2016 年版，第 24—25 页。
[2] 杨继绳：《中国当代社会各阶层分析》，甘肃人民出版社 2006 年版，第 288—289 页。
[3] 严俊：《吃拿卡要，最伤党群干群关系——"四风"问题再调查与梳理》，《人民论坛》2014 年第 10 期。

叫停蚂蚁科技公司的上市流程就曾引起普通民众极大的关注。蚂蚁科技 IPO 被叫停之后，很多不明真相的民众，甚至有学者出来为蚂蚁科技公司站台。事实上，蚂蚁金服在上市之前更名为蚂蚁科技，就是在刻意淡化其金融公司属性以规避监管，而蚂蚁金服公司高达 60 多倍的杠杆率，无疑是将大部分风险转嫁给了合作银行和普通消费者。

最后，权力阶层的价值立场是激化干群矛盾的潜在风险。在数字经济、新能源和人工智能等新经济形态中，资本、知识以及技术创造的价值迅速提升，而以劳动创造为核心的传统制造业的价值正在走低。以新能源汽车为例，特斯拉是一家美国电动汽车及能源公司，产销电动汽车、太阳能板及储能设备。2003 年 7 月 1 日创立，2008 年才发布第一款汽车产品 Roadster。2021 年 1 月 8 日，特斯拉股价达到 880 美元/股，市值创纪录地达到了近 8342 亿美元，超过当前排名前十的传统汽车制造企业的市值总和。新经济形态中的价值分配格局必然导致劳动阶层与资本阶层的收入、财富差距越来越大，劳动阶层的相对剥夺感明显上升。[1] 同时，以农民工为主体的新产业工人和以新兴中产阶层为代表的劳动阶层的受教育程度普遍提升、权利意识日益增强，对党和政府的期待也越来越高。党和政府在处理劳资纠纷等问题时，一旦出现偏袒资方或做出有损劳动阶层利益的行为，就有可能引发上访、抗争等群体性事件，[2] 从而恶化干群关系，最终弱化执政阶层的政治能力和治理水平。

（二）制约政府的经济调控能力

权力资本化除了直接危及国家政权本身的存在外，同样对国家的经济调控能力带来巨大影响，包括国家财政腐败将导致公共资源配置效率的迅速降低，特别是金融权力的资本化将会严重影响金融资源的配置效率，进而显著增加企业的运营成本，滋生地方保护主义，致使产品质量下降，营商环境受到严重破坏，最终可能导致社会总体福利的大幅度降低，使广大人民群众丧失对国家政府的基本信心。

1　熊猛、叶一舵：《相对剥夺感：概念、测量、影响因素及作用》，《心理科学进展》2016 年第 3 期。
2　裴宜理：《底层社会与抗争性政治》，《东南学术》2008 年第 3 期。

1. 财政腐败降低公共资源配置效率

财政腐败指财政领域中的公职人员利用某种垄断权（包括行政权和资源配置权）对财政管理程序和规则施加非法影响而导致财政资金流失和使用无效的行为。[1] 财政腐败不仅扭曲公共资源配置，造成政府在某些领域支出不足、另一些领域过度供给，而且会严重削弱国家的征税权和预算权，降低公共资源配置效率，侵蚀政府行政的政治基础。又由于公共财政预算决定了公共政策的制定以及公共资源如何配置，所以每一个有权进行公共决策或有权配置公共资源的公职人员都有参与腐败的机会，会使现代政府理应具有的"帮助之手"角色转而为"掠夺之手"，甚至长期阻碍一个国家或地区的经济增长，最终会导致国家治理的失败。

改革开放以来，中国经历了计划经济向市场经济的体制转型。在这个转型过程中，公共支出总额中的资本性支出和行政管理费所占比重不断攀升，而用于诸如教育、医疗卫生和科技等人力资本及社会保障的投入比重相对较低，公共支出结构明显出现偏离。这种结构的偏离和发生与财政领域的腐败不无关系。造成这种现象的原因在于：一是政府财政管理权的地位优势。在传统计划经济体制向市场经济体制转型过程中，中国政府同时掌握财政的征收权和支配权。这一缺陷极大地增加了腐败的可能性，导致税收和国有资产流失、政府预算的扩张和浪费，或者把预算内资金转化为预算外资金。例如，近年来，中国地方政府财政非税收入迅速扩张，这种财政结构的不断自增强状况很大程度上与财政管理权力的资本化有关。基于2006—2017年中国31个省份的省级面板数据，一些学者实证分析了非税收入规模、官员腐败与财政透明度的互动影响，发现非税收入规模扩张会显著促进官员腐败行为，而官员腐败行为会使官员倾向于降低财政透明度，进而导致非税收入规模进一步扩张。[2] 二是政府间财政权力的不规范性。中国政府间的财政关系主要根据中央规定来传达和执行，缺乏统一的财政法律的规范。改革开放以来，中央

---

[1] 吴俊培、姚莲芳：《腐败与公共支出结构偏离》，《中国软科学》2008年第5期。
[2] 梁城城、张淑娟：《非税收入规模、官员腐败与财政透明度——基于中国省级数据的实证研究》，《商业研究》2020年第4期。

政府多次调整过中央和地方政府间的财政关系，但各级政府之间仍存在财政权责界定不清晰、不稳定。这种权责上的模糊性，加之法律制度的不健全，降低了腐败的预期成本，有可能诱发官员的贪腐行为。一些学者还发现，单笔资金额度较大、参与交易决策人数较少、易于隐匿共谋过程的公共支出领域最易发生财政腐败，从而出现降低公共服务性支出、增加公共购买和公共投资支出的财政资源配置倾向。[1]

2. 金融腐败降低金融资源配置效率

一般而言，现代国家的经济增长离不开资本积累，动员足够的金融资源以积累资本才能给国家和地方经济起飞提供必要条件。就中国而言，为了借助金融资源推动经济增长，各级政府官员会拥有影响银行信贷的充分动机，而政府对银行的所有权优势反过来又为动机的现实化提供了某种可能性和便利。[2]但是，这也容易引发金融腐败，扭曲金融资源价格，降低金融资源使用效率。金融权力的资本化也会严重影响金融资源的配置效率，成为国家反腐败斗争的重点领域。为此，自十九届中央纪委三次全会以后，习近平总书记连续三年强调要求坚决打击权力阶层利用公权力设租、寻租，与资本阶层共同瓜分租金等金融腐败行为。

具体而言，当代中国金融领域的权力资本化行为大致可以分为两类：一是政府官员对金融资源的非规范性配置。为了获得政治晋升，地方政府官员通过强制性干预迫使地方金融机构将大量的信贷资源投入到各种"政绩工程"上，使一些原本符合贷款政策的企业无法获得贷款，不符合产业政策或经营风险高的企业反而得到贷款，人为造成金融信贷资源稀缺和分配不公，使得中小企业融资难、融资贵。有些领导干部甚至借助其职业带来的良好信贷资质或领导岗位形成的便利做起了"信贷生意"。例如，有领导干部多次以名下房屋需要装修为由向银行贷款，动辄数百万元，转手以数倍的利率借给他人牟

---

[1] 谷成、曲红宝、王远林：《腐败、经济寻租与公共支出结构——基于2007—2013年中国省级面板数据的分析》，《财贸经济》2016年第3期。
[2] 李维安、钱先航：《地方官员治理与城市商业银行的信贷投放》，《经济学》2012年第3期。

取暴利。二是监管机构与金融机构"亲""清"不分。由于中国大部分金融机构都是各级政府所有,在金融市场中居于垄断地位,"躺着也能赚钱",而且薪酬水平高,一些政府官员便在这些金融机构设立分支机构、非银行金融机构、基金、海外机构的过程中大量安排自己的亲属及关系户,把这些金融机构的职位变成一种金融资产或期权安排。随着金融业改革创新步伐不断加快,IPO、海外投资、处置不良资产以及资金出境等新金融业务开展中的制度漏洞给监管、审核领域创造了大量的腐败机会。与此同时,上市、资产置换、定增、期权定价、夹层融资、PE资金等各种金融工具越来越复杂,为监管部门官员的贪腐行为提供了更加复杂的交易机制和更为隐蔽的交易手段。[1] 例如,中国工商银行私人银行部原党委委员、副总经理徐卫东利用掌握的国有金融资源配置决策权为他人谋取利益,非法收受巨额财物。

3. 严重影响地方营商环境

中国民营企业在经济发展中发挥着"五六七八九"的作用,即民营企业贡献了50%的税收,60%的国内生产总值,70%的技术创新成果,80%的就业岗位和90%的企业数量。优化营商环境对于促进非公有制经济或民营经济发展至关重要。然而,民营企业在市场准入、资格认定、审批检验、土地流转、税收融资等方面面临公权力过度干预或歧视性对待的窘境,少数政府官员以权谋私、贪污受贿的行为则进一步增加了民营经济的运行成本,造成严重的市场分割,扰乱正常的市场秩序,恶化了当地的营商环境。

首先,权力资本化会显著增加企业的运营成本。众所周知,市场是资源配置的最佳方式,但市场失灵又不可避免,因此需要政府进行适当干预。政府的行政许可具有抑制企业的负外部性行为,给企业配置公共资源、提供可置信承诺、消除信息不对称以及降低交易费用等积极作用。但政府对企业经营活动的许可,也会产生诸多不合意的后果。例如,政府职能一旦错位就会导致行政许可种类繁多、流程冗长,且公职人员在审核企业资料或做出行政

---

[1] 陆坚:《金融腐败的新特点》,《方圆》2017年第11期。

许可决定的过程中具有极大的自主权,权力滥用比比皆是。如广州市投资项目审批流程图就曾经是一幅"万里长征图",其中一个投资项目从立项到审批,要跑20个厅局、53个处室,盖108个章,需要799个审批工作日。审批流程"万里长征图"的背后说明企业申请的行政许可种类越多,政府官员的腐败行为越严重。这样的行政许可不仅增加了大型企业的非正式支出,也迫使中小型企业花费更多时间。

其次,权力资本化会滋生地方保护主义,造成市场分割。促进区域经济一体化,加强地区之间的分工合作,破除地方保护主义和市场分割,有利于扩大国内市场规模,提高生产要素的流通效率,促进经济增长。但众多研究发现,中国国内贸易的区域内偏向程度很高,跨地区经贸联系明显不足,而且某地区企业行贿越有动力,政府寻租活动越猖獗,该地区的市场分割就越严重。例如,中国政府采购规模每年保持20%以上的增速,1998年仅有31亿元,2017年激增到32114.3亿元。但这些规模庞大的采购活动基本上由地方政府主导。地方政府在推出本地采购管理办法时,一般在同等条件下都会优先采购省内产品,或者间接通过人为设置技术障碍,排斥外地企业参与竞标。[1] 又如,中国东北地区的区域内贸易占地区贸易总量的比例高达90%,区域内偏向程度最少的西部和中部地区也高达3/4。[2] 这种市场分割不仅体现在烟草、食盐以及白酒等垄断性行业,而且体现在很多地方政府为保护当地企业利益而有意割裂与其他地区的经济联系。

最后,权力资本化会降低企业产品质量,扰乱市场秩序。改革开放以来,中国工业化和城市化进一步加快,各种大型基建工程也呈现快速发展的态势。与此同时,某些官员非法收受巨额财物后,大肆利用职权和职务影响违规插手干预工程建设,帮助、纵容亲属插手工程项目敛财,在工程项目承揽等方面为他人谋取利益,导致偷工减料、工程腐败以及环境污染等问题屡见不鲜,愈演愈烈。有学者利用世界银行2012年发布的中国1136家制造业企业数据研究发现,腐败显著降低了中国企业获取国际质量认证的概率,进而阻碍了

---

1 胡军、郭峰:《企业寻租、官员腐败与市场分割》,《经济管理》2013年第11期。
2 黄玖立:《对外贸易、区域间贸易与地区专业化》,《南方经济》2011年第6期。

中国企业的产品质量升级。对于国际质量认证密集度比较高的行业的企业以及规模比较小的企业而言,其受到的负面影响更大。[1] 政府官员的腐败行为显然会禁锢经济发展的活力,增加企业的生产成本,进而减少企业的潜在收益,抑制企业的产品质量升级,最终伤害到市场主体的创新精神。

4. 加剧社会总体福利损失

福利经济学将追求幸福视为人类行为的根本动机,并提出了资源最优配置的帕累托准则作为评价检验社会经济行为优劣的标准。[2] 然而,因为现代政府决策不具备充分的信息收集能力,也很难确保信息的透明度,故极容易引起资源配置的扭曲,尤其是权力阶层的资本化行为会进一步加剧这种扭曲,进而影响到企业和个人决策,最终降低社会总体福利水平。[3]

首先,从政府行为来看,中国在基础设施、科技创新以及新基建等领域的巨额投资、转移支付等往往是权力资本化或发生腐败最严重的领域。有学者研究发现,基础设施建设一直是腐败的高发领域之一,而转移支付会直接增加地方用于基础设施的投资,从而在绝对水平上增加了地方官员的腐败机会;转移支付由于更加"廉价",还会降低地方政府对资金的监管力度,使得在相同基础设施投资的情况下,获得更多中央转移支付的地区,其实际发生的腐败会更多。[4] 此外,权力阶层还可通过发放许可证使部分生产性资源转化为政府官员的灰色收入,从而降低了社会的总产出。值得注意的是,地方政府一旦出现拼命"砸钱"出政绩的动机,企业就会投其所好,通过捞取补贴的政商勾结套利行为干扰市场秩序,降低社会福利的总体水平。经济学家李稻葵等人曾从福利经济学角度出发,对中国的投资率与社会福利进行过研究。

---

1 辛大楞、辛立国:《营商环境与企业产品质量升级——基于腐败视角的分析》,《财贸研究》2019年第3期。
2 假如在某个既定的资源配置状态,所有的帕累托改进都不存在,也就是在该状态下任何改变都不可能使至少一个人的状况变好而又不使任何人的状况变坏,那么,这一资源配置状态便叫作帕累托最优状态。帕累托最优状态是最具有经济效率的状态,因而也是最值得选择的经济运行状态。
3 钟春平:《公共政策及其效率:信息与福利损失》,《征信》2018年第6期。
4 范子英:《转移支付、基础设施投资与腐败》,《经济社会体制比较》2013年第2期。

研究发现，中国经济20世纪90年代平均境内投资率低于福利最大化的投资率6%，国民投资率4%；2002年后，平均境内投资高于福利最大化的投资率5%，国民投资率12%；1990—2008年实际投资相对福利最大化的投资路径总福利损失约为5.9%，相当于每期损失约3.8%的GDP。[1]

其次，从企业行为来看，一个地区腐败越严重，所在地区的企业投资效率就越低，对社会福利总额造成的损失就越大。权力阶层的资本化行为可以从三个方面影响所辖区域企业的投资效率。（1）增加企业投资成本。例如，税务部门对企业征税标准虽然有统一性要求，但针对每个不同企业，具体税务官可以选择按照最低标准还是最高标准来确定缴纳的税额；工商管理、食药局、消防以及城管部门的具体负责人可以决定去企业开展检查的方式、频率和内容。为了收取租金，官员可以利用这些自由裁量权人为地设置障碍，从而增加企业投资成本。当一些企业进入政府管制行业时，官员寻租能力更强，投资成本更高。（2）增加企业投资风险。对于守法经营的企业来说，地方官员的腐败行为会破坏市场竞争的公平性，影响企业对未来投资机会的判断，甚至有可能导致原本有竞争力的企业被淘汰出局。对于行贿的企业来说，由于腐败行为的隐秘性和非法性，官员收了钱会不会办事儿，能不能把事儿办好，取决于官员的主观意志和政策的操作空间，都具有高度的不确定性。（3）降低企业治理效率。对于那些获得官员庇护的企业来说，经营者更热衷于营建秘密的政商网络关系，而不太愿意关注市场需求、客户维护、相关者利益以及内部控制，导致市场分割或者过度投资，从而难以合理监控企业的非效率投资行为。胡军、郭峰运用中国31个省份的面板数据研究发现，本地企业向地方政府官员行贿以寻求保护，地方政府官员接受本地企业的贿赂，进而设置市场壁垒以缓解本地企业与外地企业之间的竞争。寻租活动越猖獗，腐败程度越高，该地区的市场分割就越严重，消费者权益受损越多。[2]

最后，从个人行为来看，权力阶层的资本化行为会扭曲人力资源配置。经济学家吴敬琏认为，改革开放以来，中国政府虽然做了一系列变通性的制

---

1 李稻葵、徐欣、江红平：《中国经济国民投资率的福利经济学分析》，《经济研究》2012年第9期。
2 胡军、郭峰：《企业寻租、官员腐败与市场分割》，《经济管理》2013年第11期。

度安排，包括仅允许地方政府具有一定的经济独立性、财政自主权和生产资料分配权，但地方政府仍然掌握大量资源的分配权，在资源配置中居于主导地位。据有的经济学家估算，20世纪90年代初，全国租金总额在国民收入中占比较大。巨额租金增强了官员"设租"和"造租"的动力，使腐败愈演愈烈，同时形成了一个个既得利益集团。它们不但要善于捕捉商业机会，还要从事中国历来就有的结交官府的活动，通过勾兑、摆平、搞掂官员，最大限度地获取非生产性收益，这进一步导致了企业家才能的错配。[1]这种人力资源配置的扭曲还表现在大学生的专业选择。布坎南指出："寻租活动的原因在于制度规则，而不在寻租者个人本身。当制度从有秩序的自由市场转向直接政治分配的混乱状态时，寻租就作为一种主要的社会现象出现。"[2]如果政府在资源分配上占有主导地位，腐败寻租将比正常寻利更为轻松有利，非生产性报酬就会高于从事生产性活动获取的报酬，人们就会更趋向于非生产性专业。从大学生近年来的就业看，"公务员热"恰恰说明中国社会人力资源配置总体上倾向于流入非生产性活动。[3]当一个社会的精英阶层都被吸引到再分配活动中，而不愿意从事需要创新能力的生产性活动时，这种人力资源的错配就会带来巨大的社会福利损失。[4]

1　吴敬琏：《边生产边寻租》，《财经》2006年第16期。
2　詹姆士·布坎南、陈国雄：《寻求租金和寻求利润》，《经济社会体制比较》1988年第6期。
3　卢现祥、梁玉：《寻租、人力资本投资与"公务员热"诱因》，《改革》2009年第11期。
4　李世刚、尹恒：《寻租导致的人才误配置的社会成本有多大？》，《经济研究》2014年第7期。

第四章

中国传统社会政商伦理关系的基本特征

无论古今中外,掌握政治权力的政府通常被看作一个国家和地区公共资源的管理者与分配者。工商业主体(力量)则扮演着整合交换生产要素、提供商品服务的重要角色。当这两者紧紧围绕社会财富的创造和分配展开一系列广泛而微妙的博弈时,就形成了政商交往及其伦理关系。本章中的"政商伦理"是指权力与资本主体基于"公共性"要求、出于"共同善"目的的合作相处之道。就中国传统政商伦理关系而言,大致属于"权力之手"居于"市场之手"之上的"义在利上"的交往伦理模式,且其中的"义利关系"与"公私关系"共同推动了以"理财"为目的的传统政商合作,构成了帝制农商社会大背景下"三位一体"的政商伦理结构,包含价值伦理、制度伦理、规则伦理三个部分。

一、"义""公"与"调均"的价值追求

"义利之说,乃儒者第一义。"(《朱子文集》卷二十四)"义利云者,公与私之异也。"(《二程集·粹言·论道篇》)义与公异名同谓。中国传统社会中的政商交往正是基于这种价值预设来展开的。这些价值引导不仅涵盖"治国价值方针"和"人生价值取向",还起到了整合代表统治者利益的儒法两家伦理思想的作用,更为规范以朝廷国家为代表的公共利益和以民间工商业者为代表的私人利益之间的博弈,提供了近似的道德态度和调节手段。

(一) 政商伦理中作为价值理性的"义""公"

价值通常指客体的属性满足主体需要的关系和事实。作为价值的"利"代表声色、货利、权利、事功等,是客观事物或行为的有用性属性。与之相应,"义"则代表了一种不同于物质之利的道德价值。但无论是人们对"利"的追求还是对"义"的追求,都反映了一个社会及个体成员所具有的基本文化倾向和价值偏好,都是可欲的,并构成了伦理学"义利之辩"的重要内容。

就中国传统社会中的"义利之辩"而言,其大致由两个议题构成:一是道德与利益何者更基础、更根本,这属于道德本质论范畴;二是道德与利益之间的价值地位或优先选择关系问题,这属于道德价值观范畴。具体而言,前一个议题是基于价值事实的客观判断问题,主要说明的是道德与利益孰为基础,即"道德不在利益之外"。后一个议题是针对两种价值之间地位或价值选择的说明,类似从目的和手段、公平和效率关系角度,来说明道德与利益之间的辩证关系,并强调"道德在利益之上"。

对应到中国传统政商关系中去,即政商交往良性与否直接取决于统治阶层能否针对上述议题给予明智把握和合理应对。中国传统政商交往的基础主要在于能否体现和贯彻以"理财"为内容的传统"公共性"的伦理要求和"共同善"的道德目标。因此,中国传统政商伦理关系所处理的"义利关系"完全可以理解为以君主为代表的"公共利益"和以民间工商业者为代表的"私人利益"之间的关系。义即公利,义利之辩即公私之辩。[1] 公私之分即为官民之分。先公后私、举公废私、义公合一始终成为中国传统社会政商伦理的核心价值特质,即以政治(君主权力)和"国用"(君上利益)的绝对安全为至上价值。此外,标举义的内在精神价值的儒家道义论者与重视义的外在功利价值的儒家(法家)功利论者,还为政商交往的"和"("正德利用厚生惟和")、"分"("不与小民争利""官吏不能行其私而腐败,君主不得肆其志而乱政")原则,提供了坚实的理论依据和道义支持。

---

[1] 葛荃、张长虹:《"公私观"三境界析论》,《天津社会科学》2003 年第 5 期。

1. "义""公"与社会价值导向

一如中国的传统义利、公私之辩常常包含社会价值导向和人生价值取向两个面相，传统政商伦理同样会涉及这两方面的内容。具体而言，这里的社会价值导向与统治阶级的治国价值方针密不可分，人生价值取向则与政商阶层人生意义的选择息息相关。

就传统政商交往合作的社会目标选择而言，我们认为，无论是先秦儒家的血缘宗法本位，抑或先秦法家的国家权力本位，从根子看都认同人伦差序和以君主利益为核心的公共利益至上原则，而且这也是中国传统社会的基本治国方针。也就是说，先秦儒法两家共同追求的是包含统治稳定、经济富庶、阶层和谐等社会发展目标在内的天下大治的统治效果。这是理解传统政商交往秩序的密钥所在。进言之，伦理道德意义上的政商关系本身就是一种经意识形态认可和反复强化后的利益安排。在这一方面，先秦儒法两家可以共享一套形式相通的道德价值概念，即它们同时对"公"的价值观念保持高度认同，都强调必须服从权力的意志，都高度认同君主政治的"立君为公"原则，并演化出一种"利君式的包容"的道德态度。[1] 亦即进入汉代，儒法之间经过深度整合后提出以"食货政策"为主要内容的政商交往秩序，这成为此后历代统治阶级维护地主制自然经济主体地位的基本制度安排。

具体而言，从先秦儒家和法家及汉以后的儒法合流立场看来，执政者"必先公"，贯彻公正理念，才能实现"天下平"，达到社会和谐。当"先公后私""举公废私"作为治国价值方针的最高要求时，民间自由工商业活动的发展或民间工商业者的"治生"活动一旦离开这些基本的伦理原则和价值目标，就会引发权力阶层的忌惮，随之而来的就是通过权力之手对市场活动进行节制和对商贾之利予以削平。如唐凯麟和陈科华所言："在自然经济条件中，在等级制度中，对经济现象的考量往往不会是一种现代意义的纯经济学考量，而是一种政治学考量，是一种政治经济学或政治经济思想，这种思想的一个重要特征就是将经济问题化约为一个政治问题，用传统的话语来说，是一个

---

[1] 王四达、董成雄：《法家"治世"思想的二重性与"儒法互补"的新视角》，《哲学研究》2014年第7期。

'王政'问题。"[1]因此,在政治权力原则处于绝对优势地位的前提下,"义以为上""公以为上"的中国传统伦理思想在调整政商之间的利益关系中发挥着至关重要的劝导作用,成为中国传统社会中政治权力阶层和商人资本阶层理性沟通的伦理前提和制度公设。

2. "义""公"与个人目的选择

"义""公"作为处理中国传统政商伦理关系的范导性范畴,首先涉及统治阶级秉持的"治国方针"内部政治和经济两种力量孰为根本,及更为抽象的"义利""公私"的权重问题。同时,这些范畴还涉及政商两大阶层及其内部的个体在日常生活中如何在一系列道德约束和激励基础上,实现自己对合理利益的获取和道德人格境界的提升。就后一点而言,这一问题又可划入职业道德和人生价值范畴,主要处理的是个体意义上的德福关系问题。如王亚南所见:"传统中国人的思想活动乃至他们的整个人生观,都拘囚锢蔽在官僚政治所设定的樊笼中。"[2]在家国、公私关系很难区分清楚的情况下,"好臣民"与"好人"本身就是一体的。在两者的塑造过程中,朝廷国家自然担负起规范臣民私人生活和培育黎民百姓德性的道德教化和道德规训责任,并形成了"君子伦理"和"庶民伦理"的不同要求。

就前者而言,这类规训和教化集中表现为重义轻利、崇公抑私的道德价值观,并构成了中国传统价值观的主流,深刻影响着儒学熏习之士人及进入权力体制内部管理工商业活动的儒家官僚,形成了儒家对待经济(商业)利益的"政治人""道德人"人性假设和对"君子伦理"的坚守与追求。历史地看,先秦时代政商伦理论题中占据主导地位的显然是道德价值相对于经济利益的权威地位。孔子在《论语》中"君子喻于义,小人喻于利"的教导最具代表性。进入西汉,董仲舒的"正其谊(义)不谋其利,明其道不计其功"则将这个原则表达得更为明确且更为极致。此后,在盐铁会议上,文学贤良之士同样认为,治国理政者更应该做到"抑末利而开仁义,毋示以

---

1 唐凯麟、陈科华:《中国古代经济伦理思想史》,人民出版社2004年版,第6页。
2 王亚南:《中国官僚政治研究》,中国社会科学出版社1981年版,第39页。

利"。(《盐铁论·本议》)值得注意的是,无论是先秦还是汉以后的儒家传统伦理,虽不予个人私利以较高的道德地位,但还是基本肯定和认可作为类的"人""民""群"的基本利益需求。对于执政的"君子"阶层而言,满足反映"人""民""群"整体利益的公利,显然比具体化的臣民的个人利益更为重要。例如,孔子在《论语》中就曾教导说,官员"因民之所利而利之"。《礼记·儒行》中有"苟利国家不求富贵"的说法。北宋司马光坦言:"为国者,当以义褒君子,利悦小人。"明代黄宗羲在《原君》中则更为精辟地将儒家对君子或执政者的德性要求,总结为:"不以一己之利为利,而使天下受其利。"由此可见,信奉儒家学说的中国传统官员在富贵贫贱等涉及德福关系的问题上,均应坚持"不以其道得之""不处""不去"的道德原则,强调的是"克己复礼"的伦理道德要求。也正是因为儒家个体官员人生目标的选择和道德修养的好坏,直接关乎整个社会风尚的良恶和国家社稷的安危,所以历代相对开明的统治阶层才强调官员在处理政商关系时一定要做到适度分离,以此确保为政者的"清廉"乃至治理效果上的"廉政"。这就构成了传统政商良性交往的德性基础。

除了突出"义""公"的内在精神价值,儒家传统伦理思想还存在着功利论的一面,即在坚持"公利为上"的道德前提下,结合"庶之""富之"的治理目标,一些儒家官员还不断关注"义""公"要求所带来的外在的功利价值,根据这点就有了不同于"君子伦理"的针对普通百姓的"庶民伦理"的要求。例如,从中国古代经济史尤其是商业史的记载中不难发现,无论是先秦时期的法家变法,抑或后世由受儒家功利思想影响的各种经济改革,都对庶民的生产和贸易活动投入了更大的热情和果断的干预。事实上,不仅追求富国强兵的先秦法家主持的变法十分强调工商庶民合法诚信经营之于增强国家经济实力的正面意义,就连后世具有儒家身份的改革家,如桑弘羊、刘晏、王安石、张居正等,也非常用心于对庶民中的商人阶层的伦理劝导和道德激励。也就是说,在经济自由度相对较大或政商阶层交好的时代,传统商人个人和群体的道德素质都会出现一定程度的提升和发展,都能做到利人利己和便国便民的统一。例如,春秋战国时期的白圭就是这类商人个体的典型代表。司马迁总结作为"货殖之家"的个体应具备智、仁、勇、强四大基本素质,这既是对先秦诸家人文思想的有机融合,也是对传统商人素质修养和职业观念的一次创新性总结。就明清晋商、徽商而言,其助公为上、信义团结、勤俭进取、治生济困的德性,不仅为其与权力阶层展开长期合作奠定了坚实的道德基础,也最大程度地促进了传统社会政治稳定、经济繁荣、社会和谐、个人幸福等公共目标和价值的实现。由此可见,作为传统社会庶民阶层的重要部分,商人阶层虽无法脱离直接的物质利益追求,无法像醇儒之士和信奉儒家思想的官员那样,体验"成仁"为乐的"孔颜乐处",也尚不具备"我善养吾浩然之气"的士大夫精神,难以获得自由人格,但大体保持了对儒家"义""公"价值的认同,担负起了通有无、调余缺的社会经济责任,并影响了一个地区和时代的民风。

(二) 政商伦理中作为工具理性的"调均"

无论传统社会还是现代社会,国家都是以公共权力为核心的稳定的人群共同体,且这些人都拥有共同的价值与利益等实质性目的,这属于目的性国家定义。但国家又是一种组织和工具,其本身并没有具体的价值与利益目的,它的运行常常具有一定的独立性和自主性,这是工具性国家定义的核心所在。[1]因此,我们认为,如果从权力的合法性和有效性维度来理解国家,那么国家的目的性定义多与国家的合法性概念相联系,而工具性定义则多同有效性概念相雷同。同理,中国传统时代的政商合作不仅需要确立以君主利益为象征的公共利益优先原则,更需要一套精致的管理手段来调节国富与民富的关系。我们不妨将这个手段称为"调均"机制。

1. 作为手段之"调均"的层次性

较之绝对目标意义上的"义""公"价值,"调均"机制的手段意义更为明显。这种机制能否和如何发挥自身的正面功能,直接影响着帝制农商社会国家利益的实现程度及方式,从而构成了中国传统政商伦理价值特质的另一

---

[1] 刘守刚:《中国财政史十六讲——基于财政政治学的历史重撰》,复旦大学出版社 2017 年版,第 10—12 页。

面相。当然，分析这种带有手段意义的"调均"机制不可避免地需要兼顾"实然"和"应然"两个方面。作为"应然意义"的"调均"，无论在先秦儒家还是法家看来，都是从"义""公"的价值理性中衍生出来的，它代表了一种古典正义，即一切利益和福祉的分配都应按照人的伦理和权力的差等来进行。作为"实然意义"的"均"则体现为中国古代历代统治者，尤其是秦汉以来的统治者，都希望运用均田、均输、均赋、均役等方式，来完成以理财为中心目标的政商利益调整。具体而言，"调均"机制的展开需要通过传统政商交往的三个层面来实现。

第一，宏观层面的"调均"反映的是国家力量和市场力量之间的博弈。一般而言，政商关系首先指的是政治上层建筑与物质经济基础的互动关系。由于任何一个时代或社会的政治力量和市场力量总是相互依赖、相互制约的，故宏观意义上的政商关系往往可以从国家与市场的关系来加以说明。具体而言，中国传统时代的国家力量，通常以特别重视市政的方式居于整个市场活动之上，具有控制市场的绝对地位。而且，市场只是执行统治阶级重农抑商意志的一种工具。细言之，中国传统时代的商业活动主要依靠草市、镇市、城市三个层级的市场网络来完成商品之间的流通，但这种交易机制又可归属在"生活市场"（基层市场）与"财政市场"（顶层市场）两种性质截然不同的市场体制下。就前者而言，以农村市场为基石的基层市场因内部充斥着大量的、经常性的、物物交换的小商品交易，故而很难与国家力量相抗衡。这类市场遵循的是互惠原则，小农本身就是小商。于是，"调均"原则在这种农商不分的情况下主要体现为个体农民之间的互惠，为政的一方一般不干预这类活动。与之相反，真正以大商人和金属货币为中介的顶层交易市场，则大多形成于行政性和军事性的城市之内。这里的市场通常被看作国家组织和扩张货币化财政收入、流转财政贡赋性物资的工具，故称"财政市场"[1]。"调均"原则在这里便突出地表现为权力之手对财政市场的绝对控制，而且小农家庭一旦卷入这个市场，就会面临来自中间商和权力者的双重盘剥。总之，上述

---

[1] 程念祺：《中国古代经济史中的几个问题》，《浙江社会科学》2000年第4期。

两种并行不悖的"调均"机制,从根本上决定了城乡商品、货币流通中城镇之于农村的优势地位。

第二,中观层面的"调均"反映的是各级政府和商业组织之间的博弈。围绕朝廷国家治理过程中出现的"国用"问题,中国传统时代的政府与工商业组织形成了各自的组织力量,并履行着各自的职能,从这里建立起来的交往合作关系构成了政商伦理关系的主要内容。历史地看,西周"工商食官"体制内的商业组织多半隶属于政府,是政府的一个部门,其职能只是为了方便贵族到各处寻求"奇物巧货"的临时组织,故不可与政府抗礼,只能被动执行君主和贵族集团的命令。此后,随着商品经济的发展,中国传统社会中的商人在使用和配置各种生产要素的过程中,逐渐告别散商、游商阶段,形成了古典业主制和合伙制企业。如为配合当时各级政府部门的管理需要,明清之际的行商坐贾多以行会的形式与官府交涉,借以办理纳税和其他事务;而官府也通过对这类组织的控制,实现以商控商的目的。值得注意的是,这时的中国商业组织还具备一个典型特征,即传统商人个体会通过血缘或地域关系形成颇具实力的自治性商帮。而且,由于这些组织多半立足于追求个人和集团利益的最大化,并占有一定的生产资料,便不免与代表国家公权意志的官营工商活动形成一种实然意义的公私对立关系。加之,传统社会私有产权制度发展得不充分,官营工商业组织便时常以各种方式控制和干扰私营工商业组织的经营活动。因此,此时的政商关系内部便增加了一层"官商"与"民商"之间的不平等竞争关系,官剥商权已成为一种交易常态。总之,中国传统时代政府主导的中观层面的"调均"机制常常会造成"民商"对"官商"的依附状态,并由此塑造出不平等的伦理法权地位。

第三,微观层面的"调均"反映的是政府官员和商人个体之间的博弈。微观意义上的"调均"是传统政商关系的终端环节,在这个层面上的政商关系主要是指掌握权力资源、具有政治支配力的国家公务人员或各级官吏与个体工商业者之间的交往关系。在正统儒家看来,作为道德价值的"义""公"不应窜入任何功利标准和内容,求利必害义,只有把"行义"与"求利"对立起来,划分"君子"与"小人"的界限,才能做到政治清明和官员清廉。这显然是一种较为古典的"道义论",然而,这种推崇道德价值至上的义利观并不等于儒家义利观的全部内容。在一些儒家内部的改良者和启蒙思想家看来，庶民谋利并不可耻，这是生活的基本需要，只有那些见利忘义和不择手段的谋利行为才是可耻的。所以，作为"调均"原则的各级执行者既要坚持道德自律，不与民争利，又要尽力维护公平竞争的市场秩序，做到公正执法。正所谓"公者，仁之理"。从此点看，传统官员良好的道德修养无疑是保障工商从业者正当利益的首要前提，甚至官员只有做到不与细民争利，才能确保国家长远利益的实现。然而，正是基于这种优越的政治地位和拔高的道德要求，传统社会中的各级官员又往往习惯于在公共利益的遮盖下，"只讲目的不讲手段"地把微观意义上的"调均"原则，变成一种无限度的权力任性行为。他们虽然可以通过市场管理活动和官营机构来调节民间工商业者的利益，但也会受轻商、贱商、农本商末等社会风尚影响，不自觉地从"理财之臣"变成"聚敛之臣"，成为"获得权力指向的利益牟取的最大化者"[1]，从而为权力腐化和商人寻租留下广阔空间。

2. 作为手段之"调均"的有效性

从上节有关"调均"机制的梳理中可以发现，一个毋庸置疑的事实是，中国传统时代朝廷国家的均衡机制并没有在政商利益之间找到一个相对公平的均衡点。因为，在政商利益伦理和法律地位不对等的前提下，"均衡"机制的有效性会受到极大限制。这一点突出表现在社会财富分配领域。

第一，作为一次分配的"调均"。众所周知，人类社会的原始经济阶段是生产剩余物个别、偶然交换的初兴时期，此时，从事货物交换的人通常是氏族和部落首领。随着生产力继续发展，剩余产品大量出现，第三次社会大分工得以实现。不从事生产而只从事产品交换的商人由此产生。不过，就中国传统社会早期而言，商人被限制在王室和官府允许的范围内活动，史称"工商食官"制度。例如，作为天下共主的周王，就专门任命各级官员来管理天下的生产和交易活动，以此满足各级统治者和普通百姓日常用度的需求。与

---

[1] 唐代兴：《利益伦理》，北京大学出版社2002年版，第299页。

此同时,官府还是传统工商产品的最大买主和卖主,甚至直接控制和左右着商品的生产与供应活动,这也是"调均"机制早期发挥作用的主要方式。春秋战国之际,领主制下的"工商食官"制度遭到瓦解,秦汉以后历代王朝统治者便转而通过"食货政策"或"理财"来维护地主制经济形态。久而久之,也便形成了帝制下农商的基本社会经济结构和超稳态政商交往体制。也就是说,在"权力产权"的背景下,"调均"机制便成为朝廷国家协调农商产业和农商阶层利益的一种手段[1]。"不患贫而患不均,不患寡而患不安",工商业"不盛不衰"的农商均衡理想,也随之成为国家财富初次分配的基本原则。当统治者掌握了工商业发展的主要资源和顶层市场机制后,他们会主动控制和降低因商业发展过热而对以土地为根本的小农生产造成的破坏后果,并用"以末致富,用本守之"的财富积累模式引导和节制商业资本的流向和规模。

第二,作为二次分配的"调均"。所谓二次分配是指国家财富在初次分配的基础上,不同收入主体之间通过各种渠道实现现金或实物转移的一种收入再分配过程。通过这种再分配机制,不直接参与物质生产的社会成员或集团,便可以从参与初次分配的社会成员或集团那里获得收入。而且,二次分配主要是由政府之手调节的,为的是保持社会稳定,维护社会公正。就此点而言,中国传统社会中的赋税制度,尤其是内部的商税部分,之于传统政治形态形成及演化方向的意义和价值,绝不亚于行政体系的结构调整和意识形态的整合分流。从另一种意义上讲,以赋税为主要内容的"调均"机制恰恰表明中国传统政商交往的领域是全方位的,包括了交易和非交易两大领域。在流通领域调节商人利益的赋税主要由市税和关税组成;而非交易领域的征商之税则往往与普通百姓的消费税不做明显区分。就前一个方面而言,"轻关易道""关市讥而不征""不征小税"的"恤商"做法,往往会增加一个国家和地区的财政收入,是值得肯定和提倡的。反之,政府征商过重的行为则会带来财越困而征越苛的恶性循环。不过,即便是这样一个简单的经济规律也经

---

[1] 王家范:《中国历史通论》,华东师范大学出版社2000年版,第10页。

常被君主或统治集团所忽视或无视。例如，战国时期的法家和汉武帝推崇的"重农抑商"政策就是一种为了满足君主开疆拓土的军事野心而单纯追求财政效益的"夺商"之举。这种颇具干预和敛财特色的财经政策往往使得"调均"机制成为更大社会不公的制造者。就后一个方面而言，传统"均衡"机制因无从约束大商人的奢侈性消费行为和无法避免税赋转嫁带来的一系列分配难题及道德困境而显得苍白无力。

第三，作为三次分配的"调均"。"三次分配"是指在市场实现的收入分配和政府调节的第二次分配后，由民间富裕群体自愿把可支配收入的一部分捐赠出去，支持慈善公益事业。这种分配机制或均衡过程体现的是一种社会关怀和人际温暖。我们知道，成熟市场经济体制下，一次分配是由市场按照效率原则进行的分配，二次分配是由国家按照兼顾公平和效率的原则、侧重公平原则进行的，三次分配则是在道德力量推动下完成的。然而，在权力再分配的传统政经体制下，均衡机制并没有且无法充分体现市场的效率原则和政府的公平原则。这是因为，在帝制农商基本社会结构的前提下，"均衡"机制总体上要从属于"重农抑商"政策。当民间工商业者特别是其中的中小工商业者的利益受到来自权力阶层或依附权力的大商人阶层侵害时，这种"调均"机制在激发效率优势和公平效益时无疑会大打折扣。与此同时，基层政府限于财力不足也会疏于承担社会责任。鉴于这种情况，清末沈垚论及公益事业的兴盛时说："兴造本有司之责，以束于例而不克坚。责不及民，而好义者往往助官徇民之意。盖任其责者不能善其事，善其事者每在非责所及之人。后世之事大率如此。此富民所以为贫民之依赖……"[1] 由此可见，商人及自治组织逐渐占据了传统社会中政商合作非交易领域的主导权。作为传统社会富民群体的中坚，出于一种道德自觉和自我激励，商人阶层俨然成为"孝友睦姻任恤"古风的担当者。于是，以三次分配为内容的均衡机制在民间社会发挥作用的整个过程，正好说明传统社会政商阶层之间相互成就的必要性和重要性。

---

[1] （清）沈垚：《落帆楼文集》卷六，上海古籍出版社1995年版。

总之，在儒家伦理占支配地位的中国传统社会中，国家和官员负有管理商业活动的经济、道德责任，这里既追求政商合作的"庶之富之"的理财目标，又强调"不与民争利"的政商分离的吏治原则。而且，中国传统政商交往的最佳利益博弈状态通常要与"义""公"道德价值相符合，以防止出现极端功利主义者和极端利己者——贪官和奸贾。也就是说，传统社会的"调均"机制一旦出现系统性失灵，就会产生贫者益贫、富者益富、财货上流等弊政，会直至危害国家统治安全和商人阶层的根本利益。当然，为了更好地认识这个隐含在传统政商交往过程中的伦理弊端和道德风险，我们还必须对传统政商交往的制度伦理和规则伦理加以检讨。

二、安全至上与控制分层

如果说以"义""公"为核心特质的中国传统政商交往的价值理性是一个极富弹性的理念，包容了儒家的道义论和功利论立场，整合了先秦儒、法两家的政治伦理价值，那么在制度伦理方面，朝廷国家则通过政治权力的安排、市场层级的设置、基层社会的塑造等三个方面，建立了差序化的政商交往机制。政府对主要商业资源的绝对控制及商人阶层对权力阶层的依附关系也由此得到反复强化。

（一）政商交往中政治权力安全至上的伦理目标

作为政治学的核心概念，权力的主体主要指的是国家。政治权力是国家达成其所期望结果的能力，也是一种与惩罚相关联的能力，意味着一种暴力和操纵力。然而，国家权力在日常政商交往中多半会以"影响力"的方式发挥作用。所谓"影响力"，主要是指一种基于合理说服的"支配力"。韦伯认为，作为"影响力"的"权威"，究其实质是一种影响他人行为的权力，体现的是一种基于价值共识和认同的被统治者的政治服从义务，并始终贯穿着服从者对正当性的追求与信仰，带有鲜明的意识形态性质。"国家是一种人支配人的关系，而这种关系是由正当的（或被视为正当的）暴力手段来支持的。"[1]至于权威的内在理据（传统的、有超凡魅力的、法制的）和权威形成的方向（自上而下或自下而上），则取决于不同国家的历史文化传统。

对于中国传统社会来讲，这个传统就是"礼法传统"。事实上，这种强调"道德型正当性"的文化传统一旦楔入传统政商交往体制之中，就会不遗余力地维系以财政安全为中心的权力阶层的绝对统治安全。就中国传统政商交往的历史而言，制度化的政治权力之于商业资本既有压制的一面，也有利用合作的一面。中国传统时代的朝廷国家之所以重视商业，常伴随两个原因：一是财政上"瞻军足国"；二是以基本的商品流通保持社会的稳定。超出这个目标的商业活动都会随时面临国家"调均"之手的强力干预。具体而言，为了维护政治权力的绝对安全，"礼法传统"在调节以政商关系为重要支点的传统政治经济过程中大致包含以下几个方面的制度伦理要求：

首先是"道"的方面。中国传统政商制度伦理属于"经世致用""道济天下"的"经济"范畴。"经济"在中国传统语境中有着非常广泛的意思，不仅涵盖了整个物质生产领域，还意味着统治者的政治才能和整个政府活动领域，并主要以"理财"这一术语来自证其明。"理财"一词最早出现在《易经·系辞》中："何以聚人曰财，理财正辞，禁民为非曰义。"而且，与"理财"相关的伦理生活的"正辞"，及政治生活的"禁民为非"，均以正义原则为导向。只是，这里的正义原则又有着非常具体的内容，即必须坚持一种以"亲亲""尊尊"为主要内容的"差序"正义原则。事实上，作为中国传统治国理政思想的两大源头，先秦儒家和法家都针对以政商关系为主体的广义"经济"活动做出过理论和政策上的系统回应。法家的（国家）权力本位主义与儒家的（社会）人伦中心主义，及其在汉代整合后形成的抑商文化，无一不在说明理解中国古代经济发展规律的"钥匙"是政治权力制度和等级伦理观念，而非纯粹的自由市场体制或私人资本要素的积累扩张[2]。

其次是"术"的方面。中国传统政商制度伦理尤为推崇先秦管子发明的

---

[1] ［德］马克斯·韦伯：《学术与政治》，冯克利译，商务印书馆2018年版，第45页。
[2] 程霖、赵昊：《中国古代经济思想的基本结构与内在逻辑——基于权力与伦理视角的孔子经济思想考察》，《财经研究》2019年第8期。

"轻重之术"。所谓"轻重之术"指的是，国家在物多而贱时投放货币，收购商品，物稀而贵时抛售商品，回笼货币，以此调节过低或过高的物价，保护各项生产比例适中，从而安定人民的基本生活。在这个意义上讲，要解释中国几千年的经济历史和思维，《管子》一书比西方任何经济理论都更有效，是古代中国最好的经济学著作。这里不仅仅讲"供需"，更强调"轻重"，而调节"轻重"的主角当然是政府，断非市场和资本的力量。也就是说，儒法整合后的传统政治经济主流思想认为，政府干预对于农商经济生活是必需的。在这种经济结构中，追求经济效率的市场竞争行为应被限制在最小程度，唯此才能更好地实现"皇建其有极。敛时五福，用敷锡厥庶民"（《尚书·洪范》）的政府管理终极目标。这里的政府干预还主要是为了避免"农不出则乏其食，工不出则乏其事，商不出则三宝绝，虞不出则财匮少。财匮少而山泽不辟矣"（《史记·货殖列传》）。于是，"籍于君主号令"的"轻重之术"一旦遇到商人追求经济效率和政府追求行政效率的矛盾时[1]，便只得舍车保帅，抑商重农。

最后是"形"的方面。作为一个整体，庞大的中国传统政商交往制度伦理还可以进一步加以层序化划分，即由内向外依次分为三个层次：首先是在整个体系中居于核心地位、刚性十足的部分，是如骨架一般起着支撑作用的正式权力制度；其次是从这一核心向外延伸的居间层，包括各种非刚性、非正式的商业精神和商事习惯，它们如脉络一般广泛贯通，流布全体；最外层则主要由斑驳陆离的形器和表象构成，出现了与商业活动有关的衣食住行、语言文字、商铺民居等外壳。由此可见，中国传统政商交往体制是包括规制性、规范性和文化认知性要素在内的有机整体，它为人们的社会生活提供各种资源，也为人们提供稳定性和道德意义。只是，各种活动尤其是其中的市场活动要始终围绕政治权力的逻辑展开。政治问题向来是传统社会经济问题的归依，中国历代朝廷国家虽不能完全取消自由商业，却都希望其成为自己的附属物。传统政治权力和人伦权威是政商合作交往过程中的普照之光，共同构成了对传统商业活动的显性威压和隐性钳制。

---

1 邓宏图：《历史上的"官商"——一个经济学分析》，《经济学》2003年第3期。

然而，必须看到的是，传统朝廷国家控制政治权力及合法性资源的制度伦理设置虽然立意高远，却很难在工具理性层面理顺政治权力与商业资本之间的关系。基于传统社会中权力和资本悬殊的法权和伦理地位，这种不协调性便突出地表现为：传统朝廷国家通常遵循有规律的王朝兴衰周期，受此影响，政商交往也周期性地从早期的自由放任转向中后期的管制。尤其在秦汉之后，随着儒法整合下的"调均"观念的确立，政治权力在调节封建地主制经济过程之中，不可避免地存在着一系列难以摆脱的矛盾和困局，并集中表现为"抑兼并"和"不抑兼并"的争论。这是因为"调均"的传统经济伦理思想既可以产生强硬的"统制经济"主张，也可以得出反对统制的结论。具体而言，"抑兼并"的"调均"有利于强化朝廷对土地和国家工商业资本的垄断，却极端不利于民间自由经济的发展；而"不抑兼并"之"调均"政策执行到最后，往往会导致国贫民困而独利于官商勾结集团的势力坐大。例如，西汉盐铁会议之辩、北宋王安石与司马迁之争，就深刻地揭示和反映了这个无解的政商伦理"悖论"。正如文章所见，这其中有一点是毫无疑义的，即真正自由竞争的民间市场经济力量是永无出头之日的，而且传统社会中的"兼并"行为多数属于"权力捉弄产权"的政治腐败活动，是有权者对无权者的吞并和控制[1]。所以，一旦权力阶层内部的腐败超出社会承受能力，王朝循环的机制就会反复启动，传统政商交往所追求的政治权力安全的目标就会落空，随之而来的就是无论何种形态的商业资本顷刻间化为乌有，资本积累再度进入下一个从无到有、从小到大的成长周期。甚至"恤商"和"病商"交替出现的现象在一个朝代内也会反复上演，这背后依旧体现的是权力意志自身道德约束和激励能力的强弱起伏和异常波动。"盖商业以政治之治、乱为盛、衰，国势随商业之盈、虚而隆替。凡政治修明者，商业必盛；政治窳败者，商业必衰；商业盛者其国罔不兴，商业衰者其国罔不亡；盛、衰、兴、亡之间，丝毫不爽。"[2]一句话，中国帝制农商社会中的经济摆动现象说到底受传统权力腐败周期率的深刻影响，权力宰制下的市场往往成为各种腐败活动

---

1 秦晖：《中国经济史上的怪圈："抑兼并"与"不抑兼并"》，《战略与管理》1997 年第 4 期。
2 王孝通：《中国商业史·序言》，中国文史出版社 2015 年版，第 1 页。

的重要领域。

(二) 政商合作中市场体系控制分层的伦理立场

马克思曾言："生产劳动的分工，使它们各自的产品互相变成商品，互相成为等价物，使它们互相成为市场。"[1] 这说明市场不仅仅是一个实体交易场所，而是个人、阶层、集团之间进行商品交换关系的总和，它所体现的是不同生产所有者之间的经济关系，而非简单的经营者与顾客之间的买卖关系。所以，市场的公共属性是毋庸置疑的。不过，世界上并不存在没有时代、地理和文化界限的市场体制。就中国传统社会而言，出于对"义""公"和"调均"原则的坚持，传统市场制度的主导权并不在民间资本的一边，其服务对象反而更侧重于支持权力系统有效运转的"国家资本"。正如上节所述，既然朝廷国家共同体的自我认同以及被统治者对统治者的认同，不仅来源于目的性国家的自身利益和价值，也来源于工具性国家有意识地塑造，那么再也没有什么比国家主导下的市场机制更能实现传统共同体的公共利益了。事实上，以皇帝和官僚为主体的中国传统政治权力阶层始终占据着整个社会的制高点，工业和商业必须在国家设定的范围和层次内活动。这种非自由的市场制度包含如下具体内容。

第一，身份歧视是中国传统时代"市场"制度伦理的逻辑前提。经济学家哈耶克看到："对商业现象的鄙视，对市场秩序的厌恶，对生意人的仇视，尤其是史官的仇视，就像有记录的历史一样古老。"[2] 历史学家吴于廑先生也指出："农耕世界封建国家之以农为本，不论东方或西方，都视为经济上的根本准则。封建时代的中国，把这个准则能否贯彻，看作是国家治乱之所系。"[3] 可见，商业在传统时代的经济社会发展中虽具有不可或缺的作用，但在传统权力的运行框架内，只得居于"末业"的地位；传统商人不仅因其寄生本性而受到歧视，而且因民间市场机制扩展会危及既有政治统治者的权威而招致

---

1 《马克思恩格斯全集》第25卷，人民出版社1974年版，第718页。
2 [英]哈耶克：《致命的自负》，冯克利等译，中国社会科学出版社2000年版，第101—102页。
3 吴于廑:《世界历史上的农本与重商》，《历史研究》1984年第1期。

忌惮。这背后反映的基本事实是：政治问题向来是传统社会最大的问题。中国历代封建政权虽不能完全取消民间市场和自由工商业活动，却极希望使之成为政治权力的附庸。所以，政府管理工商业的出发点不是为了单纯的国用充足，更主要的还是为了建构一套"经国治民"的国家制度伦理[1]。进而言之，中国传统时代的市场和商业活动并不单纯为了解决现代经济学意义上的资源短缺背景下的生产资源优化配置问题，而是为了完成圣王"聚人守位，养成群生"的财政汲取目的。在"重农抑商"政策的总基调下，市场不得不被以君权为代表的传统公共权力体系所驱策，被彻底关进权力的笼子。基于此，也就出现了由史学家司马迁所总结的中国传统社会君主国家与市场活动之间关系的几种常见模式，即"善者因之，其次利道之，其次教诲之，其次整齐之，最下者与之争"。这几种模式表征了一种与君主权力兴衰周期密不可分的有规律的王朝内部的经济兴衰周期率。也可以说，传统市场受到权力侵害最深之时也就是新旧王朝君主权力的交替易代之际。

第二，商政管理是中国传统时代市场制度伦理的主体内容。传统时代的商业和各类市场保持着难分难解和彼此成就的关系。陈锦江认为，中国传统社会通常把商品流通的经济活动称为"商业"。《周礼·天官·大宰》："九职，六曰商贾，阜通货贿。"但是，在中国语境中的"商"和"经商"又基本上指的是整个非农业的经济活动和行为，因而包含传统手工业[2]。一般而论，传统时代"商政"与对商业的管理是一体的。所谓"商政"主要指的是权力一方通过"政教发征期会"实现"赋役征派"，即在一定约束条件下促进周流天下的商人完成各类商品的交易流通。此外，商人阶层在此期间还需承担必要的税赋和社会责任。商业活动一旦逃离这种责任和负担就会受到政治权力的贬抑和惩处。所以，即使中国历代王朝具体的经济关系、国家形式和相关制度会出现这样那样的调整，从实现财政目标出发，拉动社会资源分配的"商政"制度却一直没发生质的改变。具体而言，传统"商政"包含的思

1　曹正汉：《经国与治民：中国历史上政府对市场的垄断及其政治原因》，《佛山科学技术学院学报（社会科学版）》2013 年第 1 期。
2　陈锦江：《清末现代企业与官商关系》，中国社会科学出版社 2010 年版，第 2 页。

想和制度有轻重论、工商食官制、官营工商制、弛山泽之禁、坊市制、专卖制、盐法、茶马法、织造、矿冶、皇商、牙帖、十三行、行会—会馆、漕运、币制、禁海令、商税等等。由此可见，中国传统社会的商业活动和市场主体行为，均是在朝廷国家的严格控制、干预、管理、调节下发展起来的。在所有权和资源都交付君主支配的情况下，无论是作为机制的市场，还是作为实体的市场，也无论是国内贸易，还是物物交易为主的对外贸易，都不免贯彻着君主个人的意志和喜好。于是，在均衡性、中心性、自给自足性为古代经济体制运作基本要求的背景下，中国传统社会的市场交易行为和政商合作初衷，便不以私人商业资本的自我扩展为目的，而是主要通过优先满足朝廷军事支出、再分配领域支出，以及皇室官俸支出来实现帝国的统治功能。

第三，市场分割是中国传统时代市场制度伦理的显著特征。从分割化的制度安排中人们不仅可以看到政商阶层之间悬殊的伦理、法权地位，也可以预期到其内部引发的各种不利于效率和公平原则发挥作用的一系列消极的政治、社会后果。郑永年曾将中国千年传统中国家对于市场的主导状态描述为"不对称均衡"。这种政治经济体制结构还可以进一步概念化为"制内市场"[1]。具体而言，这种市场并不存在一种自主的、自我调节型的秩序，而是要首先成为以国家权力为中心的政治秩序的组成部分，服从于国家特权等级化治理的基本立意和"调均"原则。就其内部结构而言，中国前资本主义市场大致可以划分为四种：属于自然经济范畴内交换的地方小市场；不属于生产者之间商品交换的，服务于皇室、贵族、官僚及其仆从消费的城市市场；由相似的地理条件和共同的生活习惯形成的区域市场，其并不反映生产的地区分工和社会分工，而是自然经济的延伸；以及作为最高层次的依靠商人长距离贸易连通起来的全国市场。这种市场的分类标准还直接带来传统商人群体的等级分层和商业形态的复杂多变。例如，若从经营者伦理、法权身份上看，可以区分出"官商""私商""黑商"三大类；如从经管方式上看，则有集市贸易商、转运贸易商、铺商、域外贸易和走私贸易商等；从经营商品上区分，

---

[1] 郑永年、黄彦杰：《制内市场：中国国家主导型政治经济学》，浙江人民出版社2021年版，第109页。

则号称三百六十行。不过,尽管如此,深入城乡市场的商业力量也是天差地别、极不平衡的。首先出现的是活跃于底层市场中的私商或中小商人,较低的社会地位往往使他们处于朝不保夕的不利地位;其次是控制和运作国家资本的顶层官商,他们服务于权贵集团的奢侈消费,因而常能获取超额利润;最后是介乎两者之间的由一大批具有协商能力、精通金权交易的寻租商人,其命运走向系乎国家的"政策性优惠",陡兴陡衰,没有持续性发展的安全保证。[1]更为重要的是,在这种具有病态特征且严重倾斜的市场结构中,效率和公平目标被首先牺牲掉了,随之商人内部的分层也最终趋向单一化。大官僚、大地主、大商人的三位一体者最终成为威胁国家治理中农商利益平衡目标的罪魁祸首,小农、小工、小商三位一体者则受到超经济剥削,而这一切又为等级化的内外有别的伦理精神和特权思维所左右。

(三)政商结合中社会基层润化培育的伦理惯习

中国传统社会的伦理政治特质是,将基于血缘关系的社会人伦与政治权责的起源通通汇聚到圣王和君主身上,并通过前者来掩盖和美化后者,以此消除私人生活领域与公共权力领域之间的紧张和对抗。以人伦为轴心的社会和以权力为焦点的政治之间虽然存在张力,但在韦伯提到的"家产制国家"建构过程中,这种张力明显和缓了许多。叶仁昌由此认为,中国传统社会的权力正当化理据其实相当复杂,既有"通过源头不可及的古人的承认和人们的习惯遵从,而被神圣化了的习俗的权威",也有来自"个人献身精神""个人对救赎和英雄业绩的信念""领袖素质"等卡里斯马气质,更有对冷峻理性和法制的崇拜因素。这三种权威共同构成了中国传统政治权力运行的社会基础和文化网络。[2]于是,各种社会上的非正式规则在家国一体的制度伦理预设下成功渗透到国家的正式规则中。

基于此不难发现,中国传统时代的全部经济活动从来不被看作以市场交换为中心的自我调节的独立体系,而是"人伦关系"主动地统治着经济活动,

---

[1] 王家范:《帝国时代商人的历史命运》,《史林》2000年第2期。
[2] 叶仁昌:《儒家与韦伯的五个对话》,联经出版事业股份有限公司2015年版,第133—144页。

而非被动地受经济活动支配。具体而言，传统工商业活动牢牢嵌入更大、更复杂的人伦交换网络中。这个交换网络既可以通过亲属或社群义务的等级互惠方式来组织生产分配，也可以采用政治权力再分配的方式来完成对私人财富的配置。当然，更可以将两者结合起来并辅之以多次市场交易，来实现君主及作为代理人的官僚对整个国家的统治。而且，这些都是传统政商阶层合作不可轻易改变的基本结构和社会环境。然而，这种包含价值观念、社会规范、集体行动、个人角色等要素在内的系统结构，又不能与具体的市场行动者相分离。它固然先在地限制了民间工商业者的活动，却也为之提供了种种方便，并赋予其一些特有的权利和荣誉。例如，个体商人可以利用绅士身份为家族和社区谋取福利，如举办公共工程和慈善活动等，从而履行了朝廷国家的部分社会管理职能。进而言之，如果说朝廷国家采取以官商制民商的方式从宏观意义上实现了对商业资源的垄断，那么从微观意义上讲，封建权力对商业资源的宰制更多是从对基层社会的商业家族或家庭开始的。

研究表明，中国传统社会大家族或小农家族商业功能的出现，有着一个漫长的历史发展过程。(1)这里的"家族"最早是以政治性的宗法制面貌出现的。中国历史上，自西周时期就正式创立了根据亲属关系的长幼、嫡庶、远近来决定家族成员在政治上的地位尊卑和权利义务的"尚亲"原则，并以此实现国家政治机器与王族家族组织的合二为一。早期政治性较强的宗法家族本身就是一个集生产性与消费性为一体的政经组织。"井田制"和"工商食官"制度就是配合这类家族组织建立的，只是这时尚未形成真正意义上的政商关系。因为民间工商业者的出现才是政商关系形成的主要标志。作为一个新的社会阶层，民间工商业者必须具备一定的条件：他们是一群人身和经营相对自由的"自由人"，而非职业世袭；他们的第一身份主要是商人，而非隶属其他阶层；他们的活动和身份必须得到社会公认，而非一个不务正业的群体。(2)随着西周"王制"被秦汉"帝制"所取代，国家与社会之间的关系也发生了重大变化：一方面表现为政治统治秩序与血缘宗法制度的分离，论贤论功分封的"尚贤"原则抬头，官僚制和郡县制逐步代替贵族制和分封制，成为大势所趋；另一方面则表现为君主国家替代封建邦国，统一帝国建立后，国家以新的方式再次将社会重新组织起来。于是，源起于先秦"氏族"的宗族,历经秦汉"豪族"和魏晋隋唐的"士族",在宋代理学思想的规范与建构下,转化为近世宗族的基本形态。新形态的宗族组织大大弱化了先前的强政治色彩,而激活了其身上所具有的社会自治功能和自由商业潜力。(3)与此同时,我们也会看到,新宗族形态的出现,一方面得益于秦汉以来小农家庭经济的发达,另一方面受益于宋以来商品关系发达导致的富民阶层壮大。而且,就富民阶层的价值而言,他们既是新社会力量的代表,发挥着支持国家财政的作用,同时也代表国家力量去协调社会活动,帮助君主管理中小庶民地主和农民。甚至,当富民阶层与科举功名相结合后,他们就变身为享有一系列政治和经济特权的乡绅阶层。此外,出于对儒家伦理文化的信奉和偏爱,该阶层还热衷于通过宗祠、族谱和族田来组织宗族内部的各种活动。至此,近世宗族被塑造成一个具有多重功能的基层社会组织,一边成为社会中产群体的培养地和输出地,一边又构成了中国传统社会晚期政商结合的基层润化培育机制,并最终影响和决定着高层政商互动的主体方式和交往生态。

值得一提的是,社会层面的政商结合不同于上面提到的国家和市场层面的政商合作。这个层面的政商结合实质上就是小家庭和大宗族内部有意对成员的职业选择进行风险规避和谋划。进而言之,随着一个宗族的经济实力和工商财富积累到一定程度后,具有理财功能的宗族组织会主动培植上层政治代言人,官员也会借助手中的权力为宗族的经营活动谋取更大的垄断利润。以明代晋商、徽商为例,如果说明弘治年间的叶淇盐法改革是在徽商盐商集团的怂恿下启动的,那么晋商在这个方面的成绩是,探索出一套以商养官、以官促商的商帮模式。当然,这种模式的成形并非一蹴而就的,历史地看,配合朝廷的几轮盐政改革,明代早期的晋商早已敏锐意识到"缙绅之家非奕叶科第,富贵难于长守"的道理。为此,在与徽商竞争失去盐业垄断地位后,晋商便致力于争取"商籍"方面的特权,并固定了工、农、商、贾各操一业的家庭或族内职业分工。明嘉万年间,晋商还孕育出了以王崇古(宣大总督)和张四维(内阁首辅)为首的两大官商巨族。这一期间,王张两位官僚一方面依靠家族中商人的财力支援而攀附上司、结好同僚以扩充自己的政治实力;另一方面,族内商人在其权力的支持与庇护之下大肆扩充商业实力,构筑了商业上的隐蔽秩序。明人王世贞直言，张王二家族长期控制并垄断了长芦盐场和河东地的官盐贸易。隆庆年间，河东巡盐御史郜永春视察河东的官盐贸易，指出盐法之坏皆因势要（王张家族组成的权商）横行，请求皇帝罚治崇古，罢免四维，但最终不了了之。针对这种现象，孙丽萍指出，明清商人与政治权力的结合，无疑是"封建经济和政治结合的产物"，在等级制度、宗法伦理、官僚政治三者反复嵌套的逻辑中，祖上靠白手起家的晋商"民商"，均不可避免地要依附和凭借权力来获得超额利润，荣列"官商"，乃至扼住整个商帮的命喉。今天看来，造成这种局面最初的原因是经济的，但带来的回报却是超经济的。而这种"因权而富"的传统商帮发展模式之所以畅行无阻，关键之处就在于当家族商业成功地焊接到权力—人伦支配的传统政商交往体制后，便可巧妙地利用这种制度伦理的诸多弱点，为己谋私利。同样不可否认的是，明清时代的"士商合流"虽为这一时期的"官商融合""官商一体"奠定了社会基础，但也滋生了权力阶层和资本阶层的双重腐败。作为帝国经济或封建财政的代理人，对政治权力过分依赖的传统商帮，不仅强化了在后期经营中的政治风险，也难以逃脱与封建政权同生共灭的悲剧宿命。也可以说，中国传统政商交往经常出现一个悖论：一方面是围绕传统公共价值的实现而展开私利与公利的合作，乃至相辅共生；另一方面却出现了有损传统公共价值实现的化公为私的官商勾结现象，导致政治和商业的双重腐败循环不息。

总之，制度伦理视角中的中国传统政商关系，虽然在总体格局上保持了政治权力对商业资本绝对主导的伦理和法权地位，但其内部也不是一成不变的。一方面，这种制度伦理的形成和完善需要经历一个漫长的历史演进过程；另一方面，在帝制农商的基本社会格局尚未彻底打破之前，单纯的政商利益互惠仍不足以引发传统政治经济关系的质变。事实上，在传统政治权力内部、市场层级之间及社会阶层结构变化的历史过程中，每个时代的政商博弈都会引入新的变量和内容。而且，在国富和民富之间缺乏真正有效的协调机制和新的伦理观念出现之前，重农抑商的传统制度安排还会表现得更为复杂。不过，要想深入了解传统政商交往伦理的再生产机制，还需进入更为具体的规则伦理及其内部的矛盾冲突中加以反思。

三、"政"与"商"的内在冲突

中国传统社会政商关系一方面反映了属于"实然方面"的生产的社会关系,即封建经济基础;另一方面则折射出属于"应然方面"的思想的社会关系,即"抑商"的道德意识形态,并包含价值伦理、制度伦理、规则伦理三大要素。就规则伦理而言,其主要是从再生产过程出发,来反思传统政治力量和商业力量之间的合作交往规律。根据儒家对传统理财活动的经典描述,传统社会的再生产过程主要是由生产、分配、交换、消费四大环节构成,而"生之者众,食之者寡,为之者疾,用之者舒,则财恒足矣"(《大学》)的理想状态,便成为一种概括性的经济伦理规则和政商交往导向。不过,这里"众""寡""疾""舒"只描述了一种相对均衡的状态,当商业力量或商品经营资本超出流通领域后,这种均衡就需要做出进一步的调整。结果是:要么商业活动成为社会变革的起点,产生近代商人阶层;要么被深度封建化,成为权力的俘虏,延续官商阶层的宿命。这也就决定了中国传统政商交往的规则伦理内部是一个集协调性和冲突性为一体的复杂矛盾体。

(一)"政"的生产垄断性要求与"商"的开放化诉求

一般而言,封建经济是一种典型的二元经济,地主经济和小农经济内部都存在着自然经济和商品经济这两种成分。然而,任何一种经济体或经济活动都存在于特定的时空中,所以对其研究必须具体化,不可一概而论。就中国传统封建经济而言,它不是从商品经济和个人利益最大化出发的,而是受到国家政治、政府政策等因素的严格控制。尤其到了成熟期,在明清帝制农商的社会经济形态下,当时的许多经济活动如盐业、铁业、纺织业等依旧受到国家权力的严格控制,而且当时的国家资本直接就是经济活动的主导者,这就为以实现农商均衡为目标的"政"的生产垄断性传统和规则伦理奠定了坚实的物质基础。

以传统"食货经济"为例。《汉书·食货志》写道:"《洪范》八政,一曰食,二曰货。食谓农殖嘉谷可食之物,货谓布帛可衣,及金刀龟贝,所以分财布利通有无者也。二者,生民之本,……食足货通,然后国实民富而教化成。"这段话背后隐藏着一个深刻的事实,即政治权力要始终对"食""货"的生产保持绝对支配地位。在"食"的方面,帝制王朝无一例外地推行了重农政策,统治者也倾向于牢牢控制农产品的生产活动,并通过兴修水利、救荒、赈恤、蠲免等措施,保护农业生产力和小农家庭精耕农业[1]。在"货"的方面,无论是由官营手工业供应,还是直接从民间征纳而来的大宗产品如盐、铁、酒、茶等,它们都属于一种有计划地生产的"权用产品"或"国用产品"。这其中的货币又是"最重要的商品,……恰好最需要垄断"[2]。与之相对,真正属于自由商品经济范畴的只能是通过民间底层市场流通和小规模交易的"民用"小商品。所以,正是基于这种区分,秦汉帝制以来,传统社会的再生产过程内部始终存在一个官私二元结构,其中,还存在着官营、包商经营、私营三种互为补充的经营体制。在这方面,食盐产品的生产最具代表性。事实上,贯穿整个中国历史的"盐政"几乎是延续性最强的一项国家财经制度。朝廷控制食盐生产能力的强弱,背后恰恰反映和衡量着以财政汲取能力为主要指标的国家统治能力。官僚资本和官僚化的盐商在这个过程中始终为确保盐业领域的财政回报和超额利润,不自觉地扮演了阻碍生产力发展的消极角色,以至于食盐竟成为百姓生活消费中的奢侈品。与此同时,庞大的盐商队伍也日渐成为封建经济的附庸,更多地表现出逆来顺受和忍辱挣扎的特殊才能,而丧失了开拓进取的企业家精神。

再以近代"洋务经济"为例。马克思曾言:"利用国家权力,也就是利用集中的有组织的社会暴力,来大力促进从封建生产方式向资本主义生产方式的转变过程,缩短过渡时间"[3],是西欧资本主义和资产阶级崛起的不二路径。然而,这对于"官营工商"传统十分强大的帝制中国而言,几乎是天方夜谭。清末洋务运动中的尾大不掉和难以为继的"官督商办"模式反复印证了这一点。此模式的开创者李鸿章虽然一再强调"商为承办,官为维持",力求克服

---

[1] 萧国亮:《中国社会经济史研究:独特的"食货"之路》,北京大学出版社2005年版,第111—113页。
[2] 《马克思恩格斯选集》第1卷,人民出版社2012年版,第45页。
[3] 《马克思恩格斯选集》第2卷,人民出版社2012年版,第296页。

"官多隔膜，商多自私"的传统官商合作弊端，但这类企业在实际运营中，并未采用严格意义上的西方近代公司制，而是重复了一种"官权"与"商权"混为一谈的传统业主合伙制，以至于受传统政商交往思维和伦理观念影响，出现了无法扭转的"官强商弱"和官僚"化公为私"等腐败问题的困扰。在这种落后于时代要求的政商合作模式中，国家又一次成为最大的企业家，民间工商业者的合法利益从来没有真正受到保护。正如学者陈锦江所言："在受国家控制而经济萧条和失败的地方，罪恶之源可能不是控制本身而是怎样行使控制。在这种意义上说，一定种类的国家和官僚控制是有害的，因为它们是某些更深的社会和政治弊病的征兆，反映了与现代企业发展相对抗的价值观念。"[1] 由此可见，洋务派官僚主导的任何一种企业或混合经济形式都会顽强地复制落后的官商交往伦理和合作惯习。这种似是而非的重商主义，不仅造成封建官僚资本对民间资本的长期侵害，更堵死了民族资产阶级健康成长的一切空间。

就资本主义萌芽而言，我们知道，同与封建政权利害与共的特权官商不同，在中国封建社会晚期，作为传统社会商人阶层中的进步因素，有一定独立性的商人制造者出现了，他们从某种程度上松动和突破了封建政权与工商业相结合的生产垄断性局面。此外，这一阶层还与来自非商人的土地资本家（由小生产者上升为土地投资者）、独立开设手工业工场的产业资本家相结合，共同构成了资本主义萌芽，开启了中国早期近代化进程。尤其是鸦片战争后，在西方列强商品和资本输出的刺激和影响下，经过1860—1898年和1901—1911年两个阶段的努力，官商合作领域、层次均得到前所未有的扩展，民间私人资本最终超过国家资本，新式经济成为国民经济的重要组成部分。与此同时，这些资本家对经济开放性的追求也日甚一日，通过组织和发动"收回利权""集资自办""抵制外货""举办赛会"等商业竞争活动，证明了自己的经济实力和社会地位，成为一支势不可挡的制衡力量。不过，早期资产阶级的成就毕竟有限，官僚资本会改头换面以各种方式越加精细化地支

---

[1] 陈锦江：《清末现代企业与官商关系》，中国社会科学出版社2010年版，第243页。

配着私人资本和自由市场机制。落后的政商伦理依旧有着强大的社会历史土壤和舆论基础。马敏对中国早期近代化阶段曾做过如下总结:"由于近代中国一直滞留在半殖民地半封建的过渡型社会中,因此,一种持续过渡性便构成了中国近代社会运动的基本特征。……与之相伴随的是长期社会动荡和一次又一次的历史反复。"[1]中国民族资产阶级要完成一次资本主义制度的变革已几乎没有可能,到头来只能被西方列强挤到半殖民地半封建的发展道路上。

综合以上对三种生产性经济活动的分析不难发现,封建官僚资本对生产的垄断,恰恰造成了中国传统政商关系的"商"对"政"的绝对依附关系。而且,依附和垄断常常是一体两面的,都意味着官僚工商业通过非市场力量来保持其主体的市场地位,并获取更多的垄断利润。这种市场行为还意味着中国传统商人发迹后往往倾向于放弃早期的企业家才能,以损害消费者利益为代价来实现资本的积累。尤其在国有部门中,经济效用多排在政治目标之后,为满足权力消费而牺牲生产效率和自由竞争更是司空见惯。所以,在传统政商关系的游戏规则下,只要与"权用产品"和"朝廷市场经济"发生联系,中国商业资本和商人力量就都难以真正独立地实现向产业资本的近代转型[2]。近代各种类型的官办企业,与其说是独立经营的经济实体,不如说是政治和国家治理经济活动的工具。

(二)"政"的分配优先性要求与"商"的公平化诉求

从社会再生产总过程考察,生产关系包括生产、分配、交换、消费四个环节,"它们构成一个总体的各个环节"[3]。这就是说,生产关系本身又是分层次的,其中存在"第二级和第三级的东西",即"派生的、转移来的、非原生的生产关系"。正如列宁所言:"如果生产中的关系弄清楚了,各个阶级所获得的产品份额也就清楚了,因而,'分配'和'消费'也就清楚了。"[4]就本节

---

1 马敏:《过渡形态:中国早期资产阶级构成之谜》,中国社会科学出版社1994年版,第12页。
2 郭子健:《朝廷市场经济——食盐与帝国的财政逻辑》,《经济观察报》2020年5月25日。
3 《马克思恩格斯文集》第8卷,人民出版社2009年版,第23页。
4 《列宁全集》第2卷,人民出版社2013年版,第171页。

论述的"分配"环节而言，除一般意义上指的是一个社会物质资源的配置过程外，还特别需要从土地、劳动、资本等生产要素，从地租、工资、利润等收入来源来加以具体考察，从而进一步说明中国传统政商交往之间的"非对称均衡性"，即"政"的一方对整个商业资源和社会财富分配的优先性要求，及商人阶层在追求分配公平时的艰难和曲折。

中国传统社会的经济基础除具有实然的一面外，还受到"思想的社会关系"——"抑商"道德意识形态的塑造。从分配伦理的角度看，传统社会的"抑商"行为也是一个矛盾的提法。以食盐专卖为例，中国古代历史上曾经有直接专卖制、间接专卖制、官商并卖制、商专卖制等多种形式，这些形式的流变和组合均是由官府和私商的合作程度、范围决定的。唐代有一个时期实行食盐间接专卖制，就是官府采取与私商合作的态度，亭户生产的食盐由盐官统购，再加价转售给商人，商人购得食盐后可自由运销。官府在专卖中获利，盐商在运销中也可获利，从而收到了官私两利的效果。从这个意义上讲，"抑商"的提法似乎并不准确。然而，这里也要看到，官商合一的生产经营机制在发挥国家生产职能的同时，常常带有很强的"权力再分配"色彩。具体而言，如果说分工是分配的前提，那么这里的问题是中国传统的社会分工究竟建立在怎样的伦理基础之上？一些学者研究表明，无论是西周王制时期，还是秦汉以后的帝制时代，"四民"分业的状态早已成为"圣王量能授事，四民陈力受职"的权力意志产物。这显然是一种政治性农业或政治性工商业的制度安排。从维护等级权力的绝对安全来讲，儒家提倡"有国有家者，不患寡而患不均"（《论语·季氏》），且多从避免"放于利而行，多怨"（《论语·里仁》）和"上下交征利，而国危矣"（《孟子·梁惠王上》）的立场，来强调等差性的资源和财富分配，从而保持社会阶层之间的和谐安定。法家则多从"富国强兵""辟土地，充府库"的目的出发来操纵市场、节制商业资本、控制生产比例、限制职业流动。所以，无论哪一个学派的思想，运用到"理财"活动时都不会机械地遵循"抑商"逻辑。为了更好地解决自然经济与商品经济的内在矛盾，儒法两家的经济分配伦理都重视从生产要素和收入方式两个方面展开对商业资本和商业力量的巧妙控制。

值得一提的是，随着中国传统农商经济与世界市场接触机会的增多，近世中国也发生了一场前所未有的大变局,即小生产—大流通的社会再生产模式于明清时期越来越凸显,尤其是大流通局面的加速形成,最终使得商人的社会功能和伦理地位不断受到权力阶层的重视。这种高级的农商结合模式和"国之财物尽在商贾"的强大财富实力,无疑为传统商人从边缘走向中心提供了坚实的物质基础。随着商人阶层力量的成长,近代以来的中国商人群体完成了一个深刻变化。此时,士绅与商人普遍合流,作为一个新兴阶层,对生产经营有浓厚兴趣的"绅商"开始向实业领域进发,掌握了前所未有的经济实力。近代中国"实业"一词的产生,既是传统商业的扩充,也是对一般意义的工业的超越,更是中国近代社会内部因中西文明对抗而产生的一个内容相对庞杂的经济新名词。这个概念虽是对农工商等生产和流通事业的总称,但首先指的是以资本主义生产方式来经营的近代工商业。再者,一批具有功名的末代士大夫纷纷弃仕从商,进一步模糊"士""商"界限,完成士绅与商人的联合,早晚会消解"士首""商末"的社会伦理身份定位,甚至在"兵战不如商战"的现实压力和商"具生财之大道,而握四民之纲领也"的舆论鼓噪下,连封建统治阶级也不得不承认,"为政以利民为先,然必将农工商三事合为一气贯通讲求,始能阜民兴利","大抵农工商三事……农瘠则病工,工钝则病商,工商聋瞽则病农,三者交病,不可为国矣"。[1]只是,我们同时也要看到,如不改变"有了权便有钱,有了钱就能买权"的传统逻辑,商人阶层在追求社会财富的公平分配上是很难形成一股统一力量的。商人治国何其远也!只有随着科举制度的废除和清王朝的彻底覆亡,工商业者才能确立其在整个分配过程和结构中的优先地位,与身份伦理挂钩的等级分配规则才能被真正反映社会化大分工新要求的基于权利、规则、结果平等的公平分配原则所代替。

总之,中国传统抑商的规则伦理是传统政治维系政商非对称均衡关系的生命线和杀手锏,也是权力阶层维护其统治地位的一项得心应手的意识形态工具。但是,这里并不是说依靠该分配规则就可万无一失地维持农商经济

---

[1]《张文襄公全集·劝学篇下》卷二〇三,中国书店出版社1990年版,第9页。

之间的比例平衡，以致可以一劳永逸地避免经济危机和社会动荡。事实上，中国历代王朝末期均会出现"大富则骄，大贫则忧。忧则为盗，骄则为暴"（《春秋繁露·度制》）的统治风险。这既是传统政商交往伦理失效和失灵的必然产物，也使得朝廷国家对维护既有分配秩序和实现权力稳定的愿景最终落空。

（三）"政"的流通等级性要求与"商"的一体化诉求

马克思主义认为，在整个社会再生产过程中，流通一般指的是人们之间的相互交换活动或交换劳动产品的活动，又具体指人们在生产中发生的各种活动和能力的交换，以及一般产品和商品的交易。波兰尼在其《大转型：我们时代的政治与经济起源》一书中卓有见地地指出，世界"古代经济"范畴内的人类交换模式通常采取互惠、再分配和自给自足三种模式之间的有机结合和交错作用，所以西方古典主义经济学家的"理性经济人"假设和"独立自由市场体系"观点并不成立。例如，中世纪城市中的市场具有很强的封闭性，市民跟周围的农村很少发生直接的经济往来，因而很难形成区域性市场。而且，西欧中世纪的长途贸易市场和其周围环境也没有直接联系，它们的贸易主要发生在城市之间。作为一种自发和自治的力量，自由化的市场交易活动存在一个由小变大的历史过程，甚至在其未成熟和未真正独立之前，总是嵌在传统国家权力和社会关系网络之中。权力伦理的相对封闭性要求和社会关系的闭塞性特质，直接决定了其交易地位和流通范围的有限性。

从以上结论出发，对照中国传统时代的商品交换和流通活动，可以肯定的是，自给自足的地主和小农经济在传统时代有着强大的势力和地盘，为了维护农商经济结构内部诸经济因素和社会等级之间的一体性和不易破坏性，操纵交易和流通活动的行为者便理应以国家权力的面貌出现。于是，作为国家代理人的"国有部门"（官营工商）便经常与"私营部门"（民间工商业者）展开复杂博弈和控制反控制斗争。这也就是说，传统社会中的交易行为还应理解为，朝廷国家在保持对市场和私营部门的结构性主导地位下，不断保持一种对政商合作的开放姿态和策略，从而达到吸纳和钳制商人的"以商制商"的治理效果。

具体而言，针对流通环节的"抑商"手段大致包括：（1）实行由官府控制商品定价和销售环节的"均输""平准"的商政。（2）建立禁绝民间生产经销盐、铁、酒等大宗商品的禁榷专卖制度。即朝廷国家在发展官营工商的基础上，通过独占一种重要物资和产品的货源、价格、市场三大环节，从而获得超乎想象的垄断利润。（3）通过不断改变币制的方式垄断货币的生产和流通，从而造成中小商人的财富贬值，阻断其向大商人发展的可能。朝廷国家必须对商业流通活动施以整体性协调和集权式控制，而根植于社会劳动分工体系不断复制和扩大的、能够形成价格的、自我调节的市场力量则微乎其微。传统社会的政商交易双方，在权力、机会、信息等一切方面，都会以极不平等的伦理、法律地位出现。钱穆先生由此认定，虽然先秦法家和儒家在治国理政的大部分领域存在着分歧，但在管理市场交换和流通行为方面却是融通无碍的。准确地说，从西汉武帝起，传统中国的商业政策彻底完成了由荀子提出的"轨物主义"到统制式、等级性的计划经济体制转型[1]。这无疑属于中国传统政商交往规则伦理中始终不可动摇的"硬核"。

  从秦汉帝制国家开始到清朝灭亡，中国传统社会等级制的商品流通和交换体系主要由三个层次组成，即顶层的"国家市场"、中层的"市场—国家互动"、底层的地区性和地方性"草根市场"。（1）在国家市场层次，市场主要由国家代理人和有组织的经济利益集团来管理。它们包括由皇室机构控制的工厂体系、由礼部控制的朝贡体系，或由专门的盐业机构控制的全国盐业市场。（2）在中间层次，市场行为者与国家的经济代理人之间进行互动，且往往被这些代理人所控制。这之中形成的市场多指发展成为政治单元甚至地区权力中心的市镇。在区域和国家层次的市场上，工商业者只能代表国家或强大的私人利益集团，以次级代理人身份参与进来。而且，进入特权市场者必须具备良好的私人政治关系和优越的特权地位。（3）就底层地方性草根市场而言，作为代表的乡村集市多半是自发形成的，不需要国家力量来组织。

---

[1] 钱穆：《中国经济史》，北京联合出版公司2014年版，第51页。

一些明清经济史家的研究表明,民间初级市场确如密布的毛细血管一样发达,民间交易中的产权关系早已达到了相当明晰的程度,明代以后的情况更是如此。在民间的商品生产、商品流通、商业伦理、开拓市场欲望、承担投资风险的能力、对市场发展与萎缩的正反经验积累等等一切方面,中国的工商阶层从来就不是注定不能获得持续发展[1]。兼业农商的个体商人和专业化的商帮组织既是这种市场的参与者,也是市场的组织者,他们自下而上的商业活动常常蕴藏着由"纵向等级化"向"横向一体化"发展的新诉求,且或多或少、或直接或间接地同国内中心市场甚至国际市场发生联系。但是,他们仍然无法摆脱传统政治权力"纤悉具备"的干预。而且,在与大量存在的官营工商业打交道的过程中,由于交易地位的不平等,一些商帮内部的自我管理、自我约束、自我服务水平视统治者专横程度而定。此外,在中国传统抑商政策抑私不抑官、抑小不抑大、抑内不抑外的规则伦理背景下,民间小生产者和自由商人的短命和破产之虞,也会极大制约他们持续推动市场交易横向一体化的动力和热情。

总之,中国传统市场的交换或流通活动始终受到了权力之手的干预,在纵向分层和横向分割中,并没有持续扩大的潜力。仅有的市场组织形式和城市面貌的改变,不足以改变商业的性质和补充地位。历代统治者会通过市制、税制约束民间工商业者的经营活动,使之改变投资方向,将之锁定在土地而非持续投入到自由的商业经营中。所以,尽管中国古代经济史上出现过三次历史变革(战国、宋代、近代)或三次商品经济发展高潮(春秋、唐宋、明清),传统自由商业的壮大和自由市场的一体化要求却依然充满着曲折。

(四)"政"的消费奢侈性要求与"商"的大众化诉求

就同一个主体而言,生产和消费往往表现为一个行为的两个要素,生产为消费服务,消费则刺激着生产。就社会再生产过程来讲,生产是实际的一切人类活动的起点,消费归根结底由生产决定。然而,正如桑巴特所说,前

---

[1] 王毅:《中国皇权制度研究——以16世纪前后中国制度形态及其法理为焦点》(下),北京大学出版社2007年版,第856页。

资本主义经济是一种支出经济，经济活动的出发点是为了满足人类对物品的自然需求。封建主的收入与支出常有缺口，所以必须注意尽量扩大自己的收入；手工业者和农民则处于糊口经济的状态，他们没有尽量扩大自己收入的兴趣，生产时间取决于对工作妥善完成的要求和劳动者本人的自然需要。封建主通过对农民和手工业者的剥削来满足自己的消费需求，这就形成了一个相对稳定的低级的消费均衡状态。[1]

就中国传统社会而言，以生产、交换、分配、消费为主要环节的广义"理财"活动，本质上是以儒家的人伦原则为根据来进行财富创造和分配的，其中的目的是为了在满足人欲望基础上实现庶之、富之、教之的教化目标。所以，这种经济活动对人之欲望满足的原则既非禁绝，也非放纵，而是节之有度。学者陈焕章在《孔门理财学》一书中专列"礼的消费"一章，进一步说明了中国传统社会的礼仪、伦理性消费之所以占据重要地位的道德意义。他认为，儒家中的"人"本非个体性存在，而存在于由亲及疏、由近及远的社会网络中，其消费活动也必定展开在与他人之伦理关系中，旨在"饱食""暖衣""逸居""有教"[2]。推而广之，传统商业活动理应满足这种意义上的人伦消费，而不以实现商品与服务的交换价值最大化为目的。以权力和身份等级准则来看，过则为奢，不及者俭。然而，从现实层面讲，"食足货通，然后国实民富而教化成"的理想，往往会被权力和商业资本阶层的非理性消费所击碎。也就是说，正是由于传统"财政市场"的存在，不可避免地会带来如下不良社会后果和病态消费。（1）商业资本和商人会借此机制将对小家庭农业的侵害发展到极致；（2）大量小农在底层市场上的购买率与他们在国家财政市场上的售卖率成反比；（3）在中国大多数地区的乡村中，其底层市场几乎一直处于少量的物物交换的窘迫状态中；（4）造成了小农经济与家庭手工业的牢固结合，使中国的农村变得越来越封闭，消费越来沦为糊口水平；（5）城市内的权力阶层的奢侈消费则通过这种严重的不等价交换，形成了畸形繁荣；（6）最终造成致富后的商人往往向"官僚、地主、高利贷者"三位

---

1 [德]维尔纳·桑巴特:《现代资本主义》第1卷，李季译，商务印书馆1958年版，第22—26页。
2 陈焕章:《孔门理财学》，宋明礼译，中国发展出版社2009年版，第107—116页。

一体者靠拢。这样的畸形消费会使他们不思进取,乐于做"套利性和再分配型企业家",在发展生产上因循守旧,在生活上穷奢极欲,"千金之家比一都之君,巨万者乃与王者同乐",多数于政治奴性和消费任性间徘徊摇摆。

不过,尽管如此,近世中国还是发生了一场前所未有的大变局。一是移植新大陆的玉米、红薯、花生等新作物后,引发了中国社会的农业革命和人口膨胀效应。二是大量进入中国的美洲白银,不仅冲击了中国的原有货币体系,也极大地促进了民间商业的崛起。与"白银革命"同时带来的是中国已无可避免地卷入全球商业网络中。丝绸、茶叶、瓷器等商品可以大量出口到西方世界。三是清初实行的摊丁入亩制度和改良商人户籍制度,直接导致人身依附关系的松弛和民间自由商人大量涌现,孕育了商业革命。从消费伦理角度看,商业革命意味着过去一般人不敢问津的高等级奢侈品,会逐渐变成寻常百姓都可以享用的平常之物,而且也必须使之成为人人可以购买的寻常之物,才能形成频繁而大规模的运输。这也就是说,近世以来的商业活动不但是地区间经济联系的纽带,而且已日益起着联系生产者的中介作用。在封建商帮力量的推动下,大量产品由奢侈性贡品转而为自由上市的民用型商品。于是,整个中国近世社会都卷入商业市场和商品经济大潮之中,不仅封建专制政府和官僚对商业的依赖性增强了,普通百姓生活所需物资也日益依赖市场供应。这时的商业活动还为工农业生产创造了许多有利条件,从而推动人们在"奢俭观"上的变化。研究表明,明以来,传统等级消费制度普遍受到商品经济的冲击。"起自贵近之臣,延及富豪之民,一切皆以奢侈相尚"的新变化越来越具有全国性。从南到北,从东到西,从奢侈性消费向大众化消费的再发展过程中,这种新的消费观念和行为客观上起到了促进社会生产发展的作用,并拓宽了社会普通百姓的就业渠道。[1]进入清代中后期,国内区域市场之间的互补性日益增强,江南、珠江三角洲、长江中上游、华北、西北五大经贸区在清中后期逐步走向一体化。依靠长途贩运,以粮食和手工业产品的大流通、大交换为主要内容的全国性市场最终得以形成。而且,当商品生

---

[1] 薛国中:《逆鳞集——中国专制史文集》,世界图书出版公司2014年版,第303—304页。

产和商品流通进一步扩大后,社会各阶层主动追求和适应以货币为主要形态的财富积累活动,又一次刺激了全社会的信贷消费。总之,人们关于消费行为的是非评价迟早会随着经济、技术条件的变化而变化。[1]

只可惜,传统社会的贵族、官僚、大地主、大商人等,虽有着收入上的丰厚盈余,却很少拿来扩大再生产,而主要是用于大量的奢侈性消费和官场上的金权交易、功名买卖。由此而来的是,中国传统时代的"商品经济"和"货币交换"越繁荣,越暴露出日益加深的封建性的城乡对立和贫富对立。这里虽有科技进步,可无法推广和大规模复制。这里虽有庞大的消费,却无法实现经济自我维持的增长。在扭曲的等级消费伦理刺激下,"政"的一方一面发展官营工商一面又鼓吹贵义贱利,"商"的一方则一边染指权力经济又一边大搞权力攀缘,这种异常交往常常带来循环往复的理财危机和商业腐败,从根本上不利于资本的安全运行和交易行为的扩大化。这种消费不但不是扩大再生产的动因,反而给生产和创新活动带来巨大的阻碍和羁绊。

---

[1] 厉以宁:《超越市场与超越政府——论道德力量在经济中的作用》,经济科学出版社2016年版,第68页。

第五章

近代欧美国家政商伦理关系的现代特质

在欧洲中世纪,基督教代表上帝统治着人们的精神世界,国王帮助上帝管理着世俗世界,这种政教双重力量对人们形成灵魂和肉体的双重压迫,塑造出一套稳固有序的封建伦理秩序。在此背景下,欧洲近代封建社会具有一个完备的自然经济系统,它使资本蜷缩在由中世纪理念控制的一整套制度、规则、秩序的枷锁里艰难生存。一个个独立封闭的城堡阻断了商品经济的发展,只有零星货郎往来于其间,进行有限的商品交换。同时,欧洲中世纪时期商人的社会地位低下,备受宗教、官僚的鄙夷,其自由行动也受到政治体制的较大限制,政商关系被蒙上一层冰冷的隔阂。随着欧洲文艺复兴、宗教改革、启蒙运动等思想文化领域革命的深入发展,人们的思想禁锢逐渐得到开解,旧有的传统社会秩序也逐渐被打破,这为即将到来的新天、新地、新世界注入了强大的精神动能,资本主义伦理文化开始从萌芽走向壮大。随着近代欧洲生产力的不断提高和资本主义的兴起,资本阶层在资本力量的加持下得到迅速壮大,其与权力阶层的互动模式迎来实质性的转折,政商关系渐渐脱离中世纪的桎梏,朝着现代化的方向演进。欧美近代政商关系与中世纪模式具有天壤之别,它在传统与现代的起承转合之中塑造出一种新型关系模式,特别是构成其内核的价值特质、制度伦理和规则伦理,呈现出较之以往截然不同的现代性特点。

一、价值特质

在客观评判现实中的存在体时，价值判断是深入了解其本源的重要法门。对于近代欧美国家的政商关系而言，从更为根本的哲学层面考察其价值特质，不仅有助于把握政商关系的内在运作机理，而且也能够进一步认识其外部规则体系。欧洲中世纪是宗教的时代，发端于罗马的基督教几乎传遍了欧洲的每一个角落，甚至世俗国王的合法性地位也由大主教授予，它更是成为平民的精神依赖和枷锁，因此宗教信仰伦理深深地影响着欧洲各个阶层人士，并在他们的德性深处扎下牢固的根基。在欧洲从中世纪向近现代社会转型时期，宗教改革运动在德国、瑞士、法国、英格兰、尼德兰等地的广泛开展，极大地冲击了人们根深蒂固的宗教信仰秩序，特别是对新事物接受能力较强的新兴工商业主，对这一改变有着天然的亲近感。在此影响下，官僚、商人乃至其他阶层人士的价值观念随着宗教信仰的改变而发生了重大变化，新教伦理的价值理念对他们的德性根基产生了重大的重塑作用。

（一）价值特质的新教文化根基

随着欧洲近代生产力水平的不断提高，以及文艺复兴和启蒙运动在欧洲大地上的广泛展开，理性主义的人文思想慢慢渗入社会当中，加之宗教改革大潮的席卷，使得人们的思想和信仰产生了剧烈变动，这一切都为资本主义的发展创造了极为有利的条件。马克斯·韦伯强调新教伦理直接导致了资本主义的产生，突出了伦理文化对上层建筑的决定性作用，学界对这种观点争论已久，批判和赞誉之声不绝于耳。目前来看，学界公认的主要包括以下两点：其一，新教伦理作为一簇价值观念，伴随生产力水平的提高而产生，并受到经济、政治等因素的制约，故而生产力水平才应该是资本主义的决定因素，而并非新教伦理；其二，韦伯对新教伦理的深入研究颇具价值，尤其是在深刻认识新教伦理对资本主义发展的重要推动作用等方面，具有不可替代的启发和借鉴意义。显然，以上两类论点虽然立场不同，但不可否认的是，欧洲近代的新教伦理确实改变了中世纪的文化土壤，人们的思想观念也确实出现了重大转变，这直接深度影响了官僚和商人的主体德性和社会价值风向。

在中世纪，整个欧洲都浸润在基督教文化的熏染之中，社会呈现出圣俗两分的态势，教会主宰着人的精神世界，国王管理着人的世俗事务。欧洲近代的宗教改革起源于德国。1517年，马丁·路德针对天主教在德国境内兜售赎罪券的行为进行了反击，在威登堡教堂门前贴出了反对天主教销售赎罪券的《九十五条论纲》，由此揭开了欧洲宗教改革的序幕。路德掀起的宗教改革运动迅速波及西欧诸国，并得到新兴资产阶级的拥护和支持，瑞士、法国、英格兰、尼德兰等国相继加入其中。对于商人而言，赵秀荣认为："由于商业经营有风险，随时可能遭遇失败，商人需要心灵上的安慰、引导，因此绝大多数商人毫无例外都是虔诚的教徒。在宗教改革中，他们也是教会传统的挑战者。"[1]

由于欧洲近代的资本主义精神与新教伦理之间的关系极其密切，在某种程度上讲，整个社会在对待商人商业的争论中，重塑着商人阶层乃至整个社会的德性根基，在信仰与世俗面前，人们不得不面对义利的价值选择与平衡，对职业重新定位，确定处理财富的态度和实践。经济理性主义、天职观、新型的禁欲观和紧迫的时间感构成新教经济伦理的特征和重要内容。[2] 由此可见，欧洲近代宗教伦理对于商人阶层职业德性的重新塑造起着至关重要的作用，尤其是在商品经济语境中，商人如何处理义利之间的关系，构成这种伦理基底的核心内容。整体来看，欧洲从中世纪向现代社会转型过程中，宗教信仰对社会各方面的影响依旧极其深刻，并且在新型天职观、禁欲观、契约观的影响下重新塑造着人们的德性根基。

1. 以义统利的天职观

义利观作为经济伦理的重要内容，对于宗教信仰者的伦理实践倾向，具有十分重要的作用和意义。在欧洲中世纪传统义利观念的笼罩之下，贵义贱利是基督徒必须具备的德性，"义"主要指基督教教义，强调世俗的人要把对上帝的"义"（信望爱）放在首位，而不应提倡自身的私利。在传统基督教教

---

[1] 赵秀荣：《1500—1700年英国商业与商人研究》，社会科学文献出版社2004年版，第193页。
[2] 靳凤林：《西方宗教经济伦理与资本主义发展》，《理论视野》2008年第7期。

义中，可以将"利"分为两个方面："承认食物基础性的同时，肯定正当财富的价值。"[1] 整体来看，欧洲从中世纪向现代社会转型过程中，在宗教信仰的深刻影响下，新型义利观对人们德性的深度重塑，主要体现在以义统利的新型天职观等方面。

马克斯·韦伯将一切新教的核心教义总结为天职观："人们应该用得自上帝的生存意义，来履行自身在现实生活中所承担的义务和责任，而不应该用禁欲和苦修凌驾世俗的道德。由于处在不同的地位，每个人因此必须得承担起这种地位给他带来的责任。"[2] 这种天职观有着深刻的宗教基础，其核心思想是建立在对新教教义的信仰之上，也就是教徒所从事的世俗职业都是为了荣耀上帝。与此同时，这种天职观念具有解放性的作用，尤其对于人的职业重新定位具有十分重要的意义，它不仅为人们的生存找到直接的权威价值依据，而且也是对人们将社会世俗职业与神圣宗教信仰统一起来的有力道德辩护。在这样的思想价值主导下，"人们不管在什么情况下，都应该履行社会的义务。唯一能够体现上帝意愿的便是这类生存意义。不管是哪种正统职业，在上帝面前都是平等的"[3]。由于这种天职观鼓励人们通过自己的辛勤劳动，去赚取更多的钱来荣耀上帝，故而，它在某种程度上解决了宗教信仰与世俗生活的矛盾，也就是义与利之间的矛盾。[4]

对于商人来讲，此类天职观的作用主要有四点：一是肯定了人们从事商业活动具有神圣和世俗（信仰和现实）的双重伦理意义；二是肯定了商人商业的社会地位和价值；三是为商人追求商业成功提供无限的伦理动力；四是肯定了通过正当手段积累更多财富的合道德性。因此，这种新型的天职观，对于大多数信仰新教的商人来讲，是一种对信仰为职业"立法"的突破。这不仅对中世纪贱商传统的价值观念进行了有力回击和重新改造，而且也为商人的商业实践奠定了坚实而有利的职业伦理基础。

---

1 靳浩辉、靳凤林：《孔子与耶稣政治伦理核心价值观之比较》，《伦理学研究》2015年第6期。
2 ［德］马克斯·韦伯：《新教伦理与资本主义精神》，刘作宾译，作家出版社2017年版，第60页。
3 ［德］马克斯·韦伯：《新教伦理与资本主义精神》，刘作宾译，作家出版社2017年版，第61页。
4 靳凤林等：《祠堂与教堂：中西传统核心价值观比较研究》，人民出版社2018年版，第172页。

2. 经济理性的禁欲观

西方宗教禁欲主义有极为深厚的渊源和传统，在基督教发展早期，由于信徒的大多数都是底层劳动者，他们的生活通常情况下都比较清苦，在观念上必然会发展一种轻视金钱和安于清贫的禁欲主义思想。[1]这种古老的禁欲主义传统在中世纪欧洲极为普遍，尤其在底层的信徒和某些僧侣当中，但是，这同时也成为教会压榨教徒的一种手段，一些上层教士和贵族却过着骄奢淫逸的纵欲生活。文艺复兴借用古希腊、罗马的文化形式，对基督教的神权地位及其虚伪的禁欲主义进行了深刻批判，并表达了新的伦理主张，进而把人们的焦点从神性转移到人性，在肯定人的价值中寻求人性的复归。启蒙运动作为文艺复兴的延伸，更是将理性的崇拜推向高潮，在疾风骤雨中宣布与封建教会特权的决裂，进一步解放了人们的思想。

余英时认为，"韦伯《新教伦理》的特殊贡献在于指出：西方近代资本主义的兴起，除了经济本身的因素之外，还有一层文化的背景，此即所谓《新教伦理》，他也称之为'入世苦行'（'Inner-worldly asceticism'）。"[2]这在文化乃至伦理层面，肯定了韦伯关于新教伦理精神对资本主义的重要推动作用，而作为代表资本主义重要力量的商人，在经济伦理层面无疑成为这种伦理精神的主要载体。进一步讲，"中世纪西欧宗教禁欲主义既引起了整个社会道德的全面崩溃和极端纵欲主义的蔓延，同时也在客观上激发了新教思想，培植了近代资本主义的节俭、勤奋和敬业精神"[3]。在欧洲近代掀起的一系列宗教改革，从某种程度上可以说是对宗教禁欲主义的改革，追求财富成为新教教义上的光明正大之事，而"财富在道德层面上唯一体现出邪恶性质的状况是它引诱人们趋于懒散，甚至迷恋罪恶的享乐"。[4]当然，这种新教教义对原始宗教禁欲主义的改革，势必要遭到封建专制禁欲主义传统的压制，而"为了抵制压迫，清教徒拟定了一个重要的原则，也就是'禁欲品德'"。[5]也就是说，"对

1　吕大吉：《概说宗教禁欲主义》，《中国社会科学》1989年第5期。
2　余英时：《中国近世宗教伦理与商人精神》，安徽教育出版社2001年版，第85页。
3　林中泽：《中世纪西欧的宗教禁欲主义及其历史影响》，《史学月刊》1997年第5期。
4　［德］马克斯·韦伯：《新教伦理与资本主义精神》，刘作宾译，作家出版社2017年版，第135页。
5　［德］马克斯·韦伯：《新教伦理与资本主义精神》，刘作宾译，作家出版社2017年版，第140页。

于通过欺骗和贪婪的措施来实现个人目标,以及赚取私有财富的拜金举动,禁欲主义抱持着否定的态度"。[1]这就为清教徒在禁欲品德上确立了信仰的底线,然而,这种禁欲品德能否在信徒的实际操行上得到很好的履行,暂且画上一个问号。因为从近代历史来看,清教徒在追求物质金钱方面,背离宗教教义的现象经常性地发生,尤其在海外殖民活动和海外贸易中,他们不仅常常触犯这种宗教教义,甚至还犯下人类道德所不齿的弥天罪行。

从这种新型禁欲主义的最终归途来看,它是从对宗教的理性信仰走向世俗化经济理性的必由之路。在欧洲从传统向现代转型的过程中,伦理也相应地随之转变,呈现出一种从神性向世俗、从道义主义向功利主义的转变轨迹。这个转变过程中,必然出现伦理的半神性和半世俗性的过渡特征。转型成功之后,经济理性主义必然成为其最终归宿。这些带有神性的禁欲主义伦理品质就会彻底融入世俗的生活中,成为人们的一种生活习惯,在不知不觉中影响着人们生活的方方面面。更具体地讲,新教伦理不能完全解决资本家精神的复兴问题,但它的某些品质已经深入到企业人员的生活中,尤其是清教和加尔文教的教义对勤劳和节俭的崇敬与信仰联系在一起,从17世纪晚期和18世纪开始,它与商业的联系越发紧密。[2]

这种新型的禁欲观作为义利观的具体形式,不但为经济理性主义的生成和发展注入了强有力的积极因子,也为商人职业德性的形塑打下了伦理根基。在此宏观的伦理文化影响之下,欧洲近代商人的职业德性也自然而然地纳入社会新型价值观念的轨道,并将之作为核心伦理武器,立足于社会并服务其商业实践。

3. 崇尚规则的契约观

契约一词源自拉丁文 Contractu,其原意是指交易,强调契约自由的理念,而契约精神作为一簇价值观念,在近代主要运用于商品经济社会中,交

---

1 [德]马克斯·韦伯:《新教伦理与资本主义精神》,刘作宾译,作家出版社2017年版,第144页。
2 [英]M.M.波斯坦等编:《剑桥欧洲经济史》第5卷,王春法主译,经济科学出版社2002年版,第371页。

易双方按照平等、自由、守信的原则进行商业活动。契约精神从文化层面来讲,要追溯到犹太教和基督教教义中关于上帝与人立约的记载,《圣经》中的"十诫"就是典型的上帝与人之间的约定,契约意义十分浓厚。伴随基督教势力在欧洲中世纪达到顶峰,并成为欧洲各国的主要宗教信仰,这种契约精神已深深地嵌入文化当中。从另一个角度来讲,契约精神早在古希腊时期就已产生,伊壁鸠鲁对契约有过明确的论述,他把国家和法律当作人们相互约定的产物。霍布斯、洛克和卢梭等人作为近代西方政治学说的主要代表,以自然法学论为基础,阐述了国家的产生来源于人民之间或人民和统治者之间的契约关系。从政商伦理关系角度来看,在近代欧洲,这种契约不仅在市场经济的实践中起着极其重要的伦理作用,商人为达到预期的商业目的,就必须按照契约规则从事商业活动,官僚阶层在行使权力过程中,通常也不得不从政治层面考虑而遵守相关约定。

在西欧中世纪晚期和近代早期,政商之间的互动多以契约的形式进行,这表现在多个方面,例如契约式的特许城市。随着西欧城市的逐渐复兴,城市自治权的斗争也卷入历史潮流,而伦敦作为英国最大的城市,12世纪便通过购买特许状的方式从国王那里争取到了选举市长的权力,截至14世纪末其他大部分城市也陆续以同样或相似的方式取得了自治权。这种城市自治权是基于交易的方式,即国王以特许的契约方式与城市代表进行"交易",城市商人群体通过缴纳数量不菲的金钱跟国王订立契约,以"购买"相应的特许权。值得注意的一点是,这种"交易"是在政商双方既斗争又合作的博弈中完成的,双方根据特许状的约定彼此遵守相应的权利和义务。对于国王来讲,为城市颁发特许状的动因不外乎两种:一是拉拢城市力量来加强其自身的政治实力,二是通过城市商业税收来增加财政收入。对于商人群体来说,在追求商业利润的驱动下,他们要求稳定、自由的商业环境,并取得合法的政治和人身权利,王权成为满足其需求的最佳依靠和合作对象。同时,契约式的特许贸易权交易也是近代欧洲各国中较为常见的现象。国王跟特定的商人群体通过契约式的"交易"方式,将特定区域的垄断经营权赋予特许公司。同时,国王有时也以资本、特权和实物等入股形式加入特许公司而成为股东,作为利凡特公司前身之一的土耳其公司就曾得到伊丽莎白一世的40000英镑投资；[1] 他们甚至参与海盗行径和海外殖民掠夺，很多官僚和贵族也在其列。更为值得注意的是，欧美资本主义国家在很大意义上就是基于契约论而得以建立，根据相关西方契约理论，国民将私权通过契约的方式让渡给国家形成公权，国家政治机器与民众之间便形成一种政治性的契约关系。

（二）政商互利的价值导向

欧洲近代经济、政治、文化等方面的转型，为其政商关系的转变奠定了基础，特别是源自新教伦理精神的文化根基，深深熏染和形塑了政商互利的价值导向。整体而言，欧洲近代政商关系主要以互利的价值导向为核心，具体包括三个层面的内容：一是利益至上的价值本质；二是政商互利的价值取向；三是政商共谋的价值实践。

1. 利益至上的价值本质

新教伦理对义利观、职业观和契约观的深度调整，为极端功利主义和实用主义开辟了"新大陆"，此时，逐利行为具备了伦理正当性，商人职业不再受到社会鄙夷，新型契约文化渐渐成形，资本异军突起便成为势不可挡的必然趋势。思想文化为资本发展的松绑，很快带来商业文化的繁荣，工商业的创富优势得到上层官僚和贵族的极度青睐，由此形塑出政商互利合作的宏观环境，引起社会风气向金钱至上看齐的转向。欧洲近代商人在与政府、官僚的互动实践中，受到特有的宏观政治经济环境的影响，商业利益成为政商互动的核心导向，由此这种关系主要以利益至上的伦理规则为核心，并且体现在多个方面。

第一，由于在英国近代自治城市中的主要市政官员选举中，要求候选人具有庞大数额的财产，这种制度性设计似乎是为商人"量身裁定"的，进而大商人或寡头商人能够轻而易举地成为市政主要管理者。这在很大程度上使得商人在市政管理中几乎扮演着"主人翁"的角色，因而城市的行政管理能够按照其商业利益最大化的意图进行设计和实施，这就为商人取得更大的利益奠定了基础。

---

[1] A. C. Wood, *A History of Levant Company*, Oxford University Press, 1935, pp.16–17.

第二，英国议会权力在近代的不断扩大，尤其是对立法权的掌控，使其成为多元政治主体中的重要力量。而且，在商人得到相当数量的议会席位之后，他们在议会出台有利于商人利益的经济法案中具有尤为重要的作用，有时商人还通过向议员行贿或院外游说行为积极干预政治决策，这表明商人在议会中取得了重要的政治话语权。由之，商人通过积极参与政治，使得政治为商业服务的利益至上规则成为既定的历史事实。

第三，从权利义务关系角度来看，由于英国近代契约精神在政治上的传承与发展，不论是政府还是商人，政治规则意识都较为强烈，这为保障利益共赢的功利性规则奠定了基础。在当时的制度情况下，由于商人享有的权利和担负的义务相对清晰，官僚如果要对商人进行肆意盘剥，就不得不冒着付出较大代价的风险去跨越相关制度和伦理规则障碍。当然，在这种利益至上的伦理规则主导下，政府的利益也能够最大化，因为政府与相关商人的利益在多数情况下总能够达到相对的一致，进而构成一种利益双赢的模式。

2.政商互利的价值取向

在欧洲近代的政商互动中，利益至上的社会价值氛围不但让逐利成为社会风向，而且在很大程度上促使互利成为主导政商互动的核心价值取向，并深刻影响二者的互动实践。这种政商互利的价值导向主要通过契约方式进行，并着重表现为权力和资本的深度合作，也就是代表权力的官僚阶层和代表资本的商人阶层之间的紧密结盟。在欧洲近代早期，一方面，权力阶层出于封建统治的需要，对资本阶层进行严格管制和寻租，以此为其庞大的王室财政开支募集资金；另一方面，资本阶层为了追求更大的利益，也甘愿依附在权力阶层的庇护下，通过享受一些王室特权来实现利益最大化的目的。特别是对于资本阶层而言，如果"没有政治作后台，谁也不可能独揽经济更不能有驾驭市场的能力。为了对经济活动设置非经济的栅栏，为了让桀骜不驯的价格唯命是从，或为了保障非优先项目的采购，必须由某一政治权威实行强制"。[1]

---

1 ［法］费尔南·布罗代尔：《资本主义论丛》，顾良、张慧君译，中央编译出版社1997年版，第36页。

这种以互利为价值主导的政商互动类型高度迎合了权力阶层和资本阶层的需要，政治家的政治目标和商人的经济目标在互利的实践中都能得到不同程度的满足，但不可否认的是，这种合作关系也充斥着斗争和博弈。西欧重商主义时期，在权力阶层和资本阶层以互利为主要价值取向的情况下，传统封建型政商关系在不断解构中逐渐得到重塑，不仅衍生出一些奇特的政商结盟现象，也助推或引发了一系列政治、经济、文化等方面的变革。西方开启主导全球殖民和贸易的时代，各种基于政商结盟的特许公司遍布荷兰、英国、法国等国家。这些特许公司在政商互利的价值共识下杂糅着政治和经济的双重目的，成为早期资本主义国家在全球范围实施殖民化和开展疯狂掠夺的"急先锋"。

3. 政商共谋的价值实践

欧洲近代的商业发展迅速，尤其是海外贸易业务的发展更是达到前所未有的规模，各种大型特许公司林立，主宰着其海外贸易帝国，如荷兰东印度公司（Dutch East India Company）、英国东印度公司、法国密西西比公司（Compagnie du Mississippi）、德国勃兰登堡非洲公司（Brandenburg African Company）等。设立这类特许公司是一种西欧重商主义时期的共同现象，这些公司通常由一国君主或者政府颁布特许状而成立，公司及其商人团体由此合法地垄断特定地区的商业贸易，并且特许状中明确规定了相关主体的权利和义务。这些特许公司与官僚阶层的联系极其紧密，它们与最高权力主体进行权利和义务"交换"而取得特许经营权。可以说，在政商互动中，双方保持一种"伙伴关系"（在本质上是权力和资本的紧密结盟）。这种"伙伴关系"显然主要建立在一种利益互换的基础之上，并构成官僚阶层与商互利的价值导向模式，而契约观念和宪政传统则成为保持这种关系的重要伦理保障，影响着双方按照既定规则行事。

在近代欧洲，权力和资本在共同利益的驱动之下以契约的方式结成联盟，既高度迎合了资本阶层追逐更大利润的动机，也满足了权力阶层达到其政治目的的需要。这种政商之间的紧密协作，不论是合法的或非法的，人道的或非人道的，总而言之，能够将二者绑在一起的，必然是符合双方需求的共同利益。在官僚阶层与商互利的价值主导下，彼此间相对遵守契约精神的价值导向，显然成为使这种合作能够长期存在的重要伦理保障。从另外一个层面来讲，在官僚阶层与商人阶层合作的动机方面，掌握政治权力的君主有着天然的共同点，即一是对于政治权力的无限欲望，二是通过商人创造财富来补充财政需求或以权谋利。从本质上来看，这种动机都受到"经济人"动机的支配，并在很大程度上塑造着官僚阶层的职业德性，并外化为相应的政治实践。在这种"经济人"动机的刺激下，以官僚阶层为代表的权力向以商人为代表的资本进行寻租的迹象尤为明显，由此促成权力资本化的共有特征，并且，不论在中世纪，还是在向近代转轨的过渡社会中，这是权力变现的最有效方式之一。在近代乃至当代美国，政商共谋的价值实践也是一种更加现代化、常态化的现象，当局政府完全代表了资本家的利益，一切政治行为几乎都与资本利益有着天然的价值共性，共同演绎着政商合谋的历史事实，特别是在美国近现代的对外掠夺中以及当代政商关系中，无不充斥着这种价值实践。

二、多元制度伦理

在中世纪的西欧，王权和教俗贵族之间的政治博弈一直未曾间断，双方力量在此起彼伏中影响着现代西方政治制度的演进。这种政治传统的背后有其深刻的政治伦理思想支撑，尤其是契约传统的根深蒂固，使得其经济也呈现出契约型的特点，这在无形中对西方政商伦理关系的发展产生了重要影响。近代欧美国家基于契约精神的多元政治角逐传统，形塑了其政商关系的制度伦理环境，并进一步影响着相应的商业规范和商业组织伦理。

（一）基于契约精神的多元政治

"西方中世纪政治制度的根本特征在于封建制度及由此产生的多元权威的并存，权力的多元造成法律的多元，每一种管辖权就其他管辖权的法律是合法的而言，也都要受到其他管辖权的法律的约束。"[1] 中世纪的国王与教俗贵

---

[1] 蔡蕾：《英国"王在法下"政治传统的形成：从中世纪到都铎》，《学海》2019年第3期。

族作为两大主要权力主体,掌握了主要的封建权力。通常来讲,这种多元权力主体并存的状况,使得王权无法像中国封建皇帝那样拥有绝对的专制权力,而是在贵族的制衡和约束中行使有限权力。在多数情况下,国王若想动用新的权力,就不得不征得贵族们的同意,否则贵族有权对其提出反对,甚至以诉诸战争的方式迫使国王回归传统的权力运行模式中。由于在中世纪贵族与国王之间长期性的势均力敌,议会渐渐成为平衡各方权力的重要机构,诸如征税和立法等大事,都不得不经由议会同意,议会由此扮演权力角逐的"主战场"角色。

从社会学角度来讲,梅因"从身份到契约"的论断,主张人类历史的近现代发展,就是从封建社会的人身依附关系到资本主义的个人之间的契约关系。从现代的研究理路来看,契约理论的精髓主要指市民对社会制度的"普遍认可"和社会治理的法治思想,以及相应的社会制度的公正与合理性。"西欧封建主义的独创性,在于它强调一种可以约束统治者的契约观念。"[1] 这种权力结构在长期的演变中,逐渐确立了以权利和契约为核心的权力运作模式,由此形成一种准现代的法治传统。

英国的宪法文化对其政治实践具有重要的影响,这不仅表现在其特定的政治认知、政治态度对政治实践和政治制度建设的总体思路,而且它的悠久而根深蒂固的法治信仰直接规范着政治变革方式。[2] 英国的政治传统强调一种契约观念,并形成一种约定俗成的习惯。这种观念既是对一般臣民的约束,同时也是对贵族、国王等封建统治者的约束。因此,这种"封建制度所隐含的契约关系,确定了不同等级的人们之间特定的权利义务关系,否定了在上者对在下者的任意专断"。[3] 李小园将英国的法治理念概括为三个方面:一是悠久而不间断的法治传统;二是限制公权力的核心内容;三是习惯法的传统令"王在法下""法律至上"的信仰深入人心。[4] 从某种程度来看,英国近代政

---

[1] 王毅:《中国皇权制度研究——以16世纪前后中国制度形态及其法理为焦点》(下),北京大学出版社2007年版,第848页。
[2] 李小园:《多元政治角逐与妥协:英国内生型政治演进模式》,学林出版社2013年版,第10—11页。
[3] 李小园:《多元政治角逐与妥协:英国内生型政治演进模式》,学林出版社2013年版,第74页。
[4] 李小园:《多元政治角逐与妥协:英国内生型政治演进模式》,学林出版社2013年版,第33页。

治制度的演进模式，大致就是在一种以契约为主导的相互妥协的模式下，多元的政治力量在互相博弈的过程中按照特定规则互相角逐，并在此基础上呈现出渐进式的自然发展趋势，它并不是像法国大革命那样疾风暴雨的流血革命。

与英国相比，德国的现代政治制度在1871年普法战争之后才得以确立，比英国晚了200年左右。虽然德国的政治体制设计采用了君主立宪制，但其与英国的君主立宪制又有很大差异，特别是在权力分配问题上，德国君主的权力要远远大于英国君主。法国的现代政治体制革命之路如疾风暴雨一般快速。法国自1789年大革命之后，成立了三级议会，随后又改为国民议会，1791年颁布宪法并确立了君主立宪制。1792年，法国宣布废除国王，成立了法兰西第一共和国，其后出现了严重的集权现象，革命频繁发生。从某种角度来讲，英国资本主义革命使其走向了所谓的西式民主之路，而法国大革命却走向了专政的方向。近代美国的政治体制虽有一定创新，但其基本精神内核却源自欧洲政治伦理传统与制度安排。从一定意义上讲，美国"开国先辈们在思想上继承了17世纪英国的共和主义者，反对专横统治，信仰人民主权论"。[1]相较于其他欧洲国家，美国现代政治制度的兴起和发展与英国的联系更为紧密。虽然美国近代政治文化和制度对欧洲具有极大的承接性，但在形式上又有较多创新，因此它更具开放、自由、民主的现代特性。因为英国政治体制在形式上保留了几分与封建体制的"难舍难分"的色彩，而美国则与封建体制切割得相对彻底，更像一个"新世界"。

无论如何，虽然欧美近代各国的政治体制不一而足、各有千秋，但它们在契约精神的影响下呈现出一些共同特征，如反对专制、倡导自由和民主、崇尚法律等。这些因素成为形塑其政商制度的基础政治环境。马克垚认为，随着商品经济的发展，工商业者经济和政治地位的提高一般不会对王权构成威胁，而只会加强它的力量。这是因为，教俗贵族有很大的独立性，王权的集中需要削弱这种独立性，并且如若工商业者的活动超出某一贵族的领地范

---

[1] ［美］理查德·霍夫施塔特：《美国政治传统及其缔造者》，崔永禄、王忠和译，商务印书馆1994年版，第9页。

围,只有国王才能提供相应的条件。[1] 这种契约式的政治传统为封建性的个体权利的存在创造了相对有利的环境,并对于培养人们的现代政治意识具有极大的促进作用。此时,对于欧洲中世纪晚期来讲,在围绕以个体权利为中心的契约型政治伦理传统下,社会各阶层在追求和捍卫其自由的过程中,同封建政治势力展开斗争和合作,进而深深塑造着西方近代政治发展的根基。当然,处在中世纪的个体权利始终都带有浓厚的封建性。

另外,在西方近代从中世纪向现代社会过渡进程中,由于经济基础不断变化,上层建筑也进行相应的调整,与契约型政治制度紧密相关的商品经济,必然与其遥相呼应,由此呈现出一种契约型商业经济形态。商品经济的稳定发展与发达,必须建立在良好的法律环境基础上。"西欧是多元的法律体系,一个农奴为保护自己不受其主人的侵害可诉诸城市法院;一位封臣为保护自己不受其领主的侵害可诉诸王室法院;一位神职人员为保护自己不受国王的侵害可诉诸教会法院。"[2] 契约观念在西欧近代的渗透范围较为广泛,尤其在商品经济的发展中,始终发挥着关键性作用,甚至在商人与国王之间的合作中,也依旧可见契约的影子。然而,不可否认的是,这种契约在当时带有一定的封建性,与现代性契约尚有较大区别。

对于重商主义时期的西欧而言,随着王权和商人阶层的深度结盟,商业经济得到空前的迅速发展,作为"商业基地"的自治城市的力量也逐渐得到加强。自治城市的自治权是城市市民通过某种契约的方式从封建统治者手中取得的,双方由此形成一种权利和义务关系。自治城市作为商品经济的重要载体,不仅为商业发展创造了相对安定的环境,也为商人个体权利和财产安全提供了法律保障。这使得英国乃至西欧中世纪的城市和市民相对独立,能够专心发展商品经济。[3] 更进一步来看,这一时期,西欧各国几乎都涌现出一批实力强大的特许公司,这种商业组织的特殊性在于其必

---

1 马克垚:《中西封建社会比较研究》,学林出版社1997年版,第375页。
2 侯建新:《社会转型时期的西欧与中国》,济南出版社2001年版,第214页。
3 胡幸福:《历史起跑线上的反思——中西古代文明向近代文明转型比较》,宁夏人民出版社2001年版,第259页。

须从国王或国家那里获得特许状。其实,国王对这些公司授予的特许状,就是通过契约的方式产生的,双方在彼此的权利和义务上都有明确的规定,换个角度来看,这更像是一桩买卖或交易,双方从中各取所需,并各自遵守相关约定。并且,在英国近代金融资本的快速崛起、股份制公司以及资本市场的逐步建立等方面,契约精神自始至终都起着不可替代的重要支撑和推动作用。

(二) 商业规范的现代性特点

欧美近代以来的商业之所以发展迅猛,离不开其商业规范的现代化变革。与中世纪有所不同的是,资本主义国家的商业文明摆脱了封建农本经济体系的窠臼,商业不但从末业一跃成为社会瞩目的行业,而且商人能够在与政府的博弈或合作中为自身争取大量利益。更重要的是,商人在商业规范体系中始终居于核心地位而呈现出商人自治性特点,并且商法的演变也在自发的状态下进行,由此凸显出商业规范的两大显性特征。

1. 商人自治性特征

欧美国家近代即继承了欧洲中世纪商人自治的传统,也在资本主义的发展中将这种文化与商业、贸易紧密结合,从而进一步发展了商人自治的边界、深化了商人自治的内涵,而这种变化都与自治城市有着极其紧密的联系。欧洲近代商业的发展与自治城市的关系尤为密切,而欧洲近代各大城市的崛起几乎都与商业、贸易有着千丝万缕的联系,甚至在某种程度上讲,城市为商业发展提供了必不可少的必要条件,特别是商人群体在某种程度上成为这片"商业基地"的"主人"。例如,近代早期西欧城市为商人或市民提供一定的自由、平等等权利,而这种权利在当时环境中是农奴所无法企及的制度性"奢侈品",由此吸引了许多农奴来到城市。城市为商业发展所提供的这一切为商人自治奠定了基础,由此推动了商业规范的现代化形塑。"中世纪西欧商业城市的兴起,一举改变了城市的传统角色,城市开始由依附于乡村转变为支配乡村,开始由依附于国家权力转变为逐步独立于国家权力,进而支配国家权力。"[1]

当城市成为商业发展的温床时,自治权则成为商人从事商业和安身立命的利器。可以说,中世纪时期欧洲城市的政权是建立在财富基础之上的,而财富则主要源自商业和贸易,商人无疑就成为这种财富的拥有者、使用者,城市政权自然而然地便落入商人群体之手。例如,17—18世纪,伦敦市长职位的财产资格要求是10000英镑以上,主要市政官员也要拥有1000—4000英镑的资产,并且,官员被任命之后若不到任,将被处以数百英镑的罚款。[2]这种对财产资格的任职规定,是一种对商人绝对有利的规则。要知道,当时的10000英镑,对于贫民或一般人而言,几乎是一生都难以企及的天文数字,这必然导致市政官员的职位大量落入商人之手,商人自然而然也就掌握了市政大权,成为城市的实际主人。

在近代欧洲,商人拥有城市政权将更有利于其商业实践,城市商业政策的制定、实施、管理乃至修改,都能够从商人利益角度推行。对于美国而言,其建国前所存在的各个殖民地就是一个个典型的"自由天地",商人在这些地方享有甚至比近代欧洲更为自由的权利。美国独立战争本质上就是新兴资产阶级与封建势力争夺"自由、平等和人权"的表现,从侧面反映出以工商阶层为代表的资产阶级对自治权、发展权的渴望。

2. 商法的现代化

从某种层面来看,欧美商业现代化的进程也是商法现代化的过程。如上所述,既然欧洲近代商人商业的发展主要基于自治城市,那么城市中的一整套法律制度则是支撑商业规范的核心要素,伴随商人自治性的深度影响下而不断推进现代化的发展。通常来讲,"近代西方商法是直接从中世纪西欧商法的基础上发展而来的。中世纪西欧商法一经形成,就自治自立,独立存在,

---

[1] 雷恒军:《中世纪西欧城市的商人自治研究》,《陕西理工学院学报(社会科学版)》2011年第3期。
[2] Robert Tittler, *The Reformation and the Towns in England: Politics and Political Culture, c.1540–1640*, Oxford University Press, 1998, p.197.

它与罗马法并没有直接的联系"。[1] "就法律制度来说，城市法，包括城市特许状、城市治理机关与法院的规程和判决、行会法、集市法，它是欧洲中世纪法制的重要组成部分。""从经济史的角度看，城市法完全是商人的创造，是商人在中世纪中晚期兴起后，建立自己的居住地、法院、市场后形成的一套专门法律制度的统称。"[2] 这种由中世纪发展而成形的法律体系及其传统，对欧洲近现代商法形塑起着尤为重要的关键性作用，甚至可以说，它是欧美现代商法体系的前奏。

在中世纪欧洲，随着商业和城镇的兴起和发展，一个专门从事商业的商人阶层逐渐出现了，他们以城市作为主要的商业贸易基地，因为在这片土地上，由于城市拿到了特许状，他们享有相对的政治自由和自治特权。这种由王室签发的城市特许状，在当时的背景下可以当作一种正式的法律文书而具有相应的法律效力，涉事双方形成一种特殊的封建契约关系，其中规定了各自的法定权利和义务。由此，特权城市不仅为商人提供了从业的立足之地，也为商人建立体系化的商业规范奠定了基础。也就是说，对于欧洲近代商人的主体权利而言，他们不但早已获得巩固的合法地位，而且民商法体系也为他们提供了有效的法律保障。

英国中世纪的商事裁判权具有相对分散的特点，17 世纪以前，英格兰就同时并存着几种法院体系，其中有独立的王室普通法院（如普通诉讼法院、王座法院等），也有教会法院、王室特权法院以及商人法院。甚至，随着贸易越来越发达，由于一般性的官方法院的功能和能力未能及时满足越来越多的商业纠纷，因此在英国各地，由商人主导的专门调节商业纠纷的地方性非正式法院较为广泛，比如集市法院和城镇法院等。"灰脚法庭"（The Court of Piepowder）就是一种曾活跃于中世纪、专门处理商事纠纷的司法机构，它因得到国王的官方司法授权而具有合法的存在权。这种司法机构由于光顾者主要是来往于不同市场之间、满脚灰尘的商人，又由于法庭处理商事纠纷的效率较高，通常情况下，商人脚上的灰尘还没有落下就已处理完毕，因此得名

---

1 魏建国：《近代西方民商法分立的中世纪根源》，《山东社会科学》2006 年第 4 期。
2 张薇薇：《中世纪城市的宪制》，《外国法制史研究》2015 年第 1 期。

"灰脚法庭"。[1] "灰脚法庭是商人的法庭,由商人经营,也就是说,它由熟悉商业的人来管理。因此,在商人流动性很强的情况下,因法庭能够迅速地伸张正义而成为它的一大优势。"[2] 这种法庭在英国中世纪的商法历史上具有重要的存在意义,甚至一度在商业规范方面占据重要地位。但是,随着王权对商业税收的迫切追求及其对权力的天然嗜好,一方面,出于对经济利益的考虑,王室法院需要商务业务,为了吸引商人,这些法院以商人认可的方式来适用商人法,另一方面,王室法院就商事案件的管辖权,同自治商人展开博弈。[3] 在民族国家的演变和强化国家主权的过程中,商人阶层的实力逐步得到强化,商业资本不断投入到工业生产中并与商业互相促进。随着资产阶级力量的强大而涌现出欧洲资产阶级革命的浪潮,统一的法律制度成为不可逆转的发展潮流,英国商人习惯法也毫不例外地汇入这种潮流之中,踏入商人习惯法普通法化的进程。在此期间,国家的力量对商法的影响越来越强,商人习惯法也越来越国家化。"在国家的影响下商人法改变了,变得普遍性更少而地方性更多。它开始体现不同民族国家的国王们的政策、利益和程序。1756年至1788年间,首席大法官曼斯菲尔德(Mansfield,1705—1793)在由伦敦城的商人组成的专门陪审团的协助下,完成了把英国的商业习惯吸收到普通法之中的工作。"[4] 由此可见,在英国中世纪乃至近现代的商业规范演变中,商人应当是引导商法发展的主导性力量,商人的商业实践对商人习惯法的发展无疑起着至关重要的推动作用。随后,民族国家的形成壮大了国家的力量,迫使商人习惯法朝着普通法和国家化的方向发展,同时又保留着商人对商业规范调整权的中世纪传统特征,这一切都为英国近代商法现代化铺就了道路。

19世纪前半时期之前,美国与英国的公司制度较为相似,公司的合法性以权力机关的特许为依据。1844年的《合股公司法》宣告了特许公司时代的结束,1856年的《合股公司法》开始允许企业自由地经许可而获得有限责任,

---

[1] 赵立行:《论中世纪的"灰脚法庭"》,《复旦学报(社会科学版)》2008年第1期。
[2] Barrington Moore, Jr., *Moral Aspects of Economic Growth, and Other Essays,* Cornell University Press, 1998, p. 4.
[3] 姜朋:《官商关系:中国商业法制的一个前置话题》,法律出版社2008年版,第54页。
[4] 姜朋:《官商关系:中国商业法制的一个前置话题》,法律出版社2008年版,第57—58页。

到 1862 年则形成了第一部综合性的现代公司法。[1] 法国大革命之后建立了资产阶级政权，国家为了发展资本主义经济，于 1804 年和 1807 年分别制定了《法国民法典》和《法国商法典》。其中，《法国商法典》被称为近代第一部商法典，这一事件标志着近代统一商法的形成，在世界上具有划时代的意义。法国商法突破了中世纪的传统，将商人法扩展为商行为法，开创了大陆法系民商分立体例的立法先例，在很大意义上体现出平等、自由的理念。德国在统一之前，长期处于封建割据状态，除了普鲁士邦以外，其他封建番邦基本没有成文的商事法规。1861 年，德国制定了《普通德意志商法》，对商人地位、商事行为等进行了明确规定。1871 年统一后，该法依旧在全国范围内推行并发挥着重要作用，其间有过多次修订，直到 19 世纪末制定了《德国商法典》而废止。

（三）商业组织伦理的多元镜像

商业的发展离不开商业组织的支撑，商业组织是商业活动的主要载体。在西方近代的社会转型中，商业组织伦理在封建与现代的交叉点产生了剧烈变动，由此呈现出多元化的特点。尤为值得注意的是，西方近代的重商主义时期，在王权和商人阶层的联合之下，多数国家纷纷成立了各式各样的特许公司，并且在王权的特许之下，这些商业组织保持了较大的独立性，享有垄断某一地区的贸易特权，官商从中大获其利。政府和商人在共同利益的驱使下，像是达成了一致的协议一样，运用多种方法去调动一切力量和资源，在世界市场上与其他国家展开激烈的竞争，而这一切更多地体现在制度上的竞争。特许公司就是在这种情况下出现的一种典型的准现代化商业组织，并在发展中不断向更加现代化的商业组织进化。在西方历史上的特许公司的演变中，可以从四个方面清晰地看到从股份制萌芽到有限责任公司的发展脉络：股份公司从短期的或临时性的发展成长期的或永久性的；从无限责任的发展成有限责任的；董事会的形成；建立起买卖公司股票的交易所。[2] 因此，考察

---

1 仲继银：《公司的自由与规范：以十九世纪美国为案例》，《中国新时代》2014 年第 11 期。
2 王加丰：《西方历史上的特许公司》，《历史教学问题》2016 年第 2 期。

西方近代的特许公司的商业组织伦理,对于深入了解相关商业规范的特点具有重要的意义。整体来看,西方近代兴起的特许公司在商业组织伦理上具有诸多过渡性特征,并集中表现在以下三个方面。

1. 政治和经济的二元属性

特许公司既是一种享有正当法律保护的商业组织,以商业利益为其主要追求,同时在某种程度上又兼具司法、外交等政治功能,体现为经济和政治的二元属性,属于一种政治经济高度结合的商业组织。由于特许公司既是商业公司而代表投资者的利益,同时又由王权或政府特许而兼具政治特权,它是"统治权与财产权的统一,公权与私权的结合"[1]。

一方面,特许公司的首要职能体现在经济方面,它在重商主义时期已然成为西方主要国家拓展海外贸易的主力军,公司成员常年奔走于海外,向不同国家和地区推销乃至倾销英国商品,同时他们也从海外带回英国所需的商品。与此同时,特许公司也是相关国家实施海外殖民活动的重要载体,为其开辟海外航线和殖民扩张活动提供了强大的助力。可以说,西方近代大批特许公司的建立是重商主义实践的现实表现,它推动了西方国家商业的发展、财富的积累、海外探险和远洋航行以及海外贸易和殖民活动,在经济上奠定了资本主义原始积累的重要基础。

另一方面,特许公司的政治属性表现在多个方面。第一,特许公司所享有的政治特权主要集中在君主或政府从国家政策层面给予的特殊支持。以国王为代表的政府不仅通过运用权力帮助特许公司和本国商人打压国内外商业竞争者,为特许公司创造相对优越的经营环境,而且在特许状的颁发和实施过程中,通过一系列官方举措为其保驾护航,这令其对某些地区或行业的贸易具有了绝对垄断地位。第二,特许公司在其自身的经营中,不仅独占了贸易的垄断权,而且在海外贸易和海外殖民中,享有诸多一般商业主体不可触及的政治特权,历史上臭名昭著的东印度公司就是一个典型的例子。该公司

---

[1] 何顺果:《特许公司——西方推行"重商政策"的急先锋》,《世界历史》2007年第1期。

由伊丽莎白一世在 1600 年授予特许权，它拥有来自英王特许的数量庞大的军事力量、行政权力和外交权力等特权。第三，特许公司的政治性还体现在特许公司商人对议会和市政等权力部门的渗透。为了保障自身的利益，特许公司主要商人积极参与政治，争取议会席位和市政管理权，进而为保障和发展公司的利益奠定了政治基础。

2. 高度自治性

西方近代普遍兴起的特许公司的经济政治并存的二元属性，既有浓厚的封建性质，同时又蕴含着强烈的现代性成分，其中高度自治性是连接封建与现代的一条重要线索。这种自治性特征使得特许公司在某种程度上能够减少封建权力的直接干预，进而在很大程度上能够按照商业伦理的基本轨道快速发展。

特许公司具有多种组织类型，其中规约公司的组织规则具有一定代表性。它作为一个商业团体组织，为其成员制定和维护商业规则。公司本身并不从事贸易，而主要由其成员单独或几家联合进行贸易活动，公司负责对相关成员的贸易活动进行监督和管理。无论如何，规约公司在拿到特许状之后，只要在特许状所规定的范围内从事贸易活动，其内部管理和经营活动通常不受外部的政治因素干扰，并且公司具有独立的经营管理体制，可以设立公司法院、理事会等机构，因此它是一个具有高度自治性的商业组织。

合股公司则与规约公司有很大不同，它不仅具有现代意义上的法人地位，而且也大量运用了现代性的企业运营方式，类似于现代股份制公司，在一定程度上可以说它是现代股份制公司的先驱。从商人成员的参与方式来看，合股公司主要以公司的名义统一从事贸易，公司成员主要以投资者（股东）和公司管理者的身份存在。相比而言，合股公司投资者的准入资格更加宽泛，甚至普通人也可以参与其中，因此能够集中资本力量进行更大规模的大宗远洋贸易。然而，在公司的发展过程中，也存在从规约公司发展成为合股公司，由于种种原因又变回规约公司的现象，如莫斯科公司和利凡特公司在其发展过程中就出现过这样的现象。不论是规约公司还是合股公司，它们的一个共同特点便是高度自治性。这种特点在公司经营中转化为无形的优势，使公司在其成员的共同自治中不断发展壮大。

3. 垄断性与排他性

西方近代的特许公司还存在一个较为普遍的共性：垄断性与排他性。排他性中具有垄断性，垄断性中又蕴含排他性。同时，还包括公司对成员的严格管理和新人加入公司门槛的设置，这尤其体现在商业寡头对公司的强大控制力上。

托马斯·孟（Thomas Mun）作为英国近代重商主义的重要代表人物，除了对重商主义理论的贡献之外，他对商人的作用、地位及其所应具备的特殊才能有着独到的见解。他将商人比作"王国财富的管家"，认为商人理应享有较高的荣誉，因而，一个全才商人必须具备12项优秀品质和出色能力，比如他必须擅长书法、算术、会计、度量衡和货币知识、各种税费和汇率、船只建造、航海技术、外语等。[1] 由于英国近代特许公司大都经营海外贸易，因此对于公司成员的商业才能要求较高，非商业人士想要进入这个领域是极其困难的，这在一定程度上令其具有较大的排他性。以商人冒险家公司为例，该公司以海外贸易业务为主，拥有完善的贸易制度和管理体制，尤其在对公司成员的严格控制和学徒管理方面，更体现出排他性的特征。据历史记载，加入这个公司的条件极为苛刻，一般来讲主要有四种方法：一是天然继承方式，即子承父业；二是通过学徒获得加入资格；三是通过购买方式加入；四是"免费赠送"方式。这四种方法是固定的，但无论使用哪种方法，都必须缴纳一定金额的会费。[2] 就通过学徒方式加入公司来讲，公司的相关准入规定是极其严格的，不但做学徒的时间相对漫长，而且学徒要学习的知识一般都非常庞杂。从这一点可以看出，一名普通人要想成为特许公司的一员，面临的考验和障碍是非常大的。况且，在英国的前工业时期，英国长子继承制的沿袭导致许多贵族子弟另谋出路，从事商业成为他们重要的选择。[3] 但是，对于一般的中小商人和商贩来说，他们进入特许公司的门路往往是狭窄的，或者他们始终是特许公司的边缘群体。整体来讲，特许公司的排他性特征非常明显，享有贸易

---

[1] ［英］托马斯·孟：《英国得自对外贸易的财富》，李琼译，华夏出版社2013年版，第4—5页。
[2] 王军：《16—18世纪的英国特许公司研究》，博士学位论文，东北师范大学，2011年，第41页。
[3] 张卫良：《英国社会的商业化历史进程（1500—1750）》，人民出版社2004年版，第200页。

特权的人始终是那些金字塔顶上的大商人或商业寡头、贵族、乡绅等群体。

再者,通常情况下,从事特许贸易的商人大都是拥有雄厚资本的职业商人,因为他们不但在个人资本上占有绝对优势,并且有能力集资承担特许状的花费及其他义务规定;同时,这些商人由于具有专业的商事技能,从而能够从容应对和承受贸易中出现的各种风险,并利用丰富的经验获得更大的商业利润。与此同时,随着西方近代商业组织朝着股份制公司的逐渐转变以及海外贸易规模的不断扩大,特许公司对资本的需求急剧膨胀,因此在诸多特许公司中,引入单纯的投资者成为越来越普遍的现象。这也就为非职业商人出身但拥有一定财富的贵族、实力派乡绅等群体打开了方便之门,他们可以以纯粹的投资者身份从中分得一杯羹。

整体来看,西方近代商业组织朝着自由、开放的发展趋势递进,而由于特许公司本身的封建特权性、垄断性和排他性等原因,它在很多方面与新兴资产阶级的利益不相符合,故其必然在时代潮流中进行自我革新,以迎合人类社会发展规律。随着政治经济的变革,这类公司大致在18—19世纪期间陆续宣布解散,更加现代化的股份公司成为代之兴起的新型商业组织。

在特许公司塑造着人类文明的同时,其道德上恶的一面也体现得淋漓尽致,这令此类公司带有强烈的道德二重性。特许公司的成功,虽说为公司成员、投资者和国家带来了尤为可观的商业利润和税收,但它作为资本主义原始积累阶段的产物,在资本对利润的疯狂追逐中充斥着无数的罪恶,尤其是对其他国家和民族造成了前所未有的灾难,犯下了泯灭人性的滔天罪恶。据统计,"根据一个呈报议会的表报,从1757年到1766年,东印度公司和它的职员让印度人赠送了600万英镑!在1769年到1770年间,英国人用囤积起来的大米,不出骇人听闻的高价就拒不出售的办法制造了一次饥荒"[1]。这种现象足以说明,在西方近代政商勾结疯狂追逐利润的动机之下,人类的善与恶、道德与金钱、理性与欲望的平衡问题成为一个不可回避的考验、挑战和矛盾。

---

1 [德]马克思:《资本论》第1卷,人民出版社2018年版,第863页。

三、规则伦理——以英国为例

规则不同于德性伦理和制度伦理,它是行为主体或组织在实践活动中逐渐形成的一种伦理规约,以及相关主体德性伦理和制度伦理在现实中的生动写照。有鉴于此,本节选取欧美近代典型时期的典型国家英国作为案例,并对其进行鞭辟入里的分析,以期在微观层面达到见微知著的研究效果。之所以选择英国而非其他欧美国家,主要原因有二。一方面,重商主义时期既是近现代的重要转折期,又是重塑近代欧美政商关系的关键过渡期,也是政商突破封建主义并尝试建立现代伦理关系模式的形塑期,直接为现代资本主义国家政商互动规则的成形奠定了重要基础,因此,这一时期是在大历史观下解释西方近代政商互动规则从传统向现代转轨的关键锁钥。另一方面,重商主义是近代欧洲主要国家都经历过的一段特殊时期,西班牙、荷兰、葡萄牙、德国、法国等几乎都有着相似的历史经历。虽然相关国家的政商主体在实践层面存在不少差异,但在本质上也存在着一些核心共性,因此,从个性化的具体实践中总结出相关政商互动的伦理规则更有实证意义,更能够细致洞察政商互动规则的奥妙。英国则是欧洲国家在重商主义中获得巨大成功的典型,其政商互动模式更具代表意义和借鉴意义。

英国重商主义时期,权力阶层与资本阶层之间互相博弈,政商关系内化为以权力为代表的国家和以资本为代表的市场之间的关系,呈现出权力与资本结盟的形态,表现为权力资本化和资本权力化的双向逻辑特征。权力与资本的深度结盟推动了英国经济社会的迅速发展,资本主义发展壮大,最终夺取政权,确立资产阶级统治。16世纪到18世纪中期,作为英国重商主义思想和政策盛行时期,工商业资本获得逐步发展,得到快速积累,这为轰轰烈烈的英国工业革命拉开了序幕。随着15世纪末红白玫瑰战争的结束,都铎王朝建立,新兴贵族和资产阶级在战争中迅速成长,封建贵族势力被严重削弱,权力逐渐集中在君主手中,英国由此演变为一个统一的民族国家。王权的集中使封建统治逐渐达到顶峰,国家对经济和社会的各个方面进行渗透、管制,影响着人们生活的方方面面。在思想领域,通过自上而下的宗教改革运动,英国摆脱了传统罗马天主教的控制,进一步巩固了国王的集权统治,同时也为资本主义的发展提供了新的道德支撑；文艺复兴运动对理性和自由的呼唤奠定了资本主义发展的思想基础。这一切增强了英国的凝聚力，对国家的统一和民族国家的形成影响深远，进而国家的富强和对外扩张成为统治者的目标。在此基础之上，重商主义思想契合了国家快速发展的要求和步伐，工商业发展迅速，重商主义政策成为英国工业革命前期的一项基本国策。在此影响之下，资本开始活跃，商业走向繁荣，这一时期的政商关系一改常态，呈现出较以往历史时期较为不同的特性，权力和资本深度结盟。

（一）重塑近代英国政商关系的两大关键力量

权力和资本是重塑近代英国乃至西方政商关系的两大关键力量，而重商主义则是决定这一走向的重要转折点。因此对这一时期的权力资本关系考察，是管窥西方近代政商关系的命门。重商主义认为，国家要想富强，必须发展工商业和对外贸易，而制约一国贫富的核心因素则是对金银等贵金属的占有；一国要富裕需保持对金银的控制，而国家金银的多少主要取决于对外贸易的顺差，在商业上表现为两种实践形式，即限制商品输入和奖励输出。在权力和财富欲望的驱动之下，重商主义时期的英国政府，对经济和社会进行全面干预和管制，大力支持和发展本国工商业，积极发展航海业，拓展海外殖民地和海外市场，为产品拓展销路。这种国家与市场的互动态势，显示出政商两股中坚力量对重商主义的直接推动作用。其中，政主要指权力及权力阶层，并以权力代称；商则可以抽象为资本及资本阶层，并以资本代称。

重商主义对财富的追求情有独钟，从当时商人的角度来讲，他们完全明白而且深知，国外贸易可以使他们致富。在这一时期，新兴的工商业阶层作为资本人格化的代表，开始了无止境的利益追求，然而在自身力量还不够强大的条件下，迫切需要强大的国家力量作为支撑，因此，他们在国内外的商业活动中，更多地给予权力在各方面的帮助。关于重商主义，亚当·斯密在其《国富论》一书中论述道："谁是这学说体系的设计者，不难确定，我相信，那绝对不是消费者，因为消费者的利益全被忽视了。那一定是生产者，因为生产者的利益受到那么周到的注意。但在生产者中，我们的商人与制造业者，又要算是主要的设计者。"[1] 在当时英国的商业条例中，制造业者和商人的利益备受关怀，国家的政策天平严重向其倾斜。亚当·斯密把从事经济活动的自然人假设为"经济人"，而"经济人"从事经济活动的出发点完全是自身的经济利益。无论商人和制造业者，还是"经济人"，这些描述的都是资本阶层，而作为资本阶层手中的资本，其永久的追求就是利益。古今中外，只要稍有机会，或者在没有机会的情况之下创造机会，资本都会时刻涌动着，无空不钻，无利不图。在英国形成民族国家之后，国内政治环境相对稳定，为工商业的繁荣奠定了基础。在利益的驱动下和自身力量弱小的情况下，资本向权力借力，在当时情况下或许没有比这更好的办法了。因为在当时的国际环境中，英国商人要与海外的荷兰、西班牙、葡萄牙、法国等国家的商人进行激烈竞争。资本要发展，市场要扩张，那就必须得到国家的强力支持和帮助。

与此同时，对资本的利用成就了英国封建统治者长期以来的美梦，国家快速富强，王权空前膨胀。对权力的追求和巩固，应该是历代封建君主的理想，为满足自身的权欲，君主们会想方设法利用一切可以利用的力量去维护自身的最高权力。在民族国家形成之后，英国国内环境相对稳定下来，而周围的老牌强敌却始终是它强大起来的重要制衡因素。作为一个岛国，国内的市场和资源远远不能满足英国国家强大和富强的政治目标。当时的新兴资本阶层力量相对有限，在政治上还无法抗衡王权和贵族的压迫，但是为了追逐利益，他们不仅要求国内有统一的市场和稳定的环境，而且希望能够在王权的帮助下对抗国外商人集团和来自海上的威胁，并走向强大。同时，英国虽然已完成国内的统一，但是面对周围荷兰、葡萄牙和西班牙等强国的外部威胁，君主要想维持统治并在竞争中强大起来，财政就成为保持权力稳定的最重要的问题之一。重商主义的思想契合了君主的欲望。资本此时的弱小和逐利的本性也被权力所利用。

"市场的力量和国家的力量以重商主义的名义整合在了一起，双方的此消彼长取决于双方的力量对比。正是这种力量对比的变化决定了重商主义的发

---

[1] ［英］亚当·斯密：《国富论》，商务印书馆2016年版，第234页。

展变化和演进轨迹,决定了国家与市场经济关系的总体结构。"[1] 就这样,在权力和资本的双向驱动之下,重商主义政策得到双向拥护,为资本阶层的利益最大化和权力阶层的统治需求提供了源源不断的强大支持,权力和资本成为推动重商主义盛行的两股主要力量。在资本和权力深度结盟的过程中,表现出权力资本化和资本权力化的双重博弈与互动特征。

(二) 权力驾驭资本的突出征象

权力资本化是指掌握公权力的人格化代表权力阶层利用其掌握的权力,通过种种方式,将权力变现为资本,为其阶层利益服务。对于 16—18 世纪的英国政商关系,从权力层面来看,为了维护权力阶层的政治目的或统治,寻求庞大的财政支持来达到权力最大的目标,国王通过运用特权,对资本阶层进行设租、寻租,实现权力资本化,驾驭资本为自身的政治服务。随着玫瑰战争的结束和都铎王朝的建立,分散的封建权力逐步集中到中央,王权得到空前的扩张,可以说都铎王朝是英国封建时期中央集权的黄金期。民族国家的形成为统一的市场扫清了障碍,工商业由此快速成长,资本阶层逐渐壮大。然而,在重商主义时代的英国,外部竞争压力较大,战争频繁,耗资巨大,再加上宫廷奢侈的消费和维护国内社会稳定的行政开支,国家财政入不敷出。为了维护统治,国王不得不想方设法取得正常税收以外的收入来弥补财政亏空。国王除了通过没收教会资产、出售土地和议会征税等方式增加财政收入之外,同时利用王权对资本阶层进行赤裸裸的设租、寻租。国王利用权力进行寻租的方式主要有以下几种:

一是出售皇家特许状。重商主义时期,特许公司在英国盛行。在海外贸易方面,国王通过有偿形式颁发给资本阶层特许状,成立海外特许公司,允许其垄断一个地区的海外贸易,例如东印度公司、莫斯科公司、利凡特公司;或者通过向特许公司进行有条件的借款,来支撑财政需求;更有甚者,国王有时直接入股特许公司,共同承担公司运营风险,获取利润分红。"英国最初

---

[1] 李新宽:《国家与市场——英国重商主义时代的历史解读》,中央编译出版社 2013 年版,第 39 页。

在北美殖民的人，为诱使国王给予他们特许状，都以所发现的金银五分之一献于国王。华尔特·罗利夫爵士的特许状，伦敦公司及普里木斯公司的特许状，普里木斯参议会的特许状，等等，其发给都以把所得金银五分之一献给国王为条件。"[1] 特许公司是一种政商结合的互利模式，是一种政商联姻。通过王权授予的特许权，限制其他商业对手的竞争，使相关资本团体在特定地区的海外贸易上拥有绝对的垄断权和排他性，以此获取巨大的超额利润。这种以国王名义颁发的特许状，不仅可以满足资本在海外贸易和市场中追逐利益最大化的逐利性需求，同时也在一定程度上满足了权力在财政方面的巨大需求，权力资本化的特性展露无遗。

二是售卖爵位。在都铎王朝和斯图亚特王朝期间，国王通过售卖爵位从资本阶层获取一定的财富。随着新兴资本阶层的逐渐壮大，尤其是在获得了一定的利益和有了资本积累之后，为更大地实现利益最大化，资本阶层逐渐想方设法地追求权力和地位，试图进入政治领域，有时通过金钱购买爵位，进入贵族行列。国王迎合了资本的这项需求，以不同价格向资本阶层售卖不同级别的爵位，赚取一笔不菲的收入。

三是借款。在外部竞争国家的威胁之下，对外战争不断，同时国内维护社会稳定费用和军费开支巨大，外加宫廷奢侈的生活和物价上涨等因素，一般性的税收收入难以维持其巨大的消费，王室财政入不敷出，缺口巨大。在巨大的财政压力之下，国王常从商人中挑出合适人选，任命为财政官员，运用各种权力手段进行筹款，为其解决财政困难，其中向资本阶层进行有条件的借款便是常用的主要方法之一。

四是拓展海外殖民地。在重商主义时期英国进行海外殖民中，随处可见资本的身影。特许公司通过国王以有偿形式颁发的特许权，并在权力强有力的庇护和支持下，才有可能从同荷兰、西班牙、法国等国的竞争中胜出，掌握海上霸权地位，进行全球海外殖民活动。在争夺海上霸权和殖民地过程中，英国对他国进行过多次战争，耗费巨大，而许多特许公司在海外殖民活动中

---

[1] ［英］亚当·斯密：《国富论》，商务印书馆2016年版，第141页。

获取巨额利润。海外殖民地的大范围推进,建立在权力阶层利益和资本阶层利益的高度统一基础之上,不仅满足了商人对金钱的欲求,而且也成为国家的财政收入来源之一。商业资本和权力在全球展开财富的搜刮,商人的富有便是国家的强大。在这个过程中,资本依靠权力获取利益的同时,权力利用资本变现,将此变为推进其政治目标的资本。伴随着权力资本化的步伐,双方朝着互利共赢的方向前进。君主运用特权和国家力量,驾驭资本为其政治服务。权力资本化以一种赤裸裸的方式向资本阶层寻租,权力赚得盆满钵盈,在一定程度上满足或缓解了庞大的财政需求。这种利用权力变现资本的方式,在整个重商主义时期,成为一种常态。

(三) 资本向权力渗透的立体图景

在英国重商主义时期,资本借助权力的力量慢慢地发展强大,在此基础上,资本为争取最大限度的利润,逐渐向权力渗透,呈现出一种资本权力化的形态。"所谓资本权力化,是指资本不仅是一种经济力量,而且力图成为一种政治力量,通过对权力人士价值观的扭曲、生活方式的重塑等方式,完成对权力阶层的俘获。"[1] 商人通过参与市政管理、在政府任职、参加议会等政治方式,掌握一定的权力,并在政治领域中发挥越来越大的作用,这主要体现在以下三个方面。

1. 商人贵族化

在利益和名誉的驱动下,英国近代商人向贵族阶层的流动成为一股热潮,导致出现资本阶层贵族化的现象。商人向贵族流动的现象既与贱商传统的价值取向有关,也与商人对主体权利和政治权力的积极争取息息相关。在中世纪的欧洲,贵族是掌握土地、政治权力的主要群体,属于社会的上层群体而备受尊重,这种传统在英国近代依旧占据重要位置。并且,宗教改革之后的议会上院主要由世袭大贵族和少数主教控制,政务会、枢密院以及早期内阁

---

[1] 靳凤林:《资本的道德二重性与资本权力化》,《哲学研究》2014 年第 12 期。

成员中一半以上是贵族,军队高级指挥官中半数以上是贵族,而且外交使节、地方官、殖民地总督等职位也主要在贵族和乡绅中分配。[1] 由此可见,在中世纪英国,与一般社会阶层相比,贵族在政治上的绝对优势显而易见,甚至从光荣革命至19世纪中叶,英国政坛都被冠之以"贵族时代"的称号。

王权为了自身的利益,有条件地对商人变身为贵族开启了一扇"合法"之门,以高价售卖爵位成为一种重要手段;同时,统治者意在通过增加新贵族的数量来稀释贵族的权力,进而有利于巩固王权自身政治优势。英国近代的鬻爵现象显然成为一种社会热潮,仅在詹姆斯一世时期,就曾敕封60名贵族。这些新封贵族大都是豪商巨贾,其中就有东印度公司领导者T.司密特、伦敦大商人兰克费尔德以及圭亚那公司的主要创办人,这些人基本以经商为主业。[2] 桑巴特认为,在1600—1800年,一个全新的社会阶层在旧贵族与新富人的结合中得以形成,他们的内在精神层面代表着新的财富,生活方式上体现了封建性。这种贵族与资产阶级金钱的结合,发生在所有的资本主义国家。英国自都铎王朝建立之时,贵族等级得以重建,玫瑰战争使得旧贵族数量急剧减少,势力大幅削弱,国王利用没收的教会地产对其进行封赐,以恢复这些旧贵族的权力和财富,从而使其依附于王权。同时,从亨利七世和亨利八世起,国王从以富裕的资产阶级为主的名流中遴选出一部分新贵族,他们与旧贵族平起平坐,从而使得贵族数量稳步攀升。据统计,从亨利七世到詹姆斯二世期间,英王封授或提升的贵族数量有300多位,并且1700—1800年间封授的贵族爵位达到250多名。骑士作为贵族中的低级成员或可称为准贵族,也成为公开售卖的"商品"。"骑士头衔的买卖(售价1095镑)由詹姆斯一世在1611年实行。这些受惠于钱包的骑士被称作准男爵;他们排在旧有的准男爵之前,地位仅次于贵族。在17、18世纪新的准男爵成百地增加;到19世纪中叶,新准男爵已达700人。"[3]

---

1 阎照祥:《英国贵族史》,人民出版社2000年版,第189页。
2 侯建新:《英国的骑士、乡绅和绅士都不是贵族》,《历史教学》1988年第3期。
3 [德]维尔纳·桑巴特:《奢侈与资本主义》,王燕平、侯小河译,上海人民出版社2005年版,第13—16页。

2. 商人官僚化

英国近代资本阶层在自身的发展壮大中，运用自身逐渐积累起的巨大财富，不断向政治领域和官僚系统渗透，资本阶层官僚化便是其中又一重要现象。商人对政治的巨大兴趣，建立在自身的经济优势基础之上，而且他们对政治的兴趣主要基于自身的商业利益，或者说为了保住和扩大其在商业上的绝对优势。因为在当时环境下，不管是从事国内贸易还是海外贸易，没有政治权力的支撑，很难达到既定目的。

在英国近代早期，随着商业的迅速发展，城市逐渐成为商人和商业的核心聚集地，是国家经济发展的核心力量，如伦敦、兰开斯特、布里斯托尔、约克等城市的商业都较为繁荣。伦敦作为英国近代最大的商业城市，其贸易量占据了英国的大部分份额，城市中大商人人数也最多。可以说，英国近代的城市政权是建立在财富之上的，因为只有富人才能支付得起各种官职的开销。而且，"在16世纪晚期和17世纪初，伦敦商人的政治核心其实在于跟王室政府的关系中。这并非巧合和临时性安排，而是有其深厚的根源，亦即在海外商人和君主政体的较为长期的需求"。[1] 这种规则的制定有其特殊的历史渊源。早在英国近代城市复兴的进程中，封建政权通过向自治城市颁发特许状，使城市取得了合法存在权和自治权，由此，城市成为商人聚集和活动的主要"基地"，他们在城市中享有庄园农奴远远无法比拟的相对自由和政治权利。这些商人不但享有在城市内的诸多权利，甚至他们有权选派代理人代表城市参加议会，并在此基础上逐渐扩大其政治影响力。随着商人力量（尤其是大商人）的膨胀，他们享有的权利越来越多，在整个城市政府的运行中属于绝对优势群体，或可称为主宰者。在伦敦市市长的任职资格规定中，候选人必须具有一定金额的财产，一般要求在 10000 英镑以上，而且主要市政官员的财产资格也都规定在 1000 英镑以上。[2] 这种对财产资格的任职规定，是一种对商人绝对有利的规则，这必然导致市政官员的职位大量落入商人之手，

---

1 Robert Brenner, *Merchants and Revolution: Commercial Change, Political Conflict, and London's Overseas Traders, 1550–1653,* Verso, 2003, p.199.

2 赵秀荣：《1500—1700 年英国商业与商人研究》，社会科学文献出版社 2004 年版，第 182 页。

商人自然而然也就掌握了市政大权,成为城市的实际主人。除了市政主要官员职位被商人垄断之外,城市参议院和议会也几乎都被商人把持。在出任议员的成员中,来自特许公司的商人占据主要席位。

3. 商人议员化

由于英国近代的议会承担立法的政治功能,可以深度决定国家政策的走向,商人便经常通过直接竞选议员的方式来实现资本阶层议员化这一目的。商人当选议员是经济力量和政治力量耦合的又一显性现象,突出表现为商人与议员一体化的特征,或者说,商人通过直接干预政治决策而使权力为自身商业利益服务。

在英国近代的政治演变中,议会逐渐成为国家政治机构的核心组成部分,而且其权力不断得到壮大和巩固,成为政治角逐的"主战场",由此形成国王、上院和下院的多元政治结构。特别是在国王和议会的关系中,国王既有权力召开和解散议会,同时议会也能够制约和限制国王的权力,权力在各方力量的互相制约中运作,进而构成一种"王在议会"的封建政体模式。从议会职能来看,立法是其核心功能,并且随着英国近代重商主义政策的不断推进,议会中有关商业的经济立法成为这一时期的重要内容。在资本阶层的逐利本性驱使下,商人通过种种途径想方设法地在议会谋求席位,以增加代表己方力量的政治话语权。伴随商人在议会中的席位不断增加,其政治权力也逐步扩大,甚至在议会中的人数占比仅次于乡绅和律师。据统计,1555—1570年间,伦敦市的38名参议员中,有25人(也许更多)来自海外商人,其中至少有17人来自冒险商人公司,这种商人主导的状况维持到17世纪初。1640年,在商人冒险家公司的74名冒险家中,有29人(占比39%)进入1633—1635年间的伦敦参议院。[1] 商人在议会中的作用,以提交维护自身权益的议案为主。以伦敦商人在议会中的提案的类别来看,主要包括以下三类:旨在保护本市工商业者发展经营权利的提案;伦敦工商业者争取经商自由的

---

[1] Robert Brenner, *Merchants and Revolution: Commercial Change, Political Conflict and London's Overseas Traders, 1550–1653*, Verso, 2003, pp 80–81.

提案；伦敦市内各同业公会垄断经营议案等。[1] 故此，商人与议会的这种特殊关系，绘制出一幅政治为商业利益服务的图景。商人积极介入政治的目的，无非是想通过政治运作，赚取更大的利润。

不仅如此，商人为了实现自己的商业利益，会通过种种非正当手段与议员互动，以使有利于他们的议案提出或通过。例如，一些商人公会为了在议会提案上得到支持，通常会采用各种方式对议员施加影响，行贿和院外游说就是其惯用手段。"商人公会的行贿方式也是五花八门，从赠送礼金、塞红包、送礼品到设宴款待、迎来送往，称得上不择手段。"[2]

在英国近代资本阶层与议员的互动中，商人常常扮演政治家和商人的双重角色，致使资本阶层议员化的特征尤为明显。这种权力与金钱之间赤裸裸的直接交易，成为英国近代政治发展史上的一个显性特征。随着新兴资本阶层的成长和壮大，他们在议会的席位数量不断增加，利益欲望无限膨胀，与国王之间的博弈愈演愈烈，直至光荣革命的爆发。此后王权受到限制和削弱，国家权力从国王转移到资产阶级手上，资产阶级由此成为权力的主导；以国王为代表的权力对资本的控制和管制已受到限制，资产阶级站在资本自身的立场，逐渐扩大政治影响力，并最终完全掌握政权。资本阶层在利益的驱使下，自由主义的苗子慢慢成长壮大起来，朝着亚当·斯密的"自由贸易主义"方向发展。至此，资本主义的发展黄金期到来，资本像一匹脱缰的野马，变成权力的主宰，权力为资本护航，在全球疯狂敛财和扩张，资本权力化的进程得以完成。

（四）权力与资本深度结盟的交互影响

"在西方历史上，重商主义运动的生成集中反映出权力阶层和资本阶层之间的精英联盟现象。重商主义是16—17世纪封建主义解体之后的原始资本积累时期在西欧形成的一种经济理论或经济体系，它本质上反映了以权力阶层

---

[1] 赵秀荣：《1500—1700年英国商业与商人研究》，社会科学文献出版社2004年版，第190页。
[2] 赵秀荣：《1500—1700年英国商业与商人研究》，社会科学文献出版社2004年版，第192页。

为代表的国家和以资本阶层为代表的市场之间互倚互重的关系。"[1] 在重商主义时期的英国，权力阶层为了维护和巩固其统治，充分利用资本阶层，向其设租、寻租，在很长一段时期内，对资本阶层进行全面压迫和管制。与此同时，在资本贪婪的驱动之下，资本阶层为了获得最大的利益，与权力阶层既深度合作又博弈斗争。从整体来看，这一时期是英国向现代国家过渡的特殊时期，在 200 多年的时间里，权力阶层和资本阶层为了各自的利益，斗争此起彼伏，但总能找到共同的利益追求，实现各自的政治和经济目标。也就是说，"商人的目的是求富，国王的目的是求强，因此双方互惠"。[2]

不管是重商主义时期的权力资本化，还是资本权力化，权力和资本之间实质上存在着一种结盟现象，离开双方中任何一方的努力，英国工业革命都未必会如期而至，英国也不会发展成为一个不可一世的庞大帝国。英国在这个时期进行全球殖民，权力和资本强强联合，各种特许公司，如利凡特公司、东印度公司和莫斯科公司等，在海外进行残酷殖民活动，为本国和本公司创造巨额利润。这种特许状的颁发往往带有交易性质，国王通常以借款或入股等形式为条件，向私人公司颁发皇家特许状，准许其垄断一个地区的贸易，这既满足了政府的财政需求和扩张欲望，也满足了资本对利益的追求，可谓"共赢互利"之举。以东印度公司为例，从其 1600 年成立伊始，凭借英格兰女王伊丽莎白一世授予的特许状和国家强大力量的支持，攻入印度市场，对当地人民进行疯狂掠夺，创造了大量利润。英国东印度公司代表英国在印度的活动权力非常之大，享有交战、媾和、司法等权力，并拥有庞大的武装力量，这是一种典型的权力和资本的深度结盟。从另一个层面来讲，在国内，资本往往与权力联合起来压榨人民，通过血腥的圈地运动来满足资产阶级的发展，大量失地农民被动地变成工人，成为资产阶级压榨的对象。资本阶层常以长工时、低工资等方式残酷地剥削工人阶级，工人的生活状况极其惨烈。

重商主义时期的英国，权力和资本在共同利益的驱动之下结成联盟，既高度迎合了资本阶层追逐更多利润的动机，也满足了权力阶层的政治目的。

---

[1] 靳凤林：《追求阶层正义：权力、资本、劳动的制度伦理考量》，人民出版社 2016 年版，第 63 页。
[2] 赵秀荣：《16—17 世纪英国商人与政权》，《世界历史》2001 年第 2 期。

英国重商主义时期的政商关系，从本质上讲，是权力和资本两股力量之间的关系，在权力资本化和资本权力化的过程中，虽然伴随着博弈和斗争，但同时也是权力与资本的深度结盟。在重商主义背景下，英国运用政治权力、商业条例和军事力量，保护和扩大商人阶层的利益，造就了一批富商，为资本原始积累奠定了基础；反过来，资本在发展过程中，也以强大的财力为政府提供支持。通过各种政商互动，权力和资本成为重商主义的两大推手。一个民族国家与其商人阶层形成紧密的结盟，这对英国的强大起到了极为重要的作用，同时资本阶层的力量越发强大，开始慢慢渗透到权力阶层中并最终掌控权力。

通过上述分析可知，在重商主义时期的英国，权力与资本的斗争与合作模式塑造出这一时期政商关系的特殊模式，大型商业贸易（尤其是国际贸易）基本只能属于特定商人集团与国家既得利益者的"专属品"，一般私商并没有太多机会，这与自由资本主义的潮流相吻合。然而，随着重商主义的日渐式微，英国很快迎来了一个关键的转折时刻，自由商人的力量越加强大，政商关系模式也随之发生新的变化。19世纪上半叶，自由商人围绕"自由贸易"权利等问题展开了一系列政治、经济与舆论上的行动。这些新兴资产阶级自由商人，从根本上开始改变英帝国的政治乃至全球秩序。相较于重商主义的主角商人，这些自由商人更接近现代世界主义的"全球公民"，他们通过优越的自由行动能力和资本实力，能够建立及支配一个具有强大影响力的巨大人际关系网络。[1] 但是，不论是欧美重商主义时期的政商互动模式，还是更加现代化的现当代规则形态，其中既存在内在继承性特点，也存在表层的形式差异化特征。由此，这两个时期的政商互动规则呈现出"貌离神合"的整体特点，不变的是政商利益一体化的结盟本质，而变化的地方在于这种政商结盟在形式上更加"法制化""合理化""资本利益多元化"。

1　殷之光：《商人治国——从贸易到战争的逻辑》，《文化纵横》2020年第2期。

第六章

我国改革开放以来政商伦理关系的历史流变

　　研究中国当代政商关系，离不开对新中国成立以来特别是改革开放以来的政商模式的系统性考察，在历史纵深中厘清相关发展脉络，进一步关照今天和未来的走向。自新中国成立后，随着国家对农业、手工业和资本主义工商业的社会主义改造的完成，社会主义制度最终确立，高度集中的计划经济体制和"一大二公"的社会主义建设总路线成为国家经济体制的唯一形式。在其后的20多年间，权力对资本形成压倒性的统摄态势，基于私营经济的资本阶层几乎绝迹。随着中央确立以经济建设为中心的方针并做出实行改革开放的决策之后，个体经济、私营经济的存在和发展很快得到政府的承认，并被确定为公有制经济的必要补充。由此，资本阶层在国家权力自上而下创造的环境中"绝处逢生"，并呈燎原之势茁壮成长。可以说，改革开放是资本和资本阶层得以发展的重大契机。其后，权力与资本的关系一改以往的形态，二者的互动越加频繁紧密，在深化和拓展中不断得到调整，并在不同历史时期呈现出不同特征。从伦理学角度来讲，我国改革开放以来权力与资本的互动实践主要围绕效率与公平的关系展开。整体而言，改革开放打破了平均主义束缚，初步确立了效率优先的改革路线，然后发展为效率与公平并重的指导思想，并逐渐朝着追求公平正义的伦理方向深化发展。本章将以伦理原则为核心主线，从改革开放之后的伦理指导原则的生发路径和变化规律，细致观察权力与资本关系实践的发展轨迹和未来方向。

一、改革开放带来政商关系的复苏

1978年12月,中共中央召开十一届三中全会,提出"要采取一系列新的重大的经济措施,对经济管理体制和经营管理方法进行认真的改革",[1] 确定了以经济建设为中心的方针。肇始于农村的家庭联产承包责任制拉开了改革的序幕,并随着国家从宪法层面对个体经济、私营经济的肯定,为改革逐渐向城市全面扩展奠定了基础。在此契机之下,政府创造市场,民营资本重新走向历史舞台,政商关系初步生成并在探索中不断调整。1978年可以视为我国政商关系发生重大变化的分水岭,特别是在改革开放初期,在分配政策的调整和影响下,权力与资本互动的伦理规则发生着微妙的变化,其间,涌现出温州模式、苏南模式、珠江模式、晋江模式等特色各异的经济发展模式。

(一)政商关系在改革中初步复苏

整体来看,中国自改革开放以来的政商关系受到效率与公平关系影响而呈现四大阶段特征,并以螺旋式上升的发展模式不断向前推进。改革开放之后,政商关系在改革中的复苏逻辑,深受当时的分配政策的影响,过去"一大二公"的平均主义分配方式被打破,逐渐开启了向效率优先过渡的历程,这体现在改革精神、改革路线、政商互动实践等方面。

1. 打破平均主义的改革精神

1978年召开的十一届三中全会,决定实施"对内改革、对外开放"的新决策,在经济管理体制方面号召"应该有领导地大胆下放权力,让地方和工农业企业在国家统一计划的指导下有更多的经营管理自主权","认真解决党政企不分、以党代政、以政代企的现象"。[2] 改革开放的决策和实施,打破了以"一大二公"为代表的高度集中的计划经济体制,农村和城市的个体经济、

---

[1] 本书编写组:《中国共产党简史》,人民出版社2021年版,第224页。
[2] 《十一届三中全会会议公报》,《人民日报》1978年12月24日。

私营经济重新登上历史舞台，生产和分配原则开始从平均主义向效率优先过渡，政商关系在这种历史转折的大背景下开始复苏。

自新中国成立到"三大改造"的完成，私有经济和私有资本基本消失，我国社会主义制度得以最终确立。受苏联模式影响，人们往往把社会主义与计划经济画上等号，从而衍生出高度集中的计划经济体制。在高度集中的计划经济体制下，国民经济的各个领域受到行政指令的支配，分配领域内的平均主义思想和实践尤为严重，生产者的劳动积极性和创造性受到很大限制。在当时，平均主义的价值导向和相应的制度实践，可以被理解为实现分配公平的一种极端模式。平均主义思想强调分配的均等化，在战争年代和国民经济恢复时期等特殊背景下能够起到巨大的积极作用，但在和平时期的经济社会发展常态下，会导致工农业生产效率普遍偏低，国民经济发展缓慢，人民生活水平长期难以得到较大提高，最终阻碍国家的综合发展。

中共十一届三中全会的召开，在思想、路线、方针等核心问题上，打破了平均主义的观念局限，扭转了长期指导我国经济社会发展的指导理念，将效率的重要性提到了一定的高度，进而引导中国社会开始发生巨变。打破以平均主义为核心的公平思想禁锢，开启以效率优先的理论思考，建立在三大思想理论基础上。

第一，实事求是的精神。实施改革开放，必须解放和统一思想，这也是对效率、公平问题进行重新认识的前提。1978年5月，中共中央党校内部刊物《理论动态》发表的《实践是检验真理的唯一标准》，掀起了关于真理标准的大讨论，从哲学层面解决了统一党内思想认识的关键问题，特别是纠正了"左"的倾向和对毛泽东思想的片面认识。十一届三中全会对真理标准大讨论给予充分肯定和高度评价。1978年12月13日，邓小平在中共中央工作会议闭幕会上的讲话《解放思想，实事求是，团结一致向前看》，进一步明确阐述和树立了解放思想和实事求是的指导思想，为实施改革开放和明确经济工作路线奠定了思想基础，营造了良好环境。

第二，共同富裕理论。邓小平在1985年10月23日会见美国时代公司组织的美国高级企业家代表团时说："一部分地区、一部分人可以先富起来，带动和帮助其他地区、其他的人，逐步达到共同富裕。"1986年和1987年，邓小平又在不同场合论述和丰富了这一思想。这种思想体现出，为了突破平均主义的束缚和实现经济发展的高效率，允许有条件的地区和个体充分发挥自身的积极性和创造性先富裕起来，然后再通过一些途径、利用自身优势帮助其他地区和人民富裕起来，最终达到共同富裕的终极目标，以实现公平和效率的有机辩证统一。共同富裕理论超越了传统的社会主义制度下的同步富裕说，打破了平均主义观对社会公平分配观的片面认识，在很大意义上肯定了经济发展效率，特别是按劳分配为主的多劳多得的新型分配理念，意义重大。

第三，社会主义制度与市场关系理论。邓小平在1992年提出："计划经济不等于社会主义，资本主义也有计划；市场经济不等于资本主义，社会主义也有市场。"[1] 这一理论的提出和阐述，打破了长期以来东西方不同意识形态国家的固有传统观念，即资本主义社会与社会主义社会在对待市场态度上的二元对立观。通常情况下，由于东西方社会制度的差异，人们认为，市场是资本主义社会的"专属"，其高效率是建立在以私有制为基础的市场机制作用之上，公平的理念也就被寄予其中，但会失去社会公平；计划是社会主义国家的"特有"模式，它以公有制为基础而排斥市场的作用，因而平均主义是公平的必然选择，效率就大打折扣。按照这种观念，市场与社会主义形成一种不可调和的二元对立的矛盾，公平和效率之间自然也就难以得到有效弥合。但是，邓小平所提出的社会主义与市场关系的新论断，彻底挑战和打破了这种传统认识。他将不同社会制度中的市场和计划当作一种经济、社会发展的手段和工具，市场不仅可以被当作资本主义社会经济发展的经济体制，也能够为社会主义国家所用，并在相应的政治体制内发挥最大化的正向作用，创造出更高的经济效率。这一论断不仅在思想理论上达到了解放思想的巨大作用，而且为社会主义市场经济理论的发展、成熟及其在实践应用中的探索提供了强大支撑，特别是在处理效率与公平问题上能够提供新思路新方法。这种打破平均主义的改革精神，为效率优先的改革路线奠定了基础，并开始深刻形塑社会主义市场经济体制下的政商关系模式。

---

1 《邓小平文选》第3卷，人民出版社1993年版，第373页。

2. 确立效率优先的改革路线

在改革精神的影响下，效率优先的改革路线逐渐得到确立，实现了历史的转换。新中国成立后，随着社会主义改造的完成，个体工商业和私营经济丧失了生存的土壤，几乎消失殆尽，一切商品的生产、流通、分配和消费都按国家行政计划指令进行。1978 年，中共中央召开十一届三中全会，提出了以经济建设为中心的方针。家庭联产承包责任制拉开了改革的序幕，个体经济随之得以重生。1981 年的十一届六中全会把"一定范围的劳动者个体经济"作为公有制经济的必要补充，并提出"以计划经济为主，市场调节为辅"的理论；1982 年把个体经济写入《宪法》；1984 年的十二届三中全会一致通过了《中共中央关于经济体制改革的决定》，并决定将经济体制改革从农村引向城市深处。1987 年党的十三大明确"一个中心，两个基本点"的社会主义初级阶段基本路线，提出"社会主义有计划商品经济的体制应该是计划与市场内在统一的体制"的观点。在此过程中，个体经济不但取得了合法地位，而且逐渐得到社会的认可和重视，个体经济和私营经济得到快速发展。但在 1988 年至 1991 年期间，由于受到当时政治环境的影响，姓"资"姓"社"的争论再次抬头，个体和私营经济发展暂时陷入低潮。

在这个发展阶段，政府开始探索新型经济发展模式，允许和鼓励一定范围和程度的私营经济存在，推动了市场的逐渐形成和发展，政商关系呈现复苏趋势。这一阶段在某种程度上属于"过渡"阶段，是一种由计划经济体制向社会主义市场经济体制进行转变的尝试，党和政府摸着石头过河，在尝试社会主义制度与市场的初次结合中走走看看、修修补补。政商关系存在的前提是政府和市场同时在场，否则政商关系无从谈起。在这样的形势下，私营经济得以逐渐恢复和发展，也才有了政商之间的碰撞。但由于对市场的陌生和价值观念的保守，在此过程中，面对私营经济，全国上下都保持一种谨慎的态度。政府对市场的"松绑"和市场慢慢迸发出的活力，为国家逐渐深入认识市场的作用，并进一步决定开放市场积累了大量经验，同时也为国家针对市场的决策奠定了理论基础。这一阶段，在政商关系的复苏和艰难发展中，出现了著名的以市场为导向的温州模式、苏南模式、晋江模式等成功探索，它们成为民营经济发展的经典案例。

3. 政商关系的复苏

改革开放以实事求是的精神打破了计划经济的平均主义分配方式，初步确立了效率优先的规则，在思想理论上实现了创新性突破，为中央和地方适应新经济的政策的出台和调整奠定了坚实基础。这些源自解放思想的改革精神，为市场和市场主体的"重生"注入了强大动力，民营资本开始逐渐重新登上历史舞台，由此直接推动了政商关系的复苏。

一般来讲，政商之间的互动有一个必需的前提，即代表政府的权力和代表市场的资本同时在场，如果缺失了二者中的任何一方，政商关系就不复存在。整体而言，改革开放直接催生了市场和民营经济。而这一发展路线呈现出从农村向城市、从个体经济向民营经济扩展的整体性特点。

首先，实施农业个体经济改革，放宽农村经济政策。在1978年召开的十一届三中全会上，审议通过《关于加快农业发展若干问题的决定（草案）》和《农村人民公社工作条例（试行草案）》，允许实施"包工到工作组"的农业生产责任制，但不允许"包产到户"的个体经济。1979年十一届四中全会通过《中共中央关于加快农业发展若干问题的决定》，为"包产到户"的生产责任制放开了一个小口子，安徽凤阳县小岗村的做法便是典型例子。1980年9月，中央下发《关于进一步加强和完善农业生产责任制的几个问题》，进一步明确了根据农民自身意愿，可自由选择"包产到户"和"包干到户"的农村经济政策。至此，在农村经济改革的背景下，家庭联产承包责任制的新式农业生产方式在探索中最终确立，由此彻底打破了农业集体经济的"大锅饭"模式，初步实现了按照生产要素进行生产的生产方式。这不仅使农民的生产积极性和农业生产力得到空前的提高，同时也直接催生了市场经济的发育和发展。

其次，城市个体经济的萌芽。改革开放之后，城市经济改革的破冰，始发于个体经济，并深受农村改革的影响。对于当时的城市而言，经济改革面临两大动力：一是改革开放的实施和国家政策的引领；二是大批上山下乡的知识青年返城成为一股潮流，就业问题成为诸多城镇面临的突出问题。1979年2月，国家工商行政管理局召开的一次局长会议的报告中指出，允许个体劳动而不雇工的个体经济存在，温州章华妹成为改革开放以来我国第一个个体工商户。1981 年，十一届六中全会确定"一定范围的劳动者个体经济是公有制经济的必要补充"；1982 年 12 月，个体经济被写入宪法；1983 年 4 月，《〈国务院关于城镇非农业个体经济若干政策性规定〉的补充规定》正式发布，放宽了个体经济的市场准入，进一步扩大了个体工商户的经营范围；1984 年 10 月，十二届三中全会再次指出，个体经济"是社会主义经济的必要的有益的补充，是从属于社会主义的"。

再者，私营经济的出现和发展。从历史角度来看，私营企业的发展相对滞后于个体经济，这也符合国家对民营经济从深化认识到逐步放开的实践逻辑。并且，国家对私营企业的政策松动伴随我国所有制结构的调整而不断变化，直到 1988 年，《中华人民共和国宪法修正案》规定私营经济是社会主义公有制经济的补充，并将其纳入法制轨道上来，允许其合法存在和发展。总的来讲，20 世纪 80 年代和 90 年代初期，我国城乡私营经济主要由个体工商户、承包户、家庭作坊、社队企业等转化和发展而来。1985 年 4 月，通过国务院特批并由工商管理局授权，姜维获颁了改革开放以来全国首个私营企业执照。私营经济的发展热潮由此逐步掀起，但其发展过程又呈现出波浪式的样态。一方面，由于受到国家政策和社会上"左"的思想限制，私营经济显得有些"羞涩"和顾虑重重，其存在形式具有极大的特色。很多企业在保守思维中通过挂靠在集体企业、学校等单位为自己戴上一顶"红帽子"，或登记为个体工商户进行运营，从而在一定程度上限制了民营经济正常发展。义乌小商品市场就是在 80 年代逐渐发展起来的典型案例。在政商关系的政府层面，义乌县委县政府根据当地实际情况，因地制宜地实施了一系列"优化营商环境，服务市场主体"的实践。另一方面，政府又坚持开放市场和鼓励百姓经商，坚持积极培育和善待市场主体，坚持政府调控市场资源，坚持主导市场公平和公正。[1] 在权力的强大推力下，改革的步伐不断迈开、提速，私营经济也蓄势待发并很快开启了飞速发展之势。

整体来看，20 世纪 80 年代前后的政商关系中，民营经济经过改革开放的

---

[1] 庄聪生：《中国民营经济四十年：从零到"五六七八九"》，民主与建设出版社 2018 年版，第 30—31 页。

洗礼，已经有了一定程度的发展，它们在政府的政策导向下机敏地发展自己，同时也在一定程度上自下而上地影响政府的决策；政府则针对个体私营经济的发展需求，适时放宽政策和营造商业环境，自上而下地引导、管控和调整民营经济的发展方向。可以说，在这一特殊的过渡阶段，政府创造了市场，市场催生了民营经济，并且，政府通过系列改革又进一步促进了市场的扩大，为民营经济创造更好的发展环境。但无论如何，这一时期是政商关系复苏的主要阶段，民营经济规模相对还小、还不够壮大，它们从计划经济体制中破茧而出，在新的时代环境中与政府开始接触、互动。

（二）效率优先的市场经济模式探索

改革开放政策的深入实施，直接促进了中国经济发展模式的转变，市场经济逐渐取得一席之地，并在国家的主导下茁壮成长，其间很多地方出现一批各具特色的发展模式。20世纪80年代，费孝通在研究我国小城镇经济社会发展中，通过调研苏南、温州和珠江等地的不同发展特点，运用"模式"概念将其概括为苏南模式、温州模式和珠江模式，以及基于县域经济发展的晋江模式。它们都是在改革开放春风下成长起来的典型地区，皆采用市场导向型经济发展模式，并按照效率优先的实践路线迎接市场带来的机遇和挑战。从政商关系角度来讲，这些地区虽然都在改革开放的利好政策下拥抱市场，但其政商互动模式又呈现出不同的风格，体现出同中存异的特点。

1. 温州模式别具一格

温州模式主要指的是，在改革开放的政策号召下，当地人通过摆脱传统计划经济体制，以家庭工业和专业化市场的方式发展工商业，力求实现经济发展的工业化、市场化转型，从而打造出"小商品、大市场"的发展格局。温州模式的主要特点是"以温州商人为主体的、以国际市场为导向的、立足于区域内本土民营企业和传统制造业的区域国际化模式"[1]。

---

[1] 白素霞、蒋同明：《苏南模式、珠江模式与温州模式的比较分析》，《中国经贸导刊》2017年第34期。

改革开放之前，温州地区自然资源少，人均耕地少，国家投入少，交通等基础设施落后，但是温州人抓住了改革的机遇，塑造了家庭式工业经济发展模式，广大农村地区在脱贫致富中较早实现了工业化和城镇化。温州模式可以看作是基于市场导向的杰作，遍地的个体户是实现创造和开拓市场的主力，政府是主导和服务市场发展的掌舵人。温州的发展之所以建立在市场之上，其中最为重要的原因之一在于当地人对商品市场的开拓和建设。温州自然条件差，当地人抓住改革开放的有利政策，以艰苦创业的精神走南闯北，将生意做到全国，将小商品做成大市场。1983 年，温州创办了被称为全国第一个专业市场的永嘉县桥头纽扣市场，随后又很快建设了许多商品产销基地，如五金电器市场、农贸市场、纺织品市场、松紧带市场等，成为全国小商品集散的中心，同时城镇的街头巷尾又存在着许多店面和商品摊，足见市场的一片繁荣。温州以小商品基地而闻名全国，而促使其成为全国小商品城的则主要是一个个个体工商户。1982 年温州的个体工商户已达 10 万，1985 年又超过 13 万。

如果说计划经济时代"大锅饭"式的平均主义分配制度，在一定程度上阻碍了人们的积极性和创造性，并造成相对的生产低效率状态，那么，温州个体工商户的繁荣，则是通过市场来提高个体生产效率的典范，凸显出个体生产潜力的极大爆发。温州模式的成功，离不开当地人创新进取的精神和干劲儿十足的积极性，更离不开政府对民营经济的因势利导和积极作为，特别是政府不仅为当地工商业的发展营造良好的环境，而且在引导、规范和管理民营经济上做出了极大的努力。中国第一家个体工商户主章华妹就来自温州，当地工商行政管理局为其颁发了营业执照。1984 年，中央下发的一号文件提倡农村发展商品经济，搞活流通，民间创业行为得到肯定。1987 年，国务院批准温州作为全国第一批农村改革试验区，此前中央 5 号文件规定允许试验区突破某些现行政策和体制，对试验区要适当放权。在此背景下，温州市政府对企业制度建设进行了改革试验，在探索与创新中不断推动温州民营企业的快速升级和发展。

2. 苏南模式大放异彩

苏南模式是首先由费孝通提出的一种经济发展模式，时间为20世纪70年代末至90年代，主要指江苏南部的苏州、无锡、常州等地区的经济发展模式，以发展乡镇集体企业见长。苏南模式与温州模式相比：其共同点在于都是以乡镇地区为中心的市场化导向的经济发展模式；其不同点在于，温州模式以个体经济为核心而强调按劳分配的效率化分配方式，苏南模式则主要以集体经济为主而注重农民共同富裕的平均主义倾向。苏南地区自古便是鱼米之乡，农业经济发达，水路交通便利，毗邻上海等大城市，地理位置优越，早在人民公社时期就办起了一批社队企业以服务于当地农业生产，这为其后的苏南模式奠定了历史基础。改革开放初期，国家对集体经济和社队企业较为支持，因为在从计划经济向市场经济过渡时期，这类经济形式与社会公认的社会主义经济更为接近，因此在很大程度上具有天然的合法性和优势。在天时、地利、人和的综合有利条件下，苏南抓住了这一历史发展机遇。改革开放之后十余年，苏南地区的乡镇企业取得了骄人的成绩，在工业总产值、出口创汇、上缴税金、企业发展等方面，在全国都占据了极其重要的位置。

从政商关系层面来看，苏南模式成功的动力主要来自于政府与市场的独特互动模式，特别是政府采取了因地制宜、适合自身发展的科学策略，将国家宏观政策与当地实际情况有机地结合起来，创造了经济发展的奇迹。其缘由如下：其一，政府对企业的主导和支持作用。苏南当地政府是决定企业模式走向的关键因素，在乡镇企业发展中的主导作用体现在多方面。政府不但直接参与创办企业，而且负责任命企业经理人和参与企业生产活动；企业在土地使用、投资等方面获得来自政府的多项支持；政府可以利用自身信用，为企业经营获取银行贷款给予有力帮助，甚至在产品销售等方面提供诸多支持。其二，宏观政策背景下的体制机制优势。苏南的乡镇企业之所以能够发展得如此迅速，一个重要的因素在于，其体制机制与国家宏观政策得到了有效衔接。企业模式不仅符合国家政策的导向而具有合法性，而且由于更接近于公有制经济成分而不存在"被割资本主义尾巴"的"心理负担"，因此在发展上没有什么障碍。其三，市场的导向作用。苏南乡镇企业的成功和快速发展，要靠市场的消化和推动作用。在这一方面，全面发展农村商品化生产，乡村工业和农村手工业相结合获得大发展，依托大中城市开拓国内外市场。[1]其四，生产效率和利益分配的有机统一。苏南模式中的乡镇企业主要以乡办、村办为主，也存在户办和联户办等模式，但集体经济是主流。它们在企业效率层面拥有政府、集体和个体多股力量、多方位支撑，体现了共同富裕的利益分配倾向。

通过上述分析不难看出，苏南模式的成功源自政府和劳动主体的良性合作，在政府的主导下二者以合力共同抓生产、拓市场，既发挥了政府的统摄、管理、组织等积极作用，又充分调动了集体和个体的劳动积极性、创造性。但也正是由于政府对企业的直接参与，造就了政企不分、产权相对单一的弱点，在企业发展到一定阶段之后，又导致企业活力和效率逐渐下降等问题，由此20世纪90年代掀起了企业制度创新的浪潮。

3. 珠江模式标新立异

珠江模式既不同于温州模式以个体经济发展为主，也有别于苏南模式以乡镇集体经济为主导，它是在改革开放政策下诞生的又一颇具区域特色的发展模式，集中以广东东莞、顺德、南海、中山的"四小虎"为典型代表。顺德模式、南海模式、中山模式、东莞模式统称为"珠江模式"，[2]而这四个地方又各自形成特色鲜明、迥然不同的发展样态。费孝通指出，珠江模式是一种基于"三来一补"方式建立起来的外向型经济模式，以此建立现代工业和培养人才，并把外资、现代技术和经营管理方法等引进到乡镇企业，创造出具有社会主义性质的集体企业。[3]珠江模式形塑出一种有别于其他地方的新式政商关系模式。

珠江三角洲位于广东省东南部，毗邻香港、澳门等经济发达地区，具有

---

1 顾松年等：《苏南模式研究》，南京出版社1990年版，第6—8页。
2 陈德宁、刘豪兴、张书琛：《费孝通"珠江模式"的转型路向研究》，《广东财经大学学报》2007年第3期。
3 费孝通：《珠江模式的再认识》，《费孝通文集》第12卷，群言出版社1999年版，第289页。

借助外来资金、技术和市场等资源的得天独厚的优势。在改革开放进程中，东莞以其自身的地理位置、低廉劳动力等优势，抓住海外制造业转移的机遇，通过吸引港澳台资金，重点发展以"三来一补"为主的代工业务，并在广阔的市场中做大相关产业。东莞深受改革和开放的双重政策影响，既抓住了对内经济体制的改革先机，也深深受惠于对外开放的综合优势，当地政府充分利用中央政府的政策红利，至80年代末，已发展成为全国闻名的工业化城市。顺德在当地政府的主导下，充分引进和利用外来资金、技术，探索出一条以乡镇集体经济为主的发展路线，短短几年间，工业经济产值超越农业经济，县、乡、村大兴办企业之风，其中尤以发展家电产业闻名全国，走出科龙、美的、格兰仕等知名品牌。20世纪90年代初，顺德推行以民营资本为主导的改革路线，全面推动企业转制，对国有和集体企业进行产权改革，最终初步建立了产权明晰、责任明确的现代企业制度，由此进一步为顺德民营经济的转型和腾飞奠定了坚实基础。南海模式相对复杂，主要以个体、私营和集体等多种经济发展为特色，所有制形式相对丰富，并突出以民营经济为主基调，孕育和成长出众多中小企业。当然，在以中小企业为发展主线的模式下，企业创新能力不足、粗放和分散式发展等缺点渐渐暴露，在一定程度上制约了经济发展质量。中山的发展模式与以上三个地方都不同，它以做大、做优国有企业为主，注重引进外国先进技术，大力发展轻工业。这种发展模式以公有制为主，充分利用政府的综合优势效能，集合资金、人才等资源，形成单体企业的相对竞争优势，能够很好地发挥规模经济效应，培育出以威力、小霸王、凯达等为代表的实力雄厚的知名企业。然而，在这种模式下，企业经过一段时间的快速发展之后，资本结构单一、经营机制缺乏活力等弊端逐渐显露。20世纪90年代中期，中山开启了公有制企业产权制度改革，促使其在社会主义市场经济体制中迸发新的活力。

  整体来看，珠江模式的特点大致可以总结为以下几个方面：积极响应国家改革开放的号召；各地区根据自身特点因地制宜地制定发展策略；以乡镇集体经济为主，多种所有制经济混合发展；积极引进和利用外资、技术。在发展过程中，政府发挥主导作用，积极扶持企业成长，并在企业发展的不同阶段，因势利导地积极进行改革，以进一步解放和发展生产力，同时注重效率和公平的协调。

4. 晋江模式别开生面

晋江位于东南沿海，隶属于福建省泉州市，占地649平方公里，海岸线长121公里，是较早接受改革开放春风熏陶浸润的前沿地区。费孝通将晋江模式总结为"以市场调节为主，以外向型经济为主，以股份合作制为主，多种经济成分共同发展"，是一种以县域经济为中心的独特区域经济发展模式，并以"小目标、小资本、小规模、小商品、小利润"呈现出"小经济带动大发展"的总体发展特征。晋江素有侨乡之称，海外华侨人数达200万左右，他们为当地发展提供了大量的资本、技术、管理等资源。晋江模式的巨大成功与当时的政商关系息息相关，政府和企业之间的积极互动有力地推动了这一模式的创造、发展与完善。

从政商关系角度来看晋江模式，具有诸多可圈可点的地方。一是县委、县政府对改革开放认识深刻，能够在探索中解放思想和坚持正确的发展方向，正确对待民营企业存在和发展中的问题。晋江模式的成功并非一帆风顺，起初遇到了社会上的种种反对声音，有的称其为"挖社会主义的墙角""初期资本主义的作坊"。[1] 1980年，晋江出台《关于加快发展多种经营和社队企业的若干问题的规定》《关于当前农村若干政策问题的规定》，对统一思想认识和冲破"左"的思想束缚起到了关键作用。这些政策文件从政治、政府层面对私人创办企业、集资合办企业、雇佣劳动等市场行为给予了积极的肯定。政府在民营企业贷款、税收等方面提供了较大的支持，为经济发展注入了强劲的动力，大量乡办、村办、联户办、个人办企业如雨后春笋般涌现，由此拉开农村工业化的序幕。

二是党委、政府能够准确地从政策层面为企业发展创造良好环境，这体现在政府对企业的服务、引导和帮扶等方面。1984年9月，晋江县委、县政府又制定《关于大力发展乡镇企业若干问题的决定》，要求各部门、各单位要

---

[1] 陈文敬：《改革开放之初晋江乡镇企业发展的历史回顾》，《福建党史月刊》2008年第8期。

大力扶持乡镇企业，要对企业进行"放、帮、促"，进一步为企业的长足发展奠定了政策环境基础。

三是晋江人民特有的商业文化、商业氛围、商业实践是民营企业发展的关键内在动力，直接奠定了当地的政商文化基础。得益于福建泉州作为"海上丝绸之路"起点的优势，晋江在宋朝时期海上贸易尤为兴盛，纺织、陶瓷等手工业较为发达，自明禁海之后便随之衰退下来，直至新中国成立后都没有好转。晋江地区作为闽越文化和海洋文化的交织区域，晋江人素来就有包容、重商、冒险等精神。当1978年之后国内还在讨论如何发展农业经济的时候，晋江人就已经开始蠢蠢欲动。农村地区利用侨乡闲散的资金、劳动力等资源联合起来创办乡镇企业，大力开展"三来一补"产业，并很快在资本、技术、经验等方面有了较大的积累。据统计，1979年，晋江乡镇企业有1434个，从业人员78016人，总收入7866万元。至1985年，乡镇企业达到5581个，企业总收入达73260万元，分别是1978年的3.89倍和9.31倍，占全县社会总收入的66.63%。[1]

晋江模式在改革开放中进行了成功转型，在数十年的发展中不断壮大，其间孕育出诸多实力雄厚的品牌企业，如七匹狼、柒牌、九牧王等。虽然晋江模式的成就很大程度上得益于改革开放以来形成的良性政商关系，但这种政商互动方式也存在一些问题。晋江在经济发展中尚存在一些体制性障碍，主要体现在：政府行政管理体制与市场经济发展要求不相适应；政府职能没有根本转变，服务意识不强，扶持措施落实不到位；权力部门利益化现象对政府管理、区域发展、企业发展造成一定约束；政出多门、职能交叉、多头管理导致对民营企业的扶持力量分散，推诿扯皮现象严重，"吃拿卡要"的现象仍然常见。[2]这些问题为新时代政商关系改革埋下了伏笔。

在改革开放政策的引导下，温州模式、苏南模式、珠江模式、晋江模式各自展露出不同的风采。政商关系就在这些探索中逐渐得到复苏，其原因主要在于自上而下的政策所催生出的自下而上的反应，同时自下而上影响政策

---

1 陈文敬：《改革开放之初晋江乡镇企业发展的历史回顾》，《福建党史月刊》2008年第8期。
2 刘新伟：《中国特色民营经济的发展——论晋江模式》，硕士学位论文，华侨大学，2006年。

的通道也渐渐通畅并发挥重要作用。由于各个地方的具体情况存在较大差异，其政商互动模式也呈现出较大区别，主要体现在政府和市场主体在政商关系中角色的差异。

二、20 世纪末政商关系的加速演变

任何新事物的发展几乎都不会是一帆风顺的，改革开放事业也是如此，政商关系的复苏与深入发展也不例外。由于在社会主义制度下进行改革开放是对传统体制的重大冲击和突破，是一项前无古人的创新，因此，其在思想和实践中会遇到多方面的困难，特别是在 20 世纪 80 年代末 90 年代初，受到国内国际环境的双重影响，国内一些人士对改革开放理论和实践产生了怀疑乃至否定。面对社会上的不同声音，邓小平南方谈话对中国改革开放事业和社会主义市场经济发展产生了十分重要且深远的影响，在党内外进一步解放了思想，更加坚定了全党上下坚持继续推进改革开放的决心，政商关系也在这种大势中开创了新局面。这一时期围绕效率与公平问题的进一步讨论，为开启政商之间加速磨合和全面互动的局面奠定了重要的思想理论基础。

（一）政商在效率与公平并重中加速磨合

20 世纪 90 年代初期，是政商关系换挡加速的关键期，党内外各界人士对改革开放事业在思想认识上得到进一步统一，社会主义市场经济体制在摸索中不断发展，并逐渐得到认可和巩固。在此背景下，效率优先的主导原则逐渐向效率与公平并重方向转变。民营经济地位得到飞速提高，其进入国民经济的门槛进一步降低，政商加速磨合且二者的互动模式逐渐成形。

1. 解放思想，肯定民营经济地位

从改革开放到 20 世纪 90 年代，农村经济、乡镇企业、城市经济得到快速发展，但也带来一些社会问题，比如物价波动、重复建设、资源浪费、犯罪行为增多等。1989 年开始，国家对这些问题进行治理整顿，经济发展速度明显降了下来。更为紧迫的是，当时改革开放对思想文化、传统体制等方面

带来的冲击和挑战，加之东欧剧变、苏联解体等国际上的风云变幻，致使一部分人认为市场经济的进一步发展会对社会主义制度造成致命的打击。在此背景下，一些"左"的思想涌现出来，对改革开放路线方针政策进行质疑，特别是对市场经济产生抵触心理，由此在社会上出现一股姓"资"姓"社"的争论，民营经济地位的合法性遭遇重大挑战。

邓小平南方谈话在这关键节点上集中回应了社会上对当时经济社会发展的误读，可以视作社会主义市场经济和改革开放思想的深化发展，对于政商关系的新变化起到至关重要的作用。邓小平用"三个有利于"的判断标准回答了姓"资"还是姓"社"的问题，纠正了党内外对改革开放与社会制度之间关系的误解；用社会主义本质理论对计划与市场的关系做了科学阐释和正确定位，确定了在社会主义制度下运用市场手段的合理性；用共同富裕的理论构想，回答了社会主义制度如何做到公平与效率的辩证统一。邓小平南方谈话中的一系列重要思想，深刻纠正了"左"倾和右倾思想，促使人们科学认识改革开放与社会主义制度之间的本质关系，为改革开放的深入发展又一次提供了坚强的思想理论支撑，进一步统一了各界人士的思想。邓小平的讲话还鼓励人们放开手脚，大胆实践，有力地推动了社会主义市场经济体制的改革实践，由此带动市场扩大，促发了政商关系的新变化。

对中国的政商关系发展来讲，1992年是极具标志性的一年。邓小平在南方谈话中提出了"三个有利于"，在对个体和私营经济的认识上进一步深化，突破了传统理论认识，达到了解放思想的实效，为市场经济发展和民营企业做大铺平了发展道路，进而加速了政商之间的深度磨合。党的十四大对中国特色社会主义进行了全面阐释，并确立了社会主义经济体制的改革目标。党的十五大又进一步把"公有制为主体，多种所有制经济共同发展"确立为国家"基本经济制度"，并提出"使市场在国家宏观调控下对资源配置起基础性作用"的指导方针。1999年，新修改的《宪法》进一步把非公有制经济上升为社会主义市场经济的重要组成部分，并保障其合法权利和权益。

2. 政商在加速磨合中坚持"效率优先、兼顾公平"

20世纪90年代到21世纪初，受到"抓大放小"的宏观政策影响，民营经济的准入门槛进一步降低，准入领域进一步确定和放大，市场与政府的边界逐渐呈现出明晰的发展趋势。民营经济在国家经济中的位置从"有益补充"上升为"重要组成部分"，并参与国有企业改革。通过改革开放的深入发展以及自上而下的一系列改革举措，国家与市场关系的新格局初步成形，确定了国家在资源配置中的主导性角色和市场在国家宏观调控下的基础性作用。民营经济不但生存和发展空间得到大范围扩张，而且生长的制度环境也得到明显改善，迎来了快速发展的春天。在此阶段，由于允许多种所有制经济存在和发展，政商关系互动变得密切并呈现越发复杂的趋势。在处理政商关系层面，党和国家付出了巨大努力，特别是从政治环境、经济体制、法治环境、民营企业家的政治属性等重要方面，做出了历史性的决策，使营商环境得到进一步改善，市场的活力得到大范围的释放，生产力水平也得以大幅提高，经济发展速度迅速提升。当然，在相关制度并不完善和企业家素养相对不高的情况下，民营企业的发展也出现了一些问题，如个别企业投机取巧、缺乏诚信、产品质量低劣等等，而这些问题也是在经济转轨过程中必然要遇到的阵痛，政商关系在这种情况下加速磨合并快速扩张。

1993年11月，党的十四届三中全会提出建立社会主义市场经济体制，同时提出了"效率优先，兼顾公平"的收入分配政策，这一认识和政策实践是在效率公平理论层面的重大突破。在很大程度上来讲，对效率和公平关系的进一步调整，不仅是社会主义市场经济体制的"配套政策"，也是对先富带后富的共同富裕理论的有效补充，是社会主义初级阶段大力提高生产力发展水平的客观要求。确立效率优先的政策路线，不仅是立足于社会主义初级阶段的国情需要，也是建立在对效率本质的精确、深入的理解之上。这一时期的政商关系是政府与市场关系得到进一步改革的产物，政商关系在类似于一种"国家—社会大妥协""政府—市场相融合"的模式中不断重塑，政府在注重效率的同时也逐渐进入兼顾公平的伦理轨道。[1]

---

[1] 耿曙、刘红芹：《改革开放以来中国政商关系的演变》，《山东大学学报（哲学社会科学版）》2018年第6期。

（二）政商在更加注重公平中全面互动

伴随着国家由计划经济体制向社会主义市场经济体制的转轨过程，政商关系在不断适应新环境中得以重生，并逐渐以不断变化的新姿态呈现在现实中，特别是随着我国改革开放的深入推进，政商全面互动的态势得以形成，民营经济发展的制度化保障得到进一步提升，更加注重公平的伦理取向也渐渐成为主流。其间，国家在提升民营经济的制度化保障方面做了大量工作，政商关系在全面互动中更加注重公平。

1. 提升民营经济的制度化保障

21世纪前后，民营企业主的政治地位得到快速提升并被定性为"中国特色社会主义事业的建设者"，民营企业家能不能入党的问题迎刃而解，其作为新的社会阶层活跃于经济发展的大舞台。2002年，党的十六大提出坚持"两个毫不动摇"，并提出完善和保护私人财产的法律制度、分配原则、分配制度，以及健全现代市场体系的决定。市场准入被进一步放开，民营经济的地位得到进一步提高。同时，国家也出台了一系列针对民营企业的利好政策。2007年，党的十七大针对各种所有制经济平等竞争、破除体制障碍等方面做出重要举措。随着改革的深入发展，在这些针对民营企业发展的有利因素背景下，政商关系的互动、政府和企业的接触更加频繁，涉及面也更加广泛，政商全面互动的局面业已形成。

在政府主导的改革实践中，政府所出台的一系列提升民营经济发展水平的制度化保障措施，不但为民营企业的进一步发展提供了坚强有效的制度支撑，而且也为政商关系注入了新的积极活力。在此过程中，不但民营企业的法律地位和合法权益得到保护，民营企业发展环境、市场制度等得到进一步优化，而且民营企业家的社会地位乃至政治地位，也在政府主导下的改革中得到迅速提高。

2. 政商关系在全面互动中更加注重公平

从2002年到2012年的十年，不仅是民营经济快速发展的十年，也是民营经济扩大和提质的重要阶段。党的十六大提出初次分配注重效率，再次分配注重公平；十七大提出初次分配和再分配都要处理好效率和公平的关系，再分配更加注重公平。这一政策将效率提到发展经济的优先位置，但并非强调绝对的效率至上主义，而是在特定的语境下强调效率，是按劳分配和按生产要素分配相结合模式的体现，其目的是为了优化资源配置，调动市场主体的生产积极性，进而促进经济社会快速、稳定发展。

从宏观的角度来看，这一理论同时也蕴含着公平原则：一是机会均等，全体人民在现有的制度环境下，享有参与社会主义市场经济的均等机会；二是二次分配的公平，政府能在制度层面通过税收、国家预算、政策工具等一系列调节手段实现资源的再分配，由此实现一定的社会公正。它在效率和公平层面为社会主义市场经济体制的初步建立，奠定了思想理论基础。其中值得注意的一点是，效率是市场的工具价值的主要方面，更多地充当手段，而非人类发展的主要目的。[1]

由于政府明确允许和提倡多种所有制的并存与发展，政商互动变得更加密切。在处理政商关系上，党和国家从政治环境、经济体制、法治环境、民营企业家的政治属性等方面，做出了历史性的决策，营商环境得到进一步改善，市场活力得到大范围的释放，经济发展速度迅速提升。但面对国际国内形势，民营经济的发展也面临诸多困难和挑战，如生产要素成本上升、融资难融资贵、企业税费负担较重、市场准入政策没有落实到位、制度性交易成本高等问题。[2] 这些问题与政商关系有着深刻关联，因为政商之间的全面互动必然带来一些新的问题，如个别企业投机取巧、缺乏诚信、产品质量低劣等，这些问题也是在经济转轨过程中所必然要遇到的阵痛，但它却不断确立和巩固了政商在此宏观背景下加速磨合成型的趋势。由于多年来政府对民营企业的微观性干预较多，在民营企业经营理念陈旧、诚信意识和法律意识淡薄等负面因素影响下，官商勾结、权钱交易的状况时有发生，在一定程度上破坏了政商关系生态，这也为接下来的一系列深入改革埋下了伏笔。

---

1 郭志鹏：《公平与效率新论》，解放军出版社 2001 年版，第 89 页。
2 庄聪生：《中国民营经济四十年：从零到"五六七八九"》，民主与建设出版社 2018 年版，第 327—329 页。

三、21世纪初面临的新挑战

经过 20 世纪末政商关系的加速磨合，到了 2013 年，党的十八届三中全会提出"使市场在资源配置中起决定性作用和更好地发挥政府作用"。把市场在资源配置中的作用，由过去的"基础性"上升为"决定性"，充分体现党在总结改革开放以来的社会主义市场经济理论和实践中，对国家和市场关系在理论认识上的进一步深化。同时，十八届三中全会还强调"公有制经济和非公有制经济都是社会主义市场经济的重要组成部分，都是我国经济社会发展的重要基础"，并且在非公有制经济的发展环境方面，明确指出"要坚持权利平等、机会平等、规则平等，废除对非公有制经济各种形式的不合理规定，消除各种隐性壁垒，制定非公有制企业进入特许经营领域具体办法"。2017 年的政府工作报告又明确提出"三个凡是"，即凡是法律法规未明确禁入的行业和领域，都要允许各类市场主体平等进入；凡是向外资开放的行业和领域，都要向民间资本开放；凡是影响市场公平竞争的不合理行为，都要坚决制止。党的十九大报告进一步强调要"构建亲清新型政商关系，促进非公有制经济健康发展和非公有制经济人士健康成长"。[1]

党的十八大以来，全国上下掀起了构建新型政商关系的浪潮，"亲""清"两原则的提出，为新时代新型政商关系的发展指明了方向。在政府一系列的改革创新的举措之下，民营经济发展的市场空间、法治环境、要素成本、发展理念等发生了深刻变化，政商之间的良性互动也有了更为清晰的方向和遵循，有为政府和有效市场的双重目标得以全面推进。梳理自改革开放以来的政商关系演变，可以清晰地发现，国家对市场的认知呈现出由低到高、由浅入深的逻辑发展脉络，政府引导和支持非公有制经济发展的实践由微观向宏观、由直接干预向间接调控转变，民营经济也由从无到有、从点到面、从低质到高质、从国内向国际的方向发展。随着改革的深化，政商关系在不同层面也随之发生深刻变化。社会主义市场经济体制改革在宏观层面对同步协调

---

[1] 习近平：《决胜全面建成小康社会 夺取新时代中国特色社会主义伟大胜利——在中国共产党第十九次全国代表大会上的报告》，《人民日报》2017 年 10 月 28 日。

国家与市场关系极具挑战性，政府管理体制机制在中观层面为政府和企业关系带来迫切的改革要求，官商职业伦理从微观的官员与商人关系层面形成新的挑战。从更为深层次的伦理学学理层面考量，党的十八大以来政商关系面临的新挑战主要围绕追求公平正义展开。这种政商关系的演变根植于制度伦理、行政伦理和美德伦理的三重伦理共振效应，由此形成以公共善、公正善和职业善为主的三维伦理挑战。

（一）追求公共善的制度伦理挑战

改革开放以来政商关系不断发展，既暴露出一些新问题新挑战，同时这些问题又在党和政府的领导下不断得到化解，但在制度层面的关键伦理问题一直是制约政商关系模式的锁钥。在顶层的宏观制度层面，十八大以来的政商关系发展趋势主要围绕国家与市场关系展开，而这两者之间的关系直接决定着公共善的实践情况。因此，就十八大以来处理政商关系的核心任务而言，追求公共善的制度伦理，成为解决历史遗留问题和未来发展问题的首要重大挑战。

制度作为人类文明的重要组成部分，在不同国家和不同历史时期都有存在的合理性和必要性，而且扮演着推动社会发展的关键性角色，但不同社会制度在伦理根基上具有天壤之别，由此导致其政商关系的异质性特点。当前西方资本主义政权建立在资本至上主义的基础之上，国家权力及其一整套制度机器所体现和维护的利益属于资本阶层，因此从伦理上可称其为私有资本的"善"。社会主义与资本主义的本质区别，主要在于其制度存在的合法性前提是人民，人民利益至上理应成为其伦理的遵循，因此可以将其称为公共善，而人民就是公共善的集中代表。但无论如何，从人类社会的发展轨迹来看，不同文明类型下的国家制度安排必将朝着马克思所描述的不同社会发展，且必然朝着维护全人类福祉的公共善的方向推进。马克思全面深入地分析和批判了资本主义的伦理价值观，认为共产主义的伦理价值核心就是为了人的解放和自由全面发展，这也是马克思主义为解放全人类而奋斗的伦理宗旨的意义之所在，而追求公共善的基础性意义也就在于此。公共善是与利己主义相对立的伦理理念，强调人类的共同利益。从政商关系的宏观角度来看，国家与市场的关系在很大程度上决定了公共善的性质,并决定了不同关系类型的本质及其核心伦理内涵,以及与此密切相关的效率与公平的关系。

1. 政府与市场关系的再认识

国家与市场的伦理关系从根本上受制于国家制度的性质,因此制度伦理决定了国家与市场伦理关系的本质。随着近代资本主义的兴起和壮大,国家和市场之间的互动深度和广度掀起了人类历史上的一个高潮。国家与市场的伦理关系在近代以来的人类历史上具有多重形态,其中尤以自由市场模式和国家集权模式最具代表性,这种异质性的模式决定了政商关系的伦理价值。

西方自由市场主义下的国家与市场伦理关系模式有其深厚的历史渊源。亚当·斯密作为近代自由经济主义代言人,认为人性是自利的,在实践中必然从自身的利益和安全出发,按照市场规律从事经济活动,因此赋予其一种完全理性的"经济人"属性,进而主张市场在一只"看不见的手"的主导下,按照自身的规律运行,国家只须履行好"守夜人"的职责,不应干预市场经济的运行。这种理论主张,过度夸大了市场和人性的理性作用,而忽略了其所具有的天然缺陷,弱化了政府的管理和调控功能。经过历史和实践证明,这种理论显然是一种理想,必然导致阶段性的经济危机,进而损害公共利益并违背公共善的伦理理念。凯恩斯在一定程度上弥补了斯密的国家与市场伦理关系理论的不足,主张国家在必要时通过深度干预市场经济的运行,可以有效降低市场运行失灵所导致的严重经济后果。这种理论虽然在一定程度上可以规避政府的不在场所导致的一部分负面影响,但由于其以资本主义制度为前提,仍属于资本主义制度下的自由经济主义范畴,本质上与公共善背道而驰。正如马克思恩格斯所言:"统治阶级的思想在每一时代都是占统治地位的思想。这就是说,一个阶级是社会上占统治地位的物质力量,同时也是社会上占统治地位的精神力量。"[1]

国家与市场关系的另一种极端现象就是国家对市场的全面把控,最典型

---

[1] [德]马克思、恩格斯:《德意志意识形态》(节选本),人民出版社 2018 年版,第 44 页。

的例子当属苏联高度集中的计划经济体制。在这种经济体制之内，市场的运行因完全受到行政指令的控制而毫无自主性，生产、流通、分配、交换环节皆在国家的计划性行政指令中完成，形成一种明显的"主仆从属关系"（市场从属于国家）。这种国家与市场关系的优势在于，能够集中调动资源办大事，在一定的形势下可以快速恢复国民经济和解决社会稳定等问题，但其巨大的制度缺陷，也导致了供需脱节、缺乏创新、效率低下、活力不足等负面效应。在现当代，这种国家主义式的国家与市场的伦理关系理论和实践，在第三世界国家中较为常见。它虽然在国家发展的特定阶段具有一定的积极作用和优势，但长远来看，由于权力对经济的集中把控和官僚体制的自利性腐败，难以根治权力寻租现象，进而导致畸形的政商关系，公共利益和公共善由此遭受极大的挑战。

在国家与市场的关系层面，"亲""清"新型政商关系的伦理学依据，则是指在国家和市场良性互动的背景下，二者为了实现公共善而协调并进。总结国内外处理国家与市场关系的历史经验可知，要实现国家与市场的荣辱与共目标，就必须树立以下规则伦理理念：根据本国发展的实际需要，探索出符合本国国情的国家与市场关系准则；从动态平衡的视角，依照不同社会发展阶段的实际需要来调整二者的关系；建立精干高效的政府和繁荣发达的市场。[1] 亲清新型政商关系的提出，就彰显了以上国家与市场关系的伦理逻辑。为了着力寻求公共善，分别代表国家的权力和代表市场的资本，就必须遵守以下基本伦理规则："权力对资本运营过程的规制、引导与服务；资本对公共权力运行体制的改革、创新与划界；特别是要符合三利（利己、利民、利国）三公（公开、公正、公平）的道德要求。"[2] 实践证明，中国政府所主导的一系列有关国家和市场关系的调整和优化，都是立足于人民的需要，并作为执政党的一项责任和使命来进行的。

1981年，党的十一届六中全会将"人民日益增长的物质文化需要同落后

---

[1] 靳凤林：《追求阶层正义：权力、资本、劳动的制度伦理考量》，人民出版社2016年版，第423页。
[2] 靳凤林：《权力与资本良性互动的伦理规则——关于政商关系历史与现实的几点思考》，《道德与文明》2016年第5期。

的社会生产之间的矛盾"视为我国社会的主要矛盾,党和国家工作的重点随之转移到以经济建设为中心的社会主义现代化建设上来,达到进一步解放生产力和发展生产力的目的。此间,对国家和市场关系的认识和调整便体现为以人民为中心,为了释放市场活力,创造出更大的财富,以满足人民的物质文化的需求,市场在资源配置中的"基础性作用"被当作长期以来的实践方向。经过近40年的改革开放,中国经济发展取得了巨大成就,一跃成为世界第二大经济体,在充分认识历史和当下环境的基础上,党的十九大把全面建成社会主义现代化强国作为接下来党和国家为之奋斗的目标。与此同时,党和政府也深刻认识到市场的有限性和缺陷,进而提出:"市场在资源配置中起决定性作用,并不是起全部作用。"党的十九大报告明确提出:"全面实施市场准入负面清单制度,清理废除妨碍统一市场和公平竞争的各种规定和做法,支持民营企业发展,激发各类市场主体活力。"[1]这为政府随时准备弥补"市场失灵"发挥作用奠定了坚实的理论和政策基础。整体而言,为保持国家和市场这"看得见的手"和"看不见的手"的动态平衡,既要超越以政府为主导高度集中的计划经济体制,又要超越以市场为中心的理想型自由主义。在党和政府的一系列政策制定和实践中,以人民为中心的发展理念贯穿于国家与市场关系调整的全过程。

2. 效率与公平关系的再调整

自改革开放以来,效率与公平之间的关系问题逐渐成为各界关注的焦点,伴随着处理二者关系的改革实践,学界对此问题的研究和认识也在不断加深,特别是社会主义市场经济体制下的效率与公平关系成为一个关键性难题。从经济学和伦理学的关系角度来看,万俊人认为,市场是有限的,市场不能解决社会公正问题,社会干预市场的方式就是伦理道德。[2]这种伦理思想强调了市场自身的不足,主张通过第三方干预来弥补这种不足,而只要发生第三方的干预,那便是伦理道德的范畴。进一步讲,"市场本身并不错,但它确实造

---

[1] 《中国共产党第十九次全国代表大会文件汇编》,人民出版社2017年版,第27页。
[2] 万俊人:《市场经济与道德》,《江西师范大学学报(哲学社会科学版)》2010年第6期。

成了贫富差距。这就需要市场之外的力量,比如政府和民间两条路来解决,市场本身确实解决不了"[1]。在厉以宁看来,按照效益分配有利于资源的配置和效率的提高,但随着收入的不断增长,人的价值观念也会发生变化,效益与效率的关系也会变得更加复杂,效益对效率增长的贡献就会受到限制。因为"人不单纯是'经济的人'而是'社会的人'"[2]。

自改革开放以来,各界对效率与公平问题掀起了一轮又一轮的讨论热潮,国家与市场的关系经过实践的不断发展,逐步形成以"效率优先,兼顾公平"为重要代表的社会主义市场经济理论体系。中央1993年提出"效率优先,兼顾公平"的分配原则,党的十六届五中全会进一步强调"更加注重社会公平",党的十九大提出"更有效率、更加公平。"在一般情况下,实施按效益分配有利于公平的实现,但与此同时,按效益分配原则在公平的实现方面具有局限性,它很可能以表面上的机会均等掩盖了实际上的机会不均等。"[3]效率与公平的争论,从伦理学角度来看,其实就是功利与公正的问题,是我国经济社会在特殊历史时期的一种特殊表现。这种效率和公平的伦理宗旨统筹于对公共善的追求,亦即共同富裕的社会主义目标,而公共善的制度伦理支撑则是公平和正义。随着党和政府对国家与市场关系的不断改革,效率与公平关系也在适时调整,政商关系也会相应发生变化。

(二)寻求公正善的规则伦理挑战

公正作为正义理念的外化,在现当代社会中是政治伦理的重要内容,同时这对政商双方来讲亦是如此,它是处理中观层面的组织伦理问题的关键。在新时代新型政商关系将更加注重以公正善为核心的伦理规则,公平正义的理念将进一步外化为政商互动的规则实践。若要在实践中较好地践行这一伦理规则,中国在十八大之后的政商关系改革中,必须克服现实中所存在的两

---

1 张五常等:《国家与市场》,译林出版社2013年版,第44页。
2 厉以宁:《经济学的伦理问题》,生活·读书·新知三联书店1995年版,第9页。
3 厉以宁:《超越市场与超越政府——论道德力量在经济中的作用》,经济科学出版社1994年版,第12页。

大挑战,即政商权责一致的规则挑战和市场主体公平竞争的规则挑战。公正有别于正义,正义属于最高价值层面的"应然""纯粹",而公正则与现实紧密联系,它将"应然"和"实然"结合起来,把"理想"与"现实"融为一体,按照"应然"的基本价值观进行现实的社会基本制度安排。[1]因此,公正的善就是实践的善,是对正义理念的现实写照,也是正义制度下实现公共善的充分和必要条件。公正的伦理理念也是社会主义核心价值观的主要内容,它主要指社会的公平和正义,旨在实现人的全面解放,以人的各项权利的获得和保证为基础。

1. 政商权责一致的规则挑战

美国学者魏德安认为,在大部分资本主义经济体中,政商的界限是相对清晰的,而中国的经济改革将政商之间的界限模糊化了。[2]政商界限的模糊化对于权力和资本的互动会产生重大影响。改革开放以来,中国私营企业的比重和规模都在不断壮大,然而国家的经济命脉必须掌握在国有资本手中,国企在众多领域依旧发挥着重要作用。在国企和私企并存发展的过程中,政府的定位不够清晰,有时候政府仿佛既是裁判员又是运动员,再加上社会主义市场经济制度作为中国的首创,党和国家一直处于"摸着石头过河"的状态中,故而还有很多地方需要进一步完善和发展,其中的关键要点便是要处理好政府和市场之间的关系。若是政府和市场的边界继续模糊化,那么无疑为"官商两栖人"等资本权力化现象提供了制度上的便利,势必会增加反腐的难度和成本。如今改革已经进入深水区,党和国家在调整产业结构、转变经济增长方式和加快创新等方面都面临着巨大的挑战,如何打造统一透明、规范有序的市场环境便成为完善市场经济工作的重中之重。只有坚持法治,把健全社会主义市场经济体制作为工作重心,真正做到权利平等、机会平等、规则平等,营造良好的市场环境,才有可能最终避免资本权力

---

1 吴忠民:《社会公正何以可能》,人民出版社 2017 年版,第 7 页。
2 [美]魏德安:《双重悖论——腐败如何影响中国的经济增长》,蒋宗强译,中信出版社 2013 年版,第 176 页。

化的现象。[1]

权责问题是衡量政商关系的重要参照。在某种意义上讲，十八大以来，党和政府在打造新型政商关系的工作中，尤为注重在政府和企业之间构建一种符合公正的权责一致的规则伦理。"权利与责任是一枚硬币的两面，任何类型的权利主体在依法享有各种权利的时候，必须承担相应的社会责任，无论是只享受权利不承担责任，还是只承担责任不享受权利，都与现代政治伦理的公平正义原则相抵牾。"[2] 自改革开放以来，政商权责失衡现象时有发生，严重制约两者互动规则的良性发展。对于政商关系而言，规则公正的核心要旨意味着权责一致的伦理要求，政府和企业必须界限分明、各司其职，并且在特定的法律框架内，政府负责保证各个市场主体之间的地位平等、权利平等、机会均等、制度公正、程序公正等，确保企业拥有能够实现根本的公平竞争的制度环境。整体而言，要维护权责一致的规则，政府就必须有所为和有所不为，权力和资本的各自职责应当清晰，特别要符合公开、公正、公平的伦理准则，既要让权力在透明的约束机制下科学运行，又要让资本在相关法律轨道上健康发展。

2. 市场主体公平竞争的规则挑战

当今世界，国际竞争日益激烈，除了政治、军事、科技、文化等因素外，资本和市场无疑成为国际和区域间角逐的关键性力量，而作为资本和市场的代表的企业无疑成为这种力量的主力。在公共善的伦理追求下，若要在政商关系中进一步提升企业的竞争力，就必须在进一步构建风清气正的营商环境中致力于提高企业积极性和创造性，因此，确保市场主体之间公平竞争成为维护公正善的一大规则挑战。在以往的政府调控体系中，微观干预逐渐暴露出一些问题，难以适应新的经济形势发展要求，因而从政府治理体系创新入手，促进政府职能转变，成为优化政企关系模式的着手点，政府的干预以此逐渐从微观转向宏观、从直接变为间接。

2016 年的政府工作报告提出以不断提高政府效能为目的的"简政放权、

---

[1] 闫瑞峰、胡超：《论超越资本权力化的双重方略》，《江汉学术》2019 年第 6 期。
[2] 靳凤林：《追求阶层正义：权力、资本、劳动的制度伦理考量》，人民出版社 2016 年版，第 413 页。

放管结合、优化服务",随后,相关政府机构相机发起了一系列的"放管服"改革措施。"放",就是要求中央政府下放行政权,减少没有法律依据和法律授权的行政权,理清多个部门重复管理的行政权,提高政府效能,减少企业的不必要成本和相关烦琐手续;"管"要求加强政府的监管职能,加强监管体制的创新,让企业在公正、法制的环境健康发展;"服"便是要转变政府职能,优化政府的服务功能,减少对市场进行干预和过多的行政审批等行为,进而达到降低市场运行的行政成本和提高市场主体的活力、创新能力的目标。政府"搭台",企业"唱戏",共同形成合力。从更深层次的角度来看,畸形政商关系的存在,在一定程度上与企业自身制度建设的不完善紧密相关。政商关系模式的优化与改善,有利于进一步完善现代企业制度,让企业在与现代化接轨中提高竞争力。

(三)塑造职业善的德性伦理挑战

政商关系在美德伦理的层面,主要以分别代表国家权力和市场主体的两类职业人为对象,也就是官员和企业家,这两类职业人必须按照一定的职业道德规范从事职业活动。因为,"道德伦理是做人的一种资格,是人之为人的标准"[1],职业道德亦是如此,它也是从业者对所从事职业应具有的一种资格和标准,对于维护公正善和公共善具有至关重要的直接意义。改革开放后的30多年,虽然我国经济发展取得了举世瞩目的成就,但部分官员和企业家的职业道德一直遭人诟病,官商勾结、行贿受贿、索贿围猎等恶劣现象不断出现,在社会中形成一股歪风邪气,严重败坏党、政府和企业家的形象,使国家遭受不少或显性或隐性的损失,对构建新型政商关系形成巨大挑战。因此,十八大以来,为应对政商职业善的重大挑战,党和政府尤为重视提升官员的道德水平和培育企业家的现代企业家精神。

关于市场作用和政府调节孰轻孰重的问题,学界时有争论。政府调节可以在一定程度上弥补市场调节的缺陷,而市场作用也可以在一定程度上弥补

---

[1] 靳凤林主编:《领导干部伦理课十三讲》,中共中央党校出版社2011年版,第7页。

政府调节的缺失，但是这种彼此之间的互相弥补效应并不能够取得完美的效果而达到一种市场和政府的平衡。厉以宁在其专著《超越市场与超越政府》一书中，对于习惯和道德在市场和政府之间的作用有过精辟的论述，他认为："市场调节与政府调节留下的空白只有依靠习惯与道德调节来弥补。习惯与道德调节是超越市场与超越政府的一种调节。"[1] 从美德伦理角度探讨官员和企业家之间的伦理互动时，职业道德是其中的核心问题，它对于社会制度的维护以及行政政策的实施，起着至关重要的作用。进一步来讲，"公平正义的社会结构体系、制度化了的行为规则，易使社会成员形成一种社会责任感"。[2] 这种责任感便是职业道德，即职业善。这种职业善正如罗尔斯所阐述的形式正义一般，"法律和制度方面的管理平等地（即以同样的方式）适用于那些属于由它们规定的阶层的人们"。[3] 由此，官员和企业家的职业道德就必须参照法律和制度规定的两种阶层道德，并且将依照这种模式构建的阶层美德贯穿于形式正义和实质性正义之中，而"形式正义要求的力量或遵守制度的程度，其力量显然有助于制度的实质性正义和改造它们的可能性"。[4] 由此可见，制度、行政和职业道德之间的关系是辩证的，科学的制度设计，良好的行政实践和职业道德培养，对于官员和企业家之间的良性互动是双向的。

对于属于社会人层面的官员和企业家之间的关系而言，其互动伦理规则必须在相关的制度下予以规范，而二者之间要达到良性互动状态，除了需要外在的制度保障，内在的美德规范也是不可或缺的——当然，制度和美德的统一是政商关系的伦理理想。正如柏拉图在《理想国》中将智慧、勇敢、节制三种美德，分别赋予统治者、武士和生产者三种阶层人士一样，权力阶层和资本阶层作为社会存在的两种不同群体，各有其自身的德性要求。也就是说，官员和企业家作为职业和社会阶层，各自有深刻而明确的伦理遵循。亲清新型政商关系的提出，就是要打造政商良性互动，让执行国家权力的官员

---

[1] 厉以宁：《超越市场与超越政府——论道德力量在经济中的作用》，经济科学出版社 1994 年版，第 2 页。
[2] 高兆明：《道德失范研究：基于制度正义视角》，商务印书馆 2016 年版，第 108 页。
[3] ［美］约翰·罗尔斯：《正义论》，何怀宏等译，中国社会科学出版社 2017 年版，第 58 页。
[4] ［美］约翰·罗尔斯：《正义论》，何怀宏等译，中国社会科学出版社 2017 年版，第 59 页。

和代表市场主体的企业家,在进行相应的实践活动过程中,依照各自所从属的职业伦理规范,严格遵守职业道德。作为社会的普通人也好,作为权力阶层或资本阶层中的一员也罢,"按照完美的谨慎、严格的正义和合宜的仁慈这些准则去行事的人,可以说是具有完善的美德的人"。[1]谨慎的美德是对自己的负责,是达到行为合宜性的方法,是坚守正义法律的前提,同时也是利己心的内生的美德动力。在社会主义市场经济体制下,不仅官员应该用更为严格的职业道德规范自己的职业行为,对于企业家来讲,基于利己的逐利动机进行商业活动时,职业美德也就应该存在于对自身利益的追求过程之中。由此来看,在社会主义市场经济体制下,官员应树立为人民服务的宗旨意识、忠于职守的责任意识、廉洁自律的节制意识和严于用权的公职意识,而企业家群体应该具备"权利意识、竞争意识、创新意识和契约意识"。[2]

自党的十八大以来,在落马的官员背后,大都能找到企业家的身影,这些落马官员很多都与企业家有一定的关系。上述问题的出现,除了制度层面的缺陷和历史渊源之外,官员和企业家群体本身的职业道德也存在严重的问题,甚至与法纪法规背道而驰。官员作为权力的代表,企业家作为资本的代表,在政商互动的过程中,是直接的行为主体。国家制度和政府行政的实践是否得当,除了受到制度约束之外,关键要看权力执行者的具体行为,而官员的职业道德水准和状况,就无疑从德性角度成为决定行政工作是否落实到位、是否依规执行的关键因素。同样的道理,作为企业主体的企业家,在其企业经营和与官员打交道的过程中,内在的职业道德品质则成为影响政商关系的关键因素,甚至决定其在企业经营过程中是否遵纪守法、诚实守信。官员和企业家之间的良性互动,只有统一于共同遵守的价值理念,才能形成合力,共同推进国家事业的长足发展。

1. 加强官德建设的迫切性

美德是决定主体行为实践方式的根本伦理内驱力,而职业道德作为美德

---

1 [英]亚当·斯密:《道德情操论》,蒋自强等译,商务印书馆2016年版,第309页。
2 靳凤林主编:《领导干部伦理课十三讲》,中共中央党校出版社2011年版,第26页。

伦理的重要内容，直接决定了相关职业人的道德实践水平。在政商所涉及的职业人群中，官员或公务员的职业道德，深度影响乃至决定了其与企业家打交道的实践方式，因此加强官德建设具有较大的时代迫切性。

党的十九大报告提出的亲清新型政商关系原则，从美德伦理层面来看，正是强调权力阶层和资本阶层的职业道德要符合伦理善的标准。这种既"亲"又"清"的职业道德原则，从本质上反映出职业的善，亦即对国家公务员职业道德的规范。具体来讲，对领导干部而言，这种"亲"的范畴在伦理学的层面上体现的是责任伦理，即领导干部要挺起共产党人的脊梁，时刻牢记为人民服务的宗旨，坚守群众路线工作方法，深入企业家群体，了解民营企业在生产经营中遇到的问题，合理运用公共权力全心全意为民营企业服务。要对非公有制经济人士多关注、多谈心、多引导，坦荡真诚地同民营企业家接触交往，帮助他们解决实际困难。"清"的原则要求领导干部要坚守底线伦理，明晰公与私的界限，坚决避免公权私用，保证其开展的政务行为符合公正、公开、公平的原则，同民营企业家的关系要清白、纯洁，不能有贪心私心，不能以权谋私，不能搞权钱交易。

2. 重构企业家精神的紧迫性

随着中国经济体制改革进入深水区和经济发展进入新常态，政府在调整产业结构、转变经济增长方式和加快创新等方面面临重大挑战，因此在市场方面保护产权、维护契约精神、坚持平等交换、确保公平竞争和有效监管，着力营造统一透明、规范有序的市场环境等成为中国改革事业推进的重要工作。政府需要坚持中国特色社会主义法治道路的原则，以健全社会主义市场经济体制为重点，确保市场主体充分享有权利平等、机会平等、规则平等的权利。只有把市场充分放入由法治作为保障的良好环境中，让市场主体依法行事，资本依法追逐本应追逐的正当利益，才有可能最大程度避免权力资本化的现象。[1]

---

[1] 闫瑞峰、胡超：《权力资本化及其双重超越路径——基于政府治理现代化视角》，《重庆社会科学》2019 年第 5 期。

十八大以来，我们党深刻认识到，要全面深化改革就要激发市场蕴藏的活力。市场活力来自于人，特别是来自于企业家，来自于企业家精神。关于民营经济的作用，庄聪生用了一串生动的数字进行总结性的描述："五六七八九"，即50%的税收、60%的国内生产总值、70%的技术创新成果、80%的就业岗位以及90%的企业数量。[1] 当今时代全面深化改革已成大势，作为市场主体，企业家的作用和价值被提到历史新高度。在市场经济体制下，企业无疑是市场的主体，而企业家精神则是企业健康运行的软动力。因此，要规避权力资本化现象，就必须注重打造合乎时代的企业家精神，实现时代发展和企业家精神相配套的良性互动关系。企业家精神的核心主要包含创新创业精神、履行责任的担当精神、专注品质追求卓越的精神等。党的十九大报告也强调要"激发和保护企业家精神，鼓励更多社会主体投身创新创业"[2]。

真正的企业家精神具有以下特征：对企业利润的永恒追求；对市场风险的勇敢担当；在创新实践中乘风破浪。企业家的道德品质也呈现出公平正义、诚实守信、勇于担当社会责任、珍惜时间的特点。[3] 对民营企业家而言，要做到"亲"，就必须在恪守相关职业道德的前提下，在逐利的过程中，珍惜时间，勇于担当和创新，通过正当的渠道和方式跟政府官员打交道，实事求是讲真话，本本分分建真言，用正当的方式向政府传递正当的利益诉求，为当地的经济发展挑起自身应有的社会责任。"清"强调的是一种底线思维，要求民营企业家既要遵纪守法，又要坚守公平正义的伦理准则，避免与领导干部不清不白的关系，回归民营企业家应有的职业的善。

3. 培育基于价值共同体的官商职业道德

以往官员与企业家互动要么亲而不清，要么清而不亲，这两种极端化现象在主体道德层面具有深层原因——忽视了基于官商价值共同体的职业道德，

---

1 庄聪生：《中国民营经济四十年：从零到"五六七八九"》，民主与建设出版社2018年版，第I页。
2 习近平：《决胜全面建成小康社会 夺取新时代中国特色社会主义伟大胜利——在中国共产党第十九次全国代表大会上的报告》，《人民日报》2017年10月28日。
3 靳凤林：《企业家道德的三维透视》，《理论视野》2012年第10期。

由此在恶性政商关系中经常出现"一损俱损"的常态化现象。因此，在当今时代打造亲清新型政商关系，在主体的职业善层面应当培育基于价值共同体的官商职业道德。虽然官员和企业家分属两个不同的社会阶层，其德性结构差异也较大，但他们应当拥有一些共同的价值基础，并以此作为政商互动的基本伦理准则，形成一股重叠共识性价值驱动力，来为其职业善服务。第一，共同的社会责任观。人民是社会的主体，中国共产党的宗旨是为人民服务，官员的道德义务和道德责任立足于服务人民，用一种无私奉献的精神发展好经济，就是党员干部义不容辞的工作和社会责任。企业家的核心追求是利润，而在追求利润的同时为社会创造就业岗位，为国家创造税收，为当地经济发展做出贡献，人民自然而然成为直接或者间接的受益者，因而企业家应当拥有先富带后富的社会责任感。这种官商德性共塑的共同的社会责任观，理应成为两个群体共同的价值选择。第二，共同的利益观。经济发展作为官员的政绩体现，与企业发展息息相关，官员服务了企业也就等于为自身的政绩增加了光彩。企业家也如此，光明正大地同官员打交道，对自身的安全和企业的发展是一种保障，这样既能表达自身正当的利益诉求，也维护了企业的利益。建基在这种基础之上的共同利益，应成为官商的正当价值选择。第三，共同的底线伦理观。无论是作为家庭中的人，还是作为组织中的人，底线伦理是作为人最起码的道德要求。官员和企业家之间的互动，就必须坚守一定的职业道德底线，以某些基本行为规范或约束为原则。官员须从党员身份底线和干部身份底线进行自我节制，牢记党纪法规，做到公正用权。企业家应主要以法律底线和企业家职业道德底线为出发点，既要做守法经营的合格企业家，又要做诚实守信的职业企业家。唯其如此，官商之间才能既"亲"又"清"，永远在阳光下通力合作，共同打造良性互动的伦理生态。

第七章

数字经济对权力与资本关系的伦理挑战

进入数字时代,数字经济以发展相对成熟的互联网为载体,依靠庞大的运作规模、交易市场和交易人数,在国家甚至国际范围内逐步扩大影响力。数字化经济运作模式不仅昭示着一种技术的变革和经济的创新,同时也对权力与资本的关系产生多重影响并提出重大挑战。通过深入探讨数字经济下权力与资本的关系,可以认识到数字经济下权力资本化和资本权力化的基本途径与具体表现,进而揭示数字经济对权力与资本关系所带来的伦理挑战并求得科学的解决路径。

一、权力与资本的交织与较量

要了解数字经济视域下的权力与资本,首先需要明确数字经济的概念及其发展。美国优步公司和脸书公司是数字经济发展领域的领跑者,本章选取二者作为典型案例,可以更好地说明数字经济的兴起给权力与资本关系所带来的重大改变,有助于进一步梳理数字经济下资本权力化和权力资本化的转变历程。

(一)数字经济概念的提出及其发展

数字经济是以使用数字化的知识和信息作为关键生产要素、以现代信息网络作为重要载体、以信息通信技术的有效使用作为效率提升和经济结构优化的重要推动力的一系列经济活动。它是继农业经济、工业经济之后的一种新的社会经济发展形态。数字经济主要分为数字产业化和产业数字化两大部分。数字产业化，以信息通信产业为主，具体包括电子信息制造业、电信业、软件和信息技术服务业、互联网行业等。产业数字化，是指传统产业由于应用数字技术所带来的生产数量和生产效率提升，其新增产出构成数字经济的重要组成部分，以工业制造业领域的数字化转型、货币金融和其他金融服务业的数字化转型、公共管理和社会保障的数字化转型为主。这两大部分共同促成了当今社会经济的高质量高效率发展、数字化治理模式的创新，以及政治和经济的全球化发展进程。

  数字经济的历史应追溯到19世纪后期，最初是以电通信、光通信等基础设施为核心的数字产业活动，而随着互联网的出现，数字经济开始以相对完备的概念登上历史舞台。1998年，美国商务部发布的《浮现中的数字经济》基于信息资源对经济发展的决定性作用勾勒出"数字经济1.0时代"。美国利用数字化大容量的光纤通信网络在政府、企业、学术机构，甚至普通家庭之间搭建互联网，占据数字时代的领先地位，IBM、微软、英特尔、雅虎、亚马逊、谷歌、脸书等一批互联网企业相继成立。2016年，全球市值最高的五家企业均为互联网科技公司，人类进入以数字技术（Data Technology，DT）为核心的"数字经济2.0时代"。日、韩、欧盟等国家和地区紧跟美国脚步，积极推进数字革命，中国也抓住机遇成为塑造全球数字经济新格局的重要力量[1]。21世纪以来，一些发达国家在数字经济领域凭借先发制人的优势，在基础设施、底层技术、电子产品等领域占据了垄断地位，而部分发展中国家的优势主要体现在数字产业服务、与传统制造业融合等方面。在我国，数字经济已经延伸到生活的各个领域。数字经济借助我国人口红利优势，依靠着技术驱动和网民驱动获得了极大的生命力。首先，我国在数字基础设施建设方面发展迅猛，不论是5G基站的建成，还是关键行业的数字化改造，我们的基础设施发展已经在全球占据一定的优势地位。其次，数字经济有机融入服务

---

[1] 王静田、付晓东：《数字经济的独特机制、理论挑战与发展启示——基于生产要素秩序演进和生产力进步的探讨》，《西部论坛》2020年第6期。

业和制造业中，包括交通、住房、教育、医疗、家政、金融等服务产业，以及基础设施、能源、农业、制造业等领域。数字经济的加入减少了信息流动障碍，加速了资源要素流动，提高了供需匹配效率，一批分享经济在数字经济的推动下实现了更大的发展。另外，数字经济逐渐成为驱动经济高质量发展的新动能。云计算、物联网、移动互联网、大数据、智能机器人、3D打印、无人驾驶、虚拟现实等信息技术及其创新应用层出不穷、日新月异，并不断催生出一大批新产业、新业态、新模式。

数字经济视域下的权力与资本关系发生了变化：作为数字经济核心生产要素的数据和技术突破了时空限制，具有强大的扩张优势，数字寡头先入为主，成为巨型科技垄断企业，妨碍公平竞争的市场秩序，对社会的支配和控制权增大；数字基础设施及其数字公共品虽具有公共特征，但主要由私人企业主导，资本侵入社会公共领域，损害公民权利，影响着公共领域的民主潜能，部分政府公权力对资本的侵入和扩张不敏感，监管被悬置，公民的社会权益无法得到保护；法律制度具有相对的保守性、滞后性、稳定性，不能有效约束高速运转的数字资本。因此，需要结合典型案例，分析数字经济下的权力与资本关系究竟发生了哪些改变，进而为探究数字经济对权力与资本关系的伦理挑战提供实践支撑。

（二）数字经济视域下权力与资本的较量——以优步公司为例

优步公司是全球最大的数字经济体之一，成立于2009年，由特拉维斯·卡兰尼克（Travis Kalanick）和加勒特·坎普（Garrett Camp）创立。当时，美国交通运输市场中效率低下的现象一直存在，优步正是针对这个问题提出了解决方案，利用互联网整合拥有汽车的车主、有需求的乘客和出租车公司，向社会提供用车服务。优步公司初始的运营模式是利用GPS定位确定出发地和目的地，利用应用程序一键叫车，预先计算车费并自动扣费，如今逐渐演变成更加成体系的多元化服务模式。优步公司利用数据收集、算法设计等技术手段实现需求驱动、不间断运输和浮动定价等，加强匹配车辆的需求和供应。它不仅为用户提供乘坐汽车、自行车、滑板车、船只、飞机等各种出行方式的选择，而且不断引入新的服务，打造交通信息收集与分析、餐饮外卖、粉丝社区、金融服务等其他新业务。具体来讲,优步公司提供了一个用于连接司机与乘客的技术平台,因此,优步不雇用司机,而是通过对接司机和乘客,从中间抽取佣金,获得平台服务费,这是优步最基础的盈利模式。同时,优步聚合了一个庞大的用户群,用于汇总和分析用户数据。数据是数字时代的"石油",决定着优步利益团体的扩大、营销模式的更新和社会效应的叠加。另外,优步更多的是通过融资获取利润,服务费抽成的盈利模式并不足以让优步支撑庞大的服务器和技术成本,于是它选择了一种先做大后盈利的发展模式,不惜利用长时间的亏损来积攒足够大的用户规模、密度和黏性,进而提升公司的市场价值,不断吸引融资。近年来,优步还推出了数字钱包、借记卡和信用卡等金融服务,更加稳固了这种盈利模式。目前优步的网点遍布全球,在全球600多个机场和10000多个城市提供服务,在全球数字经济体中拥有广泛的影响力。

关于优步公司的性质,存在高科技公司和交通运输公司的争议,关于公司性质的讨论直接影响到优步自身的发展,以及国家和政府监管对优步的介入程度和方式。一种观点认为,优步公司是一个基于科技信息服务的技术平台型公司。"平台"有一个技术层面的定义,指的是计算机系统的架构:"数字平台是软件、硬件、操作和网络的复杂混合物……为广大用户提供一套共享的技术和接口。"[1]也有学者认为,可以将平台视为"一种强大的新型公司",该公司运营基于处理数据这种新型原材料。也有学者使用亚当·斯密的隐喻,认为一个平台通常可被视为一只"看不见的手",选择、限定、计算和管理包括金融交易在内的所有交易,具有数字信息服务、调节供求关系、进行财富分配等市场功能,使各方能够为经济交易的目的相互联系。对于优步来说,优步公司本身并不拥有汽车,不支付燃料费用,不负责汽车保险或维修,也不运送任何人,而是允许一些拥有过剩和闲置能力的人将这种能力出售给其他愿意付费的人,优步作为这两个群体的"中间人",提供一种供求交易平台。不论是司机还是乘客,都是优步这个平台的用户,优步可以组织和动员

---

[1] Kenney, M., Zysman, J., "The Rise of The Platform Economy", *Issues in Science and Technology*, 2016(61).

用户进行"外包式"营销，提升平台的知名度和利用率，利用平台优势动员不同的社会群体为自己保驾护航。从这些层面来说，优步公司处理的是一种叫作"数据"的新型原材料，获得利润依靠的是收集人们关于出行方式和出行时间的庞大数据，在数据的整理和分析过程中获取相应的收益。作为这样一个平台，优步公司的优势是对现有交通运输市场低效率的改善、对闲置资源的合理利用和对用户需求的及时响应。

还存在另一种截然不同的声音，认为优步公司是一个交通运输公司。优步公司虽然并不拥有任何一辆车，但从服务性质来看，优步技术服务的重要目的是按需提供城市运输，优步可以决定车辆的运营和分配、司机的角色和行动轨迹、行程价格的确定和收取等，实际的交通运输服务是整个企业继续生存下去的基本保证，与传统的交通运输体系具有很大重合性。从结果上看，优步已经从出租车、豪华轿车以及公共汽车和地铁中获得了市场份额，也引起了传统出租车和运输公司的强烈反对。无合法授权的私人汽车进行出租业务、利用大数据算法和补贴实现超低收费、更加快捷和完善的服务反馈机制、工作时间和工作方式简单灵活等优势是传统公共运输领域所不能及的，因此，有学者预测，优步将有机会以前所未有的程度主宰美国出租车市场。另外，优步如今已经将业务从出租车扩展到货运物流等专业运输领域，优步自动驾驶汽车的科研开发也陆续出现，这似乎暴露了优步公司意图在公共交通服务领域占据一席之地的野心。优步最终可能在这些实体经济领域为客户提供独特的价值，随后它将成为一家交通运输公司或自动汽车公司，只是碰巧附加了一项叫车服务而已。[1] 从这个角度来看，优步公司确实挤占了传统交通运输公司的市场地位，且具有替代其地位的潜力，因此不能被归类为一种简单的信息服务平台，应被视为一个交通运输公司。

优步的应用程序作为一种独立的数字服务平台，与传统提供交通运输服务的公司之间有明显的区别。一般来说，经济自由主义拥护者坚持认为优步公司是一个科技平台型企业。优步公司的自我定位就是一个数字服务商，主

1　Jeff Spross, "Uber is basically promising investors it will become a monopoly", https://theweek.com/search/uber%20monopoly/, 2019-04-15.

要以数据信息收集和分发为主。然而，虽然表面上拥有软件开发业务的公司并无享受特殊优待的资格，但快速发展的技术允许优步这样的平台企业利用自身发展与现有监管框架的错位，成为存在于合法灰色地带的大型企业。因此，优步公司要时刻宣扬和保住自己科技公司的身份，这样才能在创新与监管的边缘地带更好地生存下去。优步的野心并不在于平台本身，而在于借助政府对平台的监管漏洞，打压实体经济竞争者，并最终在实体经济中占据寡头地位。

2015 年，优步公司面对纽约白思豪政府限制平台汽车数量的法案时，通过制造舆论，将自己描述为受到出租车行业忽视的少数群体，鼓吹政府的监管是出于公职人员自身的利益，同时，吸引游说者让部分政府官员支持优步的创新发展，反对该法案，另外，利用平台优势聚集更广泛的群体，形成话语联盟，让公众举行集会以反对新法案。优步的种种举措分裂了白思豪政府的民主基础，在优步内外竞争的综合力量作用下，事件的政治和公共影响都在扩大，考虑到直接的压力、公众的关注和不利的宣传，许多人撤回了对法案的支持。最后，白思豪政府放弃了这项法案，冲突以优步公司的胜利结束。直到 2018 年，纽约市议会成功投票通过法案，决定对优步的车辆和其他叫车服务在一年的时间里设定上限，并对司机实施最低工资标准保障。2019 年 6 月，优步在纽约最高法院提起诉讼，试图推翻纽约州对司机数量的限制。纽约出租车工人联盟执行董事比拉维·德赛（Bhairavi Desai）认为："优步认为它凌驾于法律之上，该公司希望有权不受限制地在我们的街道上增加越来越多的汽车，但这种商业行为付出了巨大的人力成本。"[1] 2019 年 12 月，纽约州一名法官在针对纽约州的诉讼中做出了有利于优步的裁决，推翻了一项新规定，该规定限制了出租车司机在曼哈顿繁忙地区无乘客的情况下在街道上行驶的时间。纽约州最高法院法官莱尔·弗兰克（Lyle Frank）在裁决中称，该州出台的限制"武断且反复无常"。[2] 可以说，优步对待监管问题的强硬态度在各

---

[1] Andrew J. Hawkins, "Uber sues to overturn New York City's cap on new ride-hail drivers", https://www.theverge.com/2019/2/15/18226599/uber-nyc-driver-cap-lawsuit-de-blasio, 2019-02-15.

[2] Tina Bellon, "In win for Uber, Lyft, judge strikes down New York City's cruising cap", https://www.reuters.com/article/us-uber-new-york-idUSKBN1YR1WC, 2019-12-24.

种场景中反复上演，已经让当地人习以为常。

巴里等人提出了"监管的创新"（regulatory entrepreneurship）的概念，他们认为，对企业来说，改变法律监管是他们商业计划的重要组成部分。[1] 为了实现他们的政治目标，这些公司采用了传统的游说技巧，但也采用了更创新的策略。在 2016 年，优步退出了得克萨斯州奥斯汀市，起因就在于，优步和其他公司联手斥资超过 800 万美元资助修改当地法律，最终以失败告终，优步为此付出了高昂代价。加利福尼亚州也是如此，优步公司和来福公司总共花费了近 2 亿美元，利用应用程序中的短信发送特定立场的内容，激发公众暴怒，引入诉讼，最终达到影响或改变法律的目的。2019 年加州出台了一项新的州法律，要求优步和来福公司将司机视为雇员身份。但优步和来福公司拒绝遵守法规而被起诉，这促使两家公司开始走上修改法律的道路。2020 年，加州选民通过了"第 22 号提案"。该提案认为，应将零工企业司机重新归类为一个新的工人类别——不是自由职业者，不是雇员，而是介于两者之间的某种人。这项法案直接涉及平台税收这个悬而未决的问题，激化了收入与征税问题，平台服务的收入往往不会提供给国家财务部门，优步这种自雇形式的自雇收入也可能无法报告，这也是优步在许多国家中存在的一个难题。2021 年，加州裁定"22 号提案"违宪，将优步司机重新定义为雇员。尽管优步修改法律的计划最终失败了，但这个事件证明，优步和来福车都有直接"购买"立法的能力，它们在积极破坏现有公共服务的同时试图参与制定当地交通政策[2]，其中最大的问题在于，这项法案最初可能是"在没有工人参与的情况下起草的"[3]，它从头到尾维护的是公司的利益，而非公共利益。美国国家就业法项目（National Employment Law Program）调查表明，在俄亥俄州、得

---

1 Barry, Jordan M., and Elizabeth Pollman, "Regulatory Entrepreneurship", *Southern California Law Review*, 2017(1).
2 Alissa Walker, "Uber and Lyft Just Bought a Law in California", https://www.curbed.com/2020/11/california-uber-lyft-prop-22.html, 2020-11-05.
3 Noam Scheiber, "Uber and Lyft Ramp Up Legislative Efforts to Shield Business Model", https://www.nytimes.com/2021/06/09/business/economy/uber-lyft-gig-workers-new-york.html, 2021-06-09.

克萨斯州和佛罗里达州等城市，优步撰写或共同撰写了州立法。[1]

在瑞典，优步遇到的最大问题是瑞典税务机构无法从优步那里获得征税所需的数据。为此，瑞典建立了一个由政府官员和组织良好的利益集团构成的广泛联盟，提出了"进步"立法，允许优步继续运营，同时调整监管框架，以确保优步在瑞典拥有一个公平的竞争环境。具体地说，它建议优步基于应用程序的服务作为一种传统的出租车运营商接受监管，支持基于平台的应用程序通信的替代设备（非传统的计税器），向当局提供评估税收所需的数据……最终这个联盟成功了，它通过调整现有法规，将优步纳入一个监管框架中，旨在使优步的持续运营与瑞典的监管模式保持一致。

可见，自优步诞生之初，对优步的指责和争议不断，包括不公平竞争、垄断倾向、汽车安全问题、用户隐私和数据泄露、乘客歧视、逃避监管、偷税漏税、违反劳动法等方面。但是，像优步这样兼具双重属性的数字企业，一方面可以成功地识别政府的"漏洞"，机智地规避监管，合法开展了简单、不受监管的服务，尽管最后接受了政府的监管，但监管的滞后性已经足够让优步继续扩大企业版图；另一方面，优步公司这样具有庞大用户群体和舆论优势的企业也可以以既成事实的"正当性"突破法律规范的"合法性"，并以"倒逼"方式迫使既有制度在短时间内做出重大调整。

道路、电网等存在"自然垄断"的公司本质上不允许竞争，它们以维护公共利益贯穿始终，作为一项公共事业受到国家调控和政府监管。然而，一旦这些公司的地位被真正具有市场垄断功能的私营公司所动摇，那么就有可能带来严重的社会问题。因此，平台只是优步公司逐渐占据市场地位的手段和障眼法，它让优步理所应当地绕过传统监管机制，在社会公共领域占据一席之地。优步公司的双重身份为监管带来了双重困境：作为平台，优步公司拥有广泛的网络效应，其经济地位、社会影响力和动员力不容忽视；作为公共交通服务企业，优步公司与公共权力之间的关系纠缠不清。因此，在数字

1　Borkholder, Joy, Mariah Montgomery, Miya Saika Chen, and Rebecca Smith, "Uber State Interference: How Transportation Network Companies Buy, Bully, and Bamboozle Their Way to Deregulation", *The National Employment Law Project and the Partnership for Working Families*, 2018：20.

经济时代需要变革和创新市场与政府良性互动的伦理规则，以应对优步这类公司中资本与权力的复杂关系所带来的伦理挑战。

（三）数字经济视域下权力与资本的交织——以脸书公司为例

与优步、亚马逊、淘宝等这样的数字企业不同，脸书、推特、微博等数字企业活跃于社交领域。脸书作为一个以传播信息为主的社交网络服务平台，也是世界上最大的广告销售商，引领数字时代迈上了一个新的台阶。它创立于 2004 年 2 月 4 日，总部位于美国加利福尼亚州门洛帕克，如今作为全球最大的社交平台，它吸引了全球近 20 亿用户。据统计，人们每六分钟中就有一分钟花在脸书上[1]。脸书已成为欧美甚至全球大部分地区的数字霸主。

脸书的盈利模式主要有两种。第一种是收取广告费。脸书以"分享"为主要运作理念，用户需要在脸书中创建一个单独的主页。这个主页为品牌提供独特的营销工具，如分析、托管商业相关信息的自定义标签和广告栏。脸书从人们的点击、文字、动作和朋友网络中打造了一个详细且高度准确的生活场景，人们在互相分享生活的同时，也试图拥有或体验别人的经历，这时，人们就会在脸书上寻找与之相应的广告营销信息。脸书拥有庞大的数据资源和精准的算法推荐，在这方面的营销推广模式比其他任何销售或广告渠道都更精准有效，脸书公司也一直致力于打造一个智能、有针对性的、全球性的广告机器。根据 2017 年脸书年度报告，其广告收入在 2017 年达到 399.4 亿美元，占年收入的九成以上。第二种盈利模式是从增值服务中获利。一些购物、旅游、招聘、游戏等软件进驻脸书平台后，脸书会按照用户下载数量向开发者收取佣金。脸书需要做的就是提升平台自身的影响力，软件提供相应的免费服务和增值业务。在 2015 年之前，脸书允许向"第三方应用"开发者开放用户数据，这形成了很大的数据买卖市场。尽管脸书一直宣称自己已经不再出卖个人信息，但这并不代表脸书的个人数据不存在私下收集和买卖的现象[2]。

---

1 Scott Galloway, *The Four: The Hidden DNA of Amazon, Apple, Facebook, and Google*, Penguin, 2017, p.50.
2 Brittany Kaiser, *Targeted: The Cambridge Analytica Whistleblower's Inside Story of How Big Data, Trump, and Facebook Broke Democracy and How It Can Happen Again*, HarperCollins, 2019, p.78.

对脸书公司权力与资本关系的讨论主要集中在垄断地位和参与公共事务两个方面。脸书一直利用其优势和垄断力碾压规模较小的对手并扼杀竞争。借助庞大的数据和资金，脸书排挤或妨碍它眼中的潜在威胁。2012 年，脸书以 10 亿美元的价格完成对 Instagram 的并购，将当时美国最大的新生代照片分享开发商收入囊中。这个 Instagram 操作方法非常简单，用手机拍照，使用滤镜和特效编辑后发送到平台，刚成立两年用户量已接近 3000 万。通常认为，脸书收购 Instagram 的动机有两个：第一，Instagram 作为一个潜在的竞争对手，收购它可以消除脸书在美国数字市场上的威胁；第二，Instagram 的快速发展让扎克伯格产生了对其技术和人才的渴望，因此不惜花费巨额代价以求获得更多先进的技术和不断创造价值的工程师。

脸书自成立以来，相继收购了近 20 家公司，保持着在线上广告和社交媒体领域中的垄断地位。2020 年 10 月 6 日，美国众议院司法委员会发布了《数字市场竞争状况调查报告》，指出亚马逊、苹果、谷歌和脸书四家科技公司通过非法利用市场力量，实施自我优待、歧视性行为、排他性交易、搭售、纵向并购等反竞争行为来维持和扩大自身的垄断地位。2020 年 12 月 9 日，美国联邦贸易委员会（FTC）对脸书提起反垄断诉讼，指控脸书长期通过实施垄断行为非法利用并维持自己在美国个人社交网络市场上的市场力量。脸书自 2011 年起始终占有该市场 60% 以上的份额，且由于社交网络服务的锁定效应极为显著，用户面临着高昂的转换成本，导致该市场拥有较高的进入壁垒，因此，脸书在该市场中具有垄断地位。此外，脸书还以应用程序编程接口（API）为威胁，对第三方软件开发人员实施了反竞争措施，要求第三方应用程序不得开发与脸书相互竞争的功能。因此，美国联邦贸易委员会正向联邦法院寻求一项针对脸书的永久性禁令，内容包括剥离 Instagram 和 WhatsApp 在内的资产、禁止脸书对第三方软件开发人员实施反竞争措施、要求脸书对未来的合并和收购进行事先通知并在获得批准的情况下才能进行。[1] 当然，在这一系列反垄断调查中，脸书投入巨资开展反对反垄断游说，雇用了美国联

---

[1] 刘晓春、王敏昊：《2020 年度平台经济领域反垄断事件盘点》，《中国对外贸易》2021 年第 2 期。

邦贸易委员会前首席反垄断律师芭芭拉·布兰克、国会有影响力的议员希尔来帮助对抗联邦贸易委员会的调查和诉讼，试图减少必须应对的法规数量[1]。美国政府与科技巨头之间的博弈至今仍未结束，可能会持续数年的时间，但可以看到，资本与权力的较量呼唤着国家对数字资本治理机制方面的更新与变革，这关系到数字生态治理和全球治理正义。

另外，作为信息社会崛起的代表的科技公司，人们对其权力的担忧更多来自经济权力之外的其他权力。像脸书这样的社交平台不仅拥有与传统媒体类似的力量，而且可以控制公众的舆论，影响公民权利，对公民集体行动和选举施加影响。

最初，脸书的主要宗旨是开放和互联，关注的是用户数量、服务体验、在线时间、建立群组等方面，以求让用户在脸书上付出更多的时间和精力，进而提升脸书的市场价值。脸书的主要创始人扎克伯格和他的同事们并没有意识到自己的平台在最初就具有一定的社会影响力和政治力量。基于"分享"的营销推广模式配合庞大的数据分析处理系统，脸书开始进入到人们的政治生活中。早在2006年，随着美国中期选举的临近，脸书为每位总统候选人创建了页面。有意愿参与的候选人可以接管他们的页面，支持者可以在帖子里讨论和评论一些事件，人们在候选人页面上发布了数千篇公开帖子，但候选人自己几乎没有做出回应。尽管如此，脸书上还是就此形成了一个个支持者"联盟"。自此以后，脸书的政治潜力开始变得明显起来，在后来的奥巴马选举、特朗普选举中，脸书的力量开始日渐凸显。奥巴马比其他民主党政治家更早地看到了数字社交网络在动员候选人周围的支持者方面的能力，在2010年的美国中期选举中，几乎每位美国候选人都有一个脸书主页。近3/4的美国互联网用户在网上获取政治新闻，像巴拉克·奥巴马和萨拉·佩林这样的政客获得了数百万粉丝，而不具有号召力和吸引力的候选人只获得了几百个粉丝，就此拉开了候选人之间的差距。脸书的这种政治力量也是扎克伯格最初未曾预料到的，脸书逐渐变成了在关键时刻向关键人群传达特定信息的重

---

[1] 丁玮、於兴中：《美国大科技公司反垄断及其权力规制》，《中国政法大学学报》2022年第1期。

要渠道。在特朗普竞选期间，英国剑桥公司[1]看到了脸书中庞大的用户数据及其具有的社会效应，从中获取8700万用户的个人信息。特朗普团队在剑桥分析公司的协助下，根据每个用户的日常喜好、性格特点、受教育水平，预测他们的政治倾向，进行新闻的精准推送，将拉票广告发给了其他潜在支持者。该事件被认为改变了美国大选结果，让特朗普意外战胜了此前呼声很高的希拉里。从中可以窥见，数据和数字技术对当今社会政治生态的影响不容小觑。事实上，早在2014年，脸书即展开了由公众推动的反对政府监控的立法游说活动，要求减少美国国家安全局的监管权力，提高政府收集数据的透明度，通过《美国自由法案》，阻止政府从互联网上收集大量的个人数据和资料。脸书坚持该法案是为了保护他们的用户基础，防止用户在平台上被政府监视。但是，剑桥公司对脸书用户的数据分析被曝光后，反而印证了脸书才是那个收集和泄露数据的罪魁祸首。2019年，脸书的联合创始人休斯曾公开指责扎克伯格能够监控、组织、审查全球数十亿人的谈话，"影响力远远超过了私营部门或政府中的任何人"[2]。被称为"脸书吹哨人"的弗朗西斯·豪根曾经披露了大量涉及脸书利用技术手段操控舆论、制造对立、传播恶意等内幕。比如其排名算法在社会"愤怒、两极化和分裂放大"中起到了促进作用，其内容流的改变使网络出现"更多分歧和恶意"，在社会上扩大仇恨、制造撕裂，扎克伯格利用对平台巨大的控制权，单方面控制了超过30亿人。[3]脸书在国际上的互联能力越来越强大，个人数据被武器化，个人观点被工具化。脸书的社会网络和观点输出在塑造人们的想法和认知，人们的公共领域不再按照哈贝马斯所期待的那样，成为民主政治得以生长与发展的重要场域。

资本用技术的遮羞布干扰人的自由意志，影响人的决策和行动，进而使

---

[1] 英国剑桥公司的运营模式主要是把微定向和心理学结合起来，精心分析选民的数据，预测选民动向，为"金主"赢得选举。

[2] 聂书江:《警惕资本裹挟下的数字霸道》,《北京日报》2021年10月13日。

[3] 前瞻经济学人APP资讯组:《披露Facebook万份内幕文件的前员工指控，扎克伯格"单方面控制30亿人"》，前瞻网，https://baijiahao.baidu.com/s?id=1714676593567506731&wfr=spider&for=pc，2021年10月26日。

得这种特定形式的统治和剥削合法化、自然化、正当化。这种资本文化的极权,在吞噬社会正义的同时,将整个社会的人变成了"单向度的人"。在逐利动机的指引下,公众认知、交往和行动的框架逐渐被改写,信息本身成了经过加工、生产和筛选后的"商品",原本的互动或讨论变成了一种工具化的有助于资本增殖的"劳动"。人们在看到互联网赋予自身"权利"的同时,忽视了自身价值观的迷失和公共理性的退化,最终有可能塑造出一个符合利益集团要求的认知框架。数字资本利用数据优势整合公民权利,掌控舆论公器,一些境外资本集团甚至会利用网络平台的舆论动员功能,干扰主流意识形态,动摇社会根基。总之,数字资本的本性即如此,当资本发展到一定程度,它们会通过巨大的网络效应逐步确立权威并谋求控制公众与社会,这将极大地破坏社会的公平正义。

作为权利主体的公众本应借助数字平台这一载体,通过信息的发布和讨论,为公共权力系统输送合法性,实现公共权力的行使和完善。然而,对脸书这类平台的宽松政策和监管漏洞让大众频频受到操控,脸书也常常陷入泄露数据、发布假新闻、制造垄断等负面影响中。如今,数字企业在广袤的数字世界的不同领域分别建立起了自己的帝国,大部分数字企业活跃在公共服务领域,行使一部分国家和社会治理的职能,但背后的股权又不属于国有,而是属于少数股东。当资本的权力扩大到一定程度,利益驱动将会变为社会运转的核心,进而损害社会公益。数字经济时代需要对资本在社会各领域的扩张和侵略保持警惕,防止其通过侵犯个人权利威胁公共权力的有效行使,维护公共生活的合理性。

二、权力资本互化和数字资本的道德合理性

数字经济中的权力与资本之间存在着复杂的联系。为进一步解析资本扩张后引发的权力变化及其所带来的伦理挑战,本书将数字经济中资本与权力的关系分为两类:一是数字经济中的权力资本化,这种转变来自于"公权力""媒介"和"霸权",揭示出权力寻求资本护佑的方式更加灵活隐蔽;二是数字经济中的资本权力化,这种权力的扩张来自于"依赖""话语权""合

法性"和"跨国流动",揭示出资本在全社会甚至全世界寻求支配力的野心。

(一)数字经济视域下的权力资本化

权力资本化表现为政治权力寻求一种有助于权力增殖的资本支撑,政府借维护公共利益之名将权力的公共价值套现为特殊的部门利益和个人利益,多依靠数字资本与政府公共权力的"合谋"来实现。基于"公共性"的权力资本化,由于数字资本活跃于公共服务领域,政府与企业可以很容易地共同参与数字化发展进程中,少数特权者借助地区数字化优势变现经济财富;基于"媒介"的权力资本化,在某些西方国家,政客们会借助数字化媒介对公众的意志和态度产生潜移默化的影响;基于"霸权"的权力资本化,在全球视域下,数字资本成为西方某些发达国家对外掠夺、操纵他国舆论、扩大本国影响力、掌控规则制定的重要途径之一。

1. 基于"公共性"的权力资本化

通过以上对数字企业的分析可以看出,数字企业涉及的业务通常与政府公共事务存在重合,政府可以借助数字资本的公共性特征,助力资本增殖。数字经济蓬勃发展在很大程度上带动着区域经济发展,而且作为一种可以充当公共服务的重要载体,为通过政治权力变现经济财富而实现权力增殖的过程提供了便利。

对于政府来说,地方政府发挥着地方经济决策总部署的功能,为获得辖区经济发展政绩,往往会抓住这样的数字化发展机遇,借监管暂时悬置的"东风",通过一系列的变通策略,让地方上的市场经济主体规避、利用和悬置正式的规章制度[1]。虽然这种方式起初会助力数字企业迅速发展壮大,但也同样加剧了国家、社会、市场之间相互缠绕的关系,这也是造成政商关系腐化的诱因之一。对于企业来说,地方政府虽然有时是一个障碍,但也会成为有价值的资助、合同或其他利益的潜在来源。例如,优步所经营的业务与政

---

[1] 黄毅:《市场化进程中政商关系的共生庇护、寻利型变通与治理之道》,《地方治理研究》2021年第4期。

府公共事务存在重合，地方政府可以通过与优步公司的"合谋"，将政治权力变现经济财富。一般来说，与优步类似的数字企业所参与的领域中（如交通、住房等公共领域），地方政府的权力往往处于顶峰，企业在结构上权力有限，必须通过政府的允许和介入达成自己的目标。优步公司可以带动区域经济发展，且作为一种可以充当公共服务的重要载体，地方政府可以利用优步实现公共服务的改善和优化。优步通过接触当地监管机构，通常在有关竞争监管和市场进入的问题中与政府合作，可以避免未来在公共事务方面的挑战和冲突，但在这个过程中，只有少数特权者能够利用国家资源从这些企业中获得经济利益。

可见，数字经济的发展为特定地区的少数有特权者创造了获得超额收入的机会，大型数字企业为了垄断市场，必须从这些关系的建立和维护中获得更大行业份额和发展优势，政府中一些禁不住利益诱惑的监管者也会借助数字资本的"公共性"特征，"公器私用""靠网吃网"，将权力的公共价值套现为个人利益。

2. 基于"媒介"的权力资本化

数字技术克服了信息的稀缺性后，带来的可能是更大的控制，而不是公民赋权和全民参与。[1]在西方发达国家，数字经济中还存在着一种隐蔽的方式实现权力向资本的设租和寻租，资本原本的政治献金和利益输送功能逐渐转变为支持选举、制造政治影响等辅助性功能。

随着数字经济的发展，政客们发现，干预平台比直接干预具体参与的网民更有约束力，也更有效力，借助数字化媒介可以对公众的意志和态度造成潜移默化的影响，逐步提高政治影响力。他们利用数字媒体的应用程序设计和信息过滤系统，隐蔽地塑造着人们的话语模式，[2]数字化媒体通过对政府行为和绩效的报道，屏蔽对自身不利的信息，令民众沉浸在同类信息中，形成

---

[1] Nagy Hanna, "A Role for the State in the Digital Age", *Journal of Innovation and Entrepreneurship*, 2018(7).

[2] ［美］尼古拉斯·卡尔：《数字乌托邦：一部数字时代的尖锐反思史》，姜忠伟译，中信出版社 2018 年版，第 360 页。

"意识形态孤岛"现象,激化他国矛盾、转移国内矛盾,也可以影响公众头脑中的政治世界和政治图景[1]。美国的左翼学者早在 20 世纪 70 年代便已指出,"互联网系统已经被美国安全局收编在内,成为用来监控、干预公众的一项手段"[2]。2013 年,前中情局职员爱德华·斯诺登披露了美国国家安全局一个秘密项目,即美国国家安全局通过互联网服务公司对美国互联网用户的数据信息进行抓取,继而满足并服务于决策者的权力需求。近年来,新技术公司已经作为一个重要的政治工具介入美国大选。2008 年,奥巴马竞选团队利用大数据找到了很多"答案",例如,竞选宣传的时间和地点、筹措资金的方向和策略等等。在 2016 年的美国大选中,美国政客利用英国剑桥公司收集到用户个人信息,筛选出一批立场摇摆的选民,精准投放文章、视频、广告,从而让犹豫不决的选民转而支持特朗普,特朗普竞选团队为此支付了 500 万美元[3]。在美国这样的西方国家,通过平台来影响或管理信息的方式更有效力,国家依赖数据收集分析和媒体动员,也将深刻地影响当代的政治生活和社会治理。

3. 基于"霸权"的权力资本化

在数字时代,某些发达国家借助数字战略维持其既有经济地位的雄心将会进一步强化,他们利用本国数字经济发展优势,打造侵略型资本市场。不同国家的数字化发展不平衡扩大了全球数据鸿沟,发达经济体和发展中经济体在资本和技术方面的显著差异,导致大部分发展中经济体在推进数字经济时的相对劣势被放大。发达经济体占据数字技术发展先机,优先制定维护本国利益的制度条款,使部分国家沦为发达国家倾销数字商品、渗透资本主义意识形态和文化的空间场域,加剧了全球数字经济治理中的"中心—外围"格局及分化趋势,借此获得制度垄断新优势[4]。在这个过程中,权力资本化同

---

1 张明新、刘伟:《互联网的政治性使用与我国公众的政治信任——一项经验性研究》,《公共管理学报》2014 年第 1 期。
2 [美]约翰·B.福斯特、罗伯特·W.麦切斯尼:《监控式资本主义:垄断金融资本、军工复合体和数字时代》,刘顺、胡涵锦译,《国外社会科学》2015 年第 1 期。
3 玖田:《"脸书"被曝泄露 5000 万用户信息》,《新民晚报》2018 年 3 月 21 日。
4 阳军、樊鹏:《新技术革命的风险、挑战与国家治理体系适应性变革》,《国外社会科学》2020 年第 5 期。

样表现为政治权力变现为经济财富而实现权力自身的不断增殖。国际科技巨头利用在科技、知识产权、市场规则、舆论导向等方面的优势地位和垄断能力，迫使其他国家支付巨额费用，获取超额利润，在国际公共领域占据国家市场垄断权和话语权。

在数字时代，一些发达国家早已经改变了传统的侵略方式和统治机制，不再通过赤裸裸的军事侵略和殖民掠夺攫取利益，而是更多地借助经济规则——或者说资本逻辑的操控——实现其霸权。[1]"发达资本主义国家借助数字资源进行领土控制和资源动员，追求政治和军事权力，形塑了新帝国主义的领土权力逻辑。借助数字资源加以控制和利用全球资本，满足其经济权力，这是新帝国主义的资本权力逻辑。"[2]对于其他国家而言，如果没有与之相抗衡的数据储备和技术优势，就可能会沦为发达资本主义国家的附庸。近年来，美国的数字公司可以堂而皇之地在世界范围内进行量化活动、搜刮数据，并凭借私有化和垄断带来的排他性常年保持远超于他国的数据优势，这背后离不开美国国家和政府的强大支撑。美国谷歌在全球共有36个数据中心，这也是美国完成数字霸权布局的重要部分。另外，美国出于捍卫世界霸主地位、打压国际竞争对手等综合考虑，不惜运用政治、外交等手段帮助国内数字企业进行不正当竞争，动用国家力量打压其他国家的科技企业，让全球大量的数字资本向美国流动。

另外，伴随着数字资本的全球流动，大型数字平台的跨国运行使其形成了国际化传播。当某个公司的算法成为收集展示信息的关键引擎后，操纵他国舆论就成为可能。2017年10月，脸书在塞尔维亚、玻利维亚、柬埔寨等六个国家进行算法改革测试，降低了六个国家的媒体议程设置能力和影响力，同时屏蔽了一些内容[3]。一些大型数字平台都曾被指控有意过滤或操纵信息，以突出或弱化某些政治观点、议题或人物，以强化本国在世界范围内的政治

---

[1] 冯旺舟：《资本的霸权与正义的诉求——21世纪新帝国主义的批判性探析》，《国外理论动态》2021年第4期。
[2] 严运楼：《当代西方左翼关于数字帝国主义批判研究》，《毛泽东邓小平理论研究》2020年第6期。
[3] 韩博：《从地缘政治视角探究互联网平台治理》，中国社会科学网，https://baijiahao.baidu.com/s?id=1719897871151644530&wfr=spider&for=pc，2021年12月23日。

意图。这些拥有国际科技巨头的发达国家利用这些优势,通过对他国跨主权干预改变着国际政治生态。"阿拉伯之春"、伊朗的"推特革命"、缅甸的"袈裟革命"等,都是因西方社交媒体的垄断地位而造成本国无法干预和控制西方权力的介入。可以说,西方国家借助自身的数字化发展优势,通过算法操控和内容推送,完全可以做到掌控他国的政治运动解释权,并不断粉饰或激化他国的反政府运动,以一种新型的侵略方式干涉他国内政。最有效的霸权取决于行动的隐蔽性,在过去30年巩固美国霸权的所有神话中,技术神话被证明是最有力的。它将科技重塑为一种自然、中立的力量,甚至可以消除国家间的权力失衡。但事实是,数字世界的技术、标准、网络和协议没有任何自然或中立之处,大多数旨在扩大霸权国家的影响力。

在数字全球化的背景下,全球数字经济发展的不平等为国际强权政治提供了温床。数字企业的技术优势让西方科技大国的信息搜集、数据处理、信息分发均不受传统国家法的限制,更不会受到他国政府的管理,西方政府借此干预别国内政,巩固强权政治,加剧了国际紧张局势,有违民主政治的本质和人道主义的精神内涵。

总之,数字企业不但会紧紧抓住任何有助于自身扩张的机会,寻求数字资本的权力化,还将数字资本渗透进个人权力中,参与社会权力的运行,并在全球范围内寻求资本权力化,打造资本的"数字帝国"。同时,数字资本的存在也为权力的资本化提供了便利。公共资源配置的权力私有化进程的无序发展有利于政治权力变现为经济财富,从而实现权力自身的不断增殖。这将会阻碍自由市场的发展,长此以往将会出现大规模的"数据鸿沟"和"算法歧视"等问题,使资源配置、生产过程和流通领域处于低效和无效的状态[1],甚至引发社会动荡。数字经济体在国内和国际范围内的政治意见产出和精准的政治营销相较于传统的意识形态灌输具有无法比拟的优势,在经济全球化的背景下,通过权力与资本的"合谋",数字经济体可以转变为高能量的政治手段,充当国家对内统治或对外干预的政治工具,一些掌握核心技术和海量

---

[1] 靳凤林:《追求阶层正义:权力、资本、劳动的制度伦理考量》,人民出版社2016年版,第49页。

数据的发达国家会因此而成为一个经济繁荣和政治稳固的政治体。因此，数字经济下权力与资本关系的改变导致了一系列新的社会变革，将会对国家治理和国际政治局面产生深远影响。

（二）数字经济视域下的资本权力化

数字资本的权力划分为以下四种：基于"依赖"的资本权力化，主要是指作为消费者或使用者而存在的个人和政府对数字经济中的要素资源产生依赖，扩大了数字资本的权力边界；基于"话语权"的资本权力化，数字资本与传统资本的最大不同之处在于庞大的用户规模和影响力，当数字企业不断扩大规模，资本就可以借助互联网平台优势，动员用户和其他利益相关者为自己争取更大的权力；基于"合法性"的资本权力化，数字资本是一个新事物，在相关法律政策尚未健全的情况下，一旦企业变得足够大或足够重要，就有能力影响和改变监管，监管机构也可能会愿意改变法律来适应它们；基于"跨国流动"的资本权力化即是在全球视野下，跨国流动的数字资本可以轻松实现全球范围内权力的扩张与增殖。

1. 基于"依赖"的资本权力化

作为消费者或使用者而存在的个人和政府被数字经济所带来的巨大便利所吸引，并逐渐形成一种群体性依赖，这就是庞大利益集团将数字资本转化为权力的重要前提。

对于政府来说，数字技术在某些领域的应用，让政府的公共行为和企业运营紧密地纠缠在一起[1]，数字企业借助技术优势，接管部分政府的公共管理职能。例如，优步公司这样的数字企业具有明显的公共服务特性，在它进入公共服务领域后，公共交通需要在优步汽车的参与下获得更加便利、快捷的改善，政府便越来越依赖优步这个平台。优步公司的进入有助于提高整个城市运作效率，带动欠发达地区的经济发展，提高人民生活质量，增加流入城

1　樊鹏：《新技术时代国家治理的新方向》，《人民论坛》2020年第1期。

市的资本活力。如今，政府机构也越来越多地将服务外包给非营利和营利性组织，政府对数字企业的依赖逐年递增。另外，对于政府来说，利用数据可以更好地设计公共政策，提高其地方绩效。数字化社会让政府监管越来越依赖数据，而数据掌握在数字企业手中，这也增加了政府对企业的"依赖"。美国政府为请求和获取优步的数据花费的时间和资源非常多[1]，但是，政府对数据、技术等要素资源的依赖往往伴随着政府权力逐渐被削弱或分割的可能，不利于遏制资本扩张和垄断。

另外，作为消费者的用户被数字经济所提供的便利性所折服。用户一旦习惯于将时间和数据都投入某一个特定的平台，就开始变得更加依赖于该平台。尤其是在脸书这样的以新闻、短视频、社交等为主的媒介类平台中，这种现象更加明显。更换一个平台将会使自己失去互联网上的朋友、联系人、数据、聊天内容以及个性化设置等，人们往往会选择避免这种情况的发生，进而不自觉地对这个平台产生路径依赖。数字企业还会通过技术手段制造用户"黏性"，打造"上瘾"经济，例如利用算法技术或擅长营销的人（主播等）针对特定人群推出定制产品，人们接收到的是自己想要的信息，在沉溺于数字资本所打造的"理想国"中享受到技术提供的巨大便利后，就出现对这一平台过度依赖的非理性状态。这种依赖对于资本来说是巨大的商机，越来越多的数据和信息被资本掌控，越来越大的网络效应被建立起来，数字资本的社会影响力随着受众的依赖程度增加而逐步扩大。

可见，人们的群体性依赖强化了数字经济主体的权力，这是数字资本利用自身优势在全社会寻求权力扩张的重要方式。在未来，具备公共服务性质的数字企业与政府公共行为之间的关系将会越来越紧密和复杂，企业甚至可以接管政府部分的公共管理职能，数字资本的权力化扩张将会在政府和民众中大范围铺开。

---

[1] Fusi, "When Local Governments Request Access to Data: Power and Coordination Mechanisms Across Stakeholders", *Public Administration Review*, 2020: 23.

2. 基于"话语权"的资本权力化

数字资本会产生与议程和话语控制相关的权力,这种理论在更宽泛的意义上表现为对"产生人们所追求的社会和政治议程的那种观念"的控制[1]。数字资本可以以一种尤为隐蔽的方式介入一个国家内部的微观社会生活,参与社会权力的运行。它一面利用技术手段解构公共权力,造成社会"去中心化"的假象,一面在社会公共领域中注入资本的意志,实现对公民权利的集中控制和引导,进而影响公共权力的形成和实施。

数字资本与传统资本的最大不同之处在于庞大的用户规模和影响力。当数字企业不断扩大规模,资本就可以借助互联网平台优势,动员用户和其他利益相关者为自己争取更大的权力。如今,很大一部分数字资本活跃在网络社会文化领域,它们通过创建网络参与文化,影响人与人之间的关系而促发新模式、新业态,但是,数字资本在壮大过程中,往往出于自身安全需要,特别是寻求舆论话语权的考虑,直接或间接介入或掌控一些传媒业,本质上是试图参与民众的话语体系,进而确认自己的权威,确保其长远的、根本的利益。一些资本集团通过建立或收购原本具有一定公共空间属性的传媒或新媒体网络平台,也就掌握了对平台舆论空间的控制和影响,以及时尚潮流和价值观的引导或形塑。公民理所当然地认为可以在具有公共属性的平台上行使公共权力,但民众作为公共权力的委托人,一旦意志及其表达被资本的逻辑绑架,就可能会跟随资本的本性,扩大人与人、群体与群体之间的冲突与对立,而不利于社会的稳定运行。正如优步公司那样,数字资本利用数字平台的公共服务特性介入公民的日常生活,重塑人与人之间的生产关系,让平台能够在提供服务时获得用户的互动和认可,进而影响政府的决策和监管,这是平台公司独有的政治优势。白思豪事件也很好地说明了一个具有相当大规模的平台,如何影响其用户来改变监管,现实中不可能出现的大规模动员、挑唆和对立等行为,在数字平台中已变得十分常见。资本以"舆论的狂欢"隐秘地实现对公民权利的攫取,扩大和强化了资本在社会中的权力,进而妨

---

[1] [美]马克·格兰诺维特:《社会与经济:信任、权力与制度》,王水雄、罗家德译,中信出版社2019年版,第161页。

碍公共权力的形成和施行。

可见,数字资本借助公共领域的力量重构公民权利,干涉公共权力。随着数字资本在某些领域的过度集中,数字资本逐渐强化自身的市场支配力,将会掌握更多的话语权和控制权,公民个人权利向公共权力的过渡可能陷入险境。

3. 基于"合法性"的资本权力化

当数字资本占据了一定的主导权后,数字资本在参与政府公共管理的同时,通过所占据的数据技术优势地位可以将自身的特殊利益包装成普遍利益加以游说,要求国家和法律承认其合法性,并保护其利益。这是一种以"正当性"突破"合法性"的诉求策略。

数字资本是一个新生事物,在相关法律政策尚未健全的情况下,一旦企业变得足够大或足够重要,就有能力制定规则,监管机构也可能会愿意改变法律来适应它们。一些具有社会垄断地位的数字经济体通常会站出来为自己的权益设立"合法化"的标签。例如,为确保信息(认知)商品生产有利可图,资本不惜借助公权的力量,极力鼓吹和推行知识产权制度,通过垄断定价来实现资本增殖的"一己私利",[1] 还会通过制定行业规章来提高后进企业的入市门槛,以此来维护自身的市场地位。从优步与美国各州政府的博弈中可以看到,优步有权力也有资源部署一系列令人惊叹的内部和外部战略,它的政治实力使其在立法领域尤其有影响力。

当某些数字资本发展到规模较大、影响力较广的阶段,就可以借助政府对其要素资源的依赖进一步通过掌控权威者发号施令的权力来弥补自身权力的不足,利用政府的力量推动传统经济竞争对手支付更多成本向新经济转移,最终确立其主导地位。[2] 如果监管机构真的把目标对准了它们,它们还会利用平台优势动员用户寻求政治支持,造成对制度法规的冲击。既得利益集团诱使国家决策为自身的企业发展服务,国家相关数字战略的制定和优化受到资

---

1 黄再胜:《人工智能时代的价值危机、资本应对与数字劳动反抗》,《探索与争鸣》2020 年第 5 期。
2 胡凌:《"非法兴起":理解中国互联网演进的一个视角》,《文化纵横》2016 年第 5 期。

本阶层的深度干预。优步曾通过内部人士（即直接游说当选官员）和外部人士（即动员司机、客户和公众）的组合策略来影响或改变法规和监管结果。在市议会和州立法机构中，优步成功地将消费者权益和安全法规限制在符合其增长、供应、价格灵活、低成本服务要求的商业模式上。

反映新型生产方式的数字经济因其创新性活动突破了既有法律规定，一些公司在监管机构做出反应之前迅速进入市场，在法律未能做出系统性回应的时候，资本可以利于这个契机在较短时间完成积累。资本雄厚的基础设施和底层技术在原有基础上不断得到更多的政策扶持，数字企业以此扩大自身的权力空间。

4. 基于"跨国流动"的资本权力化

基于"跨国流动"的资本权力化即是在全球视野下，跨国流动的数字资本可以轻松实现全球范围内权力的扩张与增殖。数字资本在全球范围内的权力化，主要表现为从数据霸权、技术霸权到资本霸权的全球权力扩张过程。

具备数据和技术优势的数字企业排斥或阻碍其他国家资本进入市场，还有一些数字企业巨头可以形成对金融市场的干预和控制，越过对有形生产要素的组织，直接使用令人眼花缭乱的金融工具在资本市场上猎杀其他市场参与者，一些经济上不占优势的主权国家对此难以抵挡。很多学者认为，一些互联网平台成为新型跨国垄断的行为主体，"平台日益成为掌握支配权力的社会组织，逐渐进化为'看起来像是国家'的现象级政治物种"[1]。以优步为例，一直以来，优步并不注重眼前的利润，而是注重在全球范围内大肆扩大资本和领土，企图掌握全球范围内的数字情报，干扰金融运作。优步在美国及其他国家的发展历程向人们证实，优步从建立之初就确定了这样一个目标，就是建立一个全球商业网络，在国际上占据垄断地位。优步不惜利用长时间的亏损来积攒足够大的用户规模、密度，提高用户黏性，在世界范围内铺展自己的业务，实则暴露了其建立"资本帝国"的野心。监控和组织全球数十亿

---

[1] 樊鹏、李妍：《驯服技术巨头：反垄断行动的国家逻辑》，《文化纵横》2021年第1期。

人的脸书也是如此。当这些企业发展成为一个个庞大的跨国企业后，就会开始垄断数字资源和数字技术。当各国政府的公共事务不得不依赖其丰富的数字资源和高端的数字技术时，就会导致这些庞然大物在国际上占据霸权地位，并实现其国际地位的强化和巩固。这与汉娜·阿伦特所描述的帝国扩张逻辑相呼应："扩张不是由对特定国家的特定欲望驱动的，而是被认为是一个无休止的过程，在这个过程中，每个国家都只是进一步扩张的垫脚石。"[1]

可见，数字资本的全球流动让传统的国别和领土空间被突破，全球联系和互动更加紧密，凭借这个优势，数字资本带着新自由主义的逻辑在全球范围内寻求资本的权力化，建立"数字帝国"。数字资本企图掌握全球范围内的数字情报，其扩张版图日益扩大，整个世界"通过智能手机、各种平台软件以及各种数据流形成一个庞大而看不见的网络，这个网络正在凌驾于全球范围所有人之上，成为一种支配性的权力"[2]，在全球推动制定适合自身发展的规则机制，进而"建构起符合新自由主义、霸权主义的全球统治秩序"[3]。

（三）数字资本的道德合理性[4]

数字经济时代下资本和权力的互动规则呈现出新的特征，权力资本化和资本权力化现象对经济社会发展带来严重的负面影响，但是，就当前人类社会发展阶段而言，资本依旧是发展生产力和生产关系的重要力量，因此认清资本的特性和行为规律尤为重要。数字经济时代，数字资本是继商业资本、产业资本和金融资本之后演变出来的新式资本形态，当前我们不仅要理清数字资本的危害，同时也要充分肯定其正面作用。数字资本在现实中实现其道德实践这一过程，主要是以其人格化的代表资本阶层的主观能动性来完成的。数字资本在人类社会中的道德正面属性，决定了其道德实践的积极价值取向，

---

1 Arendt, Hannah, *The Origins of Totalitarianism*, Houghton Mifflin Harcourt, 1976, p.622.
2 蓝江、王欢：《从帝国到数字帝国主义——重读哈特和奈格里的〈帝国〉》，《求是学刊》2019年第2期。
3 冯旺舟：《资本的霸权与正义的诉求——21世纪新帝国主义的批判性探析》，《国外理论动态》2021年第4期。
4 该部分主要思想和内容来自本书作者闫瑞峰在《海南大学学报（人文社会科学版）》2021年第4期发表的学术论文《数字资本的伦理逻辑及其规范》。

具体而言，其道德善的特征主要包含三个方面。

1. 追求卓越的创新精神

熊彼特从经济发展理论视角将创新理解为对生产要素和生产条件的新式组合，即"以新的方式将这些物质和自然力量组合起来"[1]。在逐利的道德本能驱使之下，数字资本通过不断创新的方式来推动和实现超传统、超规模级数据要素的有效组合，进而在实现其自我增殖目的的同时，外溢出各种创新性成果，由此塑造出数字资本的创新肌理。市场经济制度为资本增殖创造了绝佳的生存和发展环境，为每一个资本持有者提供了获得成功的无限可能。而资本若想在市场的循环交易中实现无限的增殖，就不得不想方设法地获得生存、发展、壮大。面对市场中的无数竞争对手，资本通常会运用种种手段提高生产力，以获得相对的竞争优势，而创新则成为重要的途径，其中包括生产方式创新、组织创新、管理创新、技术创新等等。当市场上的某种产品供给严重饱和之后，资本能够以其灵敏的市场嗅觉探索新的商业机会、制造新的商品种类、创造新的商品市场。由于数字资本对资本和前沿数字技术的同时占有，其在实现创新中具有极大的相对优势。为了获得最大限度的生产原材料——数据，数字资本及其拥有者往往通过源源不断的资本投入，以数字技术创新、提升运营能力、提高商品品质等手段占有市场，其间不断涌现出诸多数字创新成果。

2. 勇往直前的竞争精神

"资本具有鼓励竞争的趋势。为了获取剩余价值，资本与资本必然要展开竞争，而且鼓励竞争。"[2] 资本的逐利本性使其为了获得利益，要与不同市场主体展开激烈竞争。从某种程度上讲，这是市场经济制度自身带来的所谓积极因子——为满足不同资本主体提供了一个规则性框架。本质上来讲，"竞争一

---

1 [美] 约瑟夫·熊彼特：《经济发展理论》，郭武军、吕阳译，华夏出版社 2015 年版，第 56 页。
2 龚天平：《资本的伦理效应》，《北京大学学报（哲学社会科学版）》2014 年第 1 期。

般说来是资本贯彻自己的生产方式的手段"[1]。数字资本以竞争作为占据市场份额的重要手段,通过收集具有相对优势的数据作为其生产资料,进而利用数字技术工具对相关数据展开筛选、分析、计算、画像等深加工,以提取更具商业价值的生产要素。甚至,为了在竞争中获胜,数字资本不惜以"烧钱"的模式投入巨额资本与其同行展开疯狂的"竞争",通过彻底击垮对手来达到其商业目的。因此,在市场规则中,争夺数据源成为数字资本竞争的重要内容,因为数据在很大程度上决定了数字资本商业实践的成败。这种对数据占有量的竞争由数字资本及其人格化代表的内在道德本性所决定,具有外在行为的必然性特征。

3. 开拓进取的冒险精神

西方近代发展史证明,人类社会之所以能够从中世纪向资本主义过渡,其背后的重要核心推力便是资本及资本阶层。正是为了实现资本无限增殖的目的,资本阶层在冒险中不断突破封建主义的束缚和压迫,带着对财富极其渴望的功利主义心理去发现新大陆、新市场,并在这一进程中不断开拓进取。虽然其手段充满血腥,但不能否认其所具有的冒险精神。面对波涛汹涌的海洋,西欧近代商人为了贸易和利润而与之进行顽强的抗争,近代新大陆的发现、环球航行、冒险公司、海外贸易等都与之关系密切,资本阶层的这种"探险与猎奇的结合归根到底是冒险与报酬的关系"[2]。时至今日,在数字资本大发展的年代,资本及资本阶层的冒险精神并无退却,反而以一种特殊的后现代方式实现了变异——开辟数字世界并通过对数字世界进行"殖民"而获取超额利润。数字世界的建立伴有巨大风险,这种新型模式不仅前期投入巨大,而且其未来发展具有诸多不确定性,它同时要面临同业竞争、政府监管、法律制裁、民众反对等诸多制衡因素,但这并没有也丝毫不会阻止数字资本探险的步伐。可以说,没有资本的冒险精神,数字资本时代的到来兴许还会推迟。从这个角度来讲,数字资本的这种冒险精神在一定程度上也蕴藏着浓

---

[1] 《马克思恩格斯全集》第 31 卷,人民出版社 1998 年版,第 128 页。
[2] 赵立行:《英国商人》,江西人民出版社 1994 年版,第 15 页。

厚的投机性，需要对数字经济领域内的资本可能带来的负面影响加以分析和探讨，进而实现不断做强做优做大数字经济的目标。

三、数字经济对权力与资本的伦理挑战及其应对

数字经济时代的到来让权力资本关系发生了新的变化，资本权力化的过程更加隐蔽、程度更加深入、范围更加广泛，权力资本化的途径更加多样、全球化进程加快，权力制约数字资本的手段和方式亟待创新。数字经济对权力与资本关系的伦理挑战关系到我国的数字经济治理和国家现代化建设，甚至影响着全球经济的运行和全球治理体系的建立，因此，需要在数字经济所带来的机遇、变革和影响中，积极调整国家与市场、政府与企业、官员与商人、公民与社会之间的伦理关系，在新的时代背景下优化权力与资本之间的关系，维护社会正义。

（一）数字经济对权力与资本互动规则的伦理挑战

与传统经济社会的权力资本化相比，数字企业往往涉及公共领域，数字经济下权力资本化的手段更加隐蔽和多样。庞大的数据、先进的技术和广泛的影响力让数字经济下的资本获得了更大的活力，资本的触角深入到了国家战略、公民个人，甚至全球治理中，以"权利"之名行"权力"之实，深刻影响着国内国际的经济和政治生态。在这个过程中，资本权力化的过程更加隐蔽，程度更加深入，范围更加广泛。

1. 数字经济下权力资本化呈现多样化、全球化发展趋势

首先，与传统经济社会的权力资本化相比，数字经济下权力资本化的手段更加隐蔽和多样。数字经济所涉及的领域包括交通、电商、金融、媒体等，这些领域有一个共同的特征就是公共性。由于数字资本广泛活跃在公共服务领域，政府与企业可以很容易地共同参与到数字化发展进程中。在我国，借助数字化浪潮，少数特权者依靠地区数字化优势变现经济财富，通过公权私用、靠网吃网、放宽政策、干预市场等手段，纵容区域内大型数字企业肆意

扩张，最终从中获利，腐蚀公共利益。另外，除了利用数字化进程公私难分的特质实现权力资本化，权力阶层也会通过媒体平台来影响人们脑中的政治图景。在一些西方国家，从政者会与数字技术公司合谋，收集和分析用户数据，以制定竞选策略，转变公众的话语模式和政治立场，实现自身的政治利益，数字资本可能成为"专制、威权政府对社会进行全面控制的工具"[1]。这种新型的权力资本化手段是数字经济为当代政治生活和社会治理所带来的新挑战。

其次，数字经济下权力资本化的全球化延伸。放眼全球，数字资本不断扩张，已经成为西方某些发达国家对外掠夺、操纵他国舆论、扩大本国影响力、掌控规则制定的重要途径之一。数字资本在全球范围内的扩张日益突出，技术霸权或技术垄断已成为主要西方资本主义国家打响数字贸易战的重要举措，在某种程度上已上升为国家意志和国家行为，具体"包括贸易保护和技术壁垒策略、经济制裁和司法干预策略、限制交流与技术封锁策略、政策胁迫与技术联盟策略"。[2]这种技术霸权或技术垄断来源于政治霸权，带有剥削和压迫的性质。例如，一些欧美的政治公关公司将大数据、人工智能、民意调查和心理学等手段结合，在全球范围内从事数字化政治营销，影响众多国家的选举进程和结果。美国也将数字科技产业发展政治化和安全化，不断炒作中国科技威胁，以稳固自身的霸主地位。这些新问题要世界各国共同面对、协力解决，而且远远超越了传统全球政治的范畴。可见，数字经济下的权力资本化进程已经从国内走向国际，为优化权力与资本的关系提出了更高的要求。

2. 数字经济下资本权力化的隐蔽性、深入性和广泛性

首先，数字经济下资本权力化的过程更加隐蔽。数字经济时代，资本控制的方式更加隐蔽和狡猾，数字资本隐蔽地控制着公众的意志和行动。数字

---

[1] 涂子沛：《数文明——大数据如何重塑人类文明、商业形态和个人世界》，中信出版社2018年版，第235页。
[2] 蔡翠红：《大变局时代的技术霸权与"超级权力"悖论》，《人民论坛》2019年第8期。

资本逻辑全方位、全天候侵蚀和占据着人们的闲暇时间，借助自身的平台优势，向公众灌输自己的意志，影响和干扰人们的决策和判断。公众作为公共权力的委托人，会因此而失去应有的理性和客观，不利于公民权利与公共权力之间的良性运转。数字资本对公众的控制是一个隐蔽的过程，它们借助公众的力量，实现对自身权力的巩固，形成对公共权力的削弱。数字劳动已成为数字时代的典型劳动形式，殊不知，数字劳动受限于资本逻辑的操控，劳动者的权益受到很大侵害。司机、骑手、自媒体人等数字劳动者的权益无法得到保障，不仅收入水平降低，而且无法享有正常雇佣关系下的相关福利。随着数字劳动的逐步普及，这种颠覆性的劳动形式也导致国家很难施行正常的监管和税收政策，不利于国家公共服务水平的提升。另外，数字资本与传统资本相比活动领域的公共性更强，不论是媒体平台，还是打车软件、租房软件等，都涉及国家重要的公共事业。随着数字资本对公共服务领域的渗透不断加深，一些数字平台事实上已经具备了公共基础设施的属性，但是，受资本逐利性的影响，数字资本却往往在商业利益与公共利益的抉择中舍弃公益。原本应由国家和政府提供的公共服务在资本的介入下，就可能以资本要求的利润最大化为宗旨运作，使得公共服务偏离公共定位，损害公共利益，削弱政府在人民群众中的权威性和公信力。总之，数字资本对国家公权力的削减和对公民权利的侵犯，实则是公民个人权利和国家公权力对资本的让渡，数字资本由此获得了更大的权力，加快了数字资本权力化演进的步伐。

其次，数字经济下资本权力化的程度更加深入。数字资本是一种新生事物，人机结合、虚实交错的固有特征让数字经济颠覆性地开辟了新的利益领地，拓展了人类的新秩序空间，突破了原有的制度法律安排。数字资本深入经济发展领域，打破原有的公共服务体系、交易方式和金融秩序，冲击了工业经济时代的监管模式和治理体系；数字资本深入劳动环节，模糊了闲暇与工作的界限，让人们陷入时刻保持待命的工作状态；数字资本深入到公民权利中，让公民的意志及表达被资本的逻辑绑架，加剧了公民与社会之间的冲突与对立。可见，数字资本权力化的进程开始从经济领域扩展到社会领域和政治领域，深度塑造着一个超越行业、地域界线的新秩序空间。

另外，数字资本的权力化进程也深入到了政策和法律制定中。在这个数字资本塑造的新秩序空间中,由于缺乏相应机制的有效干预,这个空间是无序且混乱的。一些庞大的利益集团迫使各方面的决策和规则为自身的发展服务,国家相关数字战略的制定和优化受到资本阶层的深度干预。包括谷歌、优步、亚马逊、脸书、阿里巴巴等在内的数字企业,都可以凭借自身的发展优势以一种自诩的"正当性"影响和干扰政策和法律的制定,进而实现自身的发展目的。

最后,数字经济下资本权力化的范围更加广泛。数字资本已经扩展到社会各领域,在交通、电商、金融、媒体等领域获得了日益扩展的利益领地和发展空间。优步、滴滴等企业通过数字化手段创新公共交通服务,引领了交通运输业的数字化转型,而更多的压力则转移到了公共基础设施建设和公众权益保障上;亚马逊、淘宝等电子商务平台让线上交易成为可能,这种模式成本低、效率高、规模大,带动了经济发展,同时也挤占了传统线下交易市场,变革着人们的生产生活方式;Square、Visa、蚂蚁金服等金融科技公司为公众提供线上的支付交易和金融服务平台,减少了公众对传统银行的需求,挑战着国家的金融监管,加深金融的全球化;脸书、推特、抖音等平台通过内容输出,形塑着人们的价值观和意识形态,干扰国家及国际政治生态……在这个过程中,数字资本的无序扩张挤占了传统市场,传统交易方式发生数字化变革,非法金融活动盛行,传统的新闻播报被碎片化和曲解,公众的意志和行为被引导和形塑。大型数字寡头也在不同领域滥用市场力量,通过固化竞争结构实现垄断,野蛮生长,阻碍行业创新和社会公平的达成。另外,在全球视域下,资本权力化进程从国内走向国际,数字资本的全球流动让其权力突破主权界限,深刻地改变传统的国际社会与政治模式。像优步、谷歌这样的数字企业往往以用户数量和质量来衡量市场规模,而不是收入,因为对于这些数字企业来说,贸易扩张本身就是目的。它们通过与更广泛的人群建立特权关系、在全球范围内获得更多的数据和价值、建立一个全球商业哨所和交易网络等方式,逐渐在全球范围内建立起自己的资本帝国。

（二）优化数字经济下权力与资本关系的伦理反思

数字经济对权力与资本互动规则的伦理挑战，昭示着数字经济下权力与资本关系的伦理反思要从以下两个方面着手：制约数字经济下的资本扩张，查找权力运用的短板。一般认为，随着数字经济的飞速发展，制约数字资本的理念和方法亟待更新，数字资本治理机制的价值导向需要进一步强化；另外，数字经济的到来也让政府的角色和职能发生了改变，政府需要不断补足短板，建设有为政府，更好地发挥政府作用。

1. 制约数字资本的理念和方法亟待更新

数字经济下资本权力化和权力资本化都展现出与传统权力资本关系的不同。传统社会是建立在以政府为中心的等级化结构之上，政府利用手中的权力去寻求公共利益的最大化；数字经济出现后，数字资本借助数据技术资源方面的强大优势，以"权利"之名行"权力"之实，与国家公权力博弈，妨碍和干预公民权利的行使，影响政治生态和相关法律制度的制定与实施。因此，在数字经济下，制约数字资本的理念和方法亟待更新，数字资本治理机制的价值导向需要进一步强化。

要大力优化数字资本治理方式的实践逻辑，明确数字资本运作的价值导向。如今，政府越来越依赖大科技公司的技术进行社会治理和危机管控，数字企业在社会公共服务领域发挥着非常重要的作用。但归根结底，企业受制于资本的逻辑，而资本的本质就是追求利润最大化，政府的逻辑则是追求公共利益最大化，二者之间的价值取向具有不可兼容性。数字企业虽已进驻公共服务领域，但资本的价值逻辑绝对不能照搬到政府中，否则将会对基本公共行政规范造成损害。由此，需要对资本实施有效的约束和控制，明确数字企业的社会责任与义务，防止公共利益被私人资本所捕获。政府应利用自身的治理优势，以高度的责任感规范企业行为，不断推动和优化公共服务。政府的公共性是其始终应坚守的阵地，政府需要将公共利益放在首位，不应滥用数字企业的技术优势谋求个人私利。

另外，在全球视野下，要解决数字经济的全球化进程所引发的霸权主义问题，则必须在全球范围内建立一种共同的价值观来平衡数据主权、国家安全、商业利益等要素之间的关系,让各国摆脱传统治理观念的束缚和干扰,形成数字治理的共同体文化,探寻一条旨归于"共同体"的实践路径,用以解决发展不平衡、规则不健全、秩序不合理等问题,来缓解国际矛盾,为各个国家间的开放共赢提供前提和基础,更好地服务于人类社会秩序和人类整体福利的优化。当然,全球化与全球主义的趋势显而易见,但"不能急于抛开和超越国家主义"[1],要尊重不同国家的数字权益,弥合数字鸿沟,抵制数字霸权,促进合作与对话,牢固确立和平、发展、公平、民主、自由的人类共同价值理念,不断促进全球正义的形成。

2. 数字经济下的政府治理存在伦理缺陷

政府角色的转变涉及政府与市场、政府与社会的关系,数字经济的到来让政府与企业从单向管理转为双向互动,社会治理从以往的国家构建转变为多元构建,政务服务从线下走向线上线下结合。然而,在这个过程中,面对企业和市场,政府对自身的角色定位和职能尚未具备更加清晰的认识,面对公民和社会,政府在数字化时代向实质民主前进的脚步不够坚定。这些都会导致数字经济下的资本与权力关系发生扭曲和失衡。

首先,数字经济下政府角色定位模糊。戴维·波普诺认为,角色是一套权利义务和行为规范体系[2],了解数字经济下政府角色的转变有助于发现政府认知和行为中存在的问题。一段时间以来,政府角色先后经历了"守夜人"——"干预者"——"企业家"——"服务者"的演化过程[3],而如今,伴随着数字经济下权力格局的变化,政府的角色发生了很大转变。数字企业可以带动区域经济发展,且可以充当公共服务的重要载体,地方政府通常会利用数字企业实现公共服务的改善和优化。随着数字经济的突飞猛进,地方性立法和自治性规范越来越多,各地立法有先有后,规制有紧有松,地方保护主义的倾向有其存在的可能性和必要性。对于大多数数字企业来说,地方政府不仅仅是一

---

1 蔡拓:《全球主义与国家主义》,《中国社会科学》2000年第3期。
2 [美]戴维·波普诺:《社会学》,李强等译,中国人民大学出版社2000年版,第99页。
3 金太军、鹿斌:《社会治理新常态下的地方政府角色转型》,《领导科学》2016年第21期。

个障碍，也是有价值的资助、合同或其他利益的潜在来源。优步为反对白思豪政府的制约机制，游说和贿赂纽约州官员，改变监管结果；浙江省委原常委、杭州市委原书记周江勇利用公权力谋私利，与资本勾连，助推资本的无序扩张；剑桥科技公司利用 8700 万脸书用户的信息，判断每个用户的政治倾向，将拉票广告发给了其潜在支持者，帮助特朗普赢得大选……这些都说明了政府私权观念对公共事务的干预普遍存在，将会进一步加剧权力资本化的现象发生，导致政府的公信力和权威性降低。在数字经济的引领下，政府的角色需要向着更加积极、健康的方向发展，而不是模糊自身的角色定位。市场经济的推进让政府本应逐步淡出市场，但数字企业的特性又吸引政府重新建立与资本的纠缠关系。因此，数字经济时代，更应该明确政府的角色转变，为优化政府与市场的适配关系，提升治理能力和治理水平提供正确的价值导向。

其次，政府的现代化治理方式存在短板。一般认为，数字经济时代张扬了个性，人们可以获得更多的信息资源，公民可以利用互联网技术对公共权力进行监督，个人权利得到了彰显。但是，由于政府的现代化治理方式存在短板，任由资本与技术的合谋把人变成工具，无法实现个人权利与公共权力的有效对接，从程序民主到实质民主的过渡存在障碍。一是，政府的创新监管能力不足。在数字经济时代，公民、社会团体以不同的身份、形式、渠道表达自身政治诉求，参与政策制定与监督，行使合法权利与义务等，发展成为现代化社会治理中的常态，但这也使政府面临来自"物理空间+虚拟空间"的双重治理压力。面对这种压力，政府的现代化治理方式不够灵活，数字政府的建设过程中存在明显的行政化、封闭化倾向。[1] 随着社会治理从强调单向规制转变为对不同利益主体之间协调平衡发展的追求，政府需要创新监管模式，从不同主体间的多元互动中寻求治理效果的提升。二是，政府的风险管控能力不足。数字企业颠覆性的技术和营销策略为其活跃于灰色地带提供了便利，政府并没有及时意识到创新型企业所作所为对人和社会的影响，不能

---

[1] 杜莉娜、车丽萍：《数字政府建设中互联网企业参与现状及问题研究》，《科技和产业》2022 年第 1 期。

找到遏制游走于物理空间和虚拟空间之中的数字资本无序扩张的有效手段，更不能有效控制数字资本对人和社会的渗透，由此导致了个人权利向数字企业一方的倾斜，使个人权利不能发挥出应有的作用。

最后，面对资本的裹挟，政府主体所表现出来的定力不够。数字企业可以通过接触当地监管机构，避免未来在公共事务方面的挑战和冲突，加之数字企业本身就具有订立新规则的优势，在有关竞争监管和市场进入的问题中，往往会形成权力资本化的倾向。当权力与资本合谋，以塑造符合利益集团要求的认知框架为目标，引导和控制公众，就将不利于社会公平正义。因此，对于数字经济赋能下的社会治理，要坚持多元互动的社会治理模式，把公共性摆在商业性前面，做好网络时代下舆情信息的有效把控，让现代化的社会治理真正可以服务广大人民群众。

（三）优化数字经济下权力与资本关系的实践路径

伴随数字经济的迅猛发展，如何做到在充分发挥数字资本积极作用的同时，制定更加有效的法律规范来充分保障社会公共利益，避免数字资本权力化，特别是通过大力提高国家公民的数字素养，实现数字化国家与数字化社会的良性互动，无疑是优化数字经济条件下权力与资本关系的重要内容之一。

第一，用包容吸纳、理性批判的态度将数字资本融入社会发展中，让数字资本有节制地追求自身利益最大化，将数字寡头和数字帝国的统治置于法律和道德约束之下。目前，数字企业的颠覆性创新拓展了人类的新秩序空间，但相对直接有效的监管审查机制并未成熟，数字资本无序扩张的现象依然存在，庞大的数字帝国正在打破国界，进化为一种现象级政治物种。因此，政府要对数字企业这类创新性的颠覆者保持理性开放、包容吸纳的态度，简政放权、鼓励创新，同时，也要通过强制或自发的方式帮助数字企业将资本规束在社会所要求的限度之内，有节制地追求自身利益的最大化，维护社会的公平正义。数字企业本身既涉及私人业务，也涉及公共服务，因此，数字企业通常存在两种定位：平台搭建者和价值增益者。数字企业需要明确自身的定位，筑牢企业的义利观和权责观。这将有助于解决数字企业所面临的公与私之间的冲突，避免资本权力化的过度扩张。通过提升企业领导者的职业道德，强化数字企业的责任伦理建设，助推企业在与国家、政府、社会的共生共赢中获得良性的发展。

第二，防止数字资本借助"权力"优势与公权力的勾肩搭背，避免商业利益与政治者需求的联合，警惕以资本逻辑为核心的国际数字霸权。政府需要将公共利益放在首位，在提高政务效率的同时，要考虑服务协调程度、社会效益和公众满意度，不应滥用数字企业的技术优势谋求个人私利。政府不能把自己设定为自己部门利益的捍卫者，而应作为公共服务的一部分，维护公共利益，避免权力资本化的倾向，在立法司法过程中，出台积极有效的法律制度回应和化解数字企业发展中出现的问题。在国际范围内构建一个基于普遍规则的全球合作网络是大势所趋，在进行全球产业布局时，需要确立有利于全球发展的共同价值理念，注重国家间贸易对话和规则制定，协调各国集体行动，合力构建全球贸易规则，打造网络安全新格局。

第三，在数字时代公民权利意识提升的同时，要强化公民的数字素养和公民品格。公民作为公共权力的委托人，需要警惕数字资本利用民众的力量妨碍公共权力的合理施行，助推国家与社会之间的良性互动。数字时代，每位公民都有条件和机会充分参与到信息的交流和传播中来，大大拓展了具有实质性意义的公民的知情权、参与权、监督权和表达权。这同时也意味着公民责任的增加，急需公民提升自身的数字素养和社会责任感，对数字技术的发展与弊端、数字资本的流动与侵蚀、公共舆论的传播规律、个人品德在网络中的重要作用等方面有一定的了解，利用学校教育、社会教育和家庭教育等提升数字素养，在公共领域中行使自身权力时，能够摆脱资本的裹挟，避免集体行动偏离正轨，利用数字技术优势打造全过程人民民主的数字协商，加速社会治理现代化进程。

第八章

科学建构权力与资本良性互动的伦理规则体系

在上述各章中,我们分别对权力与资本及其人格化代表进行了概念界定,对权力资本化的机遇、逻辑与危害以及资本权力化的诱因、机理与后果做了深入解析,特别是对中西方古代及近现代权力与资本的伦理关系从历史学的视角予以仔细梳理,并以此为基础,对数字经济时代权力与资本的新型伦理关系进行了全面探讨。从上述分析中不难看出,权力与资本的关系深受特定历史场域中政商力量格局、经济发展状况、传统文化积淀等诸多因素的熏染与陶冶,如何根据时代变迁科学建构权力与资本良性互动的伦理规则体系,无疑是当代政治、经济、社会发展所面临的重大课题。笔者认为,努力做到权力与资本交往的亲不逾矩、清不疏远、双向畅通,既是包括国家治理、市场治理、企业治理在内的我国未来改革发展稳定的重要任务,也是世界各国政治、经济、社会健康发展绕不开的理论与实践难题,更是科学建构权力与资本良性互动的伦理规则体系的应有之义。

一、权力与资本的亲不逾矩

与以往任何一个历史时期的政商伦理关系不同,当代中国的政商主体之间应建立一种平等的法权和伦理地位,并以亲不逾矩为首要特征和内在要求,以此实现效率和公平的综合价值目标。因为代表权力阶层的"政"与代表资本阶层的"商",无论走向对立冲突还是利益结盟,都会成为改革发展稳定的最大障碍和潜在风险。

（一）凝聚公共价值共识，警惕政商阶层结盟

马克思指出："一切社会变迁和政治变革的终极原因，不应当到人们的头脑中，到人们对永恒的真理和正义的日益增进的认识中去寻找，而应当到生产方式和交换方式的变更中去寻找；不应当到有关时代的哲学中去寻找，而应当到有关时代的经济中去寻找。"[1] 现代国家权力与私人资本之间的关系无疑是经济学、政治学、政治经济学共同研究的对象。如果说稀缺性和经济人假设是经济学理论的基础，合法性和政治人、社会人假设是政治学理论的预设，那么作为这两者交集的政治经济学在研究权力与资本关系时，则会将重点集中在"政"和"商"的关系上。具体而言，现代社会中的政商关系主要指的是具有泛在性、强制性等核心特质的公共政治权力与以稀缺性、逐利性为突出特征的私有资本之间的关系。这种关系的人格化表征指的是国家公务人员代表的权力阶层与民营企业家代表的资本阶层的合作关系。虽然这种合作关系的基础在不断变化，但始终离不开对基本价值及其内部交往体制机制的伦理共识。就现代社会而言，平等合作的政商关系应是权力与资本之间交往的主流形态和主导性价值取向。无论是发达国家抑或发展中国家，权力与资本关系及其具体化的国家与市场、政府与企业关系，均不可避免地包含了政府、市场、企业三者在资源配置过程中如何兼顾效率与公平价值目标的义利兼备的伦理道德问题。权力与资本的良性互动对于当代中国而言，还有着更为特殊的意义。

（1）改革开放以来，在社会主义市场经济背景下，随着国家与市场关系的不断调整，中国特色的政商关系大致经历了复苏、磨合、全面互动三大阶段。前述温州模式、苏南模式、晋江模式、珠三角模式等，恰恰是这一关系在改革开放早中期被创造性提出和总结的。它们在解放和发展生产力方面都发挥了不可磨灭的作用，并且具有那个阶段的典型特征，为20世纪80年代、

---

[1] 《马克思恩格斯选集》第3卷，人民出版社2012年版，第797—798页。

90年代政商交往体制的形成奠定了基础。而且，政商阶层在这一阶段的价值认同和利益共识牢固地建立在邓小平提出的"三个有利于"的价值标准上。这个价值标准恰与"帕累托定理"不谋而合。换言之，市场经济体制建立初期，以经济人为假设的市场利益引导和以政治、社会人为假设的政府目标引导，不自觉地通过价格、供求、竞争机制和政府部门的宏观调控，实现了对企业和个人利益偏好的最大聚合和正面引导。而且，这种早期不带强制性的权力与资本力量的合作关系正式开启了最初意义上的政商伦理关系。在这里，"经济活动既涉及企业参与，也仰赖政府指导，两者之间如何互动——即所谓政商关系——绝对是'中国特色社会主义市场经济'中最核心也最精彩的部分"。[1] 正如一些学者指出的那样，中国改革开放前半场取得的巨大成就多半离不开包括地方政府、国有企业、民营企业、外国资本在内的"四条腿"支撑。地方政府间的"诸侯经济"竞争，国企管理者和政府官员的提拔、涨薪，民营企业的异军突起，外资力量的及时跟进，当时都拉动了经济的增长，极大地提升了百姓的生活质量[2]。由此可见，20世纪80年代、90年代政商交往体制之所以获得成功，就在于建立了这种相对平等的权力和资本的良性关系。这两种力量在市场机制的复苏过程中，确实完成了对以企业和个人为主的市场行为者的利益激发和价值引导工作，实现了帕累托改善。

（2）这里的帕累托改善并不是一个静态目标，也不仅仅是一个经济价值目标，它会随着时代的发展而产生新的调整空间和更多元的价值预期，从而达到一种新的更高水平的利益均衡和道德共识。事实上，从中国改革开放40多年来遇到和积累起来的各种问题中，人们愈发感觉到，政商交往不仅仅指的是权力（阶层、组织、个人）与资本（阶层、组织、个人）之间需要建立起一个长期有效的合作机制、议题、目标，甚至是一个相对独立的领域、地带，更重要的是还要发现和正视人们用帕累托改善和帕累托效率处理人与物之间的效用关系时，常常忽视的心理因素和道德问题，如公平焦虑、信任破

---

[1] 耿曙、刘红芹：《改革开放以来中国政商关系的演变》，《山东大学学报（哲学社会科学版）》2018年第6期。

[2] 人民日报海外版"侠客岛"编：《侠客岛对话郑永年》，人民出版社2019年版，第140—142页。

裂、信念危机等。这些都会使人们在道德伦理的选择上无所适从，最终使整个社会陷入价值观的分裂、混乱状态。这也就是说，效率或绩效标准固然重要，但绝不可忽视其赖以发挥作用的道德基础和公平要求。要知道，效率除了受市场调节与政府调节外，更要受到伦理道德力量的影响。因为在任何一场广泛的社会变革中，社会各阶层交往均会呈现利益主体多元化、利益取向多极化、利益差距显性化、利益矛盾集中化等新的互动特点和沟通困境[1]，尤其会引发一系列政商阶层交往的时代困境和伦理难题。例如，经济体制的深刻变革常引发政商交往的角色定位困境，社会结构深刻变动则带来信任合作困境，利益格局深刻调整多会导致期望引导困境，思想观念的深刻变化则造成价值共识困境，这些困境无疑会严重影响社会各领域效率目标的实现。反之，权力、资本、劳动三大现代社会阶层各自内部凝聚力的增强往往会提高阶层自身的生产效率，而阶层之间的凝聚力的提升则有利于全社会效率的改善。对照中国改革开放上半场（1978—2012）的实际经验，可以更清楚地看到，这一阶段形成的政商关系往往给人界限不明、纠葛不清、越界频频的印象，其合作过程也不免留下巨大的寻租腐败空间。而且，早期政商交往中大行其道的机会主义做法和遗留下来的道德风险，不仅降低了整个社会的生产效率和发展潜力，还会因国家、市场、社会力量的失衡，扭曲权力、资本、劳动之间的正常交往，甚至会出现威胁政党执政合法性的权贵资本主义问题。这种资本主义究其本质是由一部分失义、失德的权力阶层成员和贪婪、粗鄙的资本阶层成员联手组成的。这种结盟既反衬了社会各阶层之间长期存在的利益撕裂和价值隔阂，也是将发展中国家推入中等收入陷阱的幕后黑手。事实上，由既得利益集团操作的政府行为和商业活动极有可能使执政党的绩效合法性和公信力毁于无形。这无疑是中国特色社会主义建设中政商交往必须慎重对待的难题。

（3）随着中共十八届三中全会"使市场在资源配置中起决定性作用和更好发挥政府作用"的新论断提出，国家与市场、政府与企业关系进入一个

---

[1] 靳凤林：《追求阶层正义：权力、资本、劳动的制度伦理考量》，人民出版社 2016 年版，第 281 页。

新发展期。要适应当代经济社会发展要求,要克服政商合作动能不足和歧路亡羊的新困境,就需要为政商伦理关系设定新的价值共契和道德要求。2016年12月5日,中共中央全面深化改革领导小组第三十次会议上提出了"四个有利于"新标准,即"多推有利于增添经济发展动力的改革,多推有利于促进社会公平正义的改革,多推有利于增强人民群众获得感的改革,多推有利于增强人民群众积极性的改革"。"在平等中注入一些合理性,在效率中注入一些人道。"[1] 或者说,在市场经济效率中注入人道的价值,就是要在经济发展中关注伦理的诉求,包括人们对分配正义的期待。这是新时代亲清政商关系改革的重要依据,也为今后和谐政商关系的构建奠定了新的价值认同标准,升高了政商关系的"水温"。当然,中国特色社会主义发展进程中政商阶层的信任基础远非建立在一般性的利益认同上,要实现政商交往生态的良善化,就需要以阶层正义为导向,建立和完善符合亲清要求的政商交往的制度伦理和美德伦理。[2] 质言之,当代中国的政商关系不仅需要政府构建一流的营商环境,服务各类市场主体,从而持续调动它们的积极性、主动性、创造性,更需要私人资本家和民营企业家在正确认识国家经济和社会发展新目标的基础上,不断解决国家发展中的不充分不平衡问题,最终通过合法经营和守正创新建立良好的政商关系与合作秩序。

(二)服务企业成长发展,把握政府行为分寸

企业在新中国历史上经历了特殊的发展历程。新中国成立后,随着三大改造的结束,整合吸收民营经济后,公有制经济最终确立起在国民经济中的主体地位。这一阶段的政企关系主要是指政府与公有制企业的关系。作为发展社会主义经济的重要力量,国有企业逐步成为政府机关的附属机构。传统计划经济体制虽强有力地动员了各类资源,快速推进了国家的重工业发展战略,但也存在不少弊端。1956年,毛泽东在《论十大关系》中指出,这一体

---

1 [美]阿瑟·奥肯:《平等与效率——重大的抉择》,王奔洲等译,华夏出版社1999年版,第116页。
2 靳凤林:《权力与资本良性互动的伦理规则——关于政商关系历史与现实的几点思考》,《道德与文明》2016年第5期。

制的主要弊病是权力过分集中于中央,管得过多,统得过死。从1958年到1976年,中央政府进行了多次"体制下放",通过向各级地方政府放权让利来激发活力,但是这些变革始终在政府内部进行。1978年以来,随着社会主义市场经济体制的确立,阻碍生产力发展的体制性、机制性障碍得到进一步排除,但在经济发展中仍面临诸多问题,其中最为突出的问题就是如何处理内置于政府与市场关系中的政企关系。由于历史传统和现实体制的特殊性,中国目前的政企关系与西方发达市场国家的政企关系极不相同,这离不开国家政治经济环境这个大背景,即始终存在官商与民商之分。因此,中国特色政商关系主要是研究民商与政府的关系,从这个意义上讲,"九〇体制"中的政企分开已渐渐不能完全适应新时代经济社会发展的新形势、新要求。尤其是进入经济发展新常态和加快构建新发展格局阶段,民营企业更需要来自政府的政策支持和更为明智的保护,且不以再次依附政府为代价或荣耀。

首先,政府的保护者角色不能因市场经济的发展而受到任何削弱,甚至还应予以不断加强完善。经典市场经济理论所立足的完美市场假设,越来越显现出各种各样的缺陷,尤其是当市场活动不能完全有效提供公共物品,不能消除自然垄断导致的生产剩余,不能自行维系市场的完全竞争状况时,就需要一个有为的权责匹配的现代政府体系来弥补市场失灵所带来的社会问题,从而降低企业经营风险。当然,对于尚未成熟的市场经济国家而言,现代政府的作用应更多地表现在大力培育市场机制良好运行的社会条件,从培育企业声誉市场、股票市场、经理人市场等工作出发,来降低企业发展中的不确定因素。例如,中国经济发展进入新常态后,国际性的产业转移和区域性经济格局调整,不可避免地会导致中国民营企业遇上市场冰山、融资高山、转型火山等发展瓶颈,这时就需要各级政府大胆突破僵化的旧制度来为企业创造更多、更新的市场机会和社会支持。具体而言,(1)政府应努力促进资源或生产要素(如土地、劳动、资本、信息、技术、企业家才能等)的市场化,即把政府手中掌握的非市场化资源,想方设法地投入到市场中去,使之获得估价和增值的机会。(2)扩大市场规模,即突破旧制度限制,积极主动地扩大市场交易规模、增加交易品种,从而促进市场分工,激发企业活力。(3)降低交易成本,即减少交易环节、降低交易障碍,使市场交易能以更低的成本进行。这些做法都是以市场为切入点的政府亲商行为。(4)政府还要选取产权保护、市场准入、融资环境、政府公共服务和基础设施完善作为衡量企业营商环境好坏的关键指标,做好评估工作的同时,持续推进营商环境的市场化、法治化、国际化水平。总之,以上举措既代表了当今政府服务企业成长的主流方式,也明确了政府行为的分寸和边界,符合国际社会认可的市场伦理要求和政府角色定位。

其次,在处理国际经济关系中,民营企业和政府之间的合作也是当代政企关系的重要内容。随着经济全球化向更高层次的推进,国际贸易和跨国投资迅猛增长,各个国家为了实现贸易平衡、贸易顺差、吸引外资、保护本国幼稚产业和民族工业的发展,纷纷采取措施对国家贸易和国家投资进行双向管理。中国于20世纪90年代开始实施"走出去"战略,政府通过各种措施,鼓励中国企业开展对外直接投资、对外承包工程和对外劳务合作,并积极保护和推动国内企业对外贸易活动。在这一过程中,有一定竞争力和条件的企业都利用这一战略,从各级政府那里获得了来自金融、税收、审批等方面的帮助和支持,从而实现企业的长足发展。例如,作为当今中国民营企业的佼佼者,华为就在抓住国家扩大开放契机的基础上,积极融入国际高端产业链、价值链,通过数十年的市场深耕,不仅拥有了广阔的海外市场,而且从国际技术借用和产品创新上不断获得意想不到的成功。近年来,华为更是在全球市场竞争中牢牢掌握住了世界若干领域标准的设定权,打响了自己的品牌,并最终获得举足轻重的国际商业地位。然而,即便如此,这些结合市场和技术两大优势的国内民营科技企业,仍持续面临着贸易壁垒、技术卡脖、信息屏障、融资瓶颈、海外利益受损等发展难题,这就需要政府为更多的民营企业"走出去"提供更为优质和精准化的公共服务。为此,中国各级政府应加快对民营企业"走出去"的立法支持,提升立法高度,改变政出多门、立法混乱局面。与此同时,各级政府还应为民营企业提供目标国家的文化宗教信息、政治经济状况、对外国投资的态度、自然资源状况等方面的详细信息,更好地服务企业的战略决策。此外,建立和完善企业跨国投资的融资担保和保险制度也是政府下一步的工作重点。当然,在以上所有帮助国内企业"走出去""走进去""融进去"的活动中,积极发展国家间的良好关系,通过双边努力、多边谈判和签订协议，为民营企业的海外投资提供长远保障，依旧是中央政府未来工作的重中之重。

最后，坚持权力与资本亲不逾矩的伦理原则还要有智慧和勇气避开"政府悖论"。"政府悖论"是著名经济学家诺斯提出的，他通过对人类历史经验尤其是近代以来西方经济危机的教训的总结，强调指出政府的存在是经济增长的关键力量，然而政府又是人为经济衰退的根源。[1] 公共选择理论创始人布坎南也说，我们的时代面临的不是经济方面的挑战，而是制度和政治方面的挑战。这个发现同样适用于当代中国，作为一种国家主导下的市场经济改革模式，中国政府仍保留有企业（国有企业、私营企业、外资企业）能做什么、不能做什么的管制权力。问题在于除法律明确规定外，企业在实际生产经营活动中"能做"与"不能做"的边界依然是非常模糊的。因为任何依赖于语言和文字的制度规定都是要花费成本的，而且制度天生就是不完善的，它一定存在着一些漏洞和空子，特别是在体制变革和经济大发展时期，一定会不断地出现一些新生事物，这些事物多半处在原有制度的漏洞和空子里。于是，在制度没有规定的领域里，天然存在着两种截然相反的理解：一是凡是制度没有规定不能做的就能做；一是凡是制度没有规定能做的就不能做。而且，整个中国的改革开放的历史，本来就是一部关于什么能做和什么不能做的边界不断调整的历史。此时，当政府（或政府官员）依旧掌握着对什么能做与什么不能做的决定权和解释权时，政府对企业家的创新行为就扮演了培养者或扼杀者的尴尬角色。如何化解这个角色冲突，自然成为新时代重构政商伦理关系的焦点和难点，并不断给政府的创新管理行为提出了更高要求。因为政府在这方面的成败会直接影响国家经济和社会发展的未来，故政府不得不慎重面对其自身存在的功能悖论和伦理困境。

（三）正确构建政企纽带，坚守企业经营底线

当代政商伦理关系的重塑从来不存在一个单一解、单边解，而要牵扯到

---

[1] ［美］道格拉斯·诺斯等：《西方世界的兴起》，厉以平等译，华夏出版社2009年版，第198页。

政治、经济、社会、文化传统等方方面面，寻求的是一个综合解、多边解。（1）就政府职能而言，政府提供的是经济发展赖以存在的秩序构架。如果没有政府提供的这种秩序稳定性，企业和公民的市场理性行为将不可能发生，所以国家正式制度和政府政策对经济增长的重要性再怎么强调也不过分。新时代转变政府职能就是要做到简政放权、放管结合、优化服务三管齐下。（2）就市场机制的作用而言，它构成政商合作的重要纽带。在现代社会中，按市场经济规律（交换价值规律和劳动价值规律）办事日渐成为政府和企业之间达成的基本价值共识。然而，人们同样发现，市场机制本身也存在着两面性。因为"价格机制"既有公正性的一面，即每个人都可以按照市场价格获取资源；同时又带有欠公正性的特点，即每个人按同样的价格可以获取不同的资源，或者每个人获取同样的资源可以支付不同的价格。[1]造成这种现象的原因，从国家与市场关系上看，主要源自市场力量并不是资源配置的唯一方式，政府和国有企业在现代社会中依然是社会资源配置的重要方式，政府甚至有配置特殊资源的强制权。（3）就企业尤其是民营企业而言，通过对企业与企业家互动关系的研究，人们看到企业家担任了人大代表、政协委员以后，他创办的企业就可以获得更好的，且通过市场机制无法得到的发展条件，这就致使很多企业家热衷于通过参政议政来建构和维护政企关系。综上所述，权力与资本之间的良性互动或理想的政商伦理关系，往往需要政府、市场、企业三方按照法律和规则行事。只有在扩展秩序时各守其界、各司其职，才能构建相互支持的高级扩展秩序[2]。

然而，作为中观维度上的权力与资本关系，政企关系或政企纽带并非总以制度化、规范化的方式呈现。也就是说，虽然人们通常理解的政企关系主要指的是政府为企业提供制度和资源，企业为政府提供税收和政绩，但这种纽带式关系又时常以人格化的方式表现为企业家和政府官员之间的"非匿名性"关系，这对民营企业的发展显得尤为重要。从企业角度讲，与政府建立政治联系不仅可以帮助企业家登上政治舞台，还可以帮助政府进行资源配置；

---

[1] 陆铭、潘慧：《政企纽带：民营企业家成长与企业发展》，北京大学出版社2009年版，第2页。
[2] 毛寿龙：《政商关系应走向"公共化"》，《领导科学》2017年第6期。

从政府角度看，政府与企业构建联系后可以掌握更加完善的企业信息和社会需求，以期实现资源分配上的帕累托改进。事实上，无论在政商"八〇体制""九〇体制"，还是新时代正待形成的亲清政商体制，都离不开这种正面意义上的政商互亲。当年正是靠着这种人格化的政企纽带关系，中国市场经济的大门才得以冲开。上世纪70年代末和80年代初的初始市场化阶段，恰恰属于政治与经济横向融合、国家和市场相互影响、政府和草根企业家相携而进的年代。例如，市场价格和计划价格并行的双轨制和放权逻辑下的承包制，不仅从不同方面孕育和支持了市场机制的建立，也使得地方政府和各类企业建立了长期合作关系，进而形成了90年代的国有经济、私营经济、三资经济"三分天下"的基本格局。这一阶段的政企伦理关系不再重复封建的"贿赂庇护"式的官商依附关系，也不再是基于政治权力本位的以政行商式的命令服从关系，[1]而是走向了由地方政府带领属地企业、产业部门、商业联盟开展区域间竞争的包揽型政企伙伴关系。不过，在政府和企业共同寻利的过程中，一种不可避免的发展代价是，出现了难以遏制的资本寻租和权力设租的双重腐败现象。这也就是说，当政企纽带建立在不可竞争的特权基础上，市场机制非公正的一面就会显现。因为在尚未健全的市场机制下，寻租与寻利行为界限十分模糊，仅为一线之隔。一旦政府官员和企业家合力阻碍价格、供求、竞争机制发挥正常功能，市场自带的失灵缺陷就会不断放大，甚至一些借此早期受益的私营企业在后来的发展中反而深受其害。一味靠政策倾斜和政府补贴成长起来的企业是长不大的温室花朵，随着市场经济体制改革的不断推进，这种扭曲的政企纽带势必成为未来改革的对象。

对于当代企业家而言，要构建促进市场机制正面作用发挥的政企纽带，从亲不逾矩的要求看，需要做到：（1）企业家应从道德认识上区分两种追利行为：一是在有秩序的市场结构中寻求利润的行为；二是破坏市场结构或秩序寻求租金和套利的行为。第一种行为因创造了社会剩余而有利于公共利益，第二种行为因造成社会浪费而不利于公共利益，这是企业和企业家最

---

[1] 邱泽奇：《企业家如何立公民之德》，《21世纪商业评论》2005年第8期。

大的不义。(2)企业家还要全面审视自己的道德权利。就企业家的影响力而言,一般分为浅层和深层两方面。在浅层次上,这种影响力不管大小,都会产生很快可见的社会变化。例如,企业规模的扩大可以吸收更多的劳动力,企业创新精神十足可以推出新产品、创造新客户,引领市场消费。在深层次上,企业通过持续累积这种影响力,还会促进当地经济从"汗水型"向"智慧型"转型,从而提高整个社会的知识技术水平,这些影响是潜移默化的。以上两种影响力都是企业家顺应和改变公司经营环境的能力的体现,更是法律和道德赋予企业家行为正当性。(3)企业在扩展自己影响力的同时还要守住自己的行为边界,即不得损害其他主体(利益相关者)的权利,这是企业社会责任或道德压力之来源。具体就企业责任构成而言,其经济责任主要表现在,要严格履行同顾客、投资者、债权人建立的契约关系,将企业建设成一个对员工有益、对客户有益、对股东有益的"三益公司"。从法律责任看,企业还要始终做到"四不"——不行贿、不欠薪、不逃税、不侵权,从而获得一个全新的社会形象。从安全责任看,企业要牢牢紧盯安全生产这条红线,并在增加员工幸福与构建和谐劳动方面做出新贡献[1]。

综上所言,要摆脱和克服国家权力与私人资本在合作过程中出现的各种困境,首先需要解决的是价值认同问题,这其中要经历一个由共识初建到共识瓦解最后到共识重建的循环往复的过程。无论是改革初期邓小平提出"三个有利于"的共识,从而造就了"八〇""九〇"政商交往体制,还是党的十八大以来形成的"四个有利于"的新共识,在如何确保政商良性合作和理性交往问题上都是始终如一的。当代亲清政商交往要求虽然升高了政商关系的"水温",提振了权力与资本阶层的合作信心,并最大程度地减少了双方在社会心理和伦理观念上的价值隔阂,但这并不意味着应无视或纵容那些潜在的特殊共同利益对真实公共利益和共同善目标的破坏行为,任何"亲而不清"或者"以亲害清"的行为都与新时代政商良性交往目标背道而驰。为此,我们还需从"清"的角度来进一步防范和规约政商关系内部的角色错位和失范行为。

---

[1] 张羽君:《企业制度与法治的衔接》,人民出版社2011年版,第99—114页。

二、权力与资本的清不疏远

如果说从效率和公平有机统一的角度深化对帕累托定理的认识,并在政府服务企业成长全程和企业正确构建政企纽带中,实现政府职能转变和企业行为升级,是新时代政商亲不逾矩的重要表现,那么自 2008 年以来受国际金融危机影响,在贸易保护主义抬头、技术人才能源争夺日益激烈、世界经济复苏缓慢的背景下,坚持亲不逾矩的政商交往原则又是远远不够的。自 2012 年以来,随着反腐败斗争深入开展和中国经济发展进入新常态,在"稳中有变,变中有忧"的大形势下,如何避免政商"清而不亲"的行为,则成为权力与资本良性互动的又一个急需重视的课题,唯此才能促进非公有制经济的健康发展和非公有制经济人士的健康成长。

(一)厘清三类交往界限,倡导理性长远合作

权力与资本关系,以及由此出现的政商关系,既驱动着一个国家内部政经体制的变化,也深受不同体制的束缚。诚如美国学者查尔斯·林德布洛姆所言,在分析社会基本机制、制度时,研究者有必要把政治和经济联系起来,政治—经济机制和制度完全可以作为一个整体分析单位。[1] 唯此才能从多重双边关系结构(国家与市场、政府与企业、公务人员与工商业者)入手,进而厘清新时代权力资本良性交往的三类边界及双方在交往中出现的缺位、越位、错位行为,建立理性长远的合作关系,达至政府创造环境、企业创造财富的最佳合作状态。

首先,权力与资本良性互动是一个公共性极强的全球性议题。比较地看,作为近代政商关系的发源地,西方社会中的权力与资本关系雏形往往与其特有的民主政治体制和机制产生不可分割的联系。具体而言,为了更好地组织和提供商业市场所不能提供给公民的公共物品,在选举民主的背景下,现代西方政坛逐渐形成了以获取选票为主要目的的政治市场。这是一个围绕政党

---

[1] [美]查尔斯·林德布洛姆:《政治与市场:世界的政治—经济制度》,王逸舟译,生活·读书·新知三联书店上海分店 1992 年版,第 9—10 页。

执政目标的实现,在政治家和选民之间、政治家和官员之间、官员和选民之间形成的不同于商品交易的政治资源交换领域。在这个市场上,政治家们通过发表以满足百姓需要的公共产品和服务为内容的政见和施政理念,通过组织支持他的政治团体参与选票竞争,并以多数胜出的方式促成集体决策。表面上具有"聚私成公"功能的政治市场是一种国家提供公共物品和处理公共事务的高效方式,这虽与商业市场提供私人物品和满足私人需求的方式有所不同,却与市场竞争逻辑一脉相承。然而,随着私人资本力量的发展,西方社会中的政治市场和政治过程就不再是一个有效且公正的利益聚合和分配机制了。也就是说,当早期自由主义坚持的"政企隔离"传统逐渐被"政企合作"的新优势代替后,越来越多的私人资本搭便车现象、利益集团寻租现象,甚至是贿选现象就在政治市场上大行其道。当然,为了保障权力运行的安全,西方政治市场还是有自己特有的清理和规范机制的,这里包括三权制衡、票决更替政党、党鞭、大众传媒、独立知识分子监督等制度安排。此外,当现代西方政府过度卷入经济和企业事务时,也会有相应的法律和社会监督机制来确保其权力的不被滥用。但总的来说,西方社会中的国家与市场、政府与企业、公务人员与企业家之间的交往,虽然主要依靠市场化、法治化手段来保障其间的清白、清廉,却始终无法摆脱资本主义社会权力的虚伪化顽疾。而且,在政府与大型财团之间长期互通有无的过程中,总会以偏见的方式牺牲中小商人的利益,并造成社会阶层的严重撕裂,而劳动者的长远利益也因此无法得到根本保障。所以,从根本上讲,现代西方政治市场并没有找到有效切断权力与金钱密切往来的机制和办法。

其次,就当代中国而言,虽然民主政体是市场经济自然的政治性补充,但建立在劳动、资本、国家的三元社会结构之上的社会主义社会,基于中国共产党"权为民所用、情为民所系、利为民所谋"的执政宗旨,中国政府必然会对国家与市场、政府与企业、公务人员与企业家之间的理性交往提出更为完善的制度安排和更为严格的道德要求。这也就是说,在重构权力与资本良性交往过程中,必须从管住权力、追究责任、明晰利益和规范行为的路径出发,来确保政商之间交往之"清"。具体而言:(1)首先要知道改革开放以来政商关系的出现主要源自政府管理经济的行为,而不是商人的经商行为。

因此，管住权力即可管住腐败的源头；权力不任性，资本就无法任性，公众监督制度越完善，政商亲清关系就越容易建立。（2）要防止权力越界就要系之以绳。责任与权力对应，就是系住权力之绳，追究行权责任，将使权力成为被牵线的风筝，不仅无法逃出掌控，还可以通过收放绳索，驾驭权力的方向。（3）要管住权力和追究责任，就要建立在明晰的利益基础上。明晰利益就是要划清政府与国有企业、国有企业与民营企业、集体与个人之间的财产和收益边界。（4）管住权力、追究责任、明晰利益，最终都要落到规范行为上，权力和资本主体行为的不越位、不错位是划清三类交往边界的出发点和归宿点。（5）在解决政商交往中的越位、错位问题的同时，我们还要正面回应交往中存在的缺位问题。不同于一般意义的缺位，这里主要指的是一种否定、怀疑民营经济地位的言论。比如，过去一段时间，有人提出所谓的"民营经济离场论"，说民营经济已经完成使命，要退出历史舞台；有人提出所谓"新公私合营论"，把现在的混合所有制改革曲解为新一轮"公私合营"；还有人说所谓加强企业党建和工会工作是要对民营企业进行控制；等等。这些都是完全错误的，不符合党和国家的大政方针，都是对亲清政商关系的片面理解，试图恢复"以政代商"的计划体制老路，极不利于当代权力阶层与资本阶层之间的理性长远合作。

最后，当代中国社会权力阶层与资本阶层理性长远合作还包含着更为深远的道德要求。在弄清这个问题前，一定要记取中外历史上产生的负面教训。恰如笔者所言，无论是国家主导型市场经济诱致的权力资本化，还是由资本的道德二重性造就的资本权力化，都已使权力与资本结合生成的权贵资本或官僚资本成为中国社会改革、发展、稳定的最大障碍和风险策源地。[1] 这说明，新时代中国两大阶层之间理性合作理应是相互成就而非相互毁灭的。因此，既要避免小农经济和计划经济时代因权力阶层和资本阶层根本对立而造成的经济停滞和崩溃，又要有效预防人类社会近现代史上因权力阶层与资本阶层精英结盟而导致的政权覆亡现象的发生，这就构成了当代中国共产党人

---

[1] 靳凤林：《资本的道德二重性与资本权力化》，《哲学研究》2014 年第 12 期。

在社会主义市场经济条件下长期执政面临的根本性挑战。而要认清这个问题的根源并找到应对之策，就必须防止当代社会政商阶层合作失效的三种具体表现——市场失灵、政府失效、社会失灵。具体而言，市场失灵是指因市场自发性、盲目性、滞后性、自然垄断性、信息不对称性、外部性、交易费用和信息成本高等缺陷导致的资源配置失灵，及市场机制在配置公共物品时的失灵。政府失效则指的是政府在弥补市场失灵过程中导致的高成本、低效率，如公共决策低效甚至偏离公共目标、公共政策执行低效、公共政策自身不确定性、政府寻租等造成的效率与公平失灵。社会失范（贫富分化、犯罪、腐败、不良社会风习、阶层焦虑等）与社会自治力的缺失（黑恶势力滋生和黑社会组织发达）则是社会失灵的主要表现。以上三类问题的成因固然复杂，但都与政商阶层非理性合作中对效率、公平价值目标的破坏和背弃直接相关。可见，中国特色社会主义新时代背景下的权力与资本阶层的理性长远合作，必须既要以解决这些失灵问题的正确方式为切入口，来增进彼此之间的互信互利，又要通过共同应对更为复杂的国际局势变化，来加深彼此之间的信任和信赖。否则，中国的经济社会发展一旦缺失权力阶层与资本阶层之间的真诚合作，民族复兴大业很可能付诸东流。

（二）实施权责清单管理，推进政府简政放权

从世界各国的普遍经验看，当代社会中政治与经济之间的关系往往存在很强的内生性，政府本身也绝不是什么高高在上的外生机构，其不仅是市场机制得以存在和运行的必要条件和保护机构，而且还要为企业的健康发展提供必要的社会支持和法律保障。进而言之，通过构建良好的政商交往伦理机制实现"更好的民主、更好的经济"的价值目标，这本身就是现代政党和政府行为权责所在。就中国经验而言，自中共十八届三中全会以来，政府新一轮简政放权改革在为重塑亲清政商关系提供新契机的同时，也为针对政府权责关系的伦理检审提供了更为生动的实践素材。

首先，权利与义务作为伦理学的核心概念，表面上看是对立的双方，实则是相辅相成，它们从不同侧面反映了个人的主体性价值，并在深层意义上具备一致性和贯通性。同理，作为组织形态的主体，现代政府行为背后体现

的则是由个体权利与义务关系转化而来的权力和责任的配置模式问题。现代社会所追求的"负责任的政治"是一个以现代价值贯穿其中,彰显政治文明的"责任政治"。具体而言,舍去权力极大、责任全无这种极端情况,这里的权责配置模式可粗略地分为权力小责任大、权力大责任小、权责均衡三种常见形态。如果加入道德价值判断,民主法治社会中的政府要做到"最好的政府",一个最基本的标准就是,该政府一定是权力最小而责任最大的政府。从限制公民自由方面来说,它应是小政府,法无禁止可自由;从提供公共服务来说,则应是大政府,法有要求必须为。关于政府或国家的大小及其提供服务多寡的问题,学界多有争论。这里所谓政府或国家的"大小"还可以从权力和责任的道德意义来谈,这两个意义虽然不能完全混淆,但人们对好政府道德价值的设定却是高度一致的。反之,最差的政府就是那些对公民限制极多却又推卸公共服务责任的政府。而且,对于发展中国家政府而言,好政府不仅应具有维护经济增长的效率责任,还要肩负维护社会稳定和阶层和谐的公平责任。从这两种责任统一和"最好政府"的立场看,简政放权改革背后的行政伦理学意义,就在于政府释放市场效率和企业活力的同时,还要更好地服务于企业和公民的创富活动。

其次,从问题导向上讲,今天之所以反复强调政府简政放权的必要性和重要性,主要在于"八〇"和"九〇"政商交往体制内留下了大量政商不"清"交往的模糊地带和腐败机会。也就是说,正是在向社会主义市场经济体制转轨的过程中,管制型政府和非政府行为主体的失范互动产生的各种灰色地带,直接或间接地为权力腐败的迅速滋生提供了难以计数的温床和土壤。例如,20世纪80—90年代,权力腐败现象占比较大的领域有粮食、纺织、商业、供销、石油、煤炭、运输、基建等行业,导致贪污、盗窃、私分、哄抢国家和集体财产,以及倒买倒卖、投机诈骗类官商勾结行为层出不穷。20世纪90年代中期后,权力腐败集中出现在房地产开发、土地批租、金融证券、国企改革、司法部门等领域,使得贪污、渎职、索贿受贿、徇私舞弊、贪赃枉法案件较之前一阶段明显增多。进入21世纪,政府采购、公共工程建设、组织人事、金融证券、大型国企领域,贪污受贿、贪官外逃、买官卖官、官黑勾结、侵犯公民权利的案件大量增加,这表明权力腐败的主要形式正在隐蔽化、复杂化。于是，在权力腐败集中爆发和类型日趋复杂化的背景下，通过简政放权建立有限、服务、责任、廉洁政府，自然成为重塑政商伦理关系的理性选择和内在要求。事实上，要防止政府权力越界，治本之策就是防止和约束掌权者的任性和渎职。

再者，要深化对权力与责任辩证关系的理解，防止新时代政商交往亲而不清，进而做到清不疏远，就必须对政府的权力运行和公务人员用权进行清单化管理，即实施权力与责任清单的联动管理，坚持"法无授权不可为、法定职责必须为"的原则。（1）就权力清单管理而言，组织层面的行政主体应当按照法律法规等规定，积极有效地实施行政管理，依法行权履职，不能随意增加、减少、转让、推诿或放弃行政权力。个人层面的行政主体还应勇于负责、敢于担当，坚决纠正不作为、乱作为，坚决克服懒政、怠政。因此，从这种意义上讲，权力清单也是政府依法履职的责任清单。（2）就责任清单管理而言，此类清单所列明的责任事项是法律法规等要求行政主体承担的行政职责。也就是说，既然政府的主要职责是宏观调控、公共服务、市场监管、社会管理、环境保护等，那么政府责任清单所列明的规划、政策、标准的制定实施，事中事后监管，公共服务和政府内部管理等事项，都会对公民、法人和其他组织的权利义务产生影响。进而言之，责任清单要求行政主体转变职能，明确部门职责边界，优化行政流程，注重规划、政策、标准的制定和实施，加强区域统筹，做好事中事后监管和提供优质的公共服务，这些往往与权力清单相通。（3）合而言之，法治政府一定是权责统一和匹配的政府。法律法规赋予行政主体职权的同时，也赋予行政主体义务和责任，行政主体在接受法律法规授权的同时，也接受相应的义务和责任。于是，权力清单、责任清单归结到一起，构成了现代政府行权履职的职责体系，这是"好政府"不可偏废的两大标志，它们最大程度地使政府在处理政商关系时能够做到"亲而守矩"和"清而有为"。

此外，需要注意的是，无论是哪种清单管理都是为了提升政府的治理效能和服务品质，说到底均属于"服务清单"这个大范畴。近年来，浙江省推出的面向公民个人和企业法人的"政务服务清单"就是这方面的先行者。该清单又具体包含了依申请行政权力事项清单、权责清单、马上办事项清单、通办清单、跑零次清单、联办事项清单、省级公共服务事项清单、最多跑一次清单、一证通办清单等丰富内容。作为寓管理于服务的政商良性交往的先进经验，浙江模式还在全国叫响。例如，为转变地方政府职能，中部省份山西省在学习东部省份先进经验的同时也随即提出打造以"全国审批最少、流程最优、体制最顺、机制最活、效率最高、服务最好"为要求的"六最"政府营商环境治理新目标。此外，各级地方政府还根据自身实际情况制定了促进政商健康交往的正负面清单，打通了当地政府为企服务的"最后一公里"。可见，以上这些举措无疑对新时代优良政商伦理生态的再造带来了积极而深远的影响，均为值得推广复制的好经验。

总之，既然市场、企业、政府是构成现代经济运行的基础，通过企业进行商品生产，通过市场完成分配、交换和消费；政府又利用宏观调控和微观规制对企业行为加以约束，对市场类型进行区分定位，那么市场、企业和政府就形成了一个密不可分和相互依存的命运共同体。可见，只有管好政府"有形之手"，用好市场的"无形之手"，社会资源才能通过企业的生产管理活动以最优化方式得以配置，并最终实现社会收益的最大化。在这个三角联动的伦理关系中，权力与资本之"清"的主要表现就是，各级政府通过简政放权的方式为市场和企业留足发展空间，并以权力和责任清单管理的方式，约束自己的非理性行为，从而进一步学会"用改革激发市场活力、用政策引导市场预期、用规划明确投资方向、用法治规范市场行为、用一流的营商环境服务好企业"等先进手段，推动政府、市场、企业之间的更好结合，使之更出成效。

（三）强化企业规则意识，积极导入国家战略

改革开放后，在中国特色社会主义市场经济实践过程中，伴随国家经济转轨、政府职能转变、社会组织变迁，此时的政商关系日益成为整个社会利益关系调整的重要组成部分，并在相当长的一段时期内还会处于核心位置。[1]

---

[1] 李汉林、魏钦恭：《嵌入过程中的主体与结构——对政企关系变迁的社会分析》，中国社会科学出版社 2014 年版，导论。

只不过这里的政商关系首先且主要指的是政府公务人员与国内民营企业家之间的组织化和非组织化的互动关系,其次才是政府与国有企业、外国企业之间的关系。这种关系的背后反映了一个基本事实:公有制经济、非公有制经济应该相辅相成、相得益彰,而不是相互排斥、相互抵消。中国非公有制经济从小到大、由弱变强,无疑是在党和国家方针政策指引下实现的。21世纪第一个十年,非公有制经济快速发展,在稳定增长、促进创新、增加就业、改善民生等方面发挥了重要作用。非公有制经济还是稳定经济的重要基石,是国家税收的重要来源、技术创新的重要主体、金融发展的重要依托,更是经济持续健康发展的重要力量。任何想否定公有制经济或否定非公有制经济的观点,都不符合最广大人民的根本利益,都是错误的。

最近十多年来,在中国行政体制改革不断深化过程中,权力做减法,责任做加法,换来的是市场得乘法的良好效果。与此同时,民营经济和民营企业也真正从各种政策优惠中增强了获得感。例如,它们在国内市场上的平等竞争地位今非昔比;国家法律上的平等保护也拓宽了民营经济的发展道路;日渐浓厚的亲商、兴商、安商、富商的社会氛围,在一定程度和范围内大大纾解了民营企业家"小富即安、大富难安"的忧虑情绪和焦虑心态。以上这些进步都为新常态下的非公有制经济继续繁荣提供了难得的机遇和制度保障。当然,非公有制经济和民营企业在发展过程中也存在着一些内部矛盾和治理弊端,同样面临着巨大的外部风险和严峻挑战,这就需要通过进一步理顺政商伦理关系来找到办法解决。作为国民经济的重要一极,民营企业在新常态下要想获得新提升、实现新发展,必须坚持"清不疏远"原则,做好以下几个方面的工作。

首先,坚持守法经营底线,并在此基础上完成管理水平和企业家自我道德境界的提升。公有制企业也好,非公有制企业也好,都要把守法诚信作为安身立命之本。法律底线不能破,偷税漏税、走私贩私、制假贩假等违法的事情坚决不做,偷工减料、缺斤短两、质劣价高的亏心事坚决不做。换句话说,对于企业这样一种以竞争方式组织起来的经济体而言,坚持依法经营原则的依据主要是"竞争不是侵权行为"这一现代市场经济活动的王牌道德法则。基于这个基础,民营企业家要想真正获得持久的竞争优势,就必须从提高管理水平和管理者的道德境界中寻找答案。例如，在民营企业初创阶段，市场理性要求企业家必须对投资产品的技术性能、市场分布、发展趋向做出准确判断，与企业发展涉及的利益相关方（顾客、员工、股东、供货商、政府部门等）建立起良好的伦理互动关系，在企业内部建立起公正合理的决策制度、分配制度、安全达标制度、财务管理制度等。在企业成长和鼎盛时期，企业家要着手从日常管理中超脱出来，考虑企业的长远规划和大政方针，要特别善于组织精明强干的队伍去深入挖掘市场潜力，逐步培养起一支高水平的德才兼备的专业化管理队伍，创立起独具特色的企业伦理文化。在企业衰退阶段，企业家必须善于预测企业产品的市场饱和程度和市场寿命，鼓励开发新产品，及时调整企业经营方向，有效控制成本消耗，不断更新管理队伍，力争企业浴火重生。当然，在常态下，多数企业家只能适应特定阶段的德才要求，只有少数企业家具有极强的历史适应性，能够审时度势，认清企业所处的战略状态，做好策略选择，化危为机，重聚管理伦理新优势，将企业带入新境界。这恰恰成为衡量现代企业规则意识高低的深层道德标准和伦理内涵。

其次，重新审视企业政商交往战略，把握企业伦理文化发展规律，实现政商关系的非人格化转型。改革开放以来，中国的企业组织不仅形态多变，更以复杂的形式嵌入同样复杂的制度结构和社会关系中。民营企业在构成和运行中调用了大量的非正式制度和文化社会资源。这些资源之所以成为资本的关键，是因为其具有能动性和增值性的特质。如果从现代社会能力本位的视角去审视这些资本，其大多属于个人或组织借由社会联系汲取稀缺性资源并因此得益的能力。这里的稀缺资源包括权力、地位、财富、学识、声望、机会、信息等。然而，这些"特殊资产"并不是一种现成的资源，也不是一种天然、先赋的资源，所以很难完成代际的传承。从这个意义上看，非公有制经济人士或民营企业家在做出战略决策时，既难以摆脱与地方政府或国有企业的联系，又不能寄希望于这种联系。我们认为，民营企业的政治战略可分为"被动反应"和"先发制人"两类。"被动反应"的企业与政府的关系属于中低度人格化的政商关系，企业家在这里还能适度保持自身的道德独立人格，政治联系也只是为了避免政府的合法伤害。与之相对，"先发制人"的模式就属于高度人格化的伦理关系，企业家看似可以动用各种手段围猎官员，并企图建立长期往来，但往往因为缺乏公开公平公正而变得极不稳定，甚至还会强化"商"对"政"的伦理不对等的依附地位。这类"政治企业"看似获得了优越感，却牺牲了自己的长远利益，难以走完企业正常发展周期而不得不半路夭折。如果民营企业家一开始就把这种类型的交往放在发展战略的核心位置，几乎是培养不出君子之交的政商关系的，反而会轮番上演类似封建官僚和红顶商人联姻的悲喜剧，这极不利于企业的健康发展。当然，无论哪种人格化的政商关系，都不是民营企业家的真正归宿，建立在市场化和法治化基础上的政商交往才是符合新时代要求的。进而言之，从影响企业战略选择因素的组织伦理文化角度看，处于创业阶段的组织会以活力型伦理文化为主，处于整合阶段的组织多以团队型文化为主，但处于正式化阶段的组织必须以科层型、市场型文化为主。科层重法治，市场重竞争。这是民营企业实现可持续发展和做出科学战略抉择的职责所在。

　　最后，民营企业家在政商交往中坚持"清不疏远"的原则，还要主动介入国家发展战略。广大民营企业应积极贯彻"创新、协调、绿色、开放、共享"的新发展理念，结合自身所处行业发展和企业自身实际，充分发挥创新能力强、机制灵活、市场反应敏锐的优势，从过去主要依靠资源消耗和低成本劳动力等要素投入转向创新驱动发展，大力开展技术创新、管理创新、产品创新和商业模式创新，努力实现提质增效升级，不断提升市场竞争能力、抵御风险能力、可持续发展能力。事实证明，许多民营企业能够自觉做好节能减排工作，淘汰高消耗、高排放的落后产能，开发清洁生产和节能技术，积极投身资源节约型、环境友好型社会建设，为提高经济发展质量和效益发挥积极作用。特别是随着区域经济的重新布局，在民营经济在县域经济发挥主体作用的前提下，应更加主动地承担与其发展相适应的经济、社会建设功能。进入经济发展新常态，围绕"两个一百年"奋斗目标，中共中央提出了一系列国家发展战略，民营企业在这一阶段要积极主动融入国家发展战略和主流经济，抓住"一带一路"建设、京津冀协同发展、长江经济带发展、雄安新区建设、乡村振兴战略等区域协调发展机遇，为国家发展战略顺利实施做出自己的贡献。此外，在国际产业结构调整和产品升级日益加速的客观形势下，国内大型民营企业还要在战略性新兴产业、现代服务业、军民融合产业等产业发展中找准自身定位，在供给侧结构性改革中提升产品和服务供给质量，将先进制造业、新兴产业、中国制造 2025、互联网、大数据、人工智能、区块链、数字经济与实体经济深度融合列入自己的发展规划，牢牢抓住中高端消费、绿色低碳、共享经济、平台经济、现代供应链建设等领域的投资机会。质言之，商人以赚钱为己任，企业家以改造世界为己任。[1]

三、权力与资本的双向畅通

作为伦理学的重要分支，以权力与资本交往规律和规则为主要研究内容的政商伦理学，"不仅应该说明人们怎样去行动，而且应该说明他们应该怎样去行动"。[2] 市场过程与政治过程并不天然互斥，资本与权力之间本可以建立理性而规范的双向畅通机制。从此点看，把握中国政商关系的未来变革就要不断开发其内在的共同善价值，且关键要看其能否真正发挥政府、市场、企业之间的互补作用，能否为国有企业和民营企业合作找到更多的价值契合点。在当今时代，无论以政策为切入点，还是以市场为切入点，抑或以法律为切入点，激活民营企业主体的市场活力，实现更高质量、更有效率、更加公平、更可持续的发展，都需要从深层重构权力与资本良性交往和双向畅通的价值伦理和制度伦理做起。

（一）正确认识政商交往中的价值伦理共识

民主工商社会中的权力与资本能否良性交往，主要涉及的是"公共部门"和"私人部门"共同面对的一系列治理难题及如何实现功能上的有机互补。这些问题说到底通常关乎一个国家治理能力的提升。建设亲清并重的新型政商交往道德的要求在党的十九大报告中曾得到充分肯定和强调，这无疑标志着党和国家在处理政商伦理关系问题上的又一次重大理论突破。而要完成当

---

[1] 转引赵磊：《企业家精神的实质：激活文脉＋打通商脉》，《哈佛商业评论（中文版）》2019 年第 5 期。
[2] 万俊人：《现代西方伦理学史》（上），北京大学出版社 1997 年版，第 229 页。

代中国政商交往伦理的现代转型,恰恰需要权力与资本双方在善治、法治、德治三大理念上达成价值伦理共契。

1. 善治理念

古往今来,社会的发展和人类的共存都离不开政治。它以各种形式呈现于人们的生活之中,与每个人息息相关,亚里士多德有言,"人是政治的动物"。政治的核心就是解决矛盾的过程,即它产生于人类需求多样性和资源稀缺性的冲突中,而政府的设立就是解决这一冲突的特殊方法和手段。研究政治实质上就是研究政府如何对价值进行权威性分配,这必然涉及善治问题。

20世纪90年代以来,西方政治学文献中,善治(即良好治理)成为出现频率最高的术语之一。我们知道,规范和治理是两个反复出现的体制性术语,它们代表了公共机构处理任何关系时两种可能的政策选择。规范就是对作为调整对象的社会关系设定法律规则和究责机制,公共权力与受到调控的各方是规范与被规范的垂直关系。与规范不同,治理则侧重于建立包容、平等而公开的共同价值和共同目标。它是由市场(价格机制、私有资本)、等级(官僚制、政府组织)、网络(社会组织及其非正式交往)三要素构成的"合作体系"[1]。根据联合国和世界银行的定义,多元民主共治前提下的良好治理体系的特点主要有:(1)平等而包容的参与,共同维护不歧视的政策环境;(2)建立参与各方相互间的责任机制,即尊重共同确立的规则,依靠自我规制承担共同的和各自的责任;(3)根据现实机遇和挑战协调共同行动和各方角色的认定;(4)互相交流,保持透明。

以上要素和特点正是政商长远合作和良性交往的价值基石和方位坐标。未来中国权力与资本交往的伦理机制既要坚持中国特色,又具备符合全球化要求的一些普遍特征。具体而言,当代政商关系中的善治主要针对的是市场和政府如何更好合作的问题。按照马克思主义政治经济学的理解,政府是一种集中决策机制和集权分配机制,以实现正义、安全、团结等公共利益为鹄

---

[1] [英]安德鲁·海伍德:《政治学核心概念》,吴勇译,中国人民大学出版社2012年版,第10页。

的。市场则是一种分散的决策机制和分权分配机制,构成这种机制的核心要素如个人、家庭和企业等同样是分散的。通过政治过程所表达的利益偏好和期望与通过市场所表达的利益偏好和期望,往往既存在着一致性也存在着不一致性。两者的一致性就在于,市场经济作为人类经济发展的重要手段,不仅带来一个国家和地区的经济繁荣和社会文明,在解放生产力、激活全社会活力方面也与好政府的价值目标有着较大的重合度。当然,两者之间也存在着不一致性。事实上,由于市场机制本身的不完全性或交易信息的不完备性,政府就需要扮演更为重要的角色,依法对市场行为进行调节与调控,尤其要引导社会各阶层的合理需求和生活期望,以期实现社会福利在效率与公平轨道上可持续增长。

笔者认为,解决这一问题的关键在于政府要做好权力与资本交往过程中的期望引导工作,完成政商关系从依附性的父爱式庇护关系到自立性的朋辈式合作关系的转型。[1](1)需要时刻警惕少数国家公职人员因市场经济体制有待完善而产生的权力资本化腐败行为。(2)还要警惕当社会财富急剧增长,资本阶层的利益诉求无法予以容纳和规范而出现的混乱无序和野蛮竞争现象,以及由此产生的资本权力化对经济发展成果的迅速反噬效应。(3)要始终明确中国改革开放40多年的重要成就,主要在于中国形成了国企和民企之间相对合理的分工布局和相得益彰的产业互补体系。国企与民企不是对立的,而是互补的,它们只是社会分工不同,终极目标却是一致的。在民企做不好、达不到的地方需要国企,在国企做不好、达不到的地方需要民企。换言之,民企可以促进个体的局部利益最大化,国企可以使国家和社会整体利益最大化。两种利益都需要得到严格而平等的保护。唯此,才能最大程度地实现权力与资本阶层之间的利益均衡与和谐共赢,并确保政治之善(秩序、自由、正义)和经济之善(效率、创新、富裕)等综合价值目标的实现。(4)要实现中国政商交往的"善治"理想,关键是要确立以追求阶层正义为内容的伦理价值新目标和各种决策导向,努力做到权力和资本阶层在权、责、利方面

---

1 张继焦、李金操:《"伞式社会"与中国古代工商业经营》,《杭州师范大学学报(社会科学版)》2017年第6期。

的公平配置，切实扩大阶层交往的公约数与和谐度。因此，无论是阶层、组织、个人中哪个层面的政商合作，在下一阶段的改革实践中必须符合善治的价值伦理要求。这不仅是一个"权力"与"权利"之辩的法治问题，还会进入到"义利之辩"的德治领域。

2. 法治理念

世界历史的发展表明，利益原则和保障个人权利这两大法则共同支配着近现代社会的运转，也决定了近代以来政府应具备两大基本职能：一是为经济发展提供基本条件；二是为保护个人权利而构建文明的政治法律制度。改革开放40多年来，中国取得的经济成就正是来自于对"善治"价值要求和以上历史经验的成功回应。例如，我们将发展壮大民营企业看作中国取得举世瞩目经济成就重要原因的同时，也将之视为中国特色社会主义市场经济的最大特点。甚至，在处理政商关系过程中，人们也越来越认识到：善治本质上是一个权力、资本、劳动三者之间均衡制约的和谐状态；而法治在促进阶层沟通、塑造阶层平衡方面是功不可没的，没有法治保障的亲清交往纯属无稽之谈。

追根溯源来看，当代政商交往中的法治要求需要始终面对的一个重要问题是，如何更好地处理"权力"与"权利"的辩证关系。（1）不同于帝制农商社会，民主工商社会中的政治权力是由公民制定的法律所授予的，并经法律形式确定下来。具体而言，公民权利同样由法律确定，受法律保护。法律保护权利，对权力进行制约，这是权力与权利之间关系的一个方面。法律授予权力，权力的被授予者运用这种权力来保护法律所确定的权利，这是权力与权利关系的另一个方面。这两个方面是统一的。重权力而轻权利，与法治精神背道而驰，这等同于重权力而蔑视法律、践踏法律，是传统官本位社会的一大遗患。（2）既然在权力与权利的关系中应把权利放在首位，把权力看成维护权利的手段，那么在权利与义务的关系中，权利同样应处于首位，保障权利才是法律的目的。没有权利，义务也就失去了意义。如果说权利与义务是对称的，有此必定有彼，那么应当做这样的理解：义务是为了保证权利的实现而设定的。只重视公民应尽的义务而忽视公民应得到保障的权利，往往会为权力的不受制约或滥用埋下伏笔。（3）值得一提的是，公共权力和私人资本在新时代交往过程中,应该首先表现为一种基于法治信念的合作。我们知道,信仰(实质合理性—理想性)和信念(形式合理性—现实性)的差别在于,信念反映更多的是一种知识的真理性或可靠性,它必须是且首先是理性的或有理由的。也就是说,"法治信念"背后的伦理价值基础是"底线伦理",即强调权力主体行为准则的正当性并不依赖于行为的目的或结果,而是依据行为或行为准则的性质。一旦越来越多的权力主体逾越了这一最低界限,就会让权力之恶扩展、蔓延和放纵,导致整个社会机体崩溃。[1]

当然,以约束权力与保护权利为内容的法治信念,并不是一个空洞而机械的理念,其根本目的依然是为了在保护个人(公民)合法利益的基础上追求更高质量的社会利益,持续实现全社会发展的帕累托最优。例如,第二次世界大战后,为了更好地回应这一要求,在西方国家对经济生活领域控制日益加强和法律社会职能日益凸显的背景下,"公法私法化""私法公法化"及"混合法"的法治发展新趋势得以呈现。当代西方政治法学界普遍认为,公法与私法、公共权力行使领域与私人自治领域之间的界限并不是固定不变的、绝对的,而是流动的、活泼的,而且正在形成一些兼具公法与私法某些特征的中间领域。具体而言,所谓"私法公法化"实际上是在行政权力"放"的方法中加入了"管"的因素,即"放中有管";而"公法的私法化"是在行政权力"管"的方法中加入了"放"的因素,即"管中有放";"混合法"实际上是"管""放"的高度结合。"管""放"的相互渗透和结合适应了当今社会经济、政治发展的新趋势。这也就是说,"法治信念"具有很强的可操作性,围绕公共权力的合理调整和私人资本的文明转型,权力和资本在这种双向畅通机制中有了更多对话和合作的可能。事实上,依法进行的权力调整本身就是一种解放,反映的是公民服从理由的转变和政府由管制型向调控型、由发展型向服务型、由全能型到有限型、由人治型到法治型的升级进步。而且,在维护私法自治原则下的"资本转型",也切实有助于扩大中产阶层的资本积累和财产增值,从而更好地为一个国家和地区的健康发展提供坚实的社会基

---

1 何怀宏:《底线伦理的概念、含义与方法》,《道德与文明》2010 年第 1 期。

础和理性力量。正如一些发展中国家的学者所指出的那样，在广泛了解社会契约和重构价值共识的基础上，不断创造一种普惠所有人的新的法律制度，包容和协调多种多样的民间非正式制度，显然更有利于保护底层人民的更多权益，有利于普通百姓财产性收入的增加，并通过方便资本交易等方式，促进经济社会的繁荣发展，保障人的法律素质和道德境界的提升。[1]

3. 德治理念

现代社会中的秩序和法律紧密相连，人们通常把法律与秩序视为一个同一和融合的概念。然而，维系社会秩序或阶层合作的最好方法，并不是单纯地依靠人们对法律惩罚的忌惮与恐惧。事实上，对共同道德价值的尊重和奉行也是新时代政商合作模式转型的内在指向。"法安天下，德润人心。"民间风俗、百姓习惯、社会舆论及公民的道德人格力量的调节，不仅存在着，而且它的作用是市场调节与政府调节所替代不了的，也是法律所替代不了的。有了公序良俗与优良德性的调节，市场调节与政府调节的效果会更明显，而法律的作用也将发挥得更好。

就当代政商关系中的德治而言，虽然主要指的是良性的政商交往需要以权力和资本主体优良的政治道德、社会道德、职业道德及个体美德作支撑，但这些德性的具体内容却不是可以随意选择或一蹴而就的，这里需要平衡好古今中外的一切优秀的道德资源和精神传统。历史经验表明，人的德性是具体的，每一时代的伦理关系都存在着属于这个时代的德性，虽然每部伦理学史都可以罗列出一长串的德性清单，但其中任何一项德性都不是普遍适用于一切时代的伦理关系的，这需要我们基于实践要求去辩证对待和批判继承。例如，古代中国的整体主义文化传统、集体本位价值指向及道德楷模示范意义，对于当代中国的经济发展和社会进步来说，不仅没有成为阻力和障碍，反而成为动力和源泉。与此同时，在当代的政商交往中，无论是公务人员抑或民营工商业者，他们的德性塑造和培养还必须做到既要摆脱以往的人身和

---

[1] [秘鲁]赫尔南多·德·索托:《资本的秘密》，王晓冬译，江苏人民出版社2005年版，第84页。

人格依附，又不落入原子个人主义的现代西方社会伦理窠臼。这是因为，当每个公民只顾自己的私利时，他们的政治活动和经济活动就很可能沦为少数人或利益集团追求私利而操控大众利益的舞台。

需要指出的是，把握当代的政商阶层德性要求还需要从个人的多重道德身份谈起。现实生活中的个人通常具有三重身份。第一重身份是属于绝对私我的身体和各种情绪、感受、想法等。这一部分往往并不天然适合社会和职业的需要，所以需要经过教育和改造。于是产生了个人的第二重身份，即满足社会需要的特定职业者，现代公民就被定位在这种身份中。再者，又因为此时的个人主要属于国家成员，所以他所要满足的需要实际上是由特定国家经济发展的需要决定的，这同样属于第二重身份的内容。在个体的第三重身份中，作为人类的一分子，个人与人类的本性是直接同一的，他享有人类才拥有的权利，但也承担整个人类社会的责任。所以，在一个合乎人性的社会中，作为社会成员的个人的最高价值，如自我完善和追求幸福，就成为该社会发展的最高目的。这也就是说，个体的道德理想必须与社会的道德理想相一致，在自我的道德发展与社会的道德发展相统一的过程中获得正当性、现实性及人格的自立、自由。法治信念背后的底线伦理并不否认人们对更高层次的德治精神和超越性信仰的追求。

进而言之，按照黑格尔的理解，只有高于一般性的成文法律、主观与客观相统一的"伦理法"才能成为当代政商阶层交往或个体行为合法性的重要来源。这种"自在自为"的法指向的是"普遍物"和"公共价值"。在"伦理法"中，象征"私"价值的"商"与象征"公"价值的"政"存在着一种相互促进和相互成就的道德要求。此时民营企业（家）的活动不再是无道德的，他们的合法致富行为和在非交易领域中体现的美德理应得到最大程度的彰显和肯定。"有商业的地方便有美德。"对于政治领域或公共选择领域的主体而言，公务员阶层和个人如果继续采用当代西方政治经济学的自利人假设，就会表现出很大的局限性[1]。因此，对当代公务员人性假定的修订，即使不走向

---

[1] 李建德：《制度及其演化：方法与概念》，格致出版社2019年版，第451页。

绝对的利他主义，也必须对先前假设进行具体处理，即要从他们身上极易产生的机会主义动机出发，来完成对其公共和私人行为的规约引导。首先，现代国家公职人员受雇从事某种以公务为内容的职业，以此获取报酬，这是其正当权利，应该予以正面肯定；其次，作为社会风尚的引领者，以自己个人的道德水平和模范行为提升社会整体道德水平，并降低治理成本，这也是他们应尽的义务，应不断强化；最后，作为公共利益承担者，公职人员应承担起促进公共利益实现的责任，树立正确的利益观和政绩观念，帮助民营企业健康发展，这显然难能可贵，应着重培养。人确实属于环境的产物，但环境本身也是人的活动的产物，环境的改变和人的活动或自我改变是一致的。

总之，不难发现，在中国特色社会主义国家治理逻辑中，权力与资本既有一致性的一面，又有不协调的一面，但现代市场过程与现代政治过程并不天然互斥，而是处在一种相辅相成的关系之中。当代政商良性交往过程中形成的秩序一定是"一种事物的状态，在这种状态中各种要素彼此复杂地关联，我们可以根据对整体中各部分要素的认识，去形成对其余部分的正确预期"。[1] 而且，在动态均衡的秩序演进中，个人利益与社会利益之间的一致性，及公民自由创富的权利，均可得到充分保证。[2] 一如经济学家诺斯所看到的，作为公共产品的秩序主要是人们在政治经济交往活动中进行制度创新的产物。未来，在一系列合乎情理的善治、法治、德治理念牵引下，权力和资本的合作利益将呈现出更多的公共性、合法性、合德性，将克服各自自私性、机会性、盲目性等德性缺陷[3]，进入一个既非自私自利也非绝对牺牲的自由发展状态。

（二）不断完善政商交往中的制度伦理共建

从政治经济学制度论视角出发，不难理解的是，组织经济关系、政治关系的各种制度安排都是为了实现更好的民主、更好的经济这一现实目标。当

---

1 [英] 弗里德利希·冯·哈耶克：《法律、立法与自由》，邓正来等译，中国大百科全书出版社2000年版，第249页。
2 朱海就：《理性与道德：协调的视角》，《学术界》2017年第8期。
3 [美] 道格拉斯·诺斯等：《西方世界的兴起》，厉以平等译，华夏出版社2009年版，第198页。

代中国的简政放权改革虽然有利于促成一种便于市场机制发挥正面效用的新政企纽带的建立，但更需要从长计议，以制度伦理建设为切入点，来保障和促进权力和资本力量的双向沟通与理性交往。事实上，组织行为的制度化程度越高，权力与资本力量中的阶层和个人就越能借助组织的能量更好地表达和实现自身的利益诉求。

1. 现代政府制度伦理建设

本书中的政府主要指的是一个国家内部的各级行政机关。结合善治要求，现代政府不仅是制定和执行国民经济发展规划、公共政策、行政法律的权威机关，其活动和影响力还可以从更广泛的社会结构和权力系统来加以解释。这也就是说，现代政府虽然是一个国家或社会的治理机构，但在多元公共管理主体中只属于"同辈中的长者"[1]。同理，当代中国政府与其他有助于公共管理目标达成的社会组织之间的伦理关系，也理应表现为一种平等合作的关系。此外，自20世纪80年代以来，围绕提升政府组织效能和服务品质的创新活动从未间断，大致出现过四种改革方案，即市场式政府、参与式国家、弹性化政府、解制型政府。[2] 市场式政府的要义，是让市场在资源配置中起决定性作用；参与式国家的精髓，是健全公民参与机制，推进协商民主建设；弹性化政府的标志，是推行公务员聘任制，避免政府组织出现官僚主义作风；解制型政府的特点，是简政放权、优化服务，推动行政审批制度改革。虽然四种模式之间可以自由组合，但无一例外，它们都将现代政府视为一个多中心的复合体。这就意味着未来的政府组织不再被想象为一个有才智的拟人格体，也不再唯经济、效率、效能等物质的和量化的价值目标马首是瞻，企业逻辑、技术主义、科学主义并不能保证未来政府的持续成功。事实上，只有把政府想象成一个由各种规则和关系构成的网络，才能切实提高政府治理经济和社会的综合能力和水平。同理，当代中国政府活动的出发点和归宿点，也恰恰在于

---

1 靳凤林：《从传统行政伦理到现代公共管理伦理》，《道德与文明》2012年第6期。
2 ［美］B.盖伊·彼得斯：《政府未来的治理模式》，吴爱明、夏宏图译，中国人民大学出版社2013年版，第113页。

从多元参与主体确定的规则框架中,确保各自正当利益的获得和可持续发展。

回到中国特色社会主义权力与资本交往语境,建设一个有效、有为的现代政府恰恰需要从理顺中央和地方政府关系、改革商事制度、优化政企沟通协商制度三个方面做起。(1)就中央和地方关系而言,自古以来,由国家主导的经济体制以及由政府直接经营的诸多经济活动,在中国社会经济领域中处于至关重要的位置。而且,中央政府与地方政府多因享有不同的商业资源分配权,在经济行为和商业活动中也会形成一种类政商关系。然而,这种政商伦理关系无疑会产生很多不良后果,如地方债务风险上升、维稳支出增多、民生建设不平衡、环保形势严峻等。要化解这些伦理难题就必须从制度上一揽子解决中央和地方的权责匹配问题,让地方政府更好地发挥"平台经济"正功能,从而为民营企业的价值创造和自我增值持续提供优质服务[1],中央政府则需履行更多的社会建设责任。(2)我们知道,商事制度在所有现代国家的行政管理制度中最具多样性和创新性。新常态背景下的商事制度改革,无疑抓住了当前和未来一个时期中国经济改革的关键问题。从国际趋势看,随着全球化深入发展,发挥市场力量,减少政府干预,营造更为宽松便利的营商环境,已经成为世界潮流。因此,当代商事制度改革除坚持注册资本认缴登记制外,还应该进一步取消那些不利于民营企业发展经营的硬性规定和落后做法。只要加快推进从"重审批轻监管"向"轻审批重监管"的转变,市场主体就能更加便利地准入、交易、退出,从而提高社会资源的配置效率。(3)在优化政企协商制度方面,全国各地工商联应主要致力于广泛开展非公有制经济人士的理想信念教育,积极引导广大非公有制经济人士增强对中国特色社会主义的信念、对党和政府的信任、对企业发展的信心。在此基础上,还要建立政商双方在摸底调查机制、政企沟通机制、培训互动机制、正面引导机制、协调推进机制等方面的长效合作制度,这是提高中国共产党执政能力和政府治理水平的必然选择。

---

1 符平、李敏:《基层政商关系模式及其演变:一个理论框架》,《广东社会科学》2020年第1期。

2. 现代市场制度伦理建设

能否处理好市场和政府之间的关系是中国特色社会主义经济体制改革成败的关键。党的十五大提出"使市场在国家宏观调控下对资源配置起基础性作用",党的十六大提出"在更大程度上发挥市场在资源配置中的基础性作用",党的十七大提出"从制度上更好发挥市场在资源配置中的基础性作用",党的十八大提出"更大程度更广范围发挥市场在资源配置中的基础性作用",党的十八届三中全会进一步提出"使市场在资源配置中起决定性作用,更好发挥政府作用"新论断。可以看出,中国共产党对市场和政府之间关系的认识在不断深化,相关理论也在不断创新和成熟。然而,现代市场制度伦理的建设却始终离不开对如何超越市场历史形态、把握市场当代内涵及塑造市场理性等基本问题的深层反思。

首先,中国传统时代的全部经济活动并不被看作以市场交换为中心的自我调节体系,它只是朝廷国家创造和增加财富、维持等级化社会秩序的一种手段。在这种情况下,一个等级化市场结构由此形成,具体包含了底层的自由市场经济、顶层的国家资本及介乎两者之间的由传统政府机构和私人业主建立的古典企业相互作用而产生的中间地带。在这个结构中,底层初级市场确如密布的毛细血管一样发达,而相应地,对商业伦理和商德的推崇也在很早的时候就有相当影响。甚至从商业理论来说,传统儒家在很早的时候,就对市场利益如何刺激商人们改善经营状况、扩大交易规模的良性机制,及官营商业垄断性经营使市场萎缩的种种弊端有了深切认识。但关键问题是:一旦涉及国民人身及财产的法权形态和商事制度,传统商品经济就很难获得独立发展。究其根源在于传统市场中的等级伦理观念与现代自由市场中的平等要求是格格不入的。只有改造这个三次结构,才能实现市场体制机制的现代化。

其次,还要辩证地对待市场与管制的关系。现代市场是非人格的机制,因为它是由价格波动这种反映着供需平衡的市场力量来调节的,甚至市场经济和资本主义这两个术语似乎是可以替换使用的。但早在1971年,伦理学家罗尔斯就阐述了市场经济与社会主义制度的相容性。他在《正义论》一书中写道:"自由市场的使用和生产资料私人占有之间没有本质的联系。……但自由市场与资产阶级的这种联系实属一种历史的偶然,因为至少从理论上说,一个社会主义政权自身也能利用这种体系的优点。"[1]也就是说，社会主义制度完全可以把现代"内部市场"的先进理念运用于某些社会主义社会的经济组织及教育、健康等公共服务之中。究其缘由，正是因为自由市场具有通过动态与静态平衡的方式，调节人与人之间高度复杂的相互交往的能力，而这种能力是政府力量所不能企及的。不过，我们也要看到，市场逻辑日益强化的同时也会加剧结果不平等和各种负外部性问题。所以，成熟市场经济国家越来越毫不犹豫地引入国家适度干预去完善市场机制，让管制与市场一起成长[2]，打造现代化的政府本身也是发展市场经济的一种需要。

最后，现代市场理性代表了市场经济主体一种合规律性与合目的性相统一的自觉精神活动和行为方式。在民主工商社会背景下，无论中西社会，都遵循了相通的道德要求和心智素养。具体而言，判断一种市场行为是否是理性的，关键看这种行为是否自觉地适应了市场经济的法则，是否有利于市场经济条件下主体目的的有效实现。笔者认为，市场目的理性、市场规范理性、市场理性方法、市场理性精神构成了现代市场理性的主体内容。[3]这四种理性既相互区别、各有其特定功能，又是相互联系、相互促进的。此外，市场理性尽管是现成的整个市场体系中不可分离的构件，但仍然具有一定程度的相对独立性和能动性，它可以在一定条件和一定范围内超前于现有的物质条件，对市场经济活动产生能动的引导规范和调节促进作用。坚持市场理性的引导不仅是政府行为的重要参考，更是企业家和创业者在生产、交易活动中立于不败之地的根本保障。一切有利于市场理性培养的制度建设，都会让整个市场运行变得健康而有活力。

3. 现代企业制度伦理建设

中国企业的发展最为直接地体现了中国经济在过去40多年里取得的成

---

1 [美] 罗尔斯：《正义论》，何怀宏等译，中国社会科学出版社1988年版，第227、262页。
2 [英] 卡尔·波兰尼：《大转型：我们时代的政治与经济起源》，冯钢、刘阳译，浙江人民出版社2007年版，第59、127页。
3 唐凯麟、罗能生：《契合与升华——传统儒商精神和现代中国市场理性的建构》，湖南人民出版社1998年版，第305页。

就。如果将中国经济比喻成一辆跑着的汽车,那么,政府提供了这辆车行驶的道路,劳动者是这辆车的主体,企业家则是这辆车的司机。当今时代如果没有企业(特别是民营企业)的发展壮大,中国要成为世界领先的经济大国是不可能的。

在现代西方经济学家看来,政府、市场、企业三种制度均与工具理性的自利人假设有关。由此而来的是,政府行为与企业行为分享了共同的理论基础。而且,在竞争、创新、利润三位一体的市场过程中,企业家始终居于主角地位。然而,若从马克思主义政治经济学立场看,资本主义并不总是一种总体性力量,也不是一种完全包容的经济活动模式,它必然将被更高级的经济社会形态所超越,片面的理性自利人假设也会被社会主义的全面发展的新人性规定所替代。[1] 当代促进权力与资本良性交往的制度优势,正在为民营企业建设现代企业制度伦理提供了新基础和新环境。

从企业层面出发,民营企业制度伦理建设一般需要兼顾企业交易和非交易领域两个方面的道德要求。从有利于企业市场交易的层面看,现代企业治理应具有一套完备的治理结构和决策监督机制,股东会、董事会、监事会和管理层各负其责、协调运转、有效制衡。在此基础上,企业重大事项由董事会集体决定并及时向利益相关者和资本市场公布。董事会内设的审计委员会、外部的资本市场和财经媒体等,也具有较强的监督制约功能。如此建设,才能降低企业的违法违规成本,避免组织失灵。而且,完善的企业治理结构和相关机制,还可以有效地制约企业发展中出现的个人专制和裙带关系,从而促进其形成有利于企业发展和创新的内部环境和道德氛围,让企业在规范的轨道上走得更远、更好。依法经营、依法治企、依法维权是企业发展的社会责任所在。新时代的民营企业一定要防范和杜绝一些家族企业内部搞家长制、一言堂的错误做法,这不仅不利于企业凝聚力的提升,而且还为个别企业走偏门、寻求不正当利益提供了温床,助长了侥幸心理,导致其在管理利益相关者方面接连失误乃至最终失败。与此同时,在非交易领域中,我们同样不

---

[1] 鄢一龙等:《大道之行——中国共产党与中国社会主义》,中国人民大学出版社2015年版,第211—212页。

能抹杀民营企业超越股东利益考虑、促进企业内部认同方面的意义，自律、责任、信任、致力于企业公民建设、维护劳动者权益、尊重劳动者主体地位等社会主义道德因素始终是新时代民营企业的立身之本和文化之魂。当代中国民营企业家无一例外是伴随改革开放成长起来的，他们所承担的任务，不仅仅是对产权、创新和企业利益的追求，还集中体现在如何承续工业革命以来有利于培养和激发企业家精神的各种先进理念，以及如何创造性转化和创新性发展儒家和诸子百家的商业伦理资源。从德性伦理的一般要求看，新时代企业家精神无疑是企业家个人理性和国家公共意志有机结合的产物，更是治理政商关系的"总开关"。而具体到重塑政商伦理关系时，我们还应大力倡导和从制度设计上保证民营企业家与政府之间的正向联系。事实上，任何一个企业家的内心都蕴藏着两重基本动机——工具性期望与亲社会性期望[1]。就前者而言，企业家习惯于将政商关系视为一种获取资源的工具，但这不可避免地带来腐败滋生和官商之间的利益输送。反之，亲社会性期望则指企业家利用非人格化、理性化的政商交往体制机制，借助公共舞台协助政府更好地服务社会，做到水利万物而流，企业利万众而立。这是一种基于新家国情怀的高尚的责任意识。要知道，中国民营企业家已走出个体性、匮乏性需要，正在向自主性需要、价值意义需要、互予性需要的方向转型。[2] 只有把自己置于文明的政商伦理关系和实践中去，他们才能成为实现人民美好生活的主力军和推动者。

---

[1] 刘海建等：《是否皆为利己——制度转型深入期企业家政治联系的双重角色》，《南开管理评论》2017 年第 4 期。

[2] 肖祥．《美好生活与马克思主义伦理学生活化》，《浙江社会科学》2019 年第 6 期。

参考文献

导　论

1. 习近平:《论中国共产党历史》,中央文献出版社 2021 年版。
2. 习近平:《在民营企业座谈会上的讲话》,《人民日报》2018 年 11 月 1 日。
3. 蒋庆:《政治儒学——当代儒学的转向、特质与发展》,生活·读书·新知三联书店 2003 年版。
4. [加] 贝淡宁:《贤能政治:为什么尚贤制比选举民主制更适合中国》,吴万伟译,中信出版社 2016 年版。
5. [德] 贡德·弗兰克:《白银资本:重视经济全球化中的东方》,刘北成译,中央编译出版社 2011 年版。
6. [美] 彭慕兰:《大分流:欧洲、中国及现代世界经济的发展》,史建云译,江苏人民出版社 2010 年版。
7. 金观涛、刘青峰:《兴盛与危机:论中国社会超稳定结构》,法律出版社 2011 年版。
8. [美] 查尔斯·林德布洛姆:《政治与市场:世界的政治—经济制度》,王逸舟译,上海三联书店、上海人民出版社 1996 年版。
9. 张光直:《美术、神话与祭祀》,生活·读书·新知三联书店 2013 年版。
10. 瞿同祖:《中国法律与中国社会》,商务印书馆 2017 年版。
11. 王毅:《中国皇权制度研究——以 16 世纪前后中国制度形态及其法理为焦点》,北京大学出版社 2007 年版。
12. 傅衣凌:《明清时代商人及商业资本》,中华书局 2007 年版。
13. 姜朋:《官商关系:中国商业法制的一个前置话题》,法律出版社 2008 年版。
14. 陈旭麓:《近代中国社会的新陈代谢》,生活·读书·新知三联书店 2017 年版。
15. 王亚南:《中国官僚政治研究》,中国社会科学出版社 1981 年版。

16. 马敏:《过渡形态:中国早期资产阶级构成之谜》,华中师范大学出版社 2011 年版。
17. [古罗马]西塞罗:《西塞罗三论》,徐奕春译,商务印书馆 1998 年版。
18. 赵立行:《商人阶层的形成与西欧社会转型》,中国社会科学出版社 2004 年版。
19. 厉以宁:《资本主义的起源——比较经济史研究》,商务印书馆 2003 年版。
20. [美]雷蒙·德鲁弗:《美第奇银行的兴衰》下卷,吕吉尔译,格致出版社 2019 年版。
21. 赖建诚:《王室与巨贾:格雷欣爵士与都铎王朝的外债筹措》,浙江大学出版社 2015 年版。
22. (明)陈子龙等:《明经世文编》卷一百九十一,中华书局 2012 年版。
23. [英]亚当·斯密:《国民财富的性质和原因的研究》,郭大力、王亚南译,商务印书馆 1974 年版。
24. (唐)吴兢撰:《贞观政要》卷一,中华书局 2003 年版。
25. [英]梅因:《古代法》,沈景一译,商务印书馆 1959 年版。
26.《马克思恩格斯文集》第 4 卷,人民出版社 2009 年版。
27. [美]伯尔曼:《法律与革命》,贺卫方等译,中国大百科全书出版社 1993 年版。
28. 郎咸平:《中国商帮》,东方出版社 2018 年版。
29. 赵秀荣:《1500—1700 年英国商业与商人研究》,社会科学文献出版社 2004 年版。
30. 靳凤林:《制度伦理与官员道德》,人民出版社 2011 年版。
31. [德]马克斯·韦伯:《儒教与道教》,王容芬译,商务印书馆 1999 年版。
32. 余英时:《中国近世宗教伦理与商人精神》(增订版),九州出版社 2014 年版。
33. 杜维明:《新加坡的挑战:新儒家伦理与企业精神》,生活·读书·新知三联书店 2013 年版。
34. [法]费尔南·布罗代尔:《十五至十八世纪的物质文明、经济和资本主义》第 3 卷,顾良、施康强译,商务印书馆 2017 年版。
35. [美]伊曼纽尔·沃勒斯坦:《现代世界体系》第 3 卷,郭方等译,社会科学文献出版社 2013 年版。
36. (汉)司马迁:《史记》,中华书局 2014 年版。
37. [德]马克斯·韦伯:《新教伦理与资本主义精神》,于晓等译,生活·读书·新知三联书店 1987 年版。
38.《周易》,中华书局 2011 年版。
39. 庄聪生:《中国民营经济四十年:从零到"五六七八九"》,民主与建设出版社 2018 年版。
40. [美]亚瑟·史密斯:《中国人德行》,张梦阳、王丽娟译,新世界出版社 2005 年版。
41. 赵立行:《商人阶层的形成与西欧社会转型》,中国社会科学出版社 2004 年版。
42. 赵立行:《英国商人》,江西人民出版社 1994 年版。
43. [美]戴维·兰德斯、乔尔·莫克、威廉·鲍莫尔编著:《历史上的企业家精神:从古代美索不达米亚到现代》,姜井勇译,中信出版集团 2016 年版。

44. [美]约瑟夫·E.斯蒂格利茨:《美国真相》,刘斌等译,机械工业出版社2020年版。

45. 沙烨:《跨越财富鸿沟:通往共同富裕之路》,当代世界出版社2021年版。

46. 杨玉成:《两种新自由主义与国际金融危机》,中国社会科学出版社2018年版。

47. 高勇强:《中国转型社会的政商关系研究》,光明日报出版社2007年版。

48. [美]魏德安:《双重悖论:腐败如何影响中国的经济增长》,蒋宗强译,中信出版社2014年版。

49. [英]卡尔·波兰尼:《大转型:我们时代的政治与经济起源》,冯钢、刘阳译,当代世界出版社2020年版。

50. [美]阿马蒂亚·森:《以自由看待发展》,任赜、于真译,中国人民大学出版社2002年版。

51. [美]约翰·罗尔斯:《正义论》,何怀宏、何包钢、廖申白译,中国社会科学出版社1988年版。

52. 厉以宁:《超越市场与超越政府:论道德力量在经济中的作用》,经济科学出版社1999年版。

53. [美]亚力克斯·罗森布拉特:《优步:算法重新定义工作》,郭丹杰译,中信出版集团2019年版。

54. 靳凤林:《晚清衰亡与中西权力、资本、劳动的伦理冲突》,《湖南社会科学》2020年第4期。

55. 靳凤林、冯磊:《英国资本主义宪政制度与三大阶层的德性特质》,《科学社会主义》2020年第4期。

56. 靳凤林:《中世纪二元对立型社会治理模式与基督教信念伦理》,《伦理学研究》2007年第6期。

57. 靳凤林:《欧洲近现代民主法治型社会治理模式与规范伦理》,《道德与文明》2008年第1期。

58. 靳凤林:《现代性政治伦理的四重镜像与中西王霸之争》,《伦理学研究》2020年第5期。

59. 靳凤林:《市场经济的道德合理性及其价值限度》,《理论视野》2011年第10期。

60. 金志霖:《试论汉萨同盟的历史影响和衰亡原因》,《华东师范大学学报(哲学社会科学版)》2001年第5期。

61. 鲁品越:《〈资本论〉是关于市场权力结构的巨型理论——兼论社会主义市场经济的理论基础》,《吉林大学社会科学学报》2013年第5期。

62. 王国豫、梅宏:《构建数字化世界的伦理秩序》,《中国科学院院刊》2021年第11期。

63. 徐进、李琳一:《中国减贫:从地方性实践到全球性意义》,《文化纵横》2020年第3期。

第一章

1. 郎友兴、韩志明编选:《政治学基础文献选读》,浙江大学出版社2008年版。

2. 周高仪、陆静、马振耀主编:《行政管理学》,吉林大学出版社2016年版。

3. [法]莫里斯·迪韦尔热:《政治社会学——政治学要素》,杨祖功、王大东译,华夏出版社1987年版。
4. 《马克思恩格斯文集》第1—5、7—8卷,人民出版社2009年版。
5. 《马克思恩格斯全集》第3、4卷,人民出版社2002年版。
6. 《马克思恩格斯全集》第21卷,人民出版社1965年版。
7. [美]包尔丹:《宗教的七种理论》,陶飞亚、刘义、钮圣妮译,上海古籍出版社2005年版。
8. [法]孟德斯鸠:《论法的精神》,许明龙译,商务印书馆2017年版。
9. [古希腊]修昔底德:《伯罗奔尼撒战争史》,徐松岩译,上海人民出版社2017年版。
10. 《黑格尔著作集》第7卷,邓安庆译,人民出版社2017年版。
11. 冯俊等:《后现代主义哲学讲演录》,陈喜贵等译,商务印书馆2003年版。
12. [古希腊]亚里士多德:《政治学》,颜一、秦典华译,中国人民大学出版社2003年版。
13. [美]加布里埃尔·A.阿尔蒙德、小G.宾厄姆·鲍威尔:《比较政治学:体系、过程和政策》,曹沛霖等译,上海译文出版社1987年版。
14. [澳]马尔科姆·沃特斯:《现代社会学理论》,杨善华等译,华夏出版社2000年版。
15. 李春玲、吕鹏:《社会分层理论》,中国社会科学出版社2008年版。
16. [法]埃米尔·涂尔干:《社会分工论》,渠敬东译,生活·读书·新知三联书店2000年版。
17. 靳凤林:《追求阶层正义:权力、资本、劳动的制度伦理考量》,人民出版社2016年版。
18. 杨继绳:《中国当代社会各阶层分析》,甘肃人民出版社2006年版。
19. 周天勇等主编:《攻坚:十七大后中国政治体制改革研究报告》,新疆生产建设兵团出版社2008年版。
20. [英]亚当·斯密:《国富论》,杨敬年译,陕西人民出版社2001年版。
21. 《马克思恩格斯全集》第25卷,人民出版社1972年版。
22. [法]托马斯·皮凯蒂:《21世纪资本论》,巴曙松等译,中信出版社2014年版。
23. [美]约瑟夫·熊彼特:《经济发展理论》,何畏、易家详等译,商务印书馆1991年版。
24. [英]西尼尔:《政治经济学大纲》,蔡受百译,商务印书馆1977年版。
25. 厉以宁:《资本主义的起源——比较经济史研究》,商务印书馆2003年版。
26. [美]安东尼·奥罗姆:《政治社会学导论》,张华青等译,上海人民出版社2014年版。
27. [法]皮埃尔·布迪厄、[美]华康德:《实践与反思——反思社会学导引》,李猛、李康译,中央编译出版社1998年版。
28. [美]约翰·S.戈登:《伟大的博弈:华尔街金融帝国的崛起(1653—2004)》,祁斌译,中信出版社2005年版。
29. Bourdieu, P., *Distinction: A Social Critique of the Judgement of Taste*. Harvard University Press, 1984.

30. 靳凤林:《资本的道德二重性与资本权力化》,《哲学研究》2014 年第 12 期。

第二章

1. 《马克思恩格斯全集》第 21 卷,人民出版社 1965 年版。
2. [德]马克思:《资本论》第 1 卷,人民出版社 1975 年版。
3. [美]汤普逊:《中世纪经济社会史》(下),耿淡如译,商务印书馆 1997 年版。
4. [英]阿弗里德·马歇尔:《经济学原理》(上),廉运杰等译,商务印书馆 2009 年版。
5. [美]M. 罗斯托夫采夫:《罗马帝国社会经济史》(上),马雍、厉以宁译,商务印书馆 1985 年版。
6. [德]特奥多尔·蒙森:《罗马史》第 1 卷,李稼年译,商务印书馆 1994 年版。
7. [美]阿尔伯特·赫希曼:《欲望与利益——资本主义胜利之前的政治争论》,冯克利译,浙江大学出版社 2015 年版。
8. [美]查尔斯·蒂利:《强制、资本和欧洲国家(公元 990—1992 年)》,魏洪钟译,上海人民出版社 2012 年版。
9. [法]费尔南·布罗代尔:《15 至 18 世纪的物质文明、经济和资本主义》第 3 卷,顾良、施康强译,生活·读书·新知三联书店 1993 年版。
10. [美]曼瑟·奥尔森:《权力与繁荣》,苏长和、嵇飞译,上海人民出版社 2005 年版。
11. [德]维尔纳·桑巴特:《战争与资本主义》,晏小宝译,大风出版社 2016 年版。
12. [加拿大]埃伦·M. 伍德:《资本的帝国》,王恒杰、宋兴无译,上海译文出版社 2006 年版。
13. [英]迈克尔·曼:《社会权力的来源:从开端到 1760 年的权力史》,刘北成、李少军译,上海人民出版社 2015 年版。
14. [古希腊]修昔底德:《伯罗奔尼撒战争史》上册,谢德风译,商务印书馆 2007 年版。
15. [英]R.H. 托尼:《宗教与宗本主义的兴起》,赵月瑟、夏镇平译,上海译文出版社 2006 年版。
16. [英]卡尔·波兰尼:《大转型:我们时代的政治与经济起源》,冯钢、刘阳译,浙江人民出版社 2007 年版。
17. [德]马克思:《1844 年经济学哲学手稿》,人民出版社 2000 年版。
18. [法]让·波德里亚:《消费社会》,刘成富、全志刚译,南京大学出版社 2000 年版。
19. [德]马克斯·韦伯:《新教伦理与资本主义精神》,康乐、简惠美译,广西师范大学出版社 2007 年版。
20. [美]丹尼尔·贝尔:《资本主义文化矛盾》,赵一凡、蒲隆、任晓晋译,生活·读书·新知三联书店 1989 年版。
21. [美]G. 爱德华·格里芬:《美联储传——一部现代金融史》(第 5 版),罗伟、蔡浩宇、董威琪译，中信出版集团 2017 年版。
22. 赵鼎新：《东周战争与儒法国家的诞生》，华东师范大学出版社 2011 年版。
23. 厉以宁：《资本主义的起源——比较经济史研究》，商务印书馆 2015 年版。
24. 黄洋：《古代希腊土地制度研究》，复旦大学出版社 1995 年版。
25. 靳凤林：《西方霸道政治的历史由来及实践逻辑》，《南昌大学学报（人文社会科学版）》2020 年第 3 期。
26. 倪世光：《骑士制度与西欧中世纪战争》，《中国社会科学》2020 年第 9 期。
27. 阎维杰：《资本家的贪婪与监管被俘》，《中国金融》2009 年第 17 期。
28. 鲁品越、骆祖望：《资本与现代性的生成》，《中国社会科学》2005 年第 3 期。
29. 赵立行：《欧洲中世纪教会经济立法及其伦理》，《中国社会科学》2005 年第 3 期。
30. 马躏非：《美第奇家族艺术赞助的心理动机与 15 世纪佛罗伦萨艺术》，《美术观察》2019 年第 5 期。
31. 王磊：《苹果：有效运用知识产品铸就霸业》，《中国电子报》2013 年 3 月 19 日。

第三章

1. 《列宁全集》第 8 卷，人民出版社 1986 年版。
2. 《毛泽东选集》第 1 卷，人民出版社 1991 年版。
3. ［意］尼科洛·马基雅维里：《君主论》，潘汉典译，商务印书馆 1986 年版。
4. ［英］安东尼·吉登斯：《社会学》，赵旭东等译，北京大学出版社 2003 年版。
5. ［英］安东尼·吉登斯：《第三条道路：社会民主主义的复兴》，郑戈译，北京大学出版社、生活·读书·新知三联书店 2000 年版。
6. ［美］查尔斯·T. 葛德塞尔：《为官僚制正名——一场公共行政的辩论》，张怡译，复旦大学出版社 2007 年版。
7. ［德］马克斯·韦伯：《学术与政治》，冯克利译，生活·读书·新知三联书店 2005 年版。
8. 世界银行编著：《1997 年世界发展报告：变革世界中的政府》，蔡秋生等译，中国财政经济出版社 1997 年版。
9. ［美］弗朗西斯·福山：《政治秩序的起源：从前人类时代到法国大革命》，毛俊杰译，广西师范大学出版社 2014 年版。
10. 《毛泽东选集》第 2 卷，人民出版社 1991 年版。
11. 王绍光：《美国进步时代的启示》，中国财政经济出版社 2002 年版。
12. 张五常：《中国的经济制度》，中信出版社 2017 年版。
13. 温铁军：《中国农村基本经济制度研究——"三农"问题的世纪反思》，中国经济出版社 2000

年版。

14. 靳凤林：《追求阶层正义：权力、资本、劳动的制度伦理考量》，人民出版社 2016 年版。
15. 杨继绳：《中国当代社会各阶层分析》，甘肃人民出版社 2006 年版。
16. 刘训练：《马基雅维利的国家理性论》，《学海》2013 年第 3 期。
17. 李世刚、尹恒：《寻租导致的人才误配置的社会成本有多大？》，《经济研究》2014 年第 7 期。
18. 卢现祥、梁玉：《寻租、人力资本投资与"公务员热"诱因》，《改革》2009 年第 11 期。
19. 李稻葵、徐欣、江红平：《中国经济国民投资率的福利经济学分析》，《经济研究》2012 年第 9 期。
20. 胡军、郭峰：《企业寻租、官员腐败与市场分割》，《经济管理》2013 年第 11 期。
21. 孙沛东、徐建牛：《从奇迹到危机——发展型政府理论及其超越》，《广东社会科学》2009 年第 2 期。
22. 周黎安、陶婧：《政府规模、市场化与地区腐败问题研究》，《经济研究》2009 年第 1 期。
23. 周黎安：《行政发包制》，《社会》2014 年第 6 期。
24. 周黎安：《官员晋升锦标赛与竞争冲动》，《人民论坛》2010 年第 5 期。
25. 周雪光：《项目制——一个"控制权"理论视角》，《开放时代》2015 年第 2 期。
26. 吴木銮、林谧：《政府规模扩张：成因及启示》，《公共管理学报》2010 年第 4 期。
27. 傅勇、张晏：《中国式分权与财政支出结构偏向：为增长而竞争的代价》，《管理世界》2007 年第 3 期。
28. 孙秀林、周飞舟：《土地财政与分税制：一个实证解释》，《中国社会科学》2013 年第 4 期。
29. 彭健：《中国公共预算制度：演进轨迹与发展取向》，《中州学刊》2012 年第 5 期。
30. 蔡立辉、欧阳志鸿、刘晓洋：《西方国家债务危机的政治学分析——选举民主的制度缺陷》，《学术研究》2012 年第 2 期。
31. 许耀桐：《中国政府机构改革 40 年来的发展》，《行政论坛》2018 年第 6 期。
32. 赵宇峰：《政府改革与国家治理：周期性政府机构改革的中国逻辑——基于对八次国务院机构改革方案的考察分析》，《复旦学报》2020 年第 2 期。
33. 尚晓援："社会福利"与"社会保障"再认识》，《中国社会科学》2001 年第 3 期。
34. 史东辉、程美芳：《发达国家反垄断政策的若干争论与启示》，《外国经济与管理》1995 年第 11 期。
35. 吴韧强、刘海云：《垄断竞争、利益集团与贸易战》，《经济学》2009 年第 3 期。
36. 乔德福：《省部级一把手腐败特点、趋势和风险防控机制创新》，《党的建设》2014 年第 3 期。
37. 陈家喜、黄文龙：《分化、断裂与整合——我国"二代"现象的生成与解构》，《中国青年研究》2012 年第 3 期。
38. 徐铜柱：《资源与秩序双重维度下的村干部腐败及其治理研究》，《社会主义研究》2020 年第

1期。

39. 李宏彬、孟岭生、施新政等：《父母的政治资本如何影响大学生在劳动力市场中的表现？——基于中国高校应届毕业生就业调查的经验研究》，《经济学》2012年第3期。

40. 张广利、濮敏雅、赵云亭：《从职业到住房——社会分层载体的具象化》，《浙江社会科学》2020年第3期。

41. 范一鸣：《住房流动、父代资助与青年群体的阶层分化——基于北上广青年群体的实证分析》，《中国青年研究》2020年第8期。

42. 严俊：《吃拿卡要，最伤党群干群关系——"四风"问题再调查与梳理》，《人民论坛》2014年第10期。

43. 熊猛、叶一舵：《相对剥夺感：概念、测量、影响因素及作用》，《心理科学进展》2016年第3期。

44. 裴宜理：《底层社会与抗争性政治》，《东南学术》2008年第3期。

45. 吴俊培、姚莲芳：《腐败与公共支出结构偏离》，《中国软科学》2008年第5期。

46. 梁城城、张淑娟：《非税收入规模、官员腐败与财政透明度——基于中国省级数据的实证研究》，《商业研究》2020年第4期。

47. 谷成、曲红宝、王远林：《腐败、经济寻租与公共支出结构——基于2007—2013年中国省级面板数据的分析》，《财贸经济》2016年第3期。

48. 李维安、钱先航：《地方官员治理与城市商业银行的信贷投放》，《经济学》2012年第3期。

49. 陆坚：《金融腐败的新特点》，《方圆》2017年第11期。

50. 辛大楞、辛全国：《营商环境与企业产品质量升级——基于腐败视角的分析》，《财贸研究》2019年第3期。

51. 黄玖立：《对外贸易、区域间贸易与地区专业化》，《南方经济》2011年第6期。

52. 詹姆士·布坎南、陈国雄：《寻求租金和寻求利润》，《经济社会体制比较》1988年第6期。

53. 钟春平：《公共政策及其效率：信息与福利损失》，《征信》2018年第6期。

54. 范子英：《转移支付、基础设施投资与腐败》，《经济社会体制比较》2013年第2期。

55. 侯建新：《英国的骑士、乡绅和绅士都不是贵族》，《历史教学》1988年第3期。

56. 赵秀荣：《16—17世纪英国商人与政权》，《世界历史》2001年第2期。

57. 殷之光：《商人治国——从贸易到战争的逻辑》，《文化纵横》2020年第2期。

58. 贺卫：《寻租的政治经济学分析》，博士学位论文，上海财经大学，1998年。

59. 王军：《16—18世纪的英国特许公司研究》，博士学位论文，东北师范大学，2011年。

60. 习近平：《群众路线是我们党的生命线和根本工作路线》，《人民日报》2013年6月19日。

61. 吴敬琏：《边生产边寻租》，《财经》2006年第16期。

62. 冯军旗：《中县"政治家族"现象调查》，《南方周末》2011年9月1日。

63. Chibbeg Vivek, "Bureaucratic Rationality and the Developmental State", *American Journal of Sociology*, 2002(4).
64. Harry Harding, *Organizing China: The Problem of Bureaucracy 1949–1976*, Stanford University Press, 1981.
65. Raju Parakkal and Sherry Bartz-Marvez, "Capitalism, Democratic Capitalism, and the Pursuit of Antitrust Laws", *Antitrust Bulletin*, 2013.

第四章

1. 《马克思恩格斯全集》第1卷，人民出版社1965年版。
2. 《马克思恩格斯文集》第8卷，人民出版社2009年版。
3. 《列宁全集》第2卷，人民出版社1984年版。
4. ［德］马克斯·韦伯：《学术与政治》，冯克利译，商务印书馆2018年版。
5. ［英］哈耶克：《致命的自负》，冯克利等译，中国社会科学出版社2000年版。
6. ［日］宫崎市定著、［日］砺波护编：《东洋的近世：中国的文艺复兴》，张学锋、陆帅、张紫毫译，中信出版集团2018年版。
7. （明）张瀚：《松窗梦语》，上海古籍出版社1986年版。
8. （清）沈垚：《落帆楼文集》，上海古籍出版社1995年版。
9. （清）张之洞：《张文襄公全集》，中国书店出版社1990年版。
10. 唐代兴：《利益伦理》，北京大学出版社2002年版。
11. 傅筑夫：《中国经济史论丛》，生活·读书·新知三联书店1980年版。
12. 唐凯麟、陈科华：《中国古代经济伦理思想史》，人民出版社2004年版。
13. 王亚南：《中国官僚政治研究》，中国社会科学出版社1981年版。
14. 刘守刚：《中国财政史十六讲——基于财政政治学的历史重撰》，复旦大学出版社2017年版。
15. 王家范：《中国历史通论》，华东师范大学出版社2000年版。
16. 王孝通：《中国商业史》，中国文史出版社2015年版。
17. 陈锦江：《清末现代企业与官商关系》，中国社会科学出版社2010年版。
18. 郑永年、黄彦杰：《制内市场：中国国家主导型政治经济学》，浙江人民出版社2021年版。
19. 萧国亮：《中国社会经济史研究：独特的"食货"之路》，北京大学出版社2005年版。
20. 钱穆：《中国经济史》，北京联合出版公司2014年版。
21. 王毅：《中国皇权制度研究——以16世纪前后中国制度形态及其法理为焦点》，北京大学出版社2007年版。
22. 薛国中：《逆鳞集——中国专制史文集》，世界图书山版公司2014年版。

23. 厉以宁：《超越市场与超越政府——论道德力量在经济中的作用》，经济科学出版社 2016 年版。

第五章

1. 赵秀荣：《1500—1700 年英国商业与商人研究》，社会科学文献出版社 2004 年版。
2. ［德］马克斯·韦伯：《新教伦理与资本主义精神》，刘作宾译，作家出版社 2017 年版。
3. 靳凤林等：《祠堂与教堂：中西传统核心价值观比较研究》，人民出版社 2018 年版。
4. 余英时：《中国近世宗教伦理与商人精神》，安徽教育出版社 2001 年版。
5. ［英］M.M. 波斯坦等编：《剑桥欧洲经济史》第 5 卷，王春法主译，经济科学出版社 2002 年版。
6. 靳凤林：《追求阶层正义：权力、资本、劳动的制度伦理考量》，人民出版社 2016 年版。
7. ［法］费尔南·布罗代尔：《资本主义论丛》，顾良、张慧君译，中央编译出版社 1997 年版。
8. ［美］C.H. 麦基文：《宪政古今》，翟小波译，贵州人民出版社 2004 年版。
9. 戴木才：《政治文明的正当性——政治伦理与政治文明》，江西高校出版社 2004 年版。
10. 王毅：《中国皇权制度研究——以 16 世纪前后中国制度形态及其法理为焦点》，北京大学出版社 2007 年版。
11. 李小园：《多元政治角逐与妥协：英国内生型政治演进模式》，学林出版社 2013 年版。
12. ［美］理查德·霍夫施塔特：《美国政治传统及其缔造者》，崔永禄、王忠和译，商务印书馆 1994 年版。
13. 马克垚：《中西封建社会比较研究》，学林出版社 1997 年版。
14. 侯建新：《社会转型时期的西欧与中国》，济南出版社 2001 年版。
15. 胡幸福：《历史起跑线上的反思——中西古代文明向近代文明转型比较》，宁夏人民出版社 2001 年版。
16. 姜朋：《官商关系：中国商业法制的一个前置话题》，法律出版社 2008 年版。
17. ［英］托马斯·孟：《英国得自对外贸易的财富》，李琼译，华夏出版社 2013 年版。
18. 张卫良：《英国社会的商业化历史进程（1500—1750）》，人民出版社 2004 年版。
19. ［德］马克思：《资本论》第 1 卷，人民出版社 2018 年版。
20. ［英］亚当·斯密：《国富论》，商务印书馆 2016 年版。
21. 李新宽：《国家与市场——英国重商主义时代的历史解读》，中央编译出版社 2013 年版。
22. 阎照祥：《英国贵族史》，人民出版社 2000 年版。
23. ［德］维尔纳·桑巴特：《奢侈与资本主义》，王燕平、侯小河译，上海人民出版社 2005 年版。
24. 靳凤林：《西方宗教经济伦理与资本主义发展》，《理论视野》2008 年第 7 期。
25. 靳浩辉、靳凤林：《孔子与耶稣政治伦理核心价值观之比较》，《伦理学研究》2015 年第 6 期。

26. 吕大吉：《概说宗教禁欲主义》，《中国社会科学》1989 年第 5 期。
27. 林中泽：《中世纪西欧的宗教禁欲主义及其历史影响》，《史学月刊》1997 年第 5 期。
28. 赵秀荣：《16—17 世纪英国商人与政权》，《世界历史》2001 年第 2 期。
29. 任剑涛、刘云东：《欧洲宪政的扩展意义：发生学与类型学的审视》，《学海》2013 年第 2 期。
30. 蔡蕾：《英国"王在法下"政治传统的形成：从中世纪到都铎》，《学海》2019 年第 3 期。
31. 雷恒军：《中世纪西欧城市的商人自治研究》，《陕西理工学院学报（社会科学版）》2011 年第 3 期。
32. 魏建国：《近代西方民商法分立的中世纪根源》，《山东社会科学》2006 年第 4 期。
33. 张薇薇：《中世纪城市的宪制》，《外国法制史研究》2015 年第 1 期。
34. 赵立行：《论中世纪的"灰脚法庭"》，《复旦学报（社会科学版）》2008 年第 1 期。
35. 仲继银：《公司的自由与规范：以十九世纪美国为案例》，《中国新时代》2014 年第 11 期。
36. 王加丰：《西方历史上的特许公司》，《历史教学问题》2016 年第 2 期。
37. 何顺果：《特许公司——西方推行"重商政策"的急先锋》，《世界历史》2007 年第 1 期。
38. 王军：《16—18 世纪的英国特许公司研究》，博士学位论文，东北师范大学，2011 年。
39. 靳凤林：《资本的道德二重性与资本权力化》，《哲学研究》2014 年第 12 期。
40. 侯建新：《英国的骑士、乡绅和绅士都不是贵族》，《历史教学》1988 年第 3 期。
41. 殷之光：《商人治国——从贸易到战争的逻辑》，《文化纵横》2020 年第 2 期。
42. Robert Brenner, *Merchants and Revolution: Commercial Change, Political Conflict, and London's Overseas Traders, 1550–1653,* Verso, 2003.
43. A. C. Wood, *A History of Levant Company*, Oxford University Press, 1935.
44. Robert Tittler, *The Reformation and the Towns in England: Politics and Political Culture, c.1540–1640,* Oxford University Press, 1998.
45. Barrington Moore, Jr., *Moral Aspects of Economic Growth, and Other Essays,* Cornell University Press, 1998.

第六章

1. 本书编写组：《中国共产党简史》，人民出版社 2021 年版。
2. 《邓小平文选》第 3 卷，人民出版社 1993 年版。
3. 庄聪生：《中国民营经济四十年：从零到"五六七八九"》，民主与建设出版社 2018 年版。
4. 顾松年等：《苏南模式研究》，南京出版社 1990 年版。
5. 《费孝通文集》第 12 卷，群言出版社 1999 年版。
6. 郭志鹏：《公平与效率新论》，解放军出版社 2001 年版。

7. [德]马克思、恩格斯:《德意志意识形态》(节选本),人民出版社2018年版。

8. 靳凤林:《追求阶层正义:权力、资本、劳动的制度伦理考量》,人民出版社2016年版。

9. 《中国共产党第十九次全国代表大会文件汇编》,人民出版社2017年版。

10. 张五常等:《国家与市场》,译林出版社2013年版。

11. 厉以宁:《经济学的伦理问题》,生活·读书·新知三联书店1995年版。

12. 厉以宁:《超越市场与超越政府——论道德力量在经济中的作用》,经济科学出版社1994年版。

13. 吴忠民:《社会公正何以可能》,人民出版社2017年版。

14. [美]魏德安:《双重悖论——腐败如何影响中国的经济增长》,蒋宗强译,中信出版社2013年版。

15. 靳凤林主编:《领导干部伦理课十三讲》,中共中央党校出版社2011年版。

16. 高兆明:《道德失范研究:基于制度正义视角》,商务印书馆2016年版。

17. [美]约翰·罗尔斯:《正义论》,何怀宏等译,中国社会科学出版社2017年版。

18. [英]亚当·斯密:《道德情操论》,蒋自强等译,商务印书馆2016年版。

19. 《十一届三中全会会议公报》,《人民日报》1978年12月24日。

20. 白素霞、蒋同明:《苏南模式、珠江模式与温州模式的比较分析》,《中国经贸导刊》2017年第34期。

21. 陈德宁、刘豪兴、张书琛:《费孝通"珠江模式"的转型路向研究》,《广东财经大学学报》2007年第3期。

22. 陈文敬:《改革开放之初晋江乡镇企业发展的历史回顾》,《福建党史月刊》2008年第8期。

23. 刘新伟:《中国特色民营经济的发展——论晋江模式》,硕士学位论文,华侨大学,2006年。

24. 耿曙、刘红芹:《改革开放以来中国政商关系的演变》,《山东大学学报(哲学社会科学版)》2018年第6期。

25. 习近平:《决胜全面建成小康社会 夺取新时代中国特色社会主义伟大胜利——在中国共产党第十九次全国代表大会上的报告》,《人民日报》2017年10月28日。

26. 靳凤林:《权力与资本良性互动的伦理规则——关于政商关系历史与现实的几点思考》,《道德与文明》2016年第5期。

27. 万俊人:《市场经济与道德》,《江西师范大学学报(哲学社会科学版)》2010年第6期。

28. 闫瑞峰、胡超:《论超越资本权力化的双重方略》,《江汉学术》2019年第6期。

29. 闫瑞峰、胡超:《权力资本化及其双重超越路径——基于政府治理现代化视角》,《重庆社会科学》2019年第5期。

30. 靳凤林:《企业家道德的三维透视》,《理论视野》2012年第10期。

第七章

1. 靳凤林：《追求阶层正义：权力、资本、劳动的制度伦理考量》，人民出版社 2016 年版。
2. 吕本富、郝叶力：《网络时代的中国》，外交出版社 2019 年版。
3. 樊鹏：《新技术革命与国家治理现代化》，中国社会科学出版社 2020 年版。
4. 陈传仁：《微力无穷：平台时代的互联网政治与中国治理》，人民出版社 2017 年版。
5. 郑永年：《技术赋权：中国的互联网、国家与社会》，邱道隆译，东方出版社 2014 年版。
6. ［德］哈贝马斯：《公共领域的结构转型》，曹卫东等译，学林出版社 1999 年版。
7. ［美］马克·格兰诺维特：《社会与经济：信任、权力与制度》，王水雄、罗家德译，中信出版社 2019 年版。
8. 涂子沛：《数文明——大数据如何重塑人类文明、商业形态和个人世界》，中信出版社 2018 年版。
9. ［美］约瑟夫·熊彼特：《经济发展理论》，郭武军、吕阳译，华夏出版社 2015 年版。
10. 《马克思恩格斯全集》第 31 卷，人民出版社 1998 年版。
11. 赵立行：《英国商人》，江西人民出版社 1994 年版。
12. 龚天平：《资本的伦理效应》，《北京大学学报（哲学社会科学版）》2014 年第 1 期。
13. 王静田、付晓东：《数字经济的独特机制、理论挑战与发展启示——基于生产要素秩序演进和生产力进步的探讨》，《西部论坛》2020 年第 6 期。
14. 刘晓春、王敏昊：《2020 年度平台经济领域反垄断事件盘点》，《中国对外贸易》2021 年第 2 期。
15. 丁玮、於兴中：《美国大科技公司反垄断及其权力规制》，《中国政法大学学报》2022 年第 1 期。
16. 胡凌：《"非法兴起"：理解中国互联网演进的一个视角》，《文化纵横》2016 年第 5 期。
17. 万长松：《论工业革命 4.0 与"超级权力"的兴起》，《人民论坛·学术前沿》2020 年第 19 期。
18. 樊鹏、李妍：《驯服技术巨头：反垄断行动的国家逻辑》，《文化纵横》2021 年第 1 期。
19. 蓝江、王欢：《从帝国到数字帝国主义——重读哈特和奈格里的〈帝国〉》，《求是学刊》2019 年第 2 期。
20. 蔡翠红：《大变局时代的技术霸权与"超级权力"悖论》，《人民论坛》2019 年第 8 期。
21. 蔡拓：《全球主义与国家主义》，《中国社会科学》2000 年第 3 期。
22. 冯旺舟：《资本的霸权与正义的诉求——21 世纪新帝国主义的批判性探析》，《国外理论动态》2021 第 4 期。
23. 严运楼：《当代西方左翼关于数字帝国主义批判研究》，《毛泽东邓小平理论研究》2020 年第 6 期。

24. 黄再胜:《人工智能时代的价值危机、资本应对与数字劳动反抗》,《探索与争鸣》2020年第5期。
25. 李齐:《数字时代的权力生产与政府责任》,《中国行政管理》2019年第11期。
26. 金太军、鹿斌:《社会治理新常态下的地方政府角色转型》,《领导科学》2016年第21期。
27. 杜莉娜、车丽萍:《数字政府建设中互联网企业参与现状及问题研究》,《科技和产业》2022年第1期。
28. 聂书江:《警惕资本裹挟下的数字霸道》,《北京日报》2021年10月13日。
29. 韩博:《从地缘政治视角探究互联网平台治理》,《中国社会科学报》2021年12月23日。
30. Fusi, "When Local Governments Request Access to Data: Power and Coordination Mechanisms Across Stakeholders", *Public Administration Review*, 2020.
31. Arendt, Hannah. *The Origins of Totalitarianism*, Houghton Mifflin Harcourt, 1976.
32. Kenney, M., Zysman, J., "The Rise of The Platform Economy", *Issues in Science and Technology*, 2016(61).

第八章

1. 《马克思恩格斯选集》第3卷,人民出版社2012年版。
2. 万俊人:《现代西方伦理学史》(上),北京大学出版社1997年版。
3. 唐凯麟、罗能生:《契合与升华——传统儒商精神和现代中国市场理性的建构》,湖南人民出版社1998年版。
4. 靳凤林:《追求阶层正义:权力、资本、劳动的制度伦理考量》,人民出版社2016年版。
5. 陆铭、潘慧:《政企纽带:民营企业家成长与企业发展》,北京大学出版社2009年版。
6. 张羽君:《企业制度与法治的衔接》,人民出版社2011年版。
7. 李汉林、魏钦恭:《嵌入过程中的主体与结构——对政企关系变迁的社会分析》,中国社会科学出版社2014年版。
8. 鄢一龙等:《大道之行:中国共产党与中国社会主义》,中国人民大学出版社2015年版。
9. 李建德:《制度及其演化:方法与概念》,格致出版社2019年版。
10. [法]托克维尔:《论美国的民主》下卷,董果良译,商务印书馆1997年版。
11. [英]弗里德利希·冯·哈耶克:《法律、立法与自由》,邓正来等译,中国大百科全书出版社2000年版。
12. [英]卡尔·波兰尼:《大转型:我们时代的政治与经济起源》,冯钢、刘阳译,浙江人民出版社2007年版。
13. [英]安德鲁·海伍德:《政治学核心概念》,吴勇译,中国人民大学出版社2012年版。

14. [美]罗尔斯:《正义论》,何怀宏等译,中国社会科学出版社1988年版。
15. [美]查尔斯·林德布洛姆:《政治与市场:世界的政治—经济制度》,王逸舟译,生活·读书·新知三联书店上海分店1992年版。
16. [美]阿瑟·奥肯:《平等与效率——重大的抉择》,王奔洲等译,华夏出版社1999年版。
17. [美]道格拉斯·诺斯等:《西方世界的兴起》,厉以平等译,华夏出版社2009年版。
18. [美]艾伯特·奥·赫希曼:《欲望与利益——资本主义走向胜利前的政治争论》,冯克利译,上海文艺出版社2003年版。
19. [秘鲁]赫尔南多·德·索托:《资本的秘密》,王晓冬译,江苏人民出版社2005年版。

后　记

我在国家哲学社会科学基金重点项目"权力、资本、劳动的制度伦理考量（11AZX011）"基础上完成的研究成果——《追求阶层正义：权力、资本、劳动的制度伦理考量》（人民出版社，2016年）一书出版后，先后荣获了十多项国家和省部级科研教学奖励。在中共中央党校高中级干部班的数十次授课过程中，在学术界不同场合的学术研讨会上，我都对该书的主要学术观点进行了深度理论诠释，其间，既获得了很多高中级领导干部和学界知名学者的高度赞誉，也收到了不少读者提出的十分中肯的修改建议。

面对笔者在《追求阶层正义》中提出的三大主题——（1）权力、资本、劳动三大阶层划分标准；（2）权力与资本（政商关系）、权力与劳动（干群关系）、资本与劳动（劳资关系）三大伦理冲突理论；（3）用民主政治制度伦理制衡公共权力、用市场经济制度伦理规范资本运营、用公民社团制度伦理保障劳动权益，大家关心的焦点问题是"权力与资本良性互动的伦理规则"。为进一步深入探究这一重大理论和现实问题，我于2019年又申请了国家哲学社会科学基金一般项目"权力与资本良性互动的伦理规则研究（19BZX112）"。近三年来，我带领部分博士和硕士研究生，从古今中外政治学、经济学、社会学、伦理学等不同学科视角，对此问题展开了深入细致的资料搜集和学术研究工作。我让他们在做好与之相关的学位论文写作工作的同时，参与到本课题研究中来。尽管三年来本课题组成员经历了绵延起伏的新冠疫情考验，但经过无数次线上线下的深入研讨和彼此之间的倾心交流，最终形成了摆在读者面前的这项研究成果。由于每位作者的致思意趣和写作风格各不相同，课题主持人对整部书稿也做了反复斟酌和多次修改，仍然感到还有不少细节需要进一步深入探究。希望读者阅读此书时能够提出更多合理化建议，留待日后再版时尽力予以修改完善。

本课题研究和撰写工作的具体分工如下：

一、靳凤林，课题主持人，撰写导论部分，负责全书的构思、统稿和修改工作。

二、课题组成员分工：闫瑞峰撰写第五章、第六章，并协助课题主持人负责部分统稿工作；裴圣军撰写第二章、第三章；冯磊撰写第四章、第八章；邢畅撰写第七章；贾偲祺撰写第一章第一节；陈雪逸撰写第一章第二节。

靳凤林

2022 年 5 月 30 日于颐北精舍